古文書文例図版

（〔　〕の後に示した頁で、その文書に言及し、あるいは解読を掲出した）

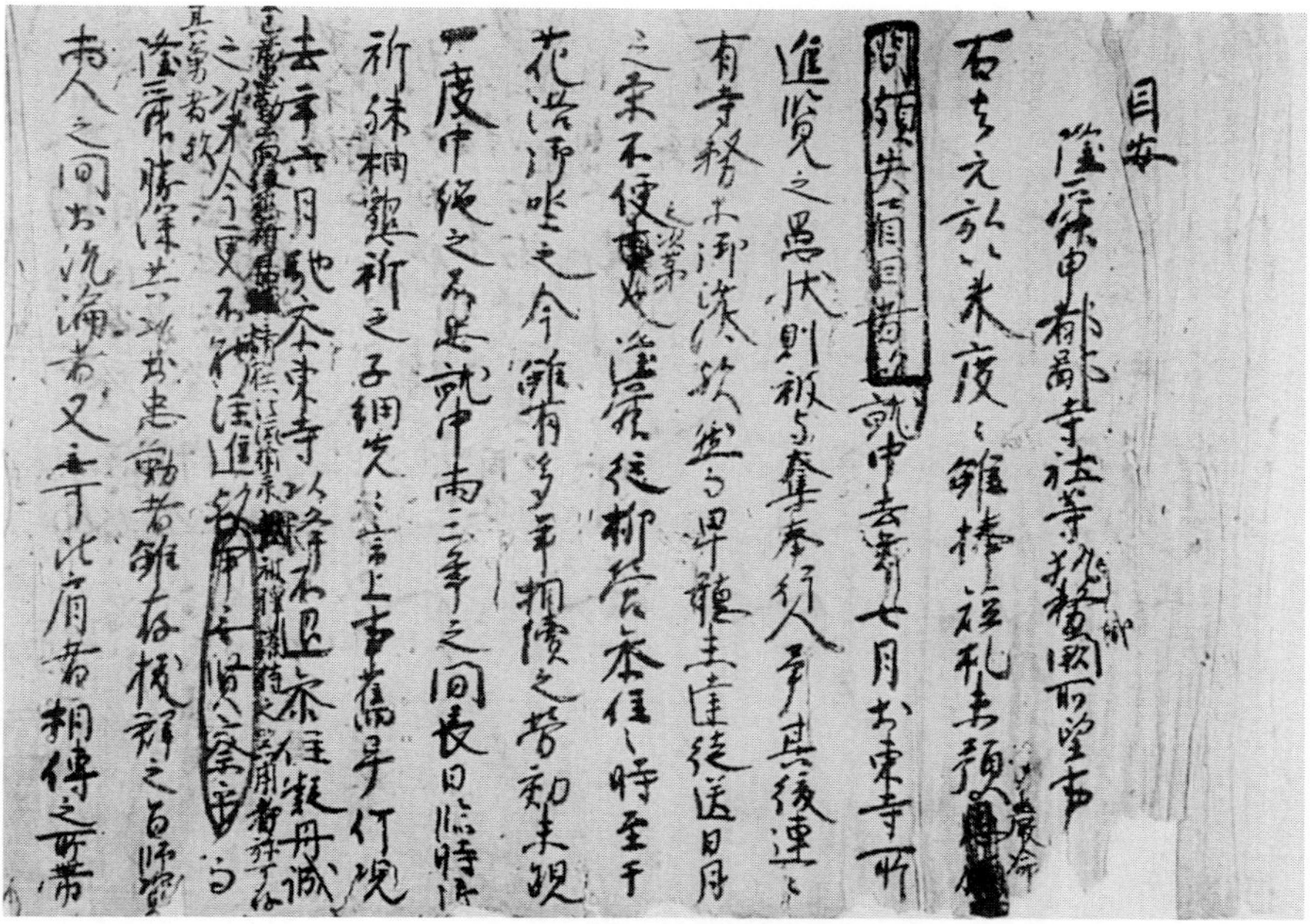

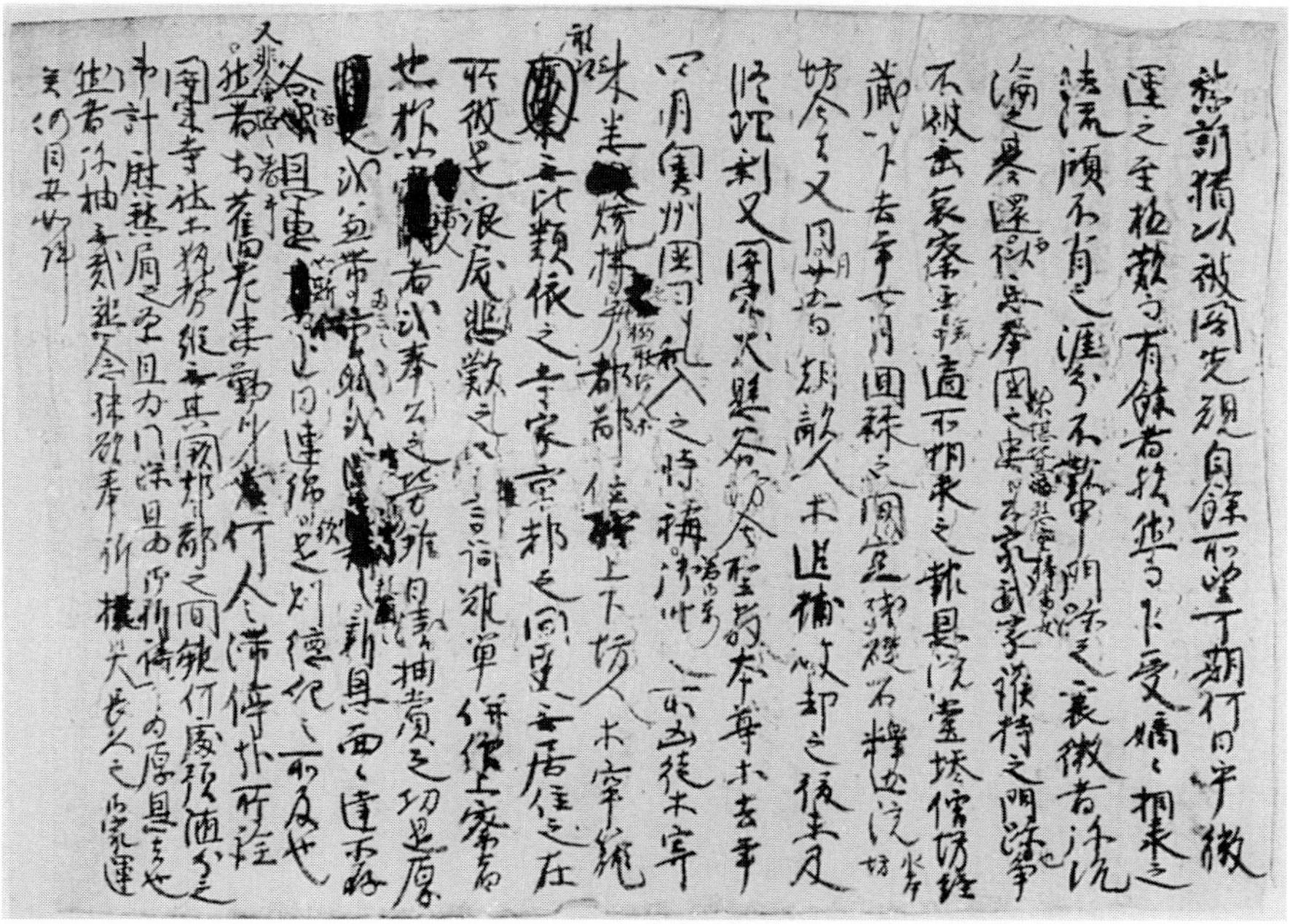

1　僧隆舜申状草案〔醍醐寺文書〕287頁

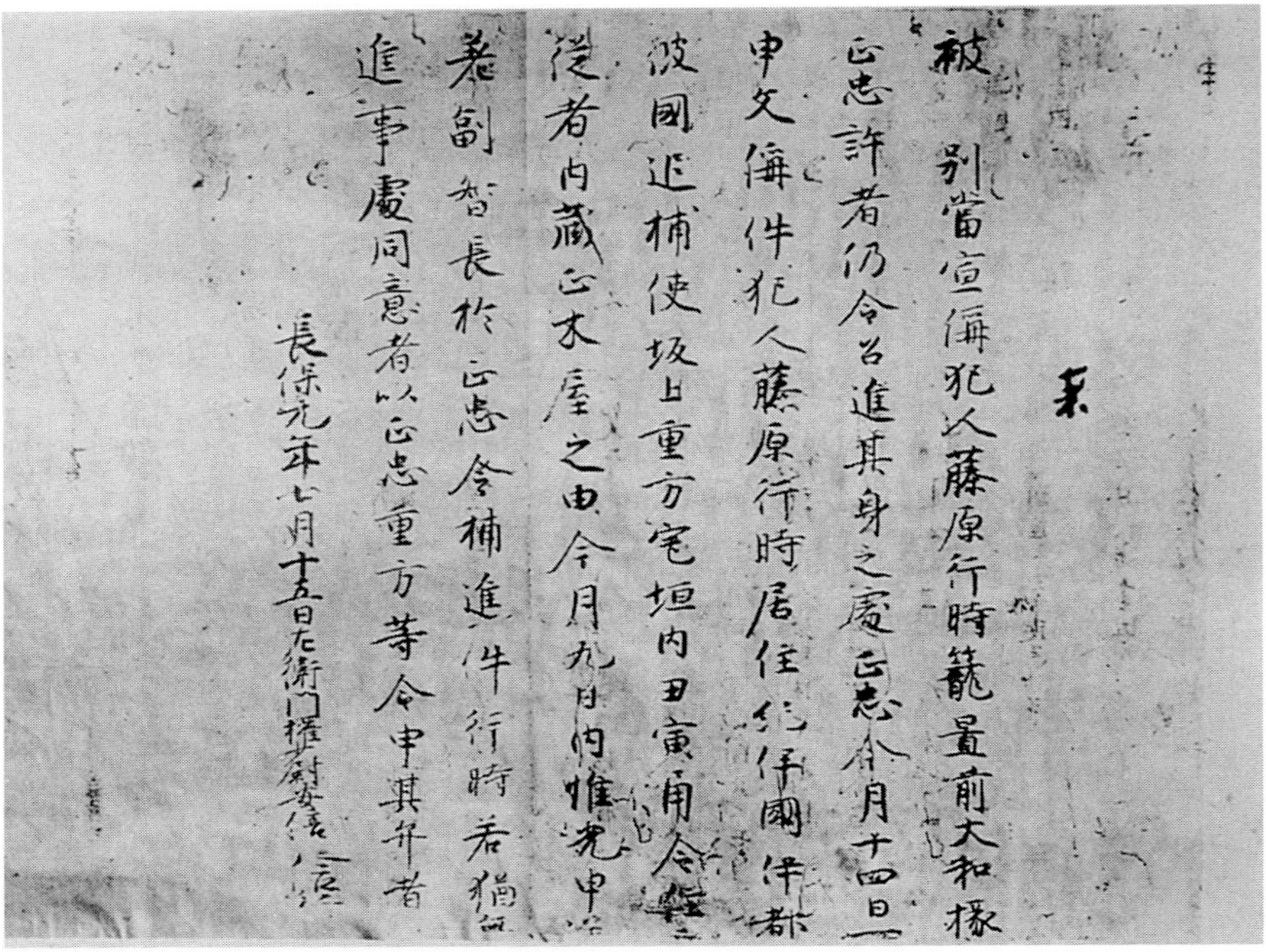

2　検非違使別当宣草案〔三條家本北山抄裏文書／京都国立博物館所蔵〕14頁

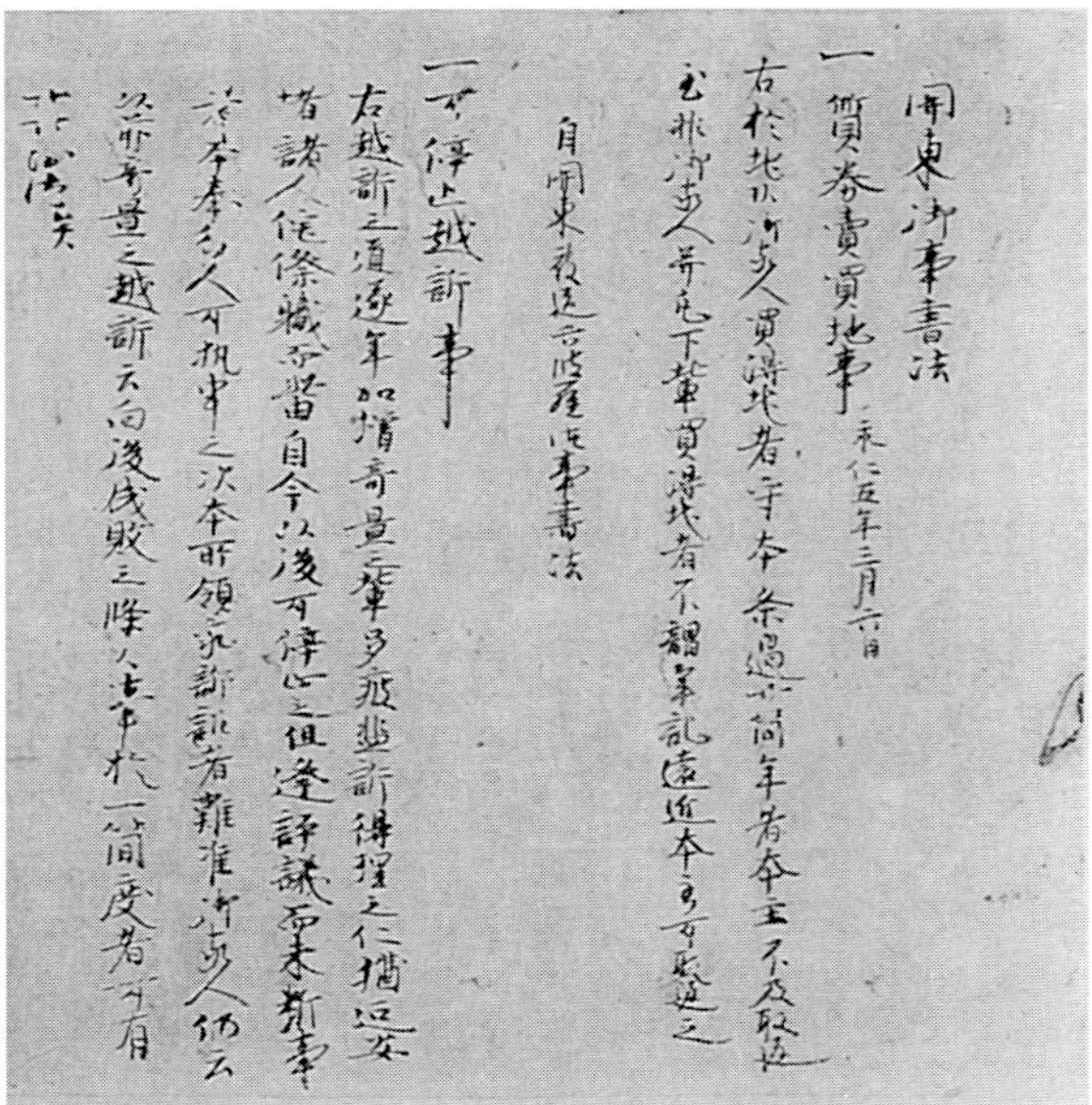

3　山城国下久世庄名主百姓等申状幷具書案〔東寺百合文書京函／京都府立総合資料館所蔵〕288頁

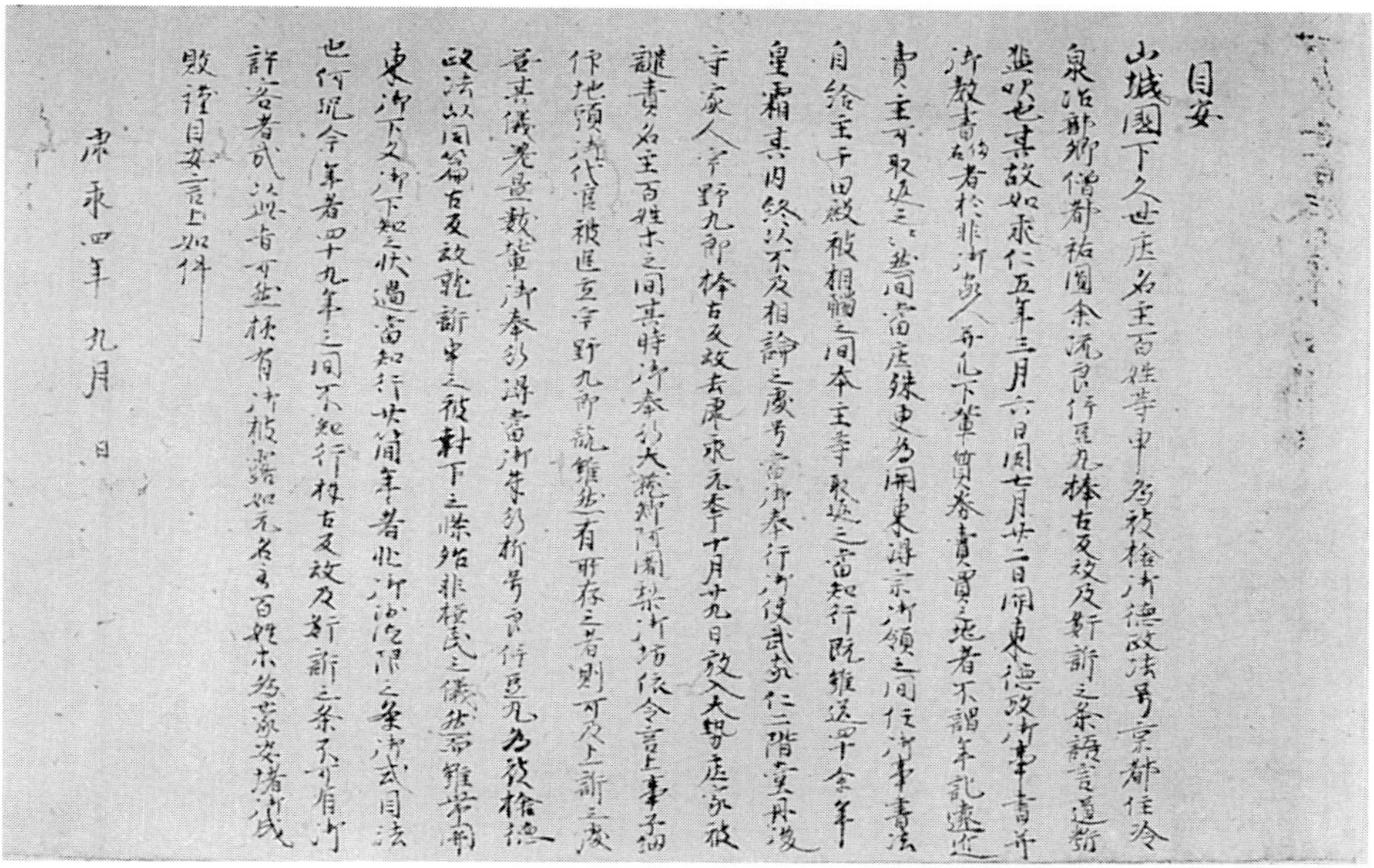

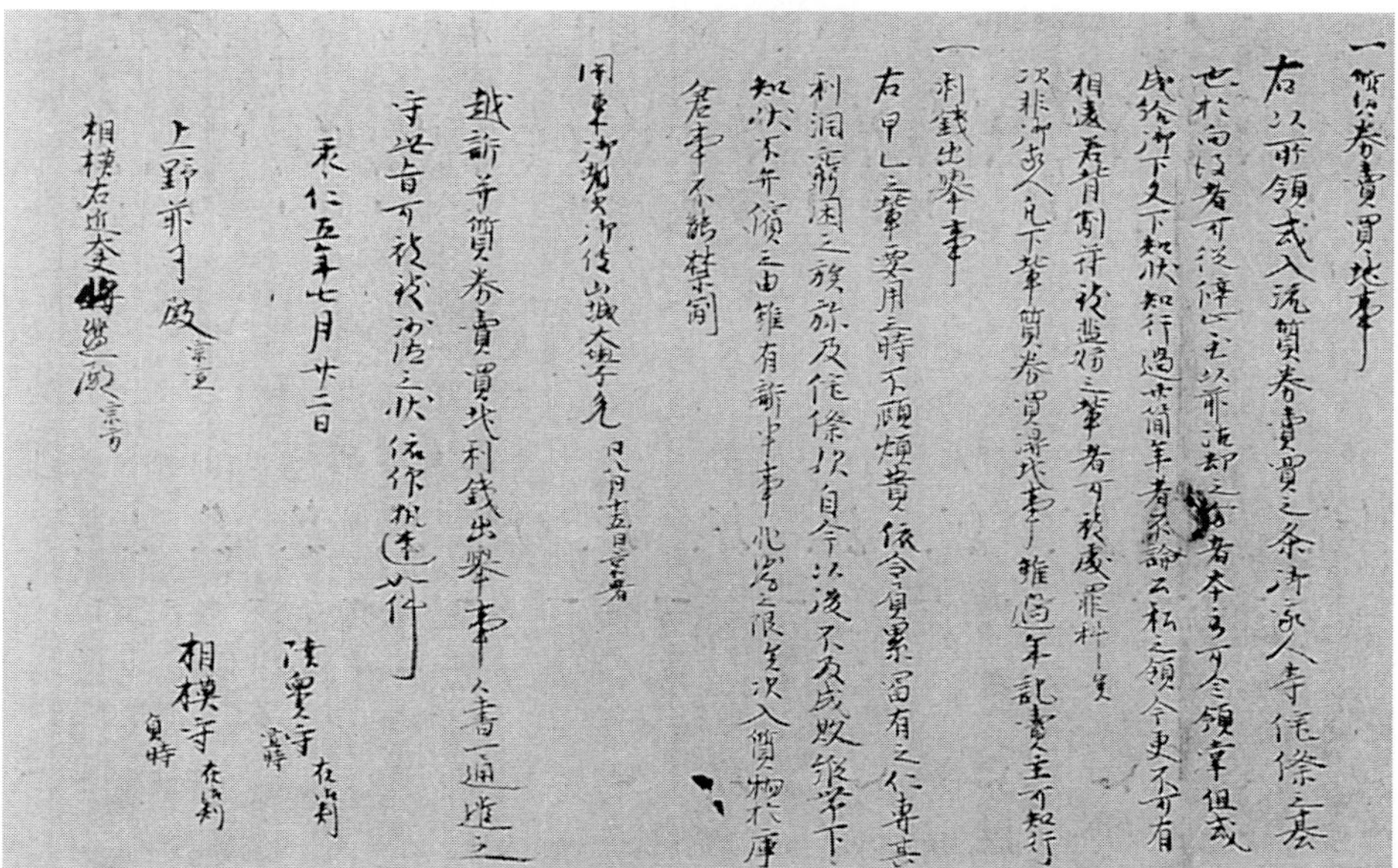

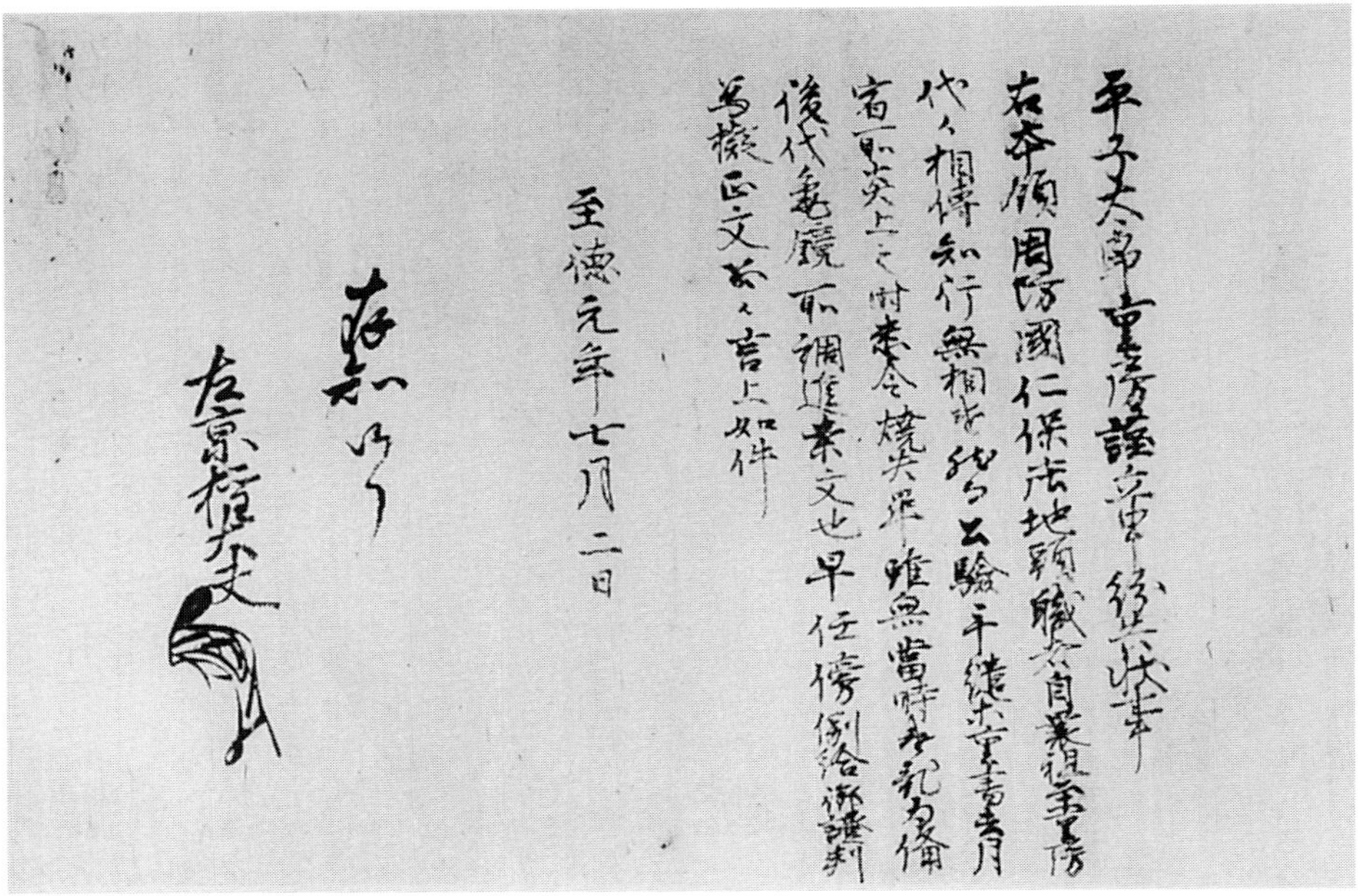

4　平子重房紛失状〔三浦家文書／大日本古文書による〕19頁

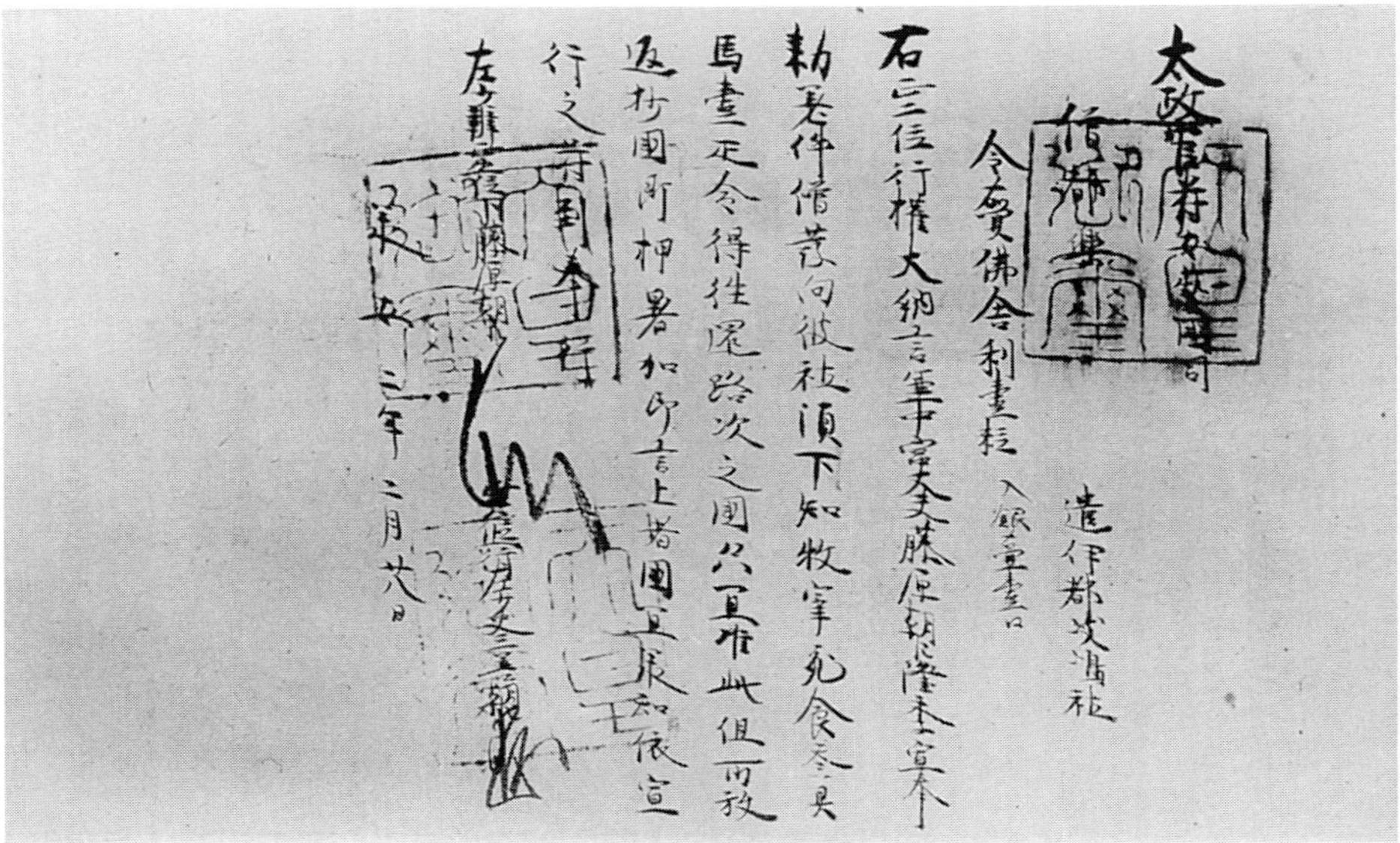

5　太政官符〔厳島神社文書〕66頁

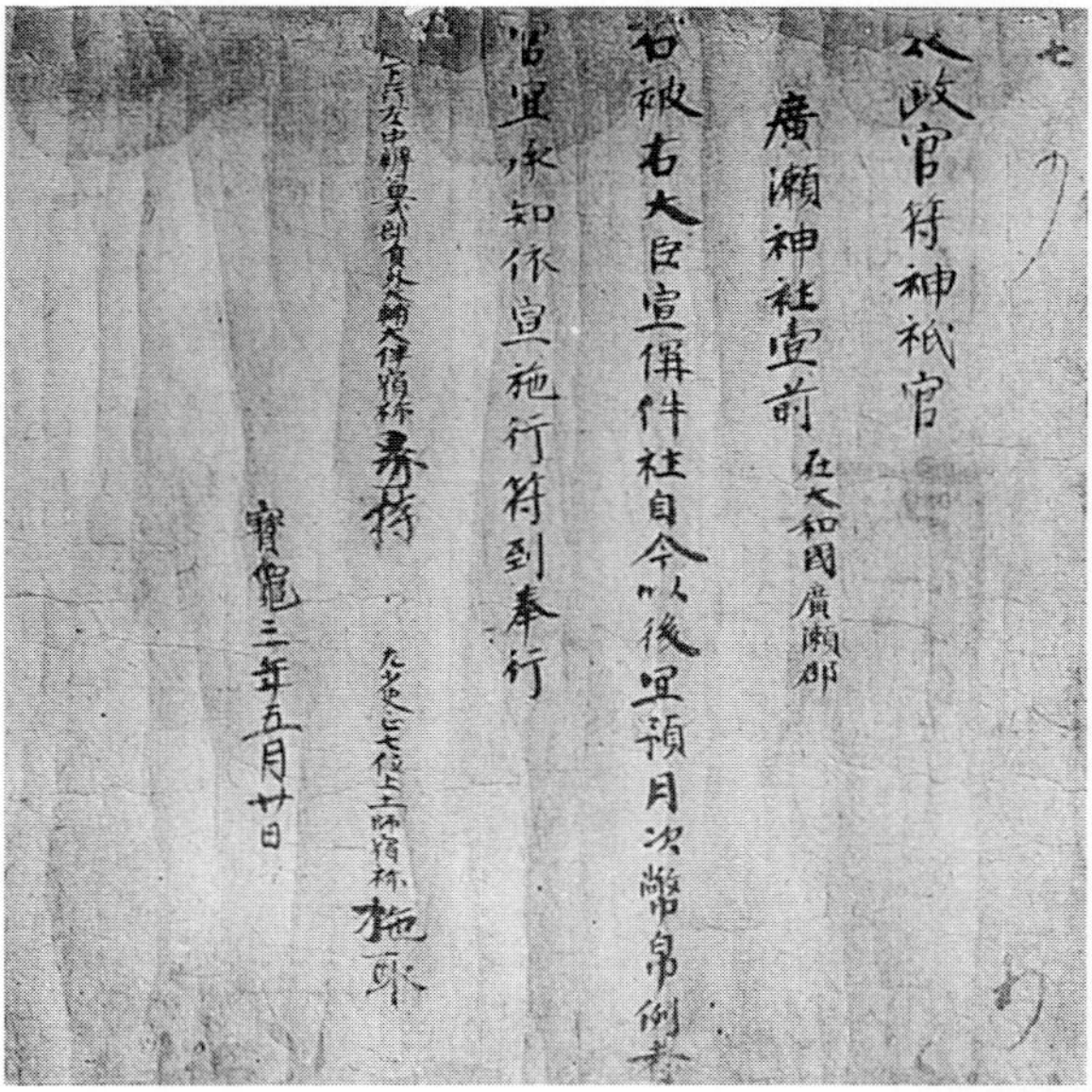
太政官符神祇官
廣瀬神社壹前　在大和國廣瀬郡
右被右大臣宣偁件社自今以後宜預月次幣帛例者
官宜承知依宣施行符到奉行
寶龜三年五月廿日

6　太政官符〔宮本長則氏所蔵〕290頁

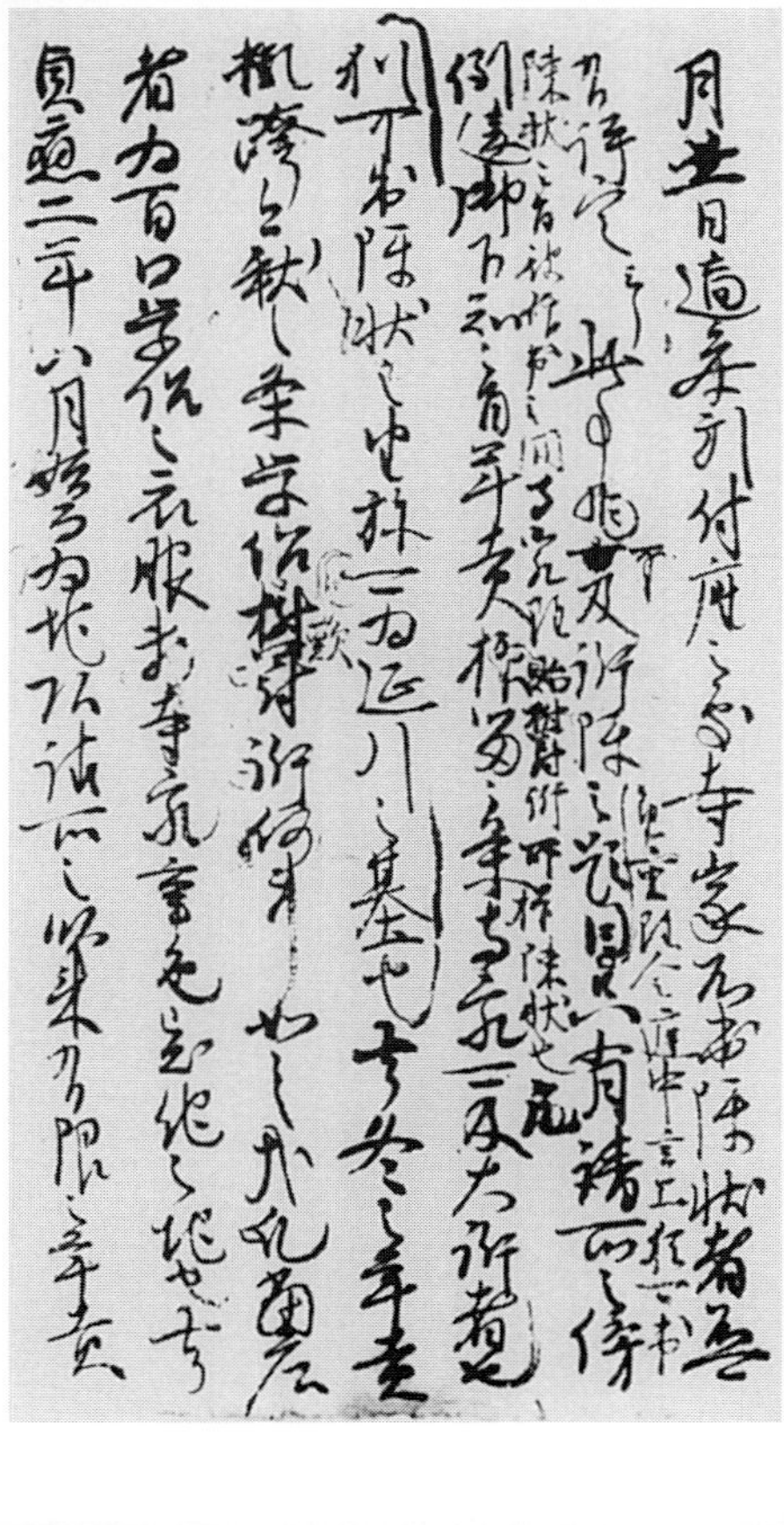

7　東大寺学侶代頼深申状案（部分）〔東大寺文書〕
291頁

▶7

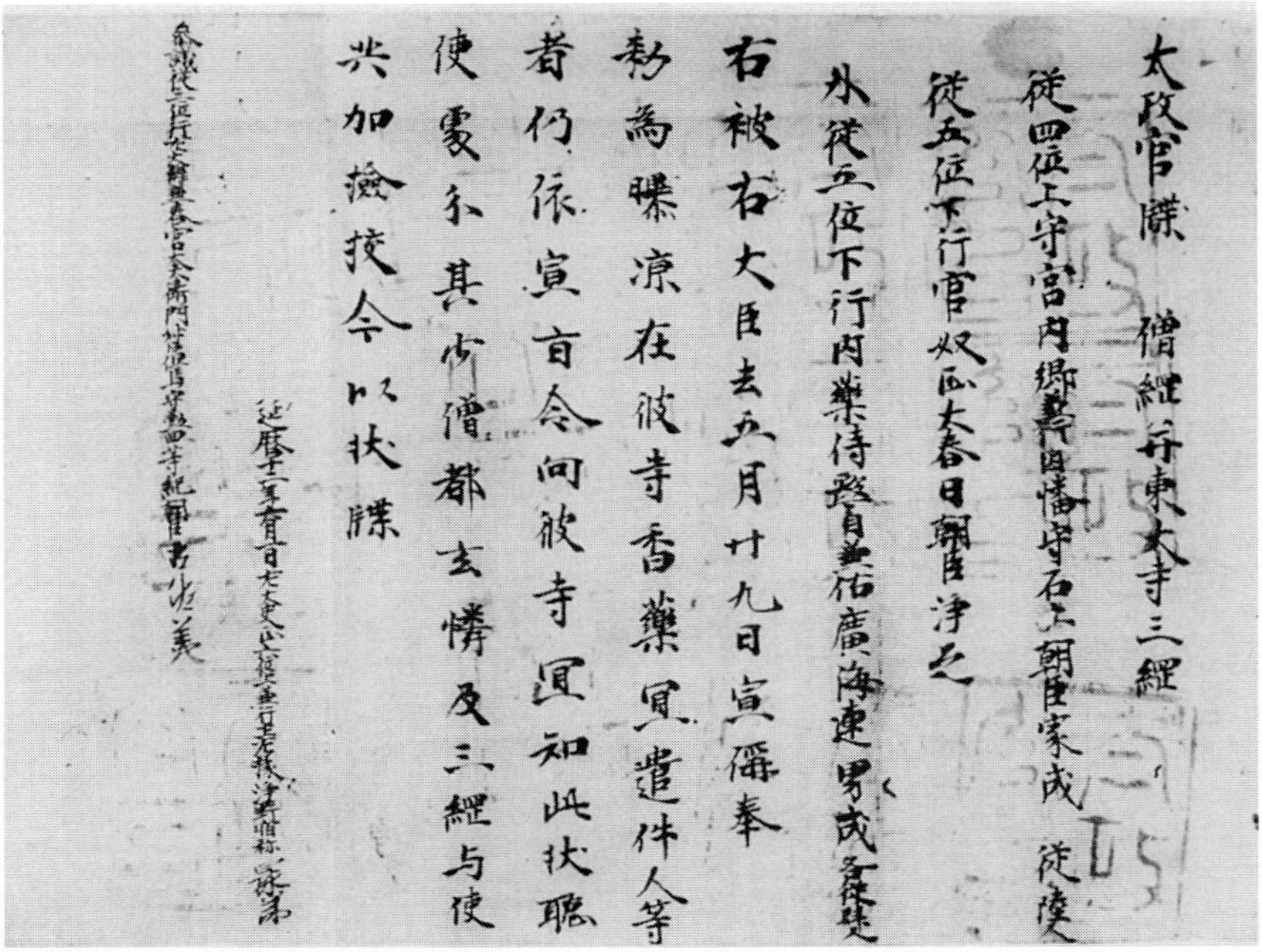

8　太政官牒〔東南院文書第一櫃七巻〕72頁

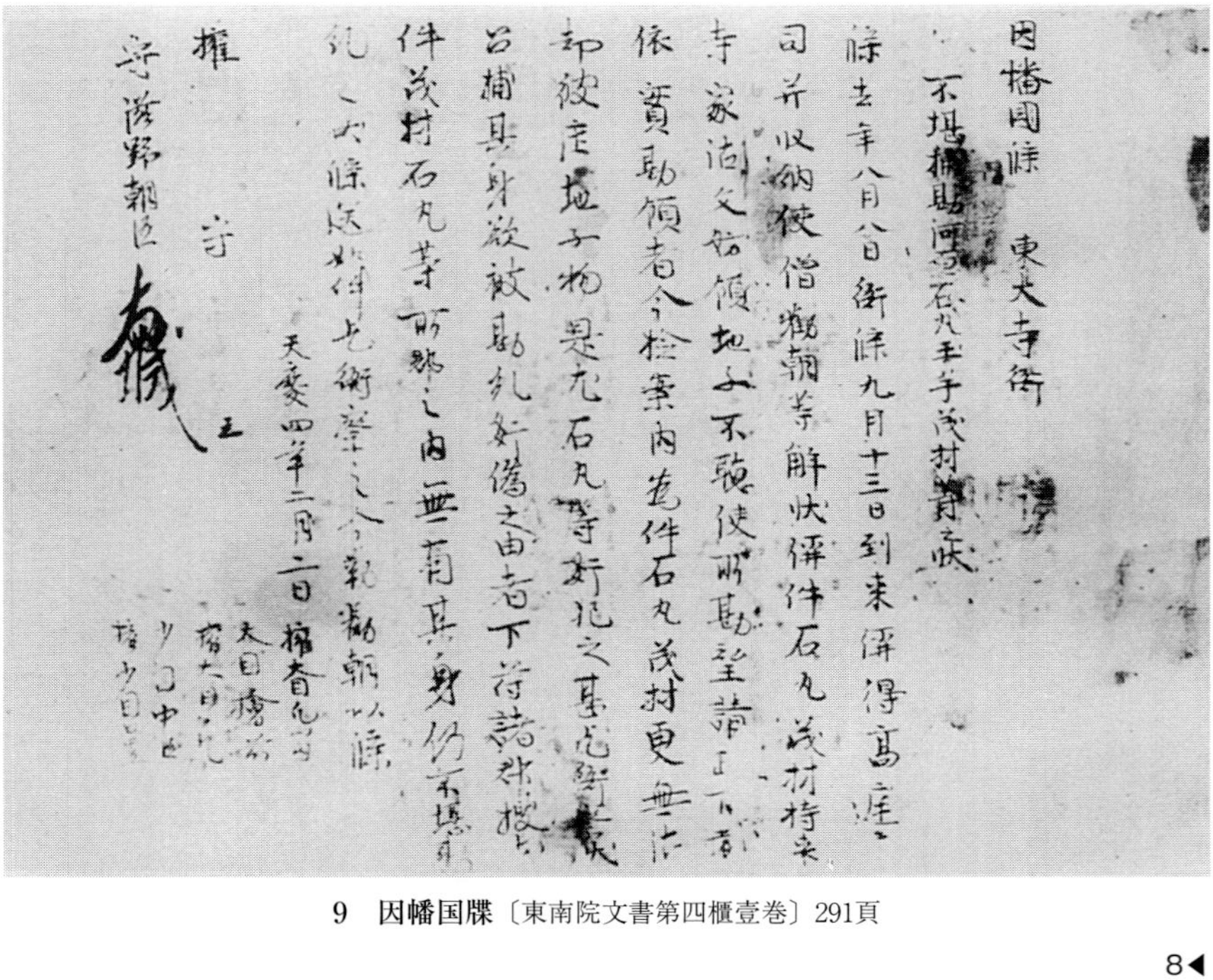

9　因幡国牒〔東南院文書第四櫃壹巻〕291頁

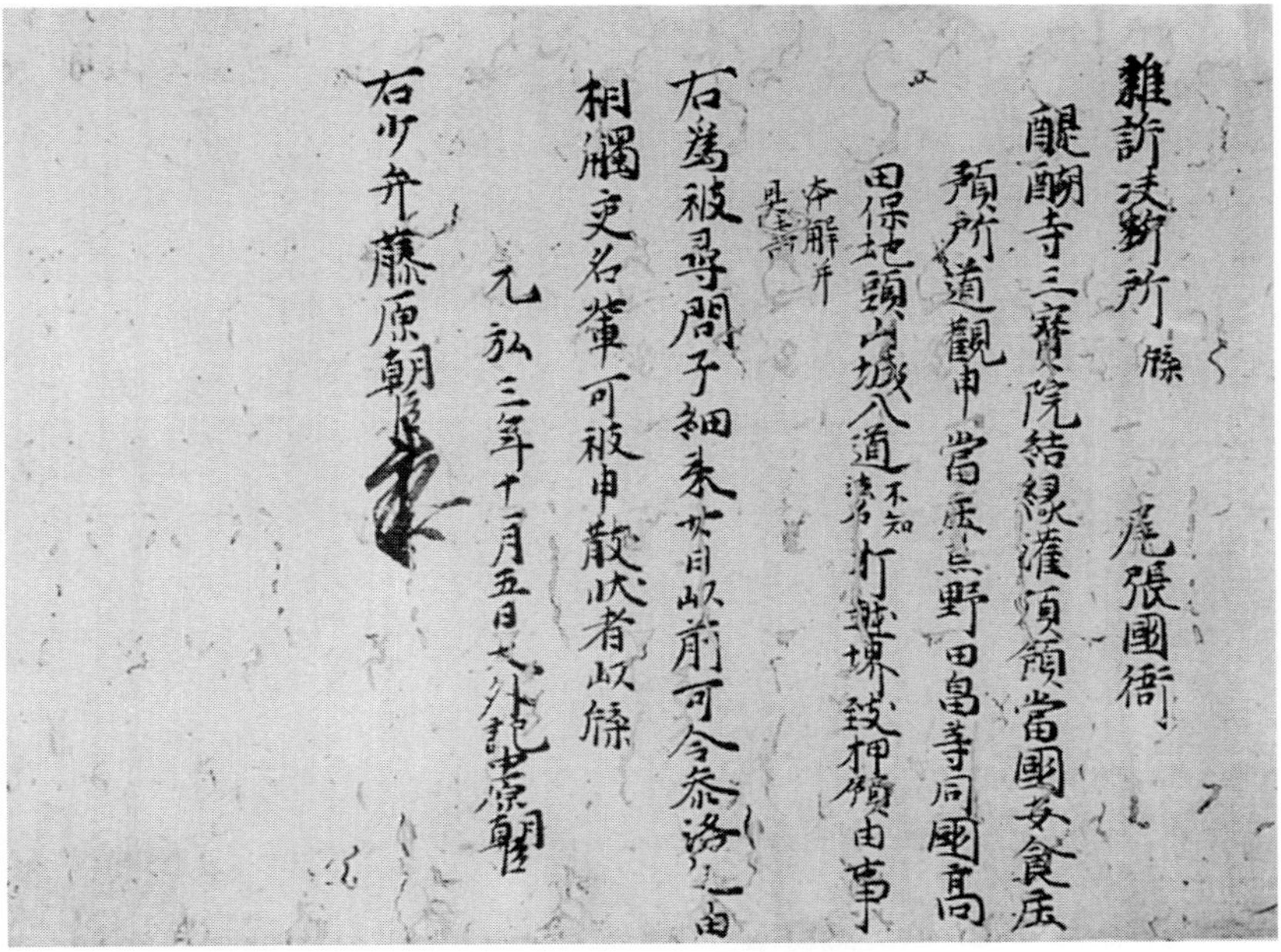

10　雑訴決断所牒〔醍醐寺文書〕74頁

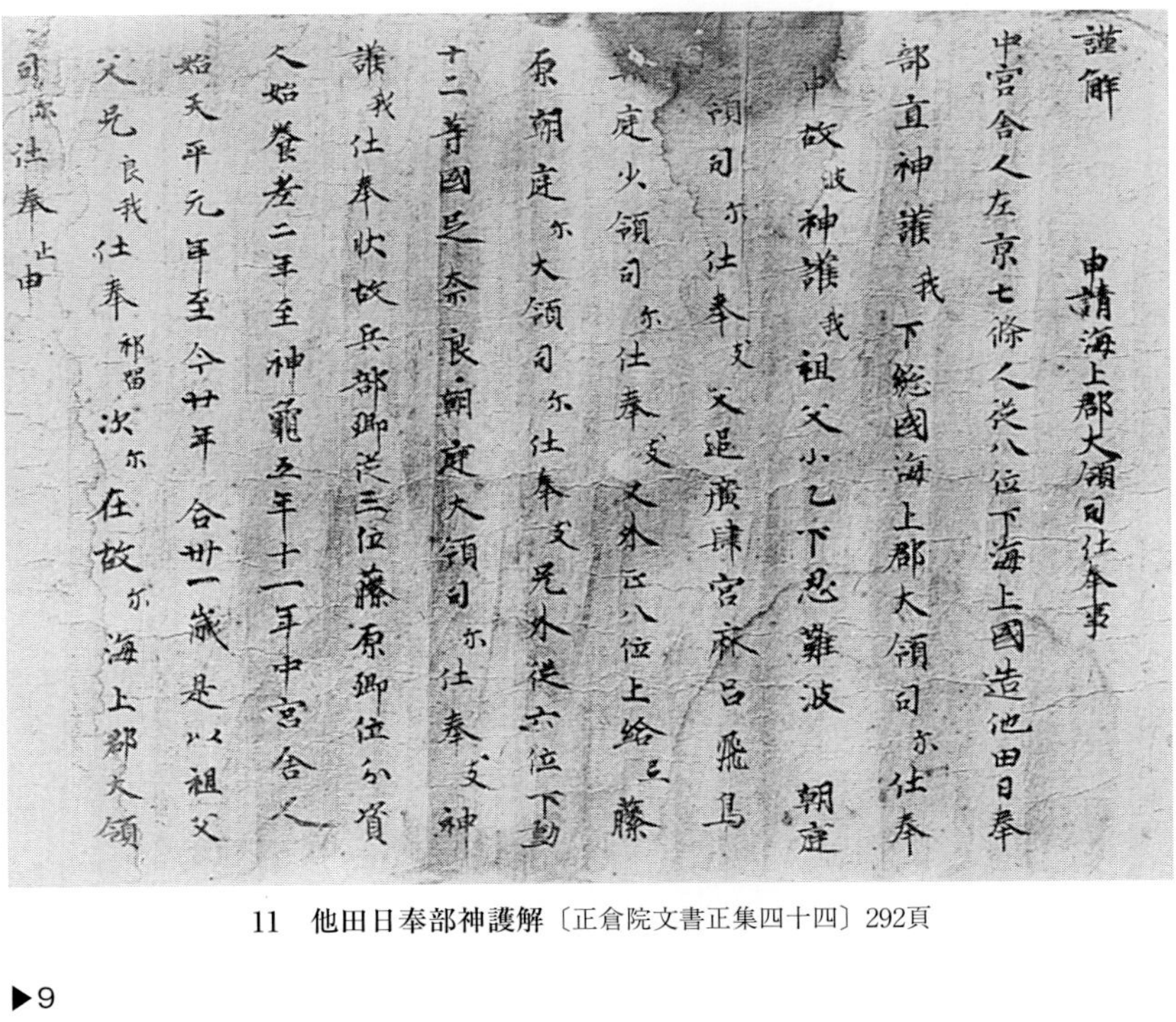

11　他田日奉部神護解〔正倉院文書正集四十四〕292頁

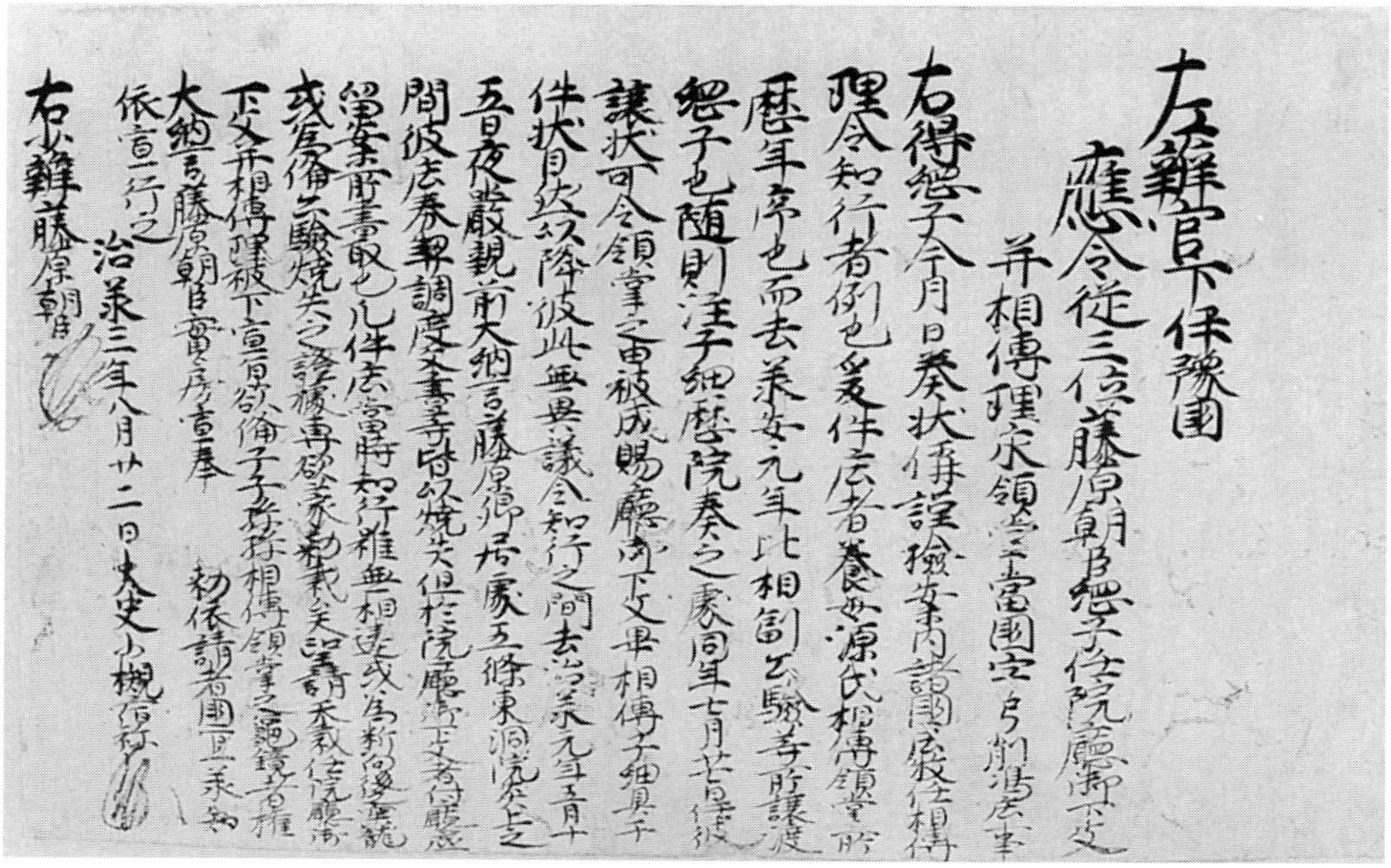

12　官宣旨〔東寺百合文書こ函／京都府立総合資料館所蔵〕89頁

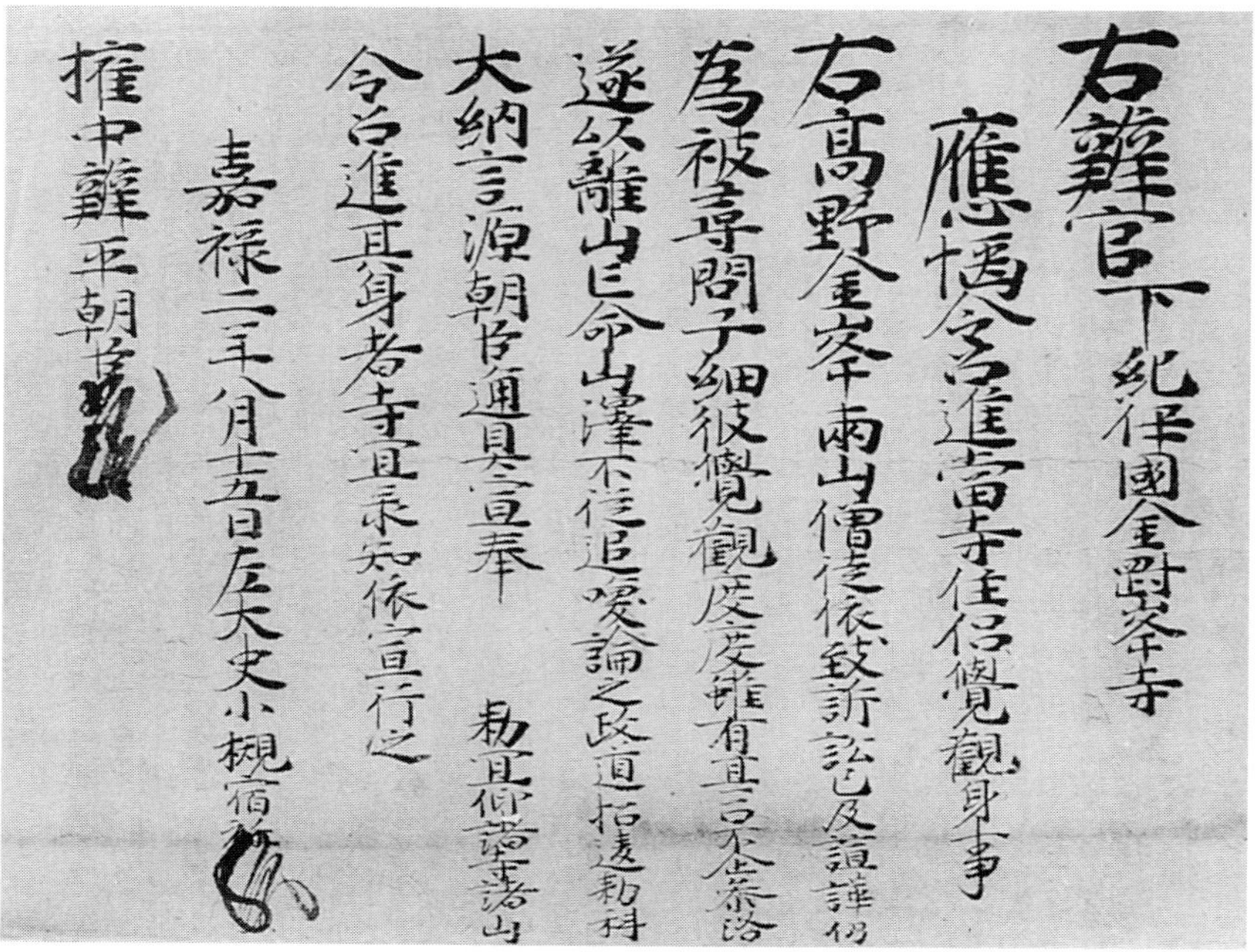

13　官宣旨〔高野山文書宝簡集四十八／大日本古文書による〕292頁

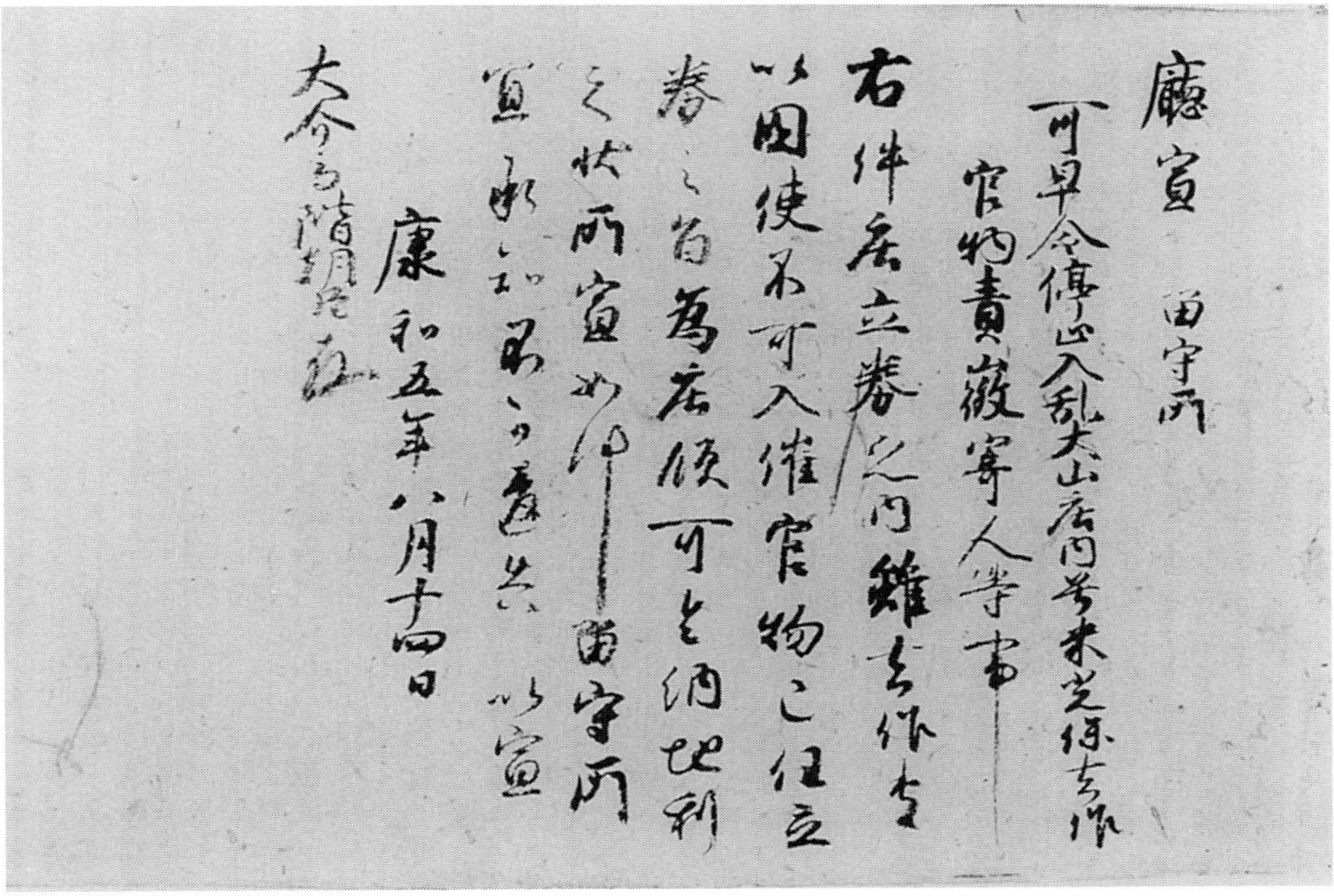

14　丹波国司庁宣〔東寺百合文書こ函／京都府立総合資料館所蔵〕99頁

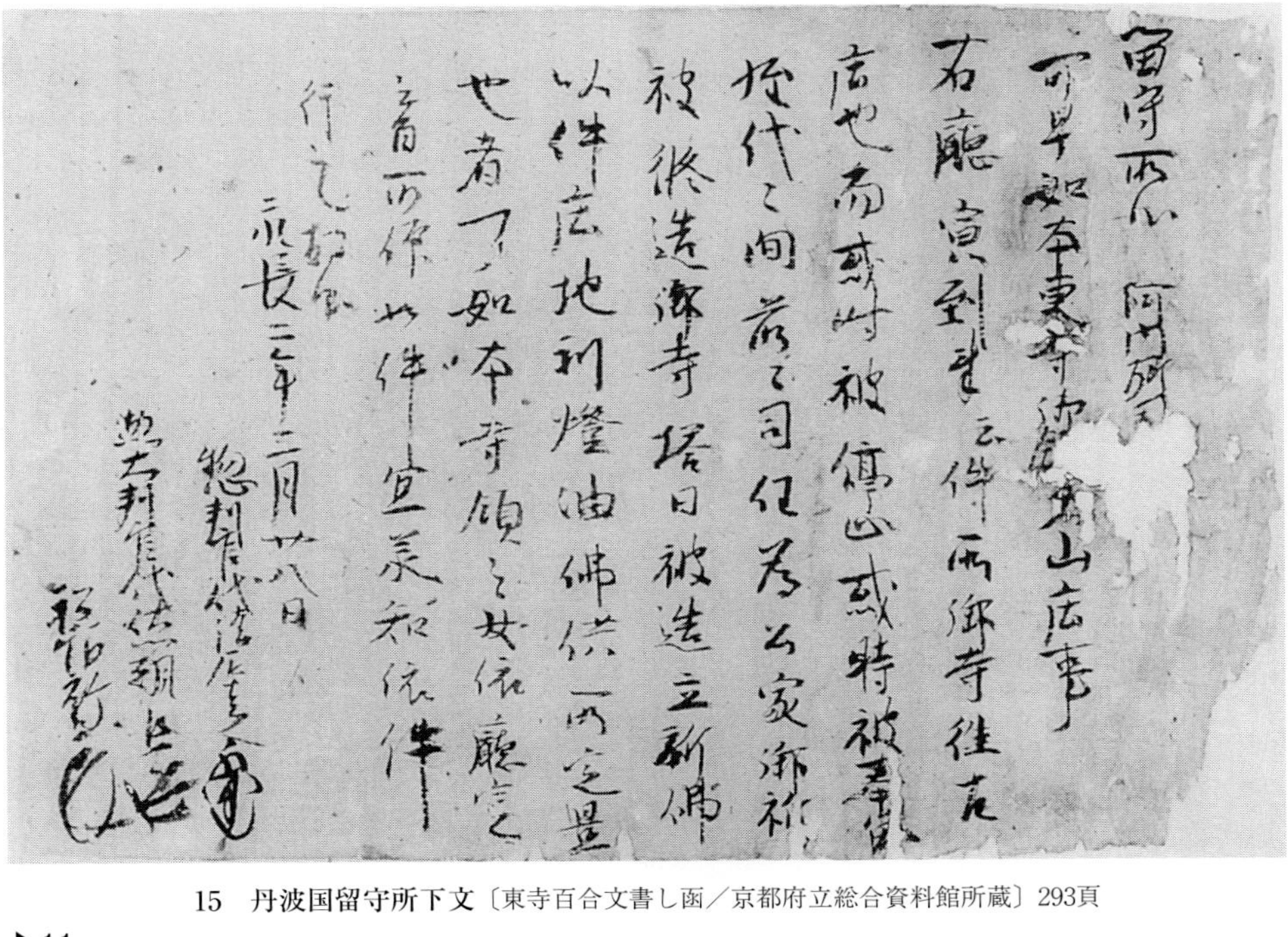

15　丹波国留守所下文〔東寺百合文書し函／京都府立総合資料館所蔵〕293頁

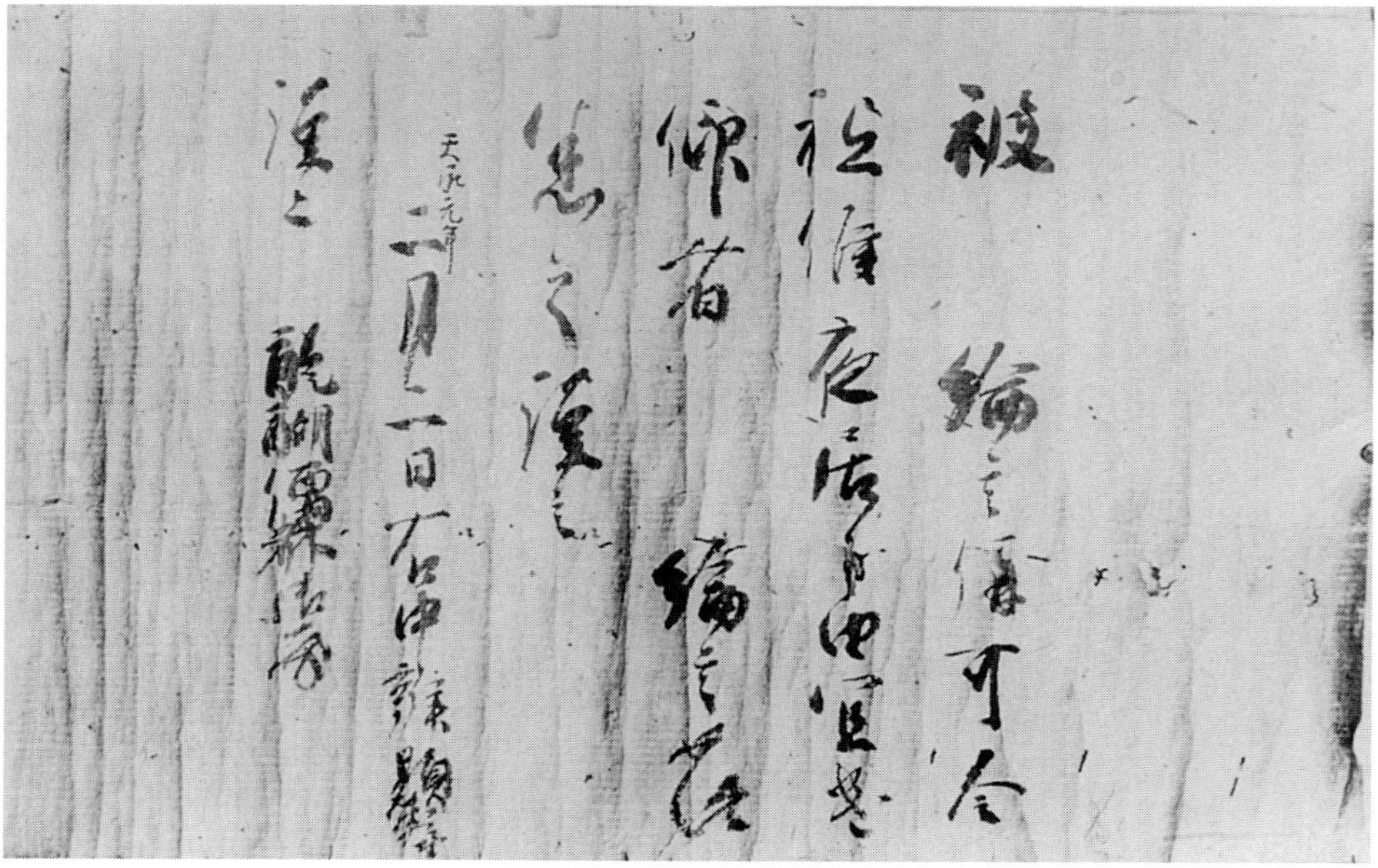

16　崇徳天皇綸旨〔醍醐寺文書〕293頁

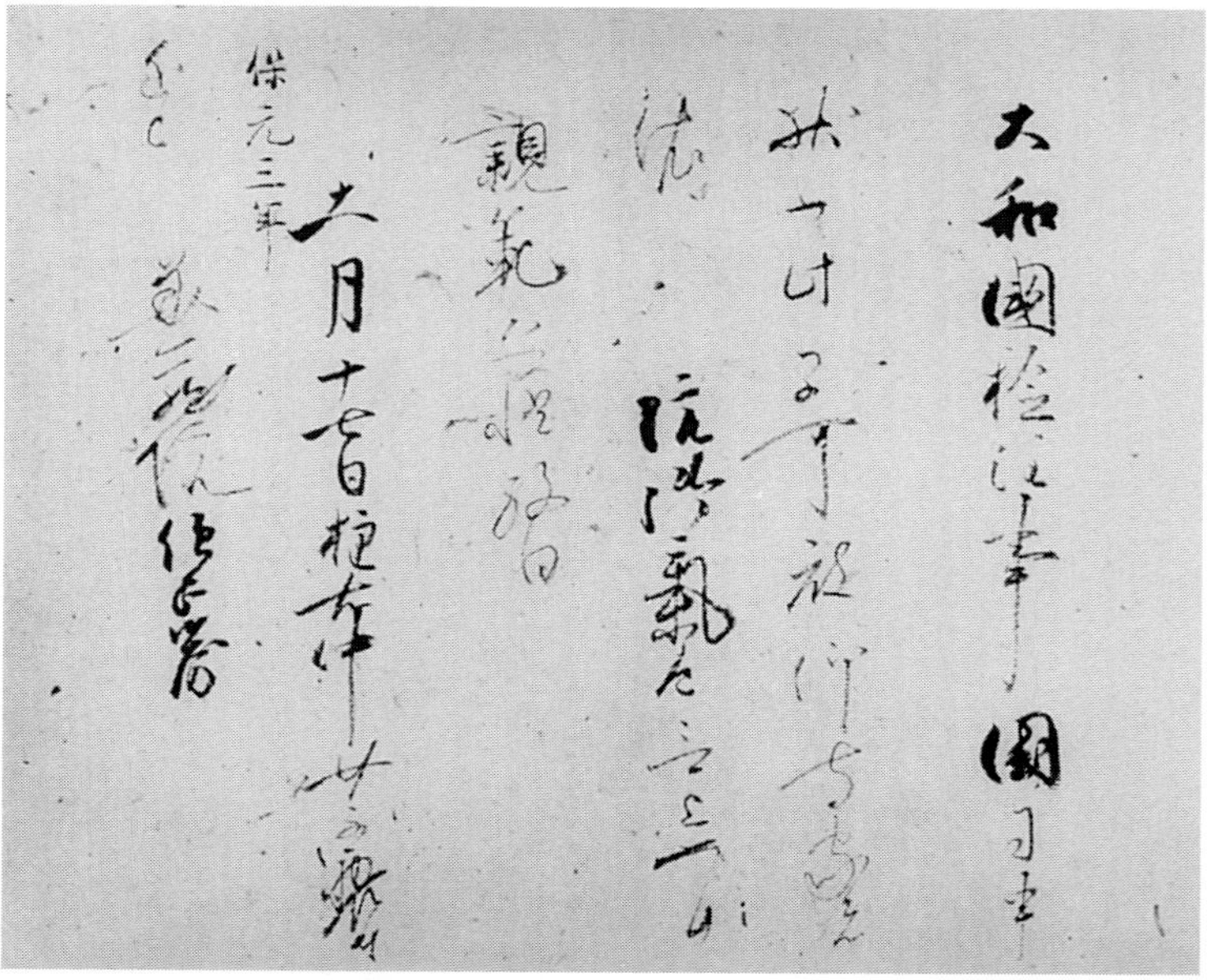

17　後白河上皇院宣〔東南院文書第一櫃八巻〕108頁

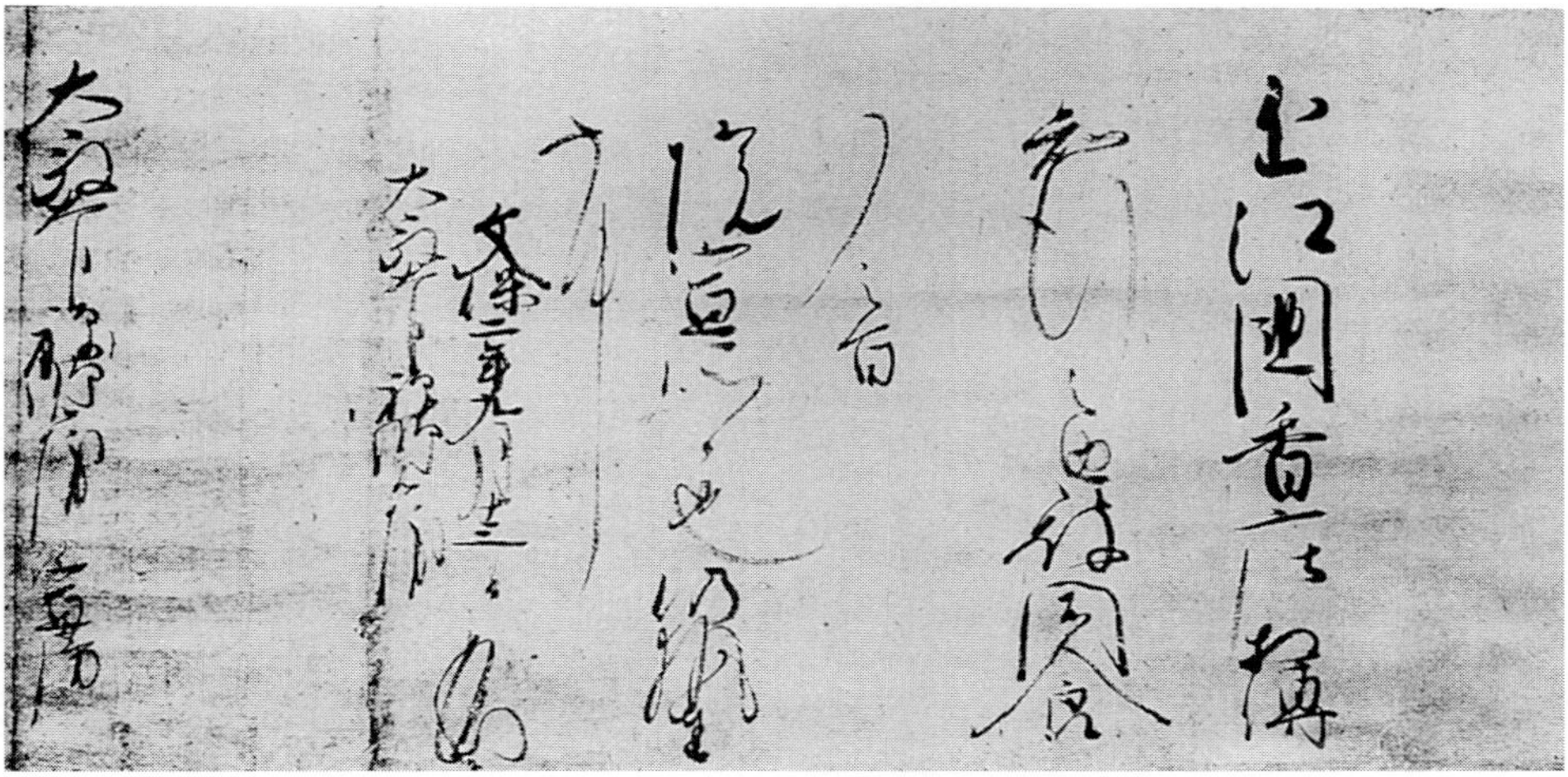

18　後宇多上皇院宣〔田中勘兵衛氏所蔵文書／歴史写真集による〕110頁

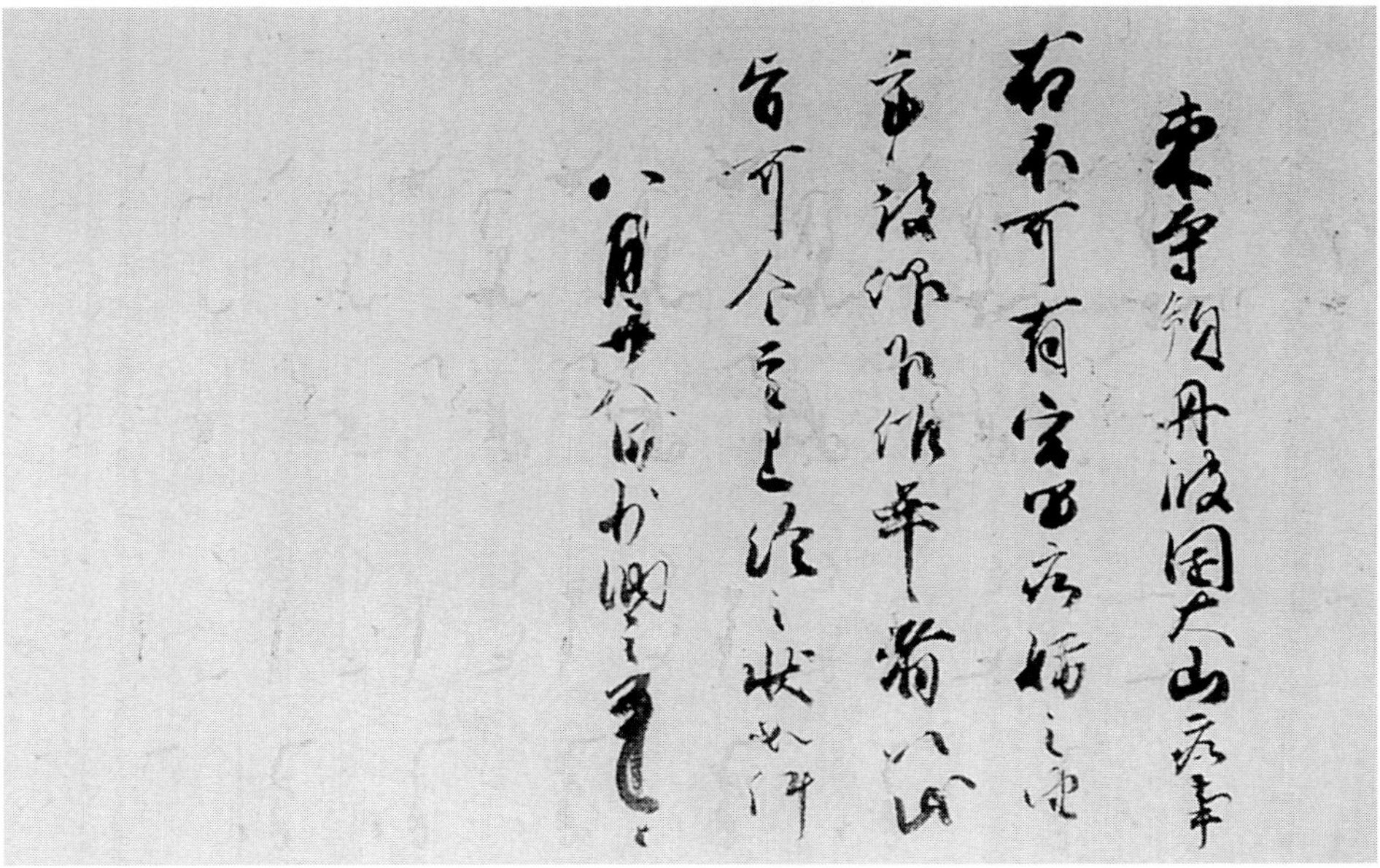

19　関白藤原忠通御教書〔東寺百合文書ほ函／京都府立総合資料館所蔵〕112頁

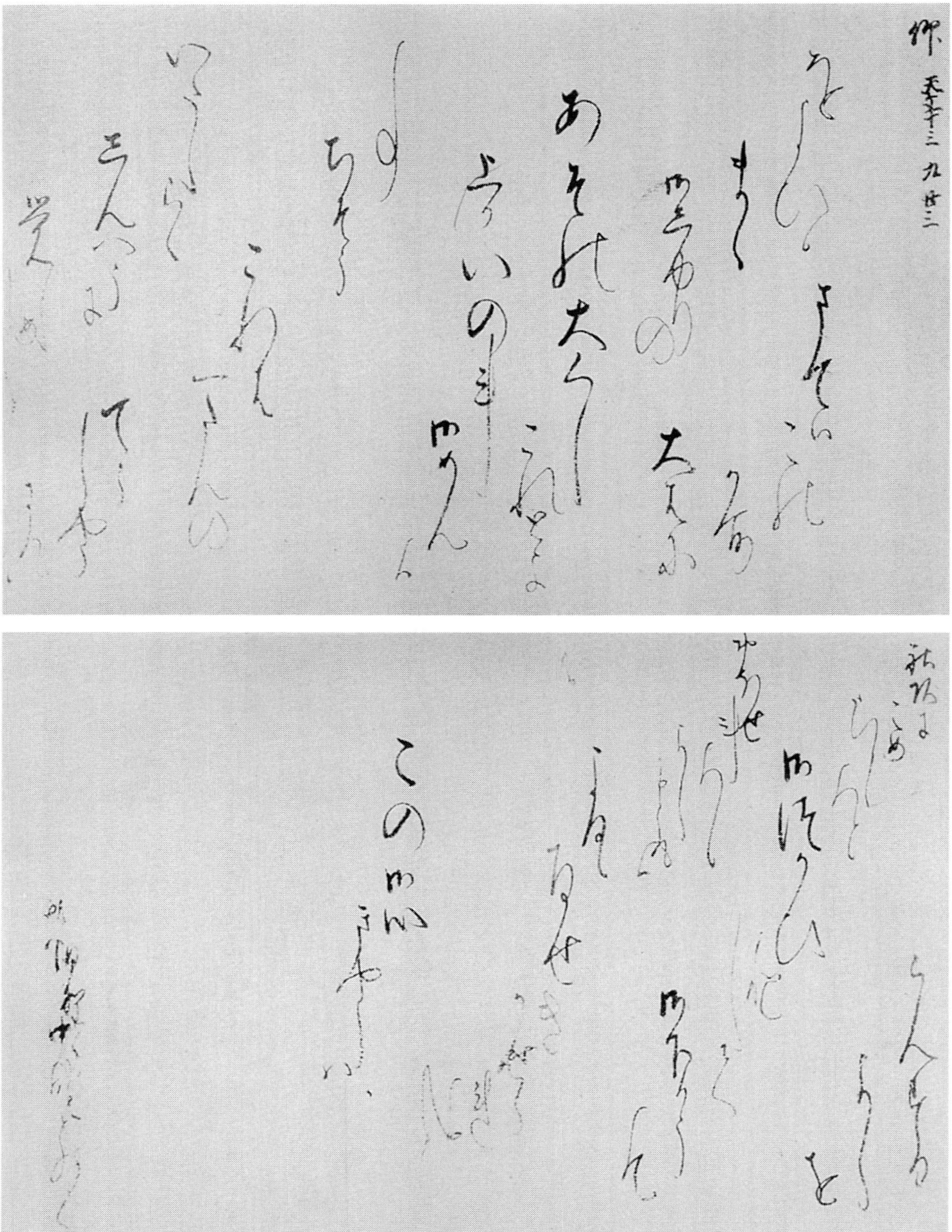

20　後奈良天皇女房奉書〔阿蘇文書／大日本古文書による〕
（上は本紙，下は礼紙）　115頁

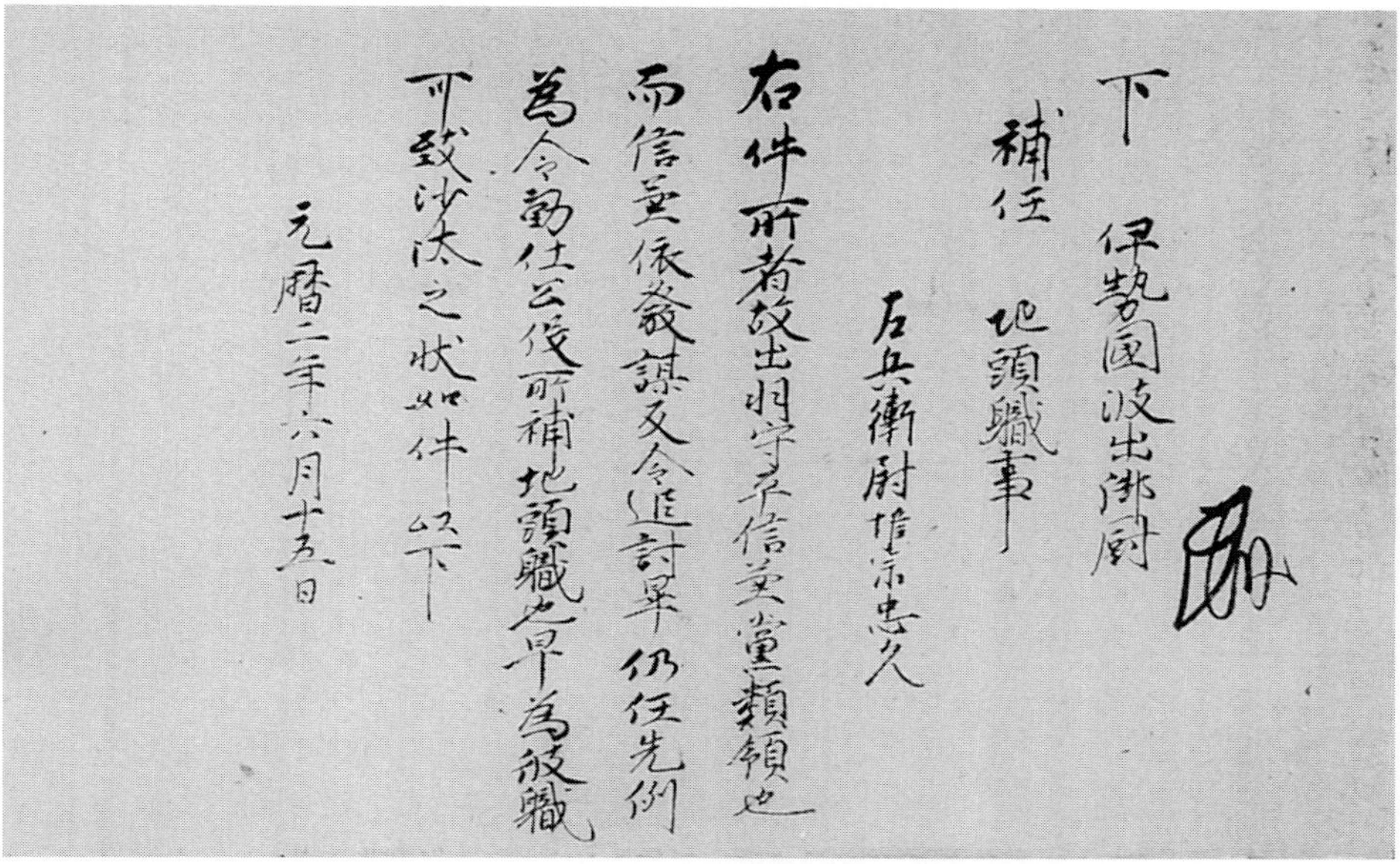

下　伊勢国波出御厨
補任　地頭職事
左兵衛尉惟宗忠久
右件所者、故出羽守平信兼党類領也、而信兼依発謀反、令追討畢、仍任先例、為令勤仕公役、所補地頭職也、早為彼職、可致沙汰之状如件、以下
元暦二年六月十五日

21　源頼朝袖判下文〔島津家文書／東京大学史料編纂所所蔵〕120頁

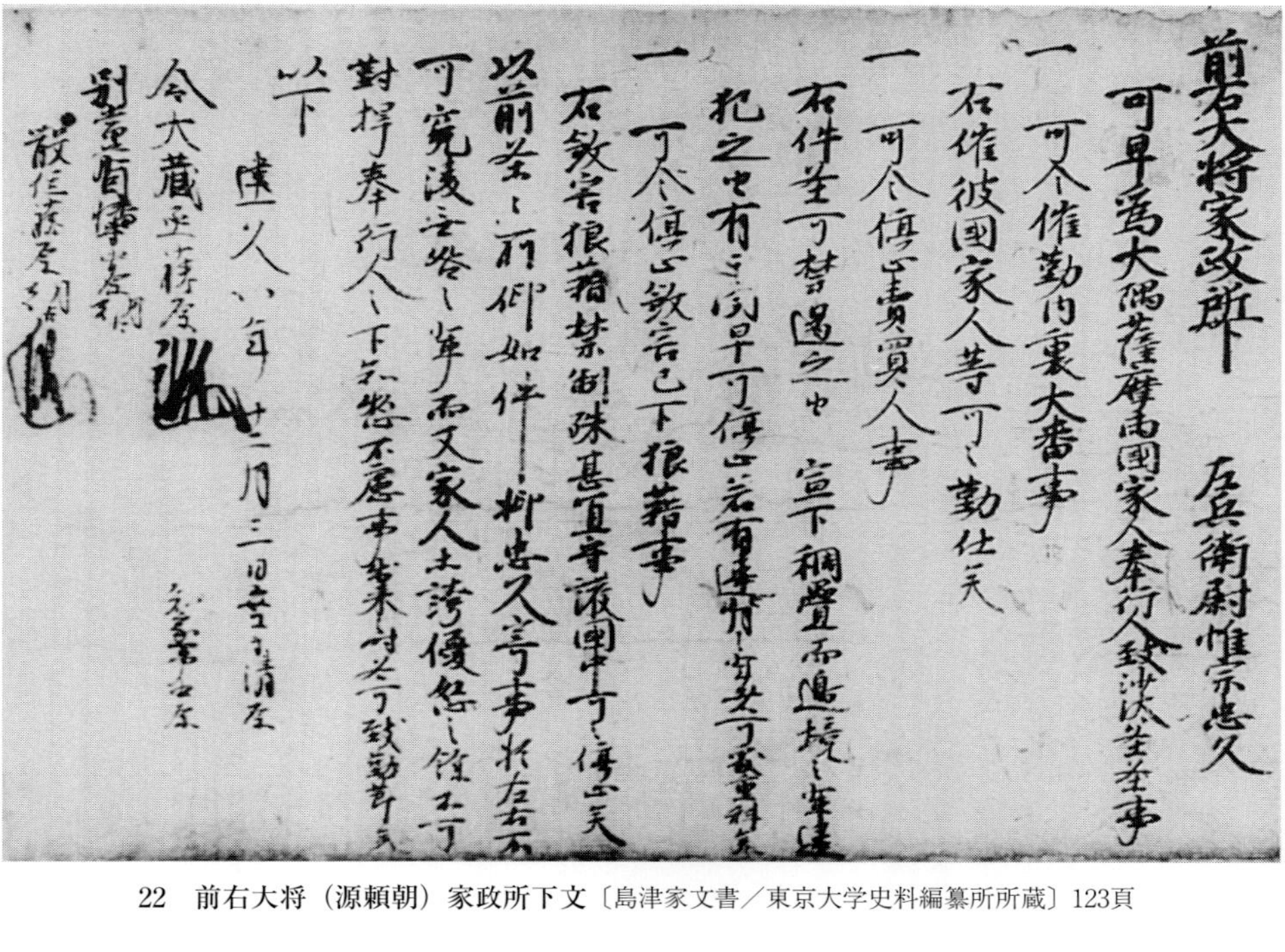

前右大将家政所下　左兵衛尉惟宗忠久
可早為大隅薩摩両国家人奉行人致沙汰条々事
一　可令催勤内裏大番事
右、催彼国家人等、可令勤仕矣
一　可令停止売買人事

以下
建久八年十二月三日
令大蔵丞藤原
別当前因幡守中原朝臣
案主清原
知家事中原

22　前右大将（源頼朝）家政所下文〔島津家文書／東京大学史料編纂所所蔵〕123頁

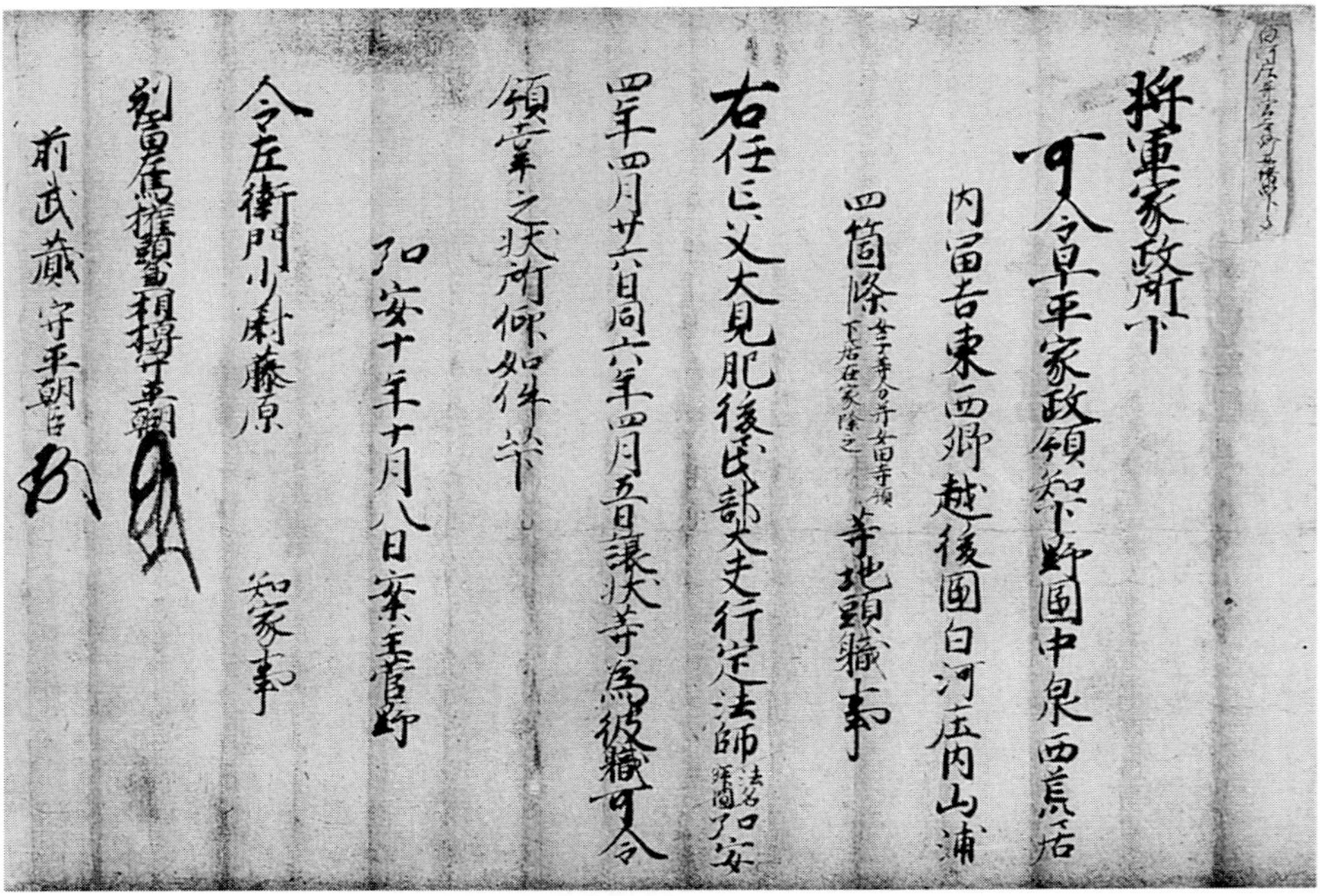

23　将軍家政所下文〔大見水原文書／反町十郎氏所蔵〕126頁

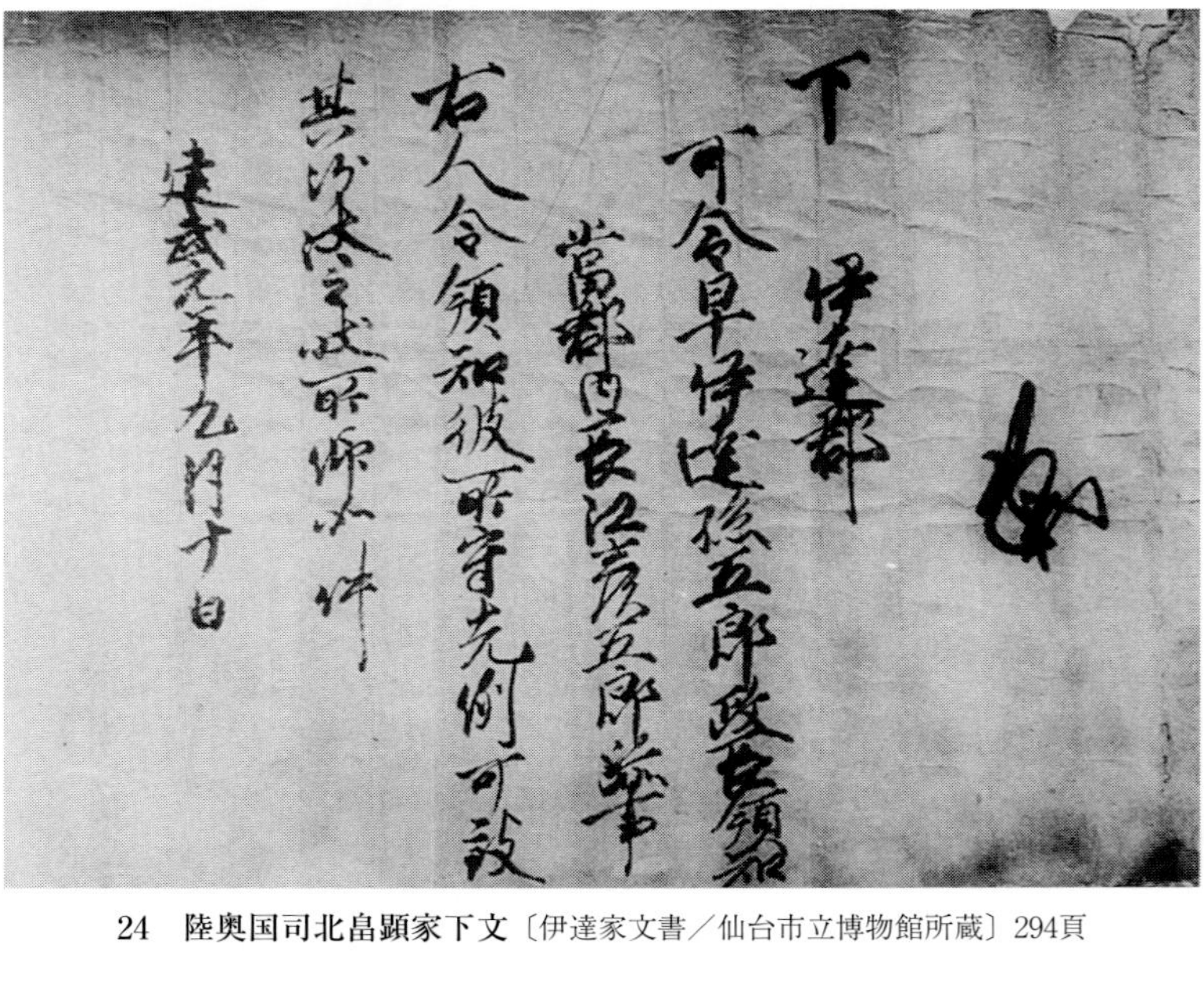

24　陸奥国司北畠顕家下文〔伊達家文書／仙台市立博物館所蔵〕294頁

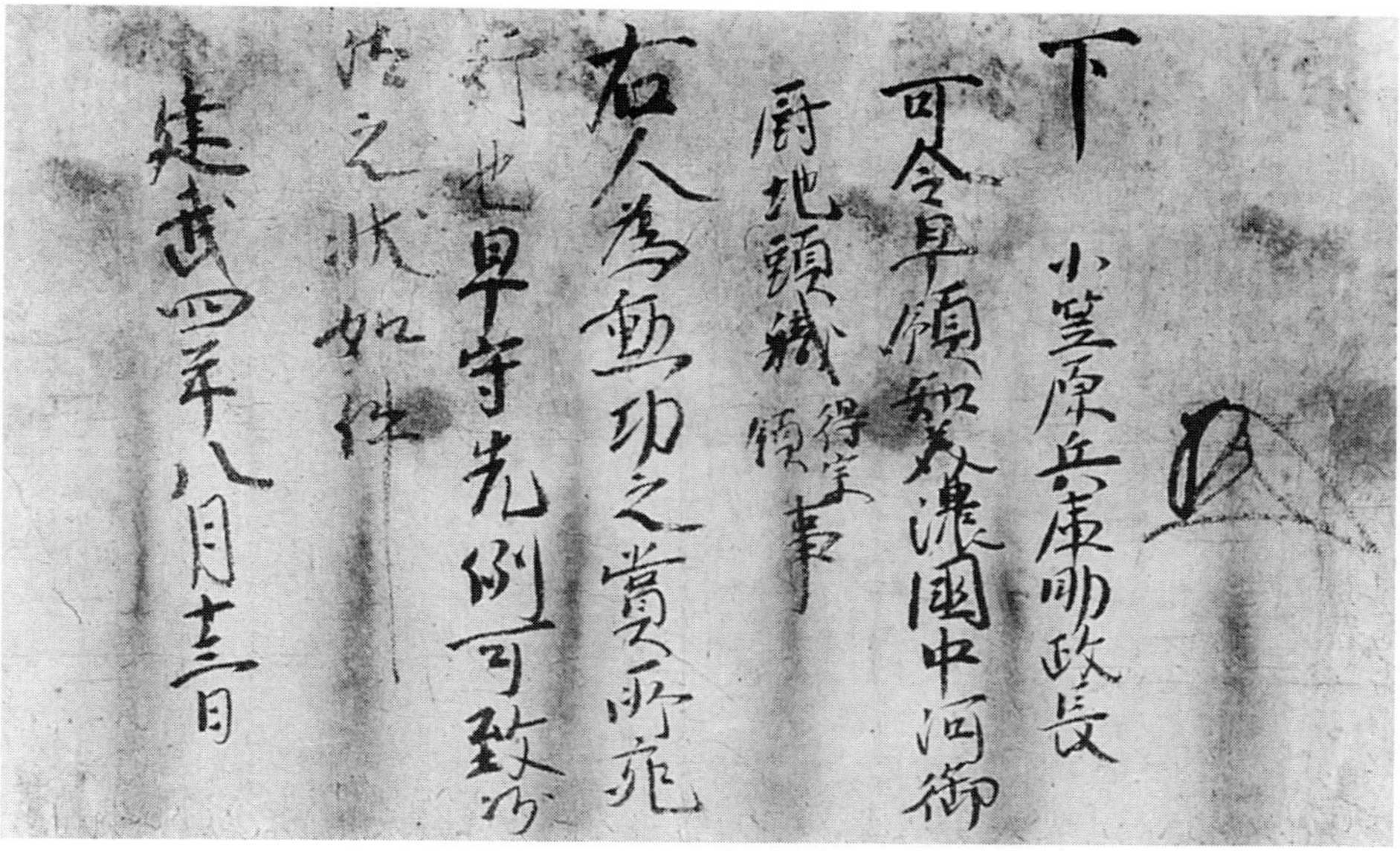

下　小笠原兵庫助政長
可令早領知美濃国中河御厨地頭職（得宗領）事
右人、為勲功之賞所宛行也、早守先例可致沙汰之状如件
建武四年八月十三日

25　**足利尊氏袖判下文**〔小笠原文書／東京大学史料編纂所所蔵〕131頁

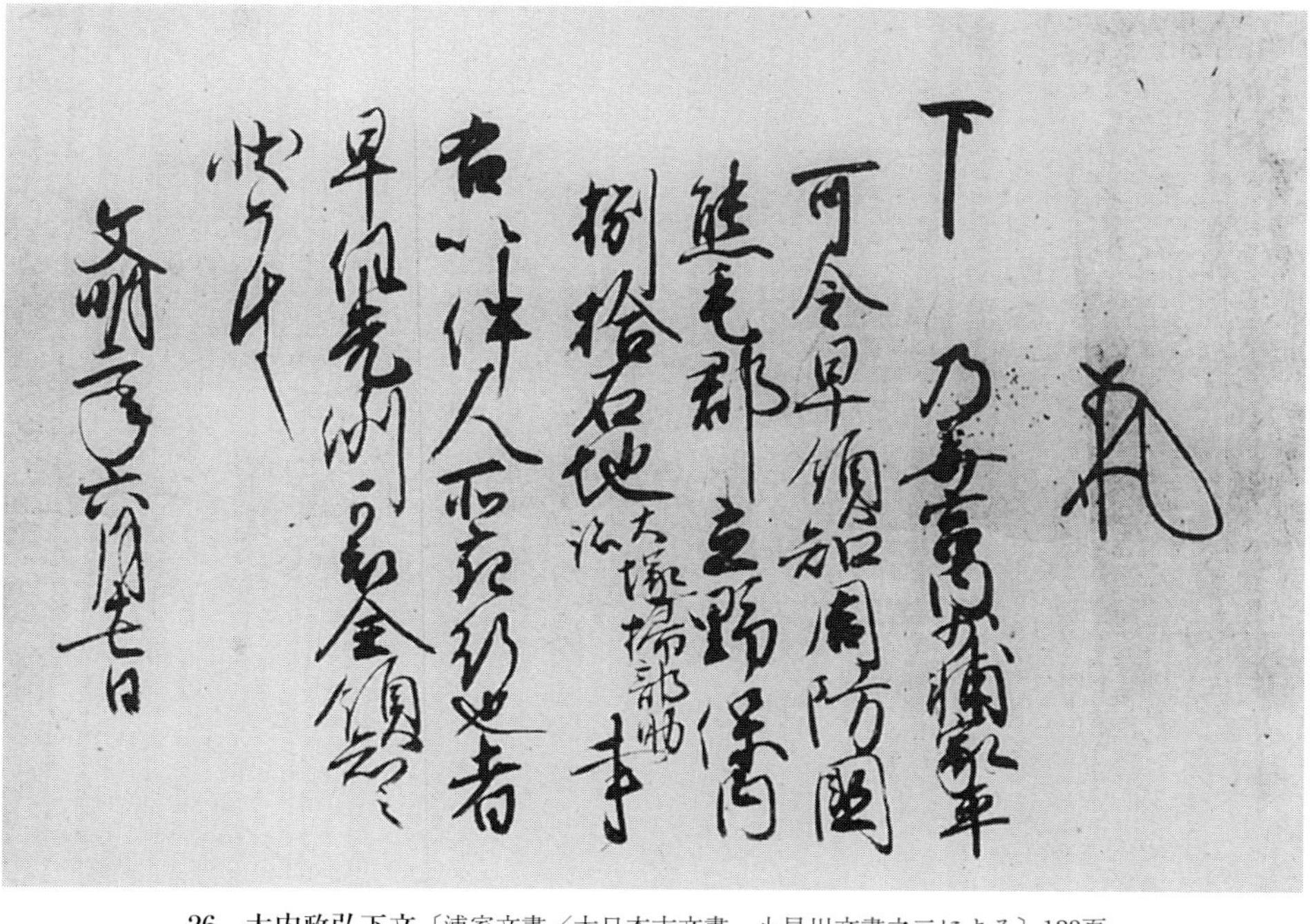

下
可令早領知周防国熊毛郡立野保内捌拾石地（大塚掃部助跡）事
右以件人所充行也者、早任先例可全領知之状如件
文明十年六月廿七日

26　**大内政弘下文**〔浦家文書／大日本古文書，小早川文書之二による〕133頁

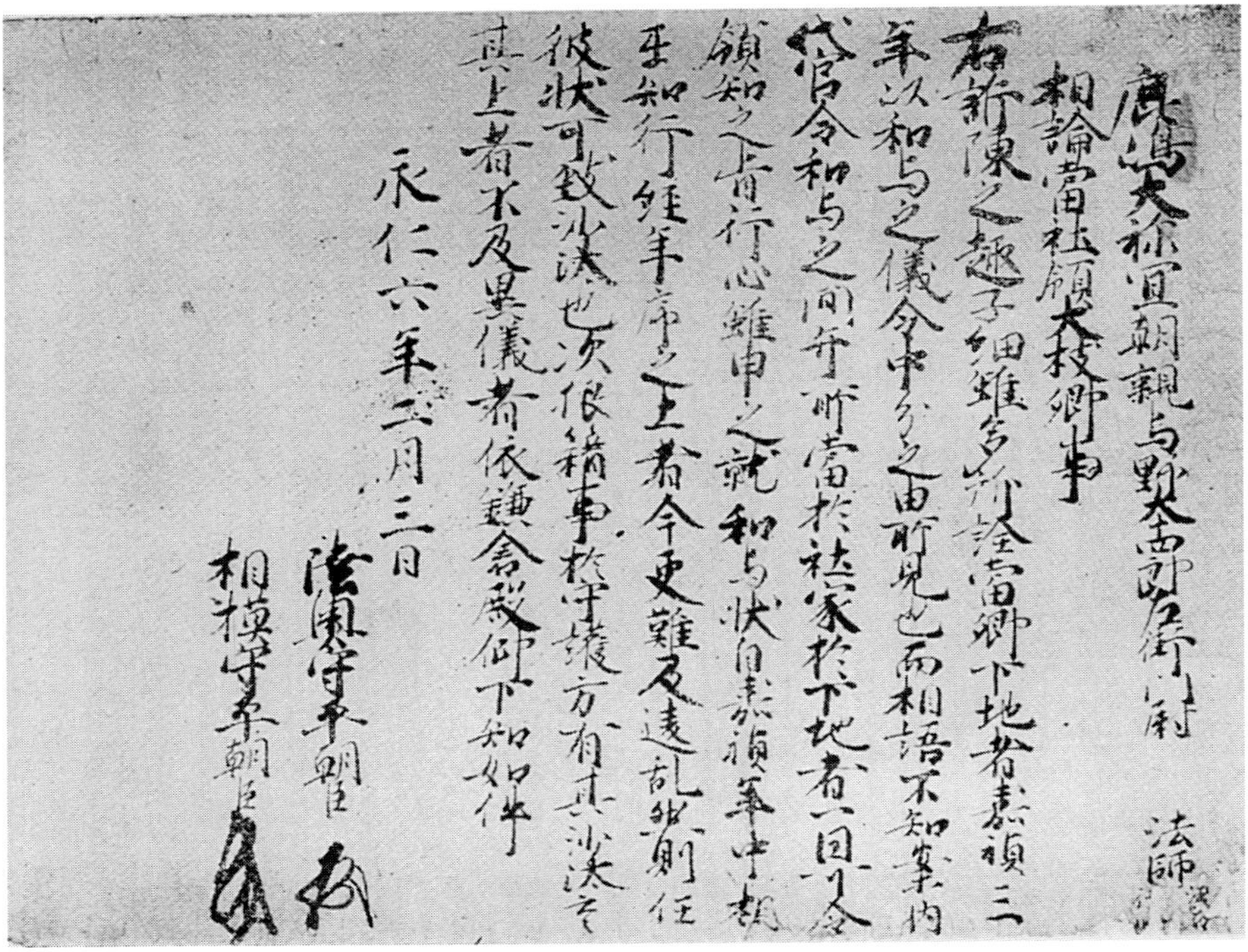

27　**関東下知状**〔鹿島大禰宜家文書／鹿島神宮文書第一輯による〕137頁

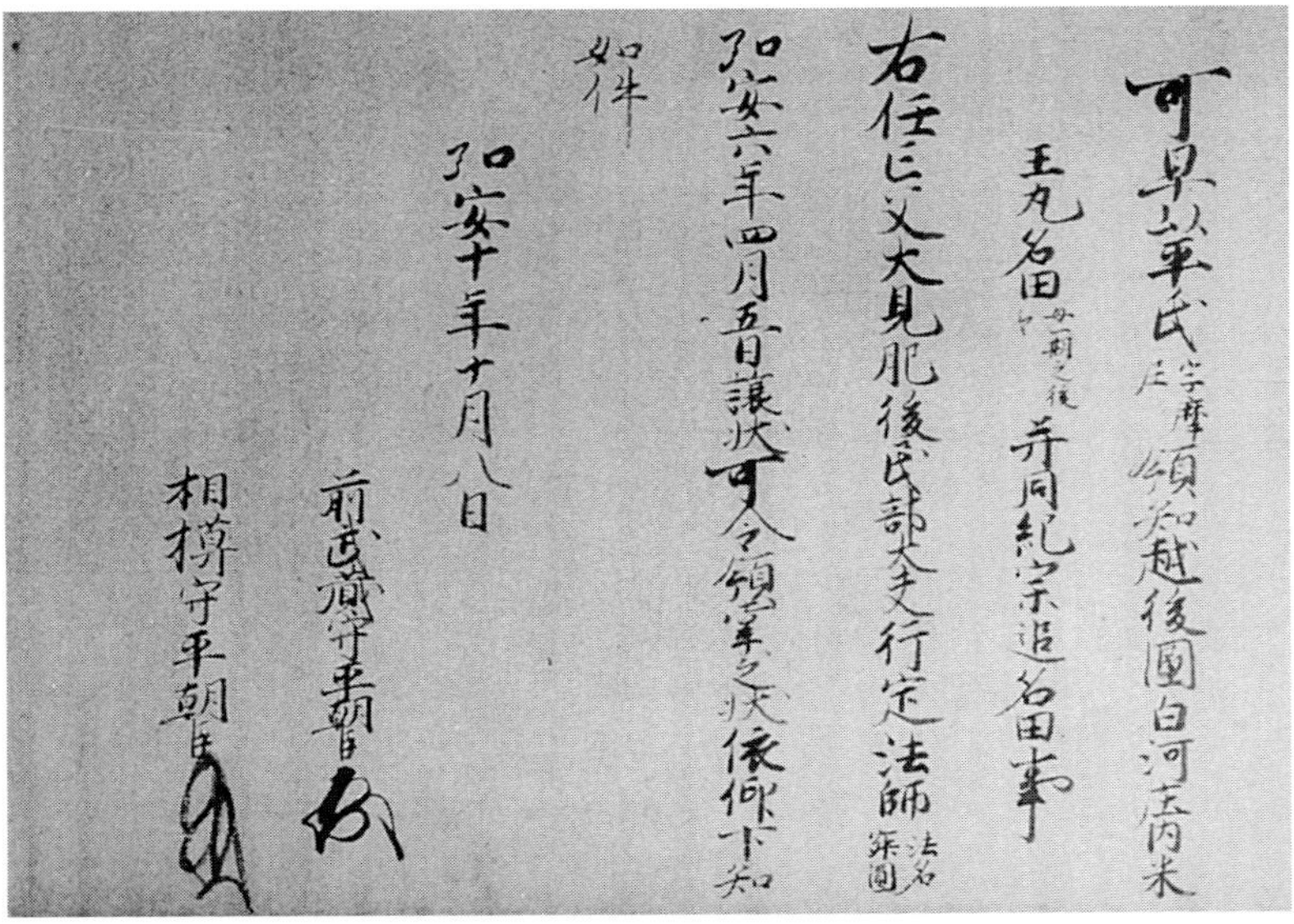

28　**関東下知状**〔大見水原文書／反町十郎氏所蔵〕142頁

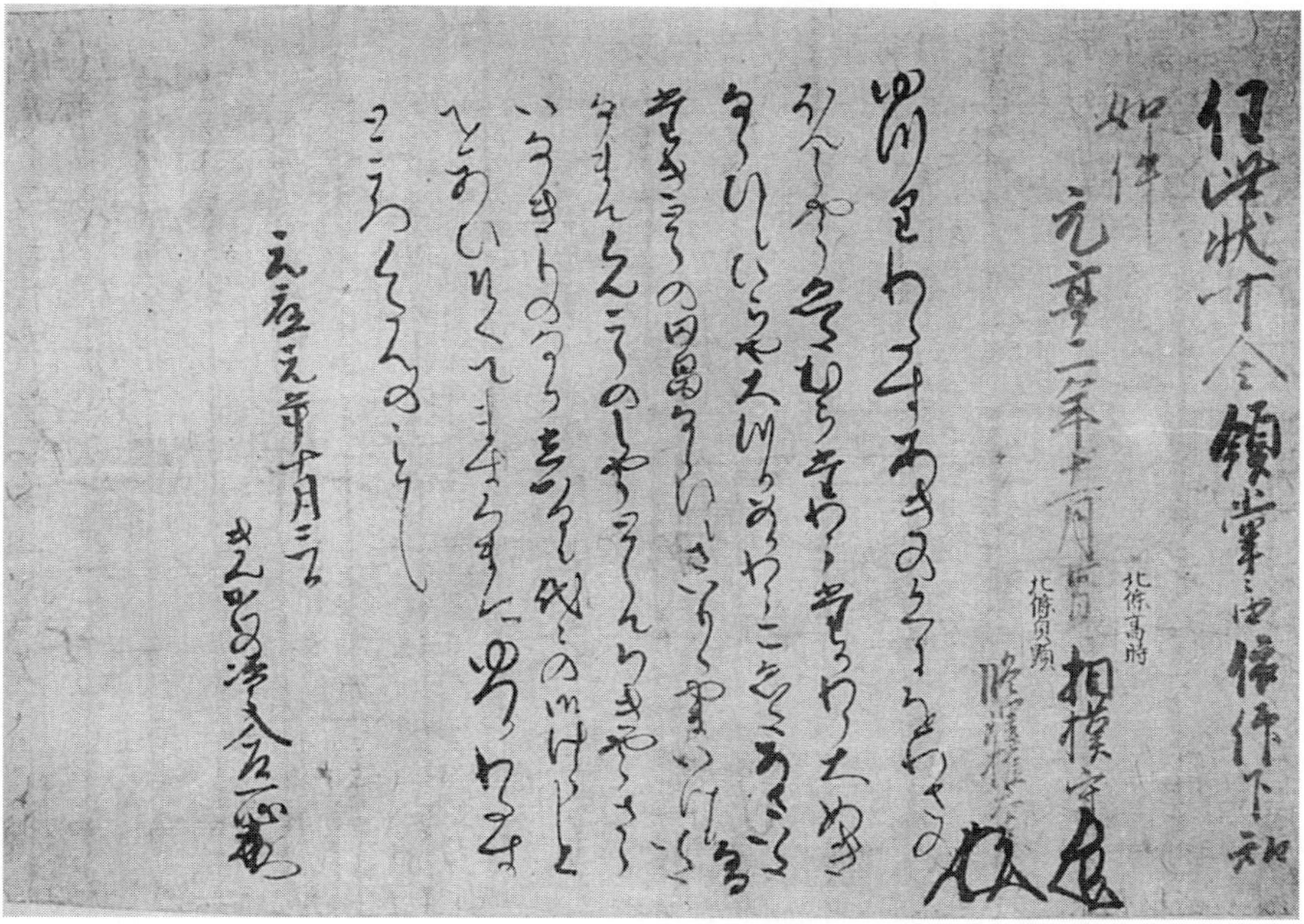

29　吉川一心譲状幷安堵外題〔吉川家文書／大日本古文書による〕294頁

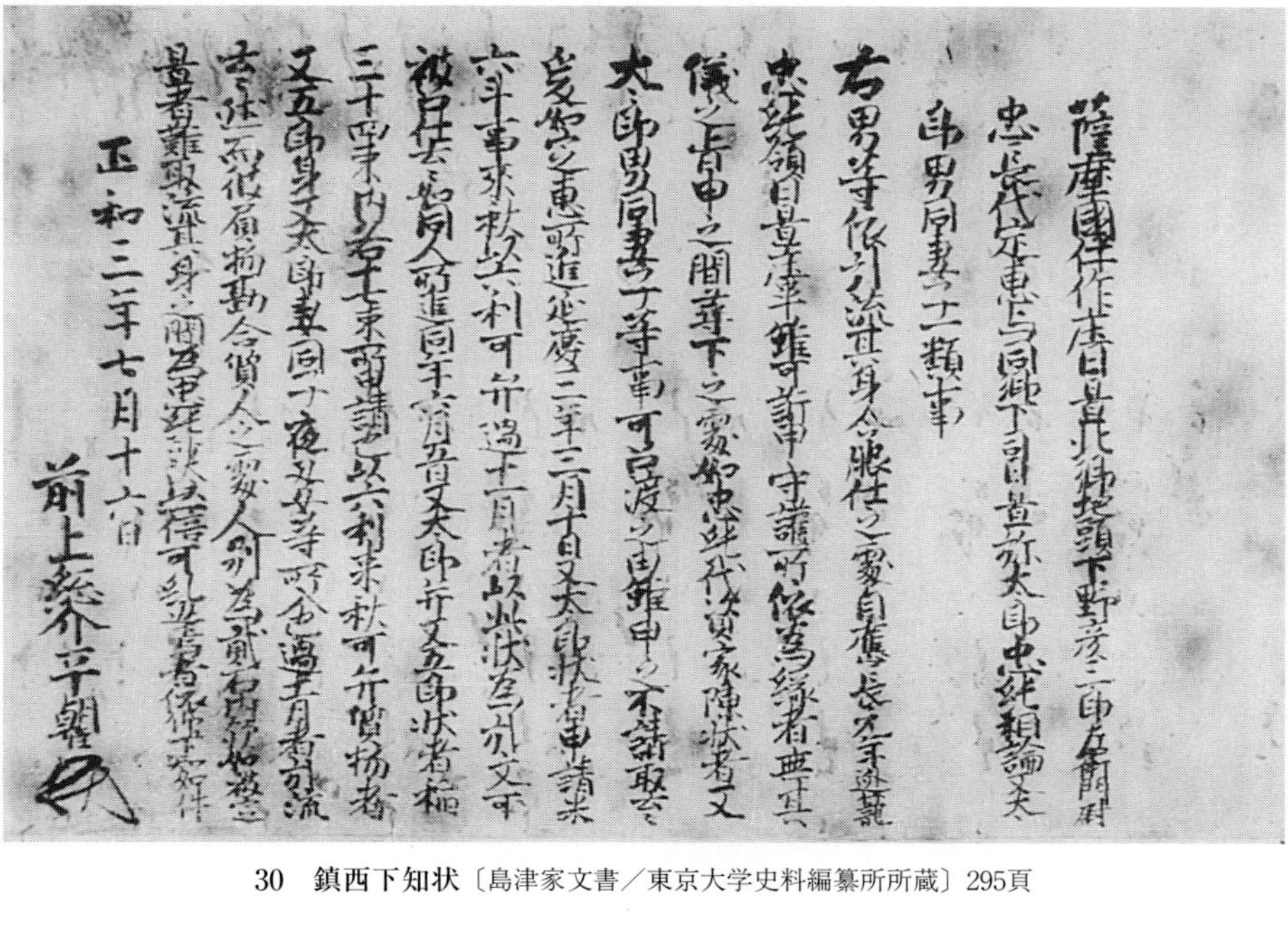

30　鎮西下知状〔島津家文書／東京大学史料編纂所所蔵〕295頁

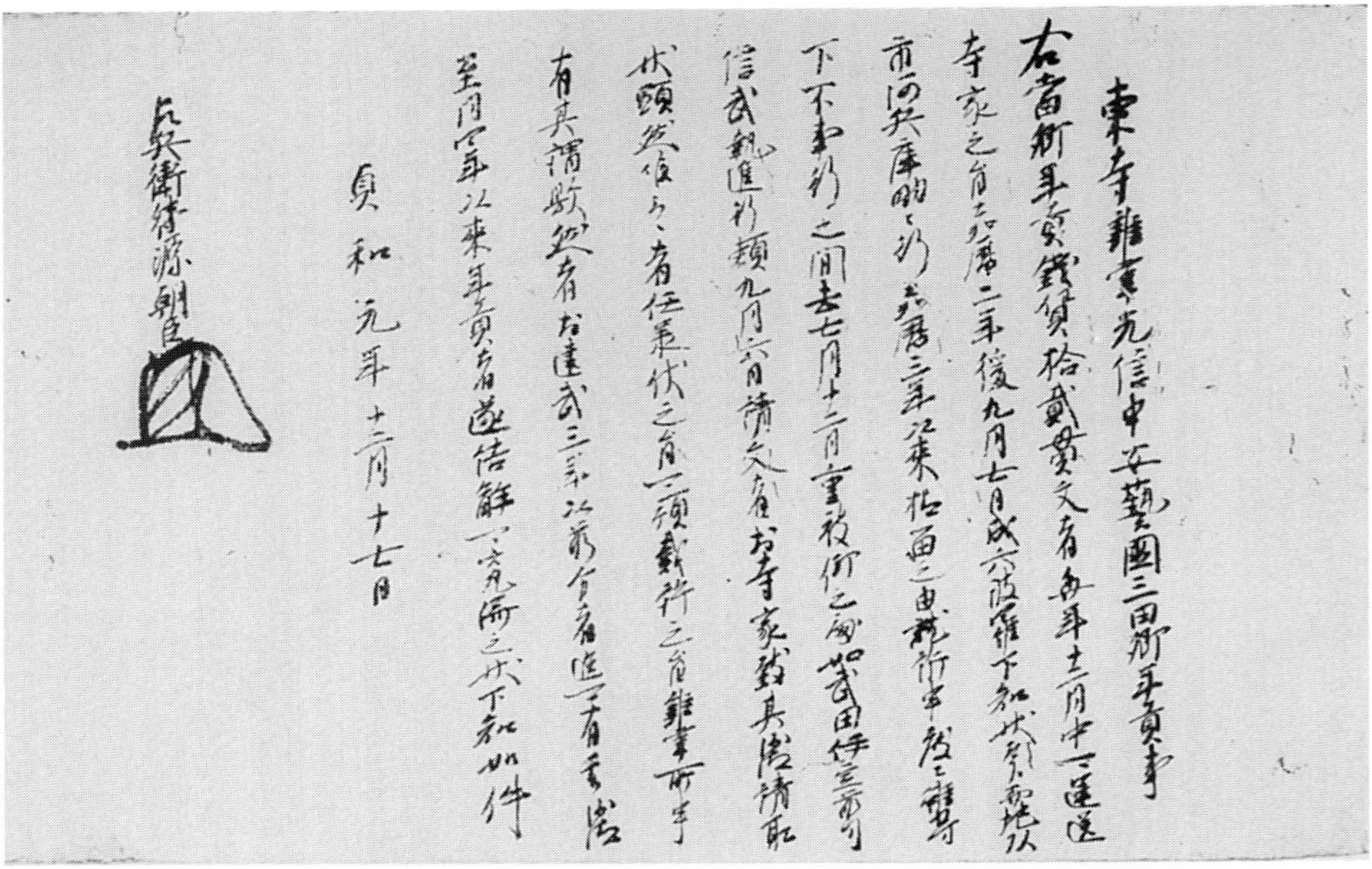

31　足利直義下知状〔東寺百合文書マ函／京都府立総合資料館所蔵〕295頁

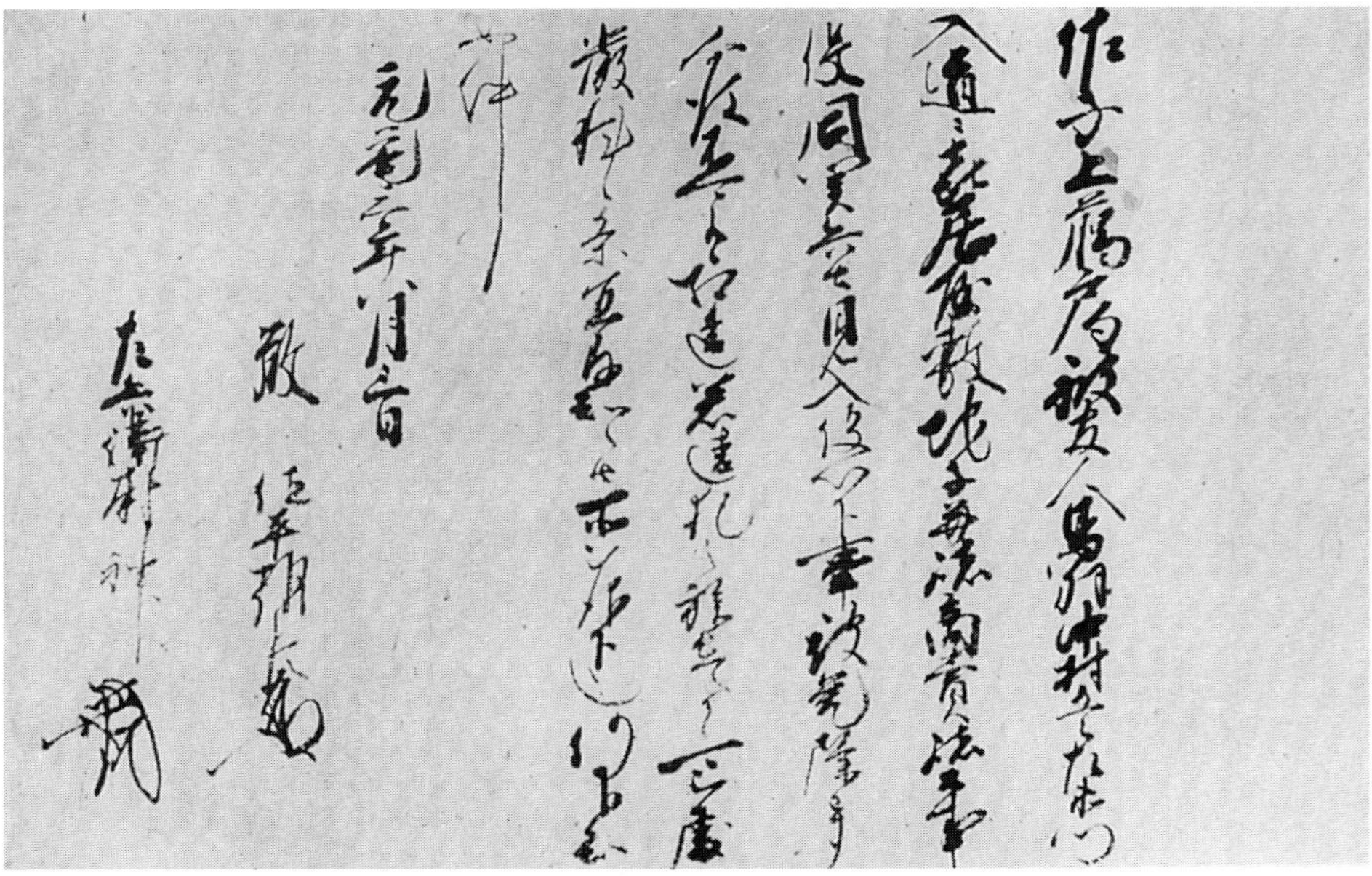

32　室町幕府奉行奉下知状〔川端道喜文書／国民精神文化文献による〕152頁

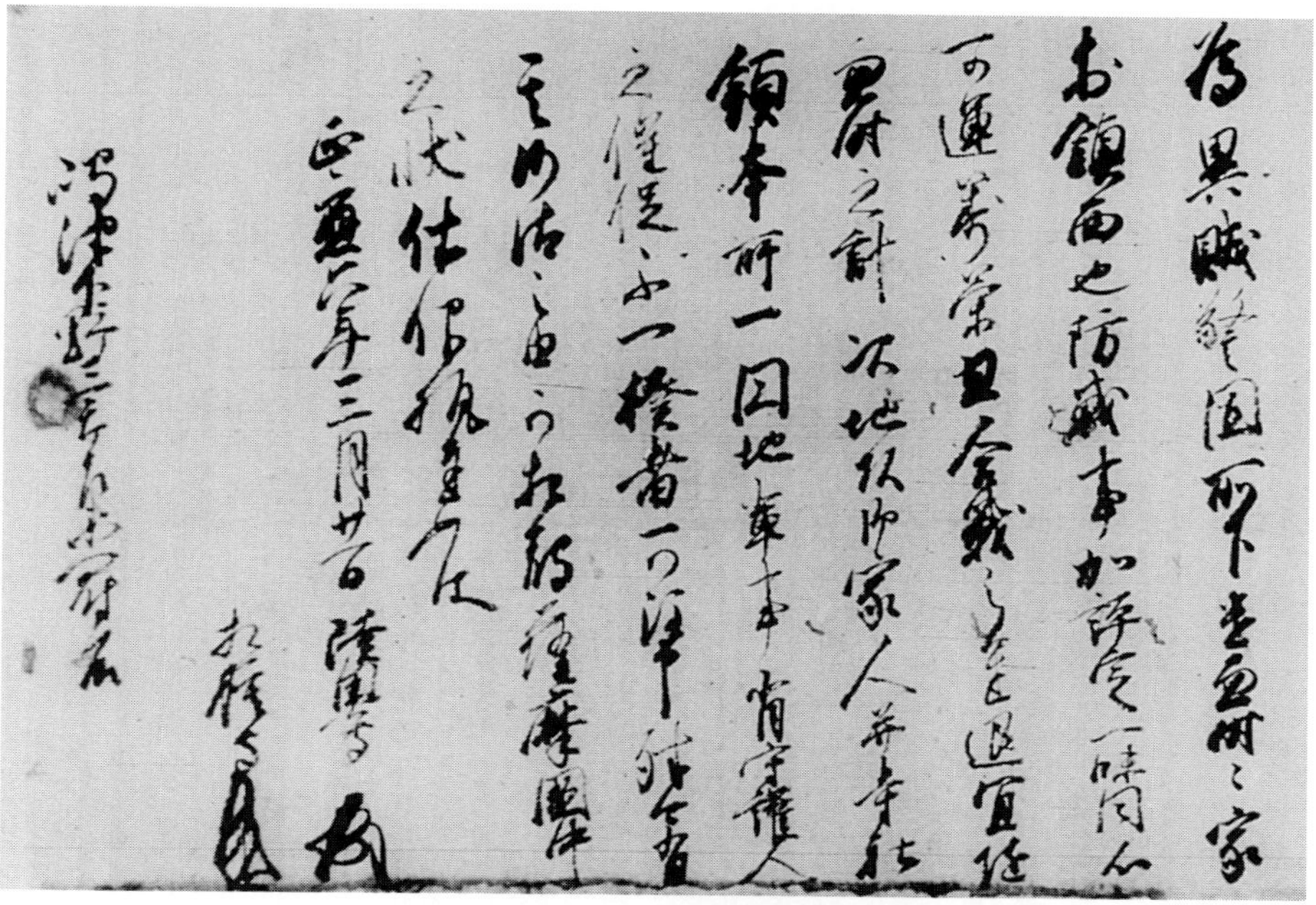

33　関東御教書〔島津家文書／東京大学史料編纂所所蔵〕155頁

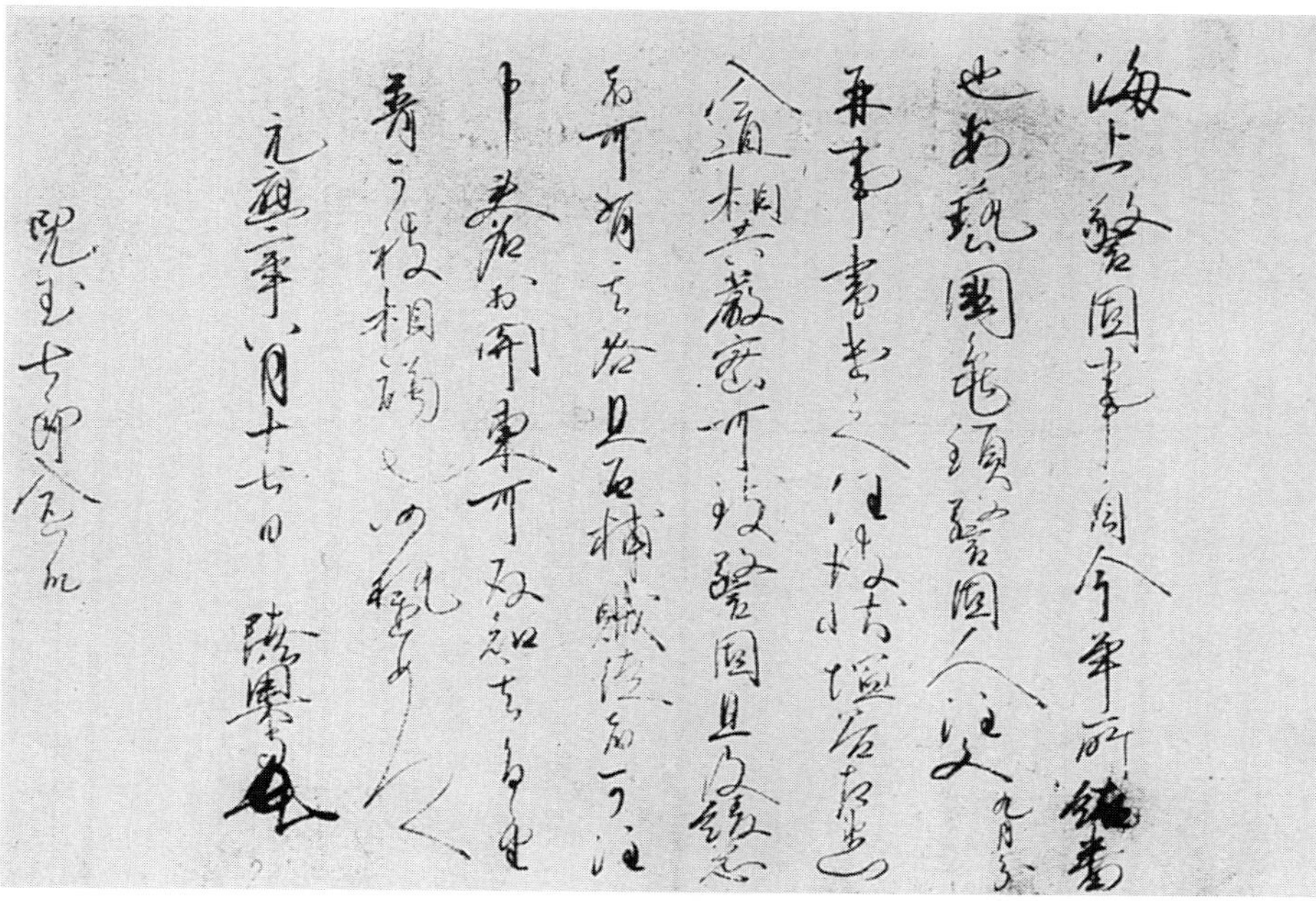

34　六波羅御教書〔毛利元道氏所蔵文書／元寇展図録による〕296頁

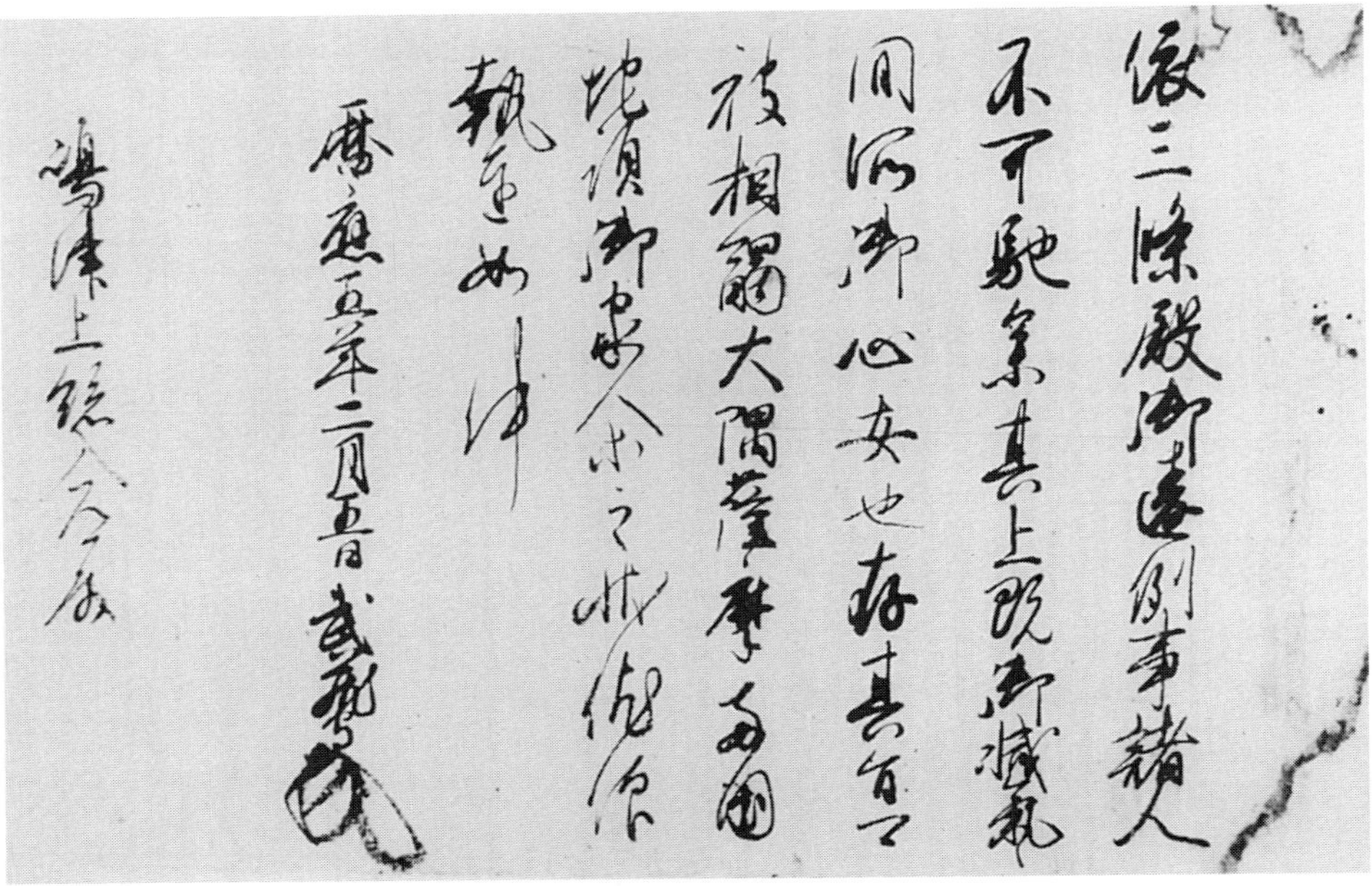

35　室町将軍家御教書〔島津家文書／東京大学史料編纂所所蔵〕159頁

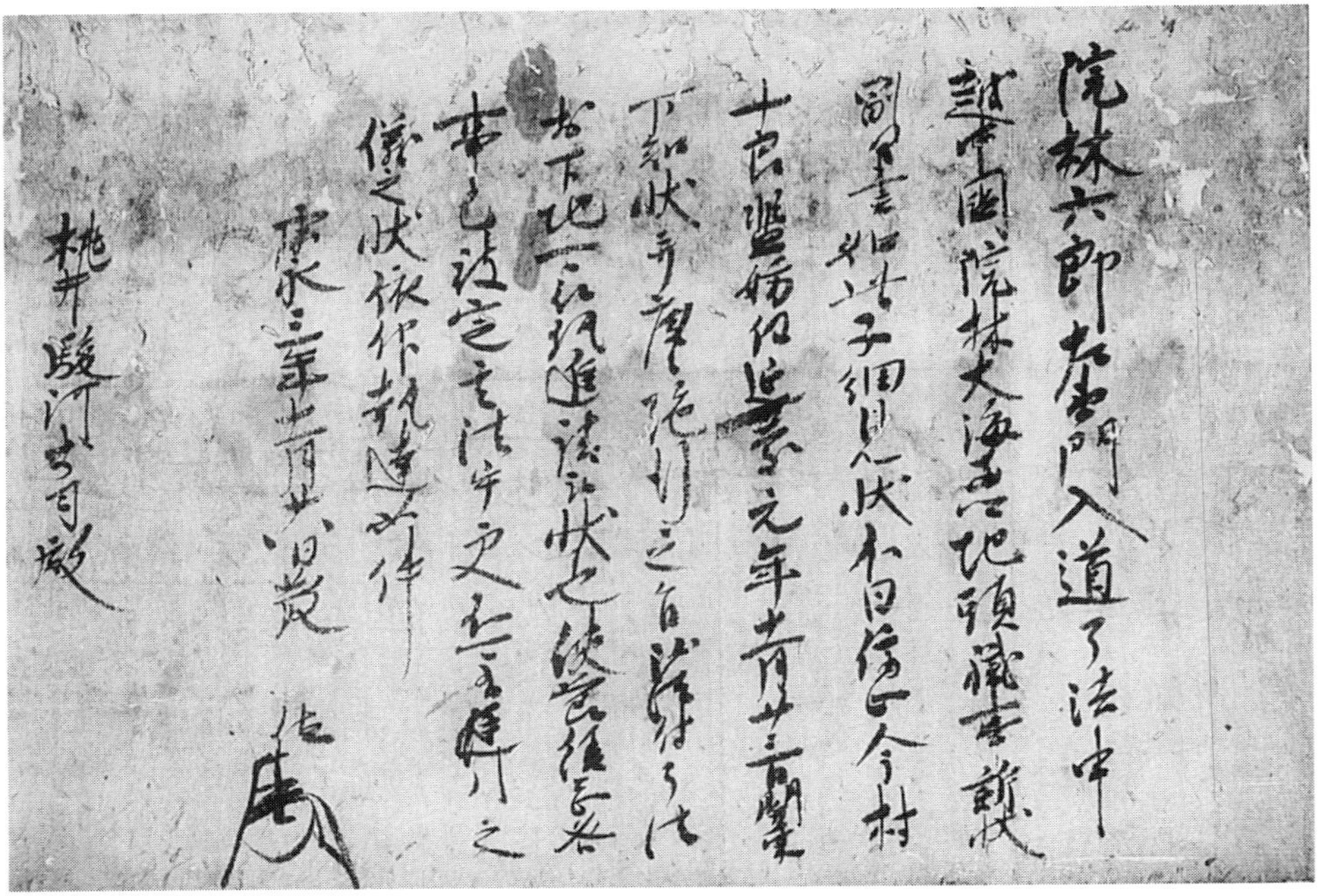

36　室町幕府引付頭人奉書〔醍醐寺文書〕160頁

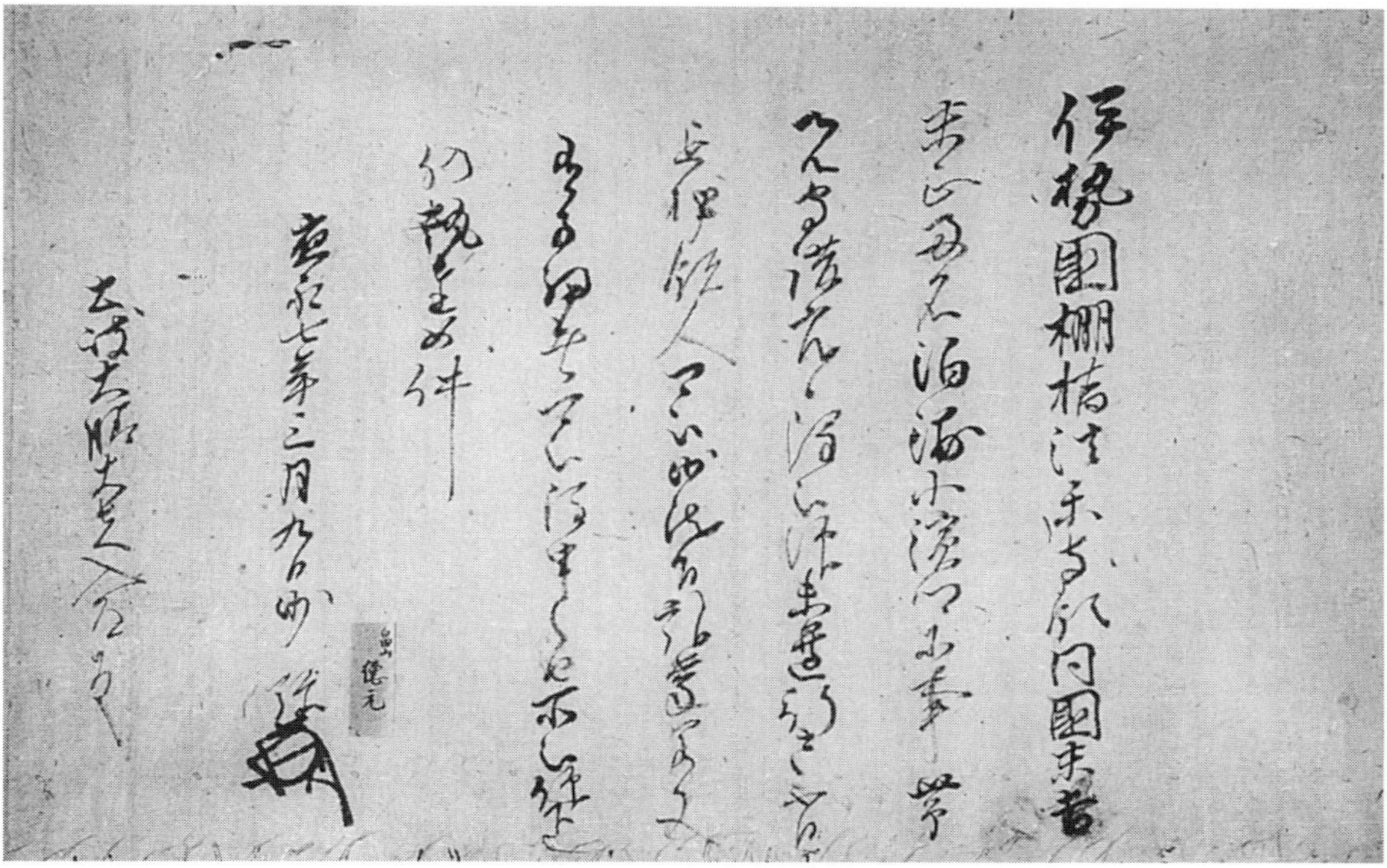

37　室町将軍家御教書〔醍醐寺文書〕161頁

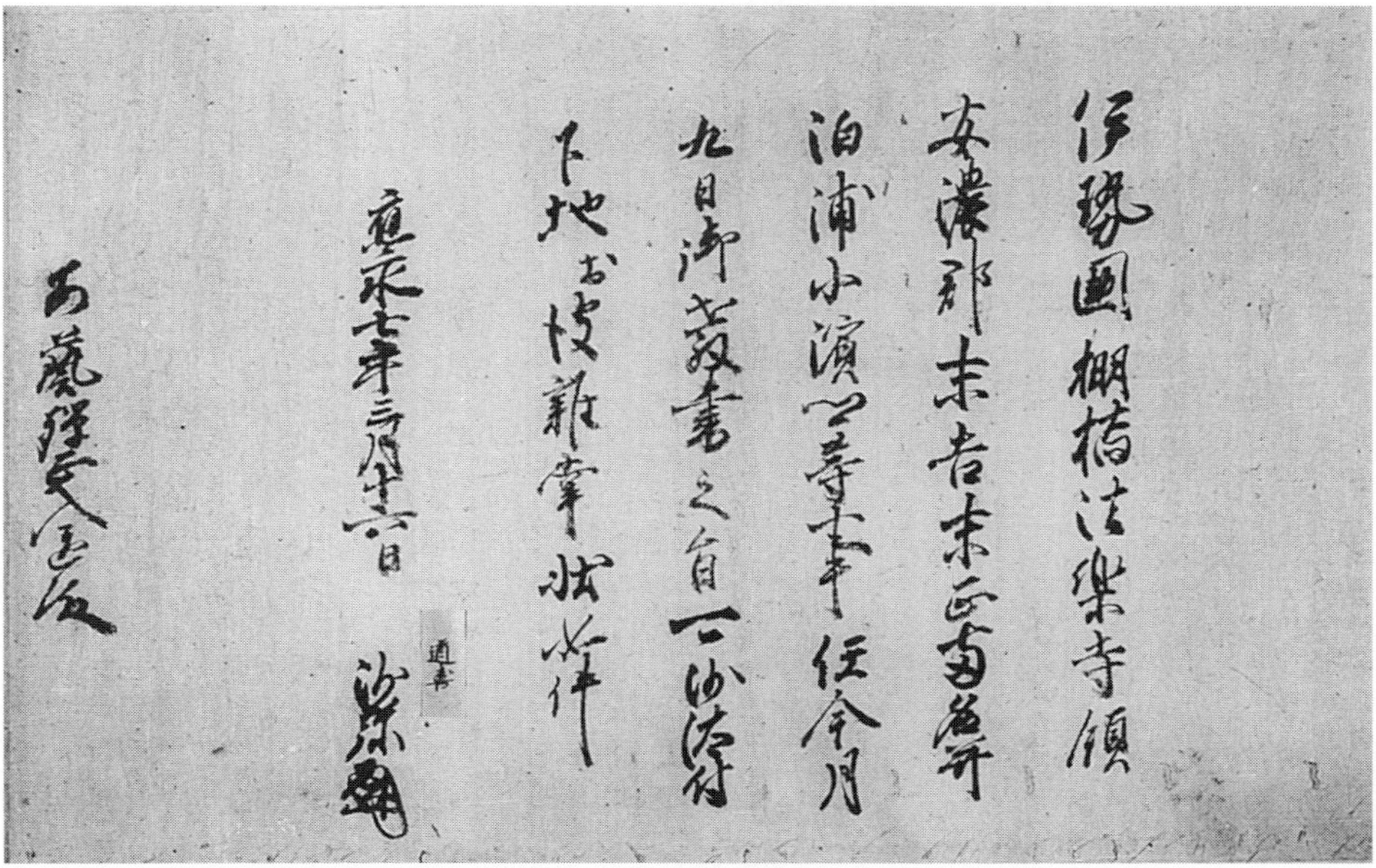

38　伊勢守護土岐康行遵行状〔醍醐寺文書〕161頁

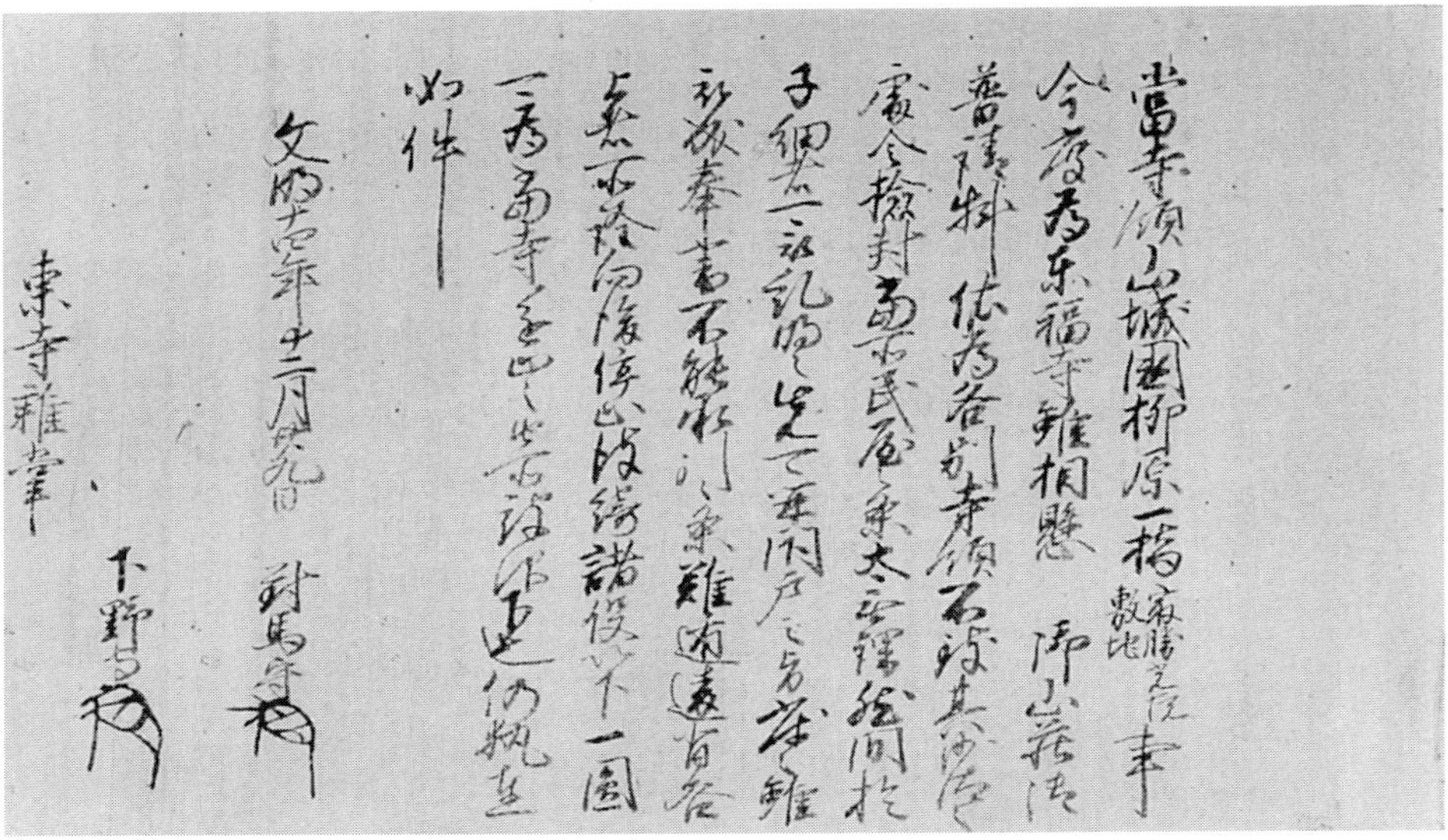

39　室町幕府奉行人連署奉書（堅紙）〔東寺百合文書ホ函／京都府立総合資料館所蔵〕163頁

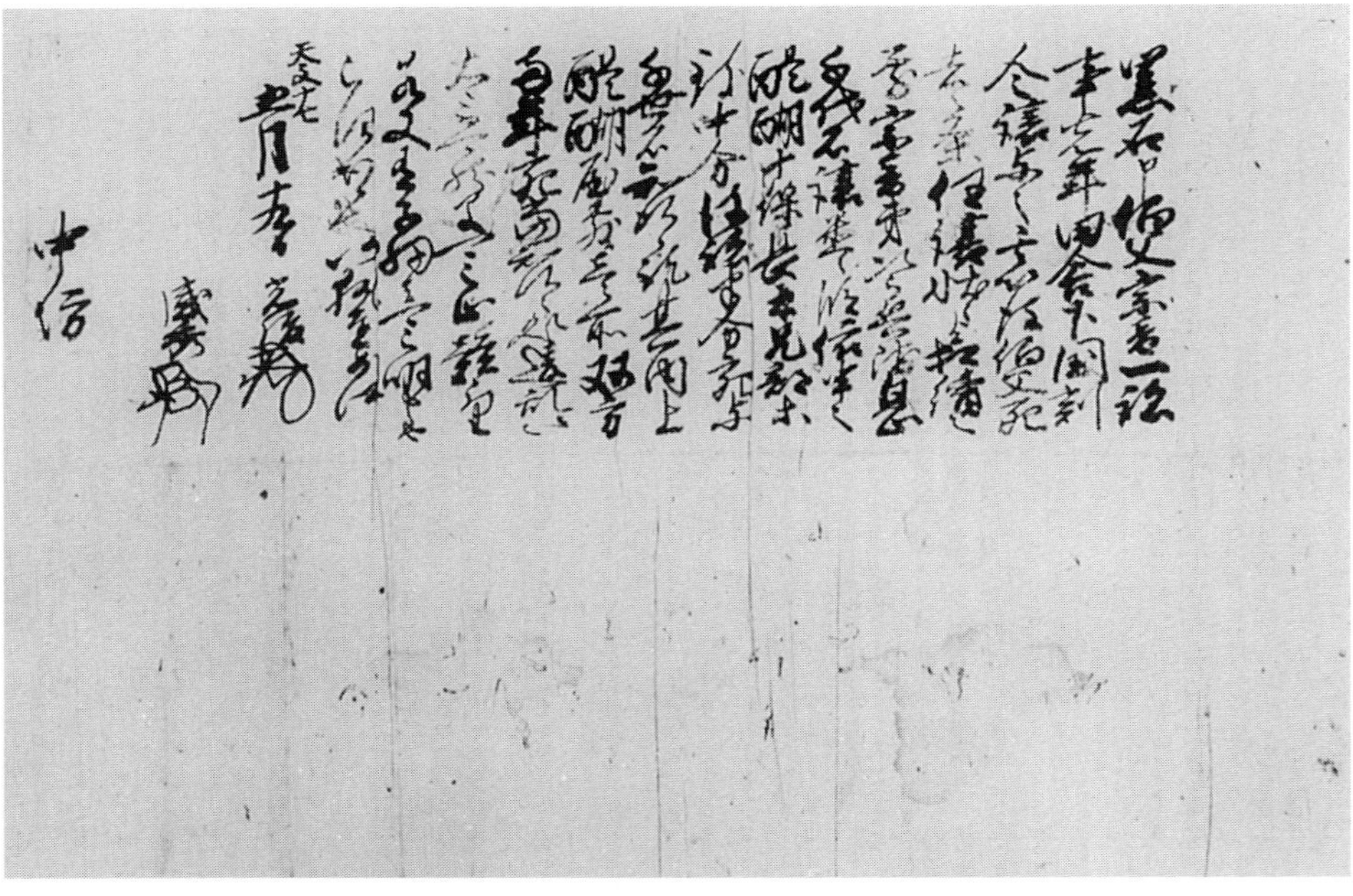

40　室町幕府奉行人連署奉書（折紙）〔醍醐寺文書〕164頁

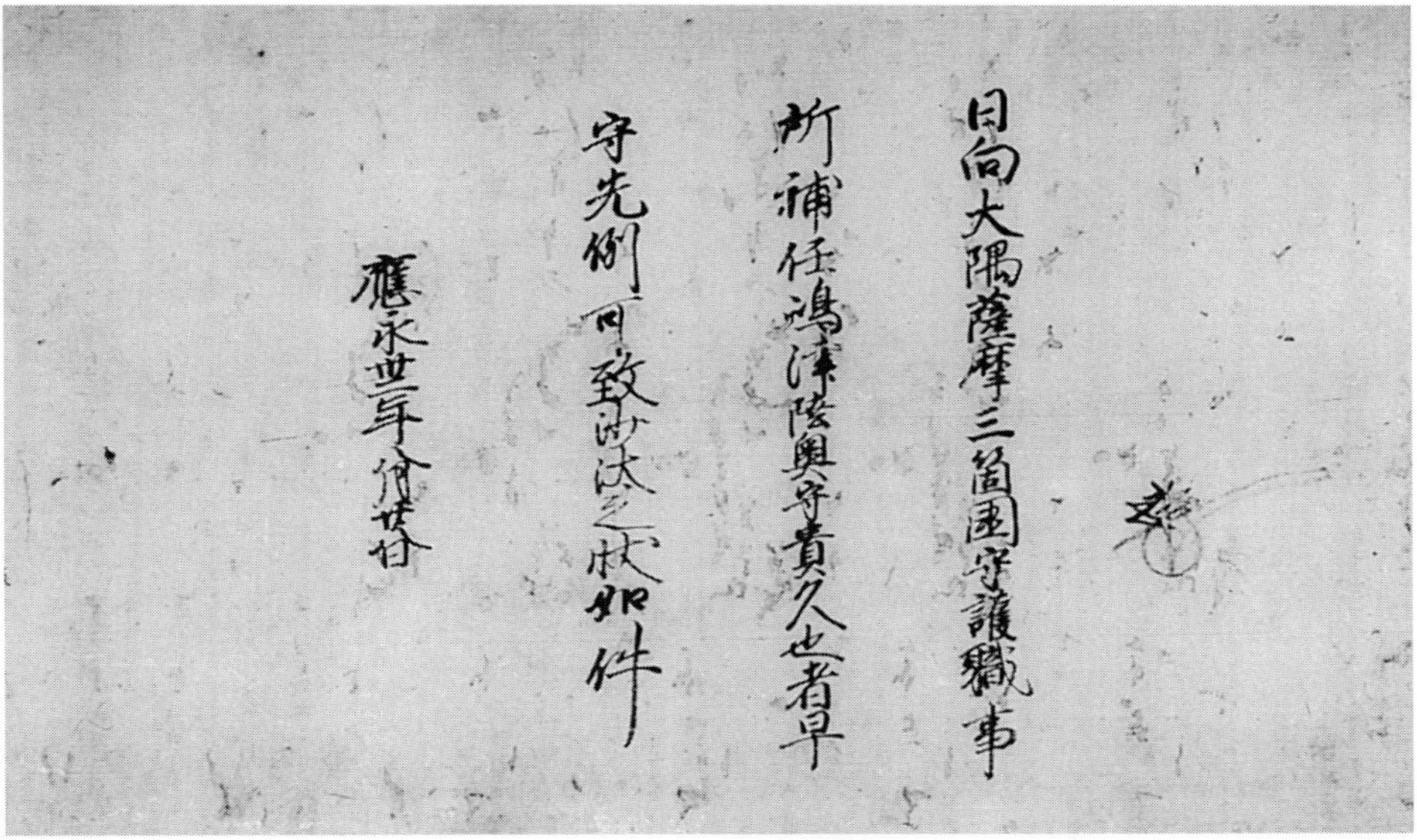

41　足利義持袖判御教書〔島津家文書／東京大学史料編纂所所蔵〕296頁

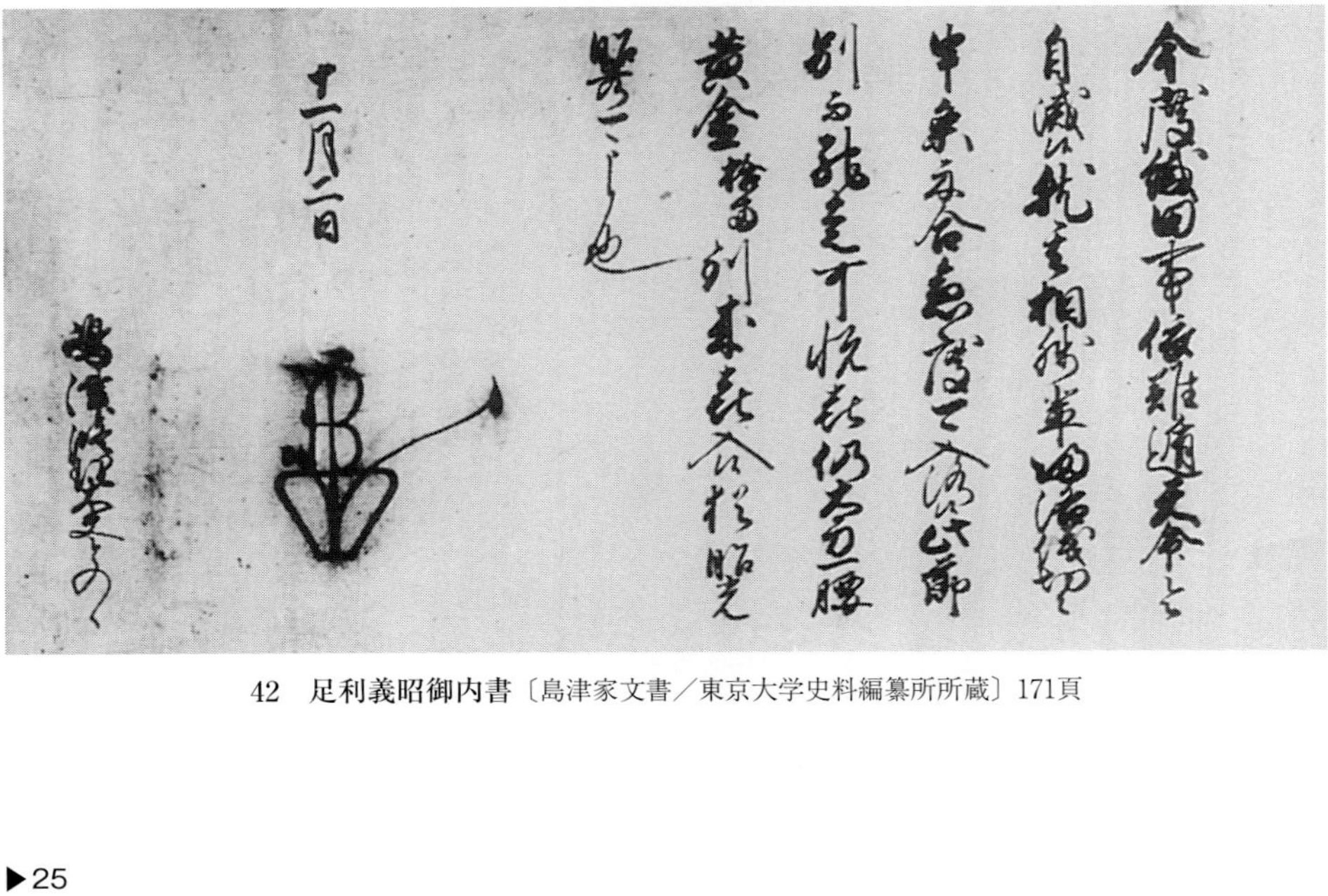

42　足利義昭御内書〔島津家文書／東京大学史料編纂所所蔵〕171頁

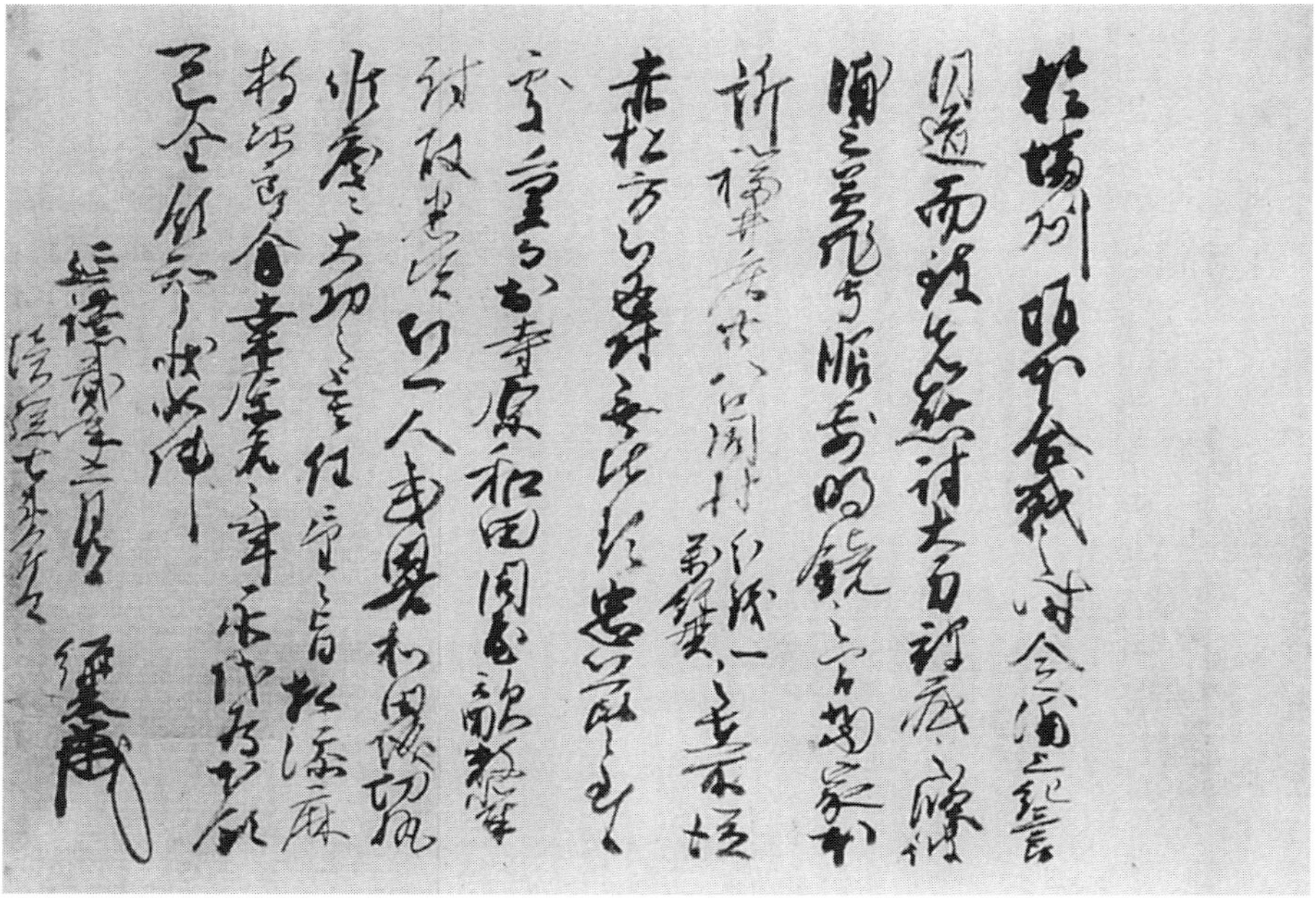

43　吉川経基書下状〔吉川家文書／大日本古文書による〕174頁

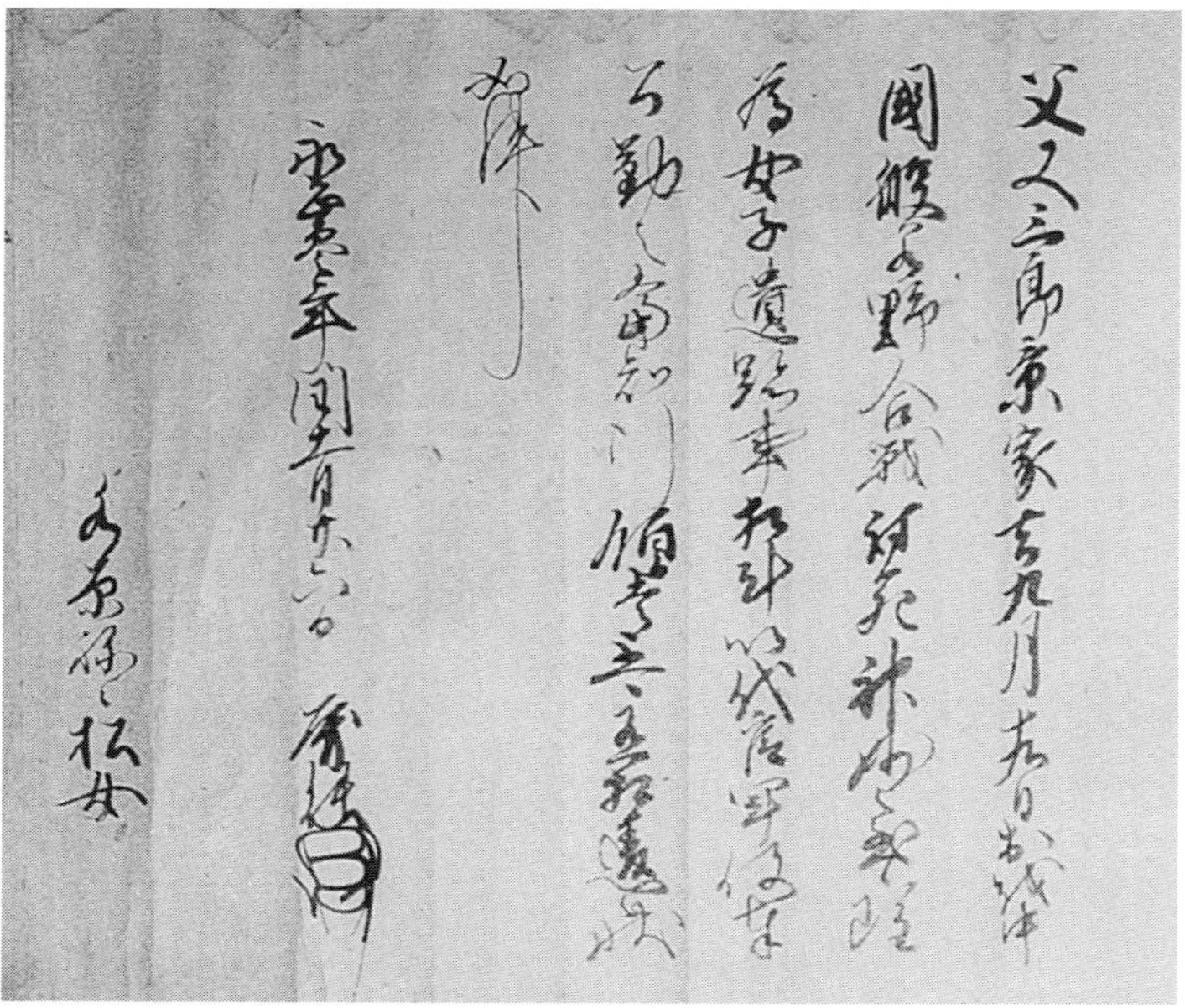

44　上杉房能書下状〔大見水原文書／反町十郎氏所蔵〕175頁

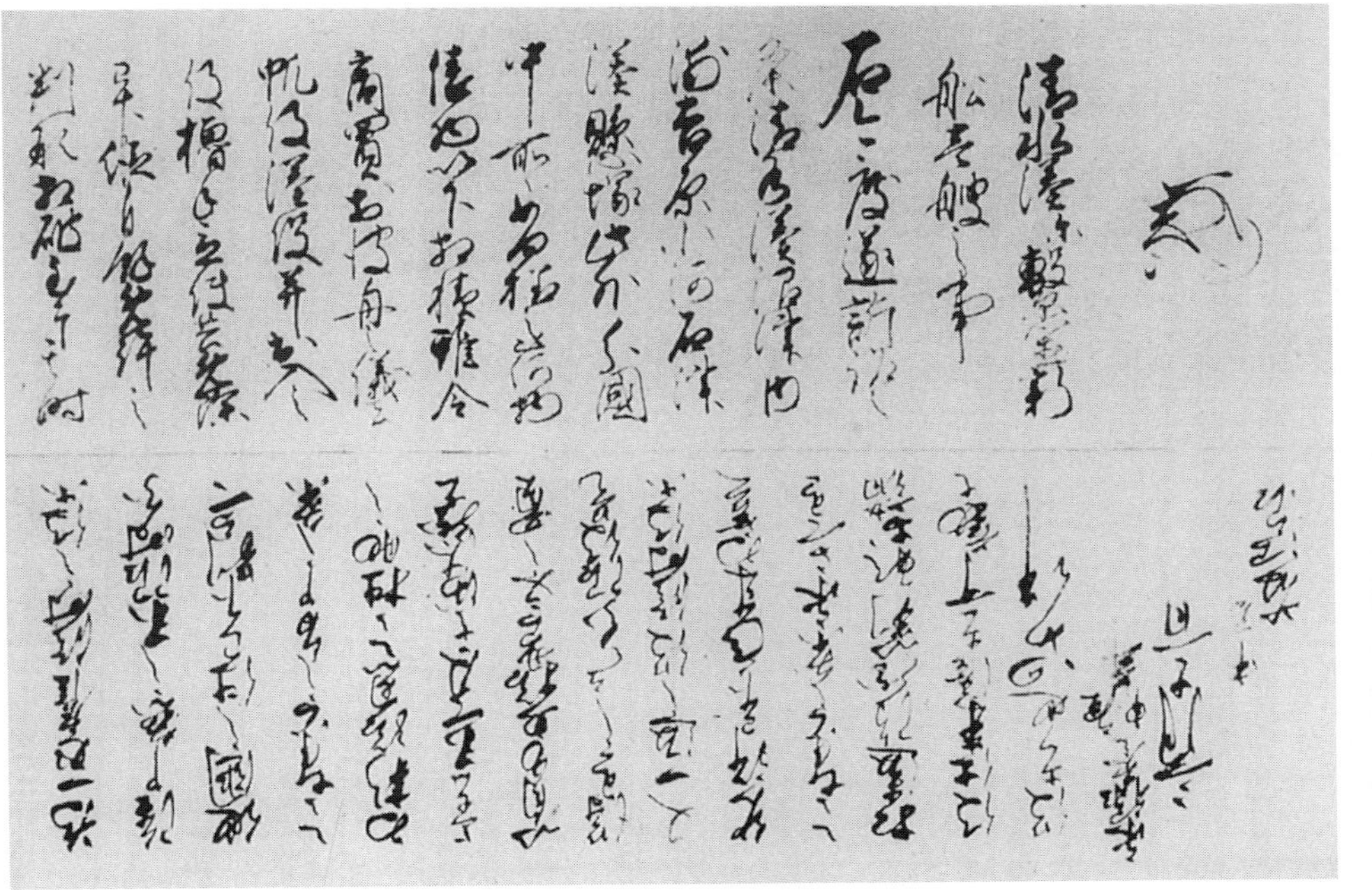

45　今川義元判物〔寺尾文書／静岡県史料第二輯による〕175頁

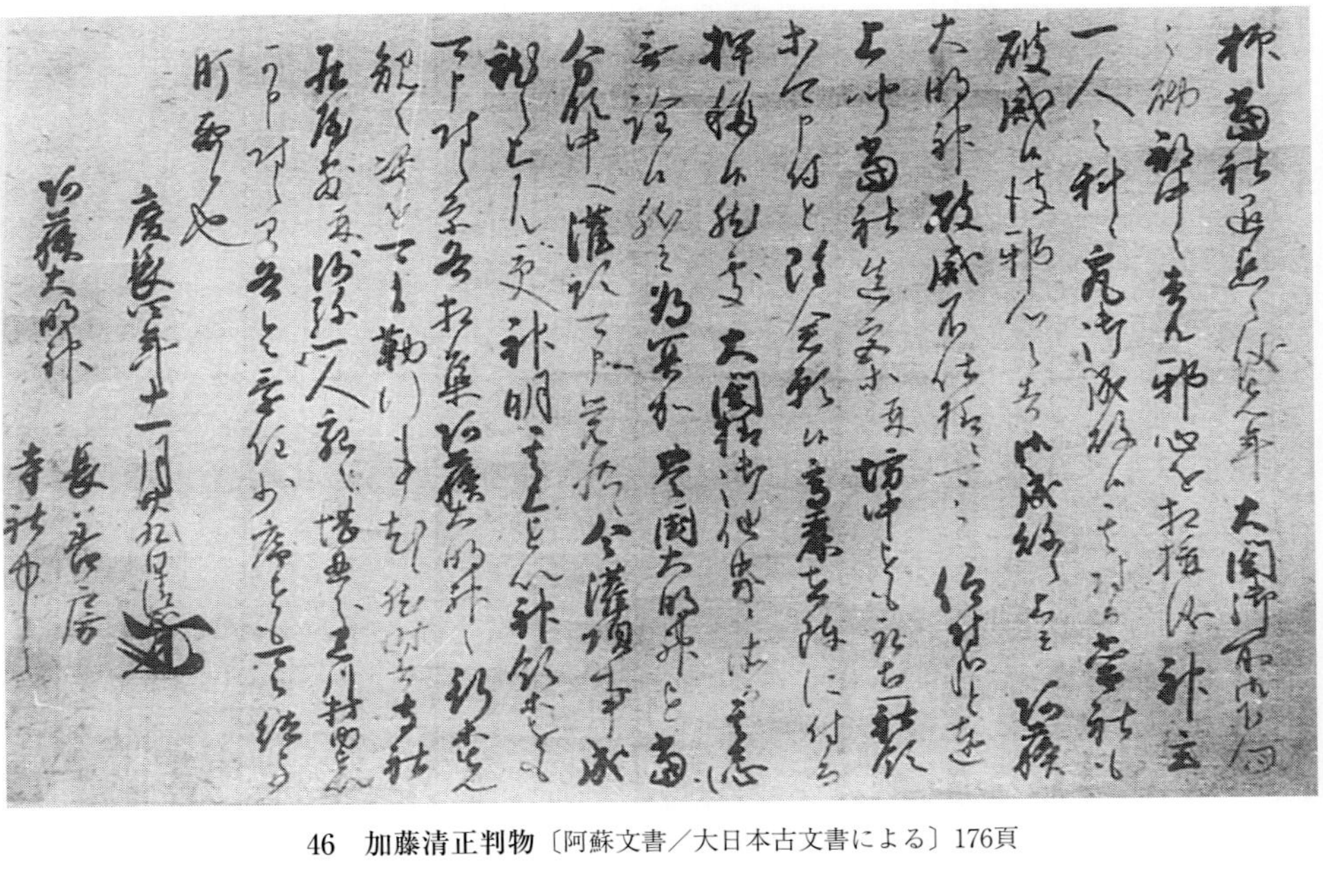

46　加藤清正判物〔阿蘇文書／大日本古文書による〕176頁

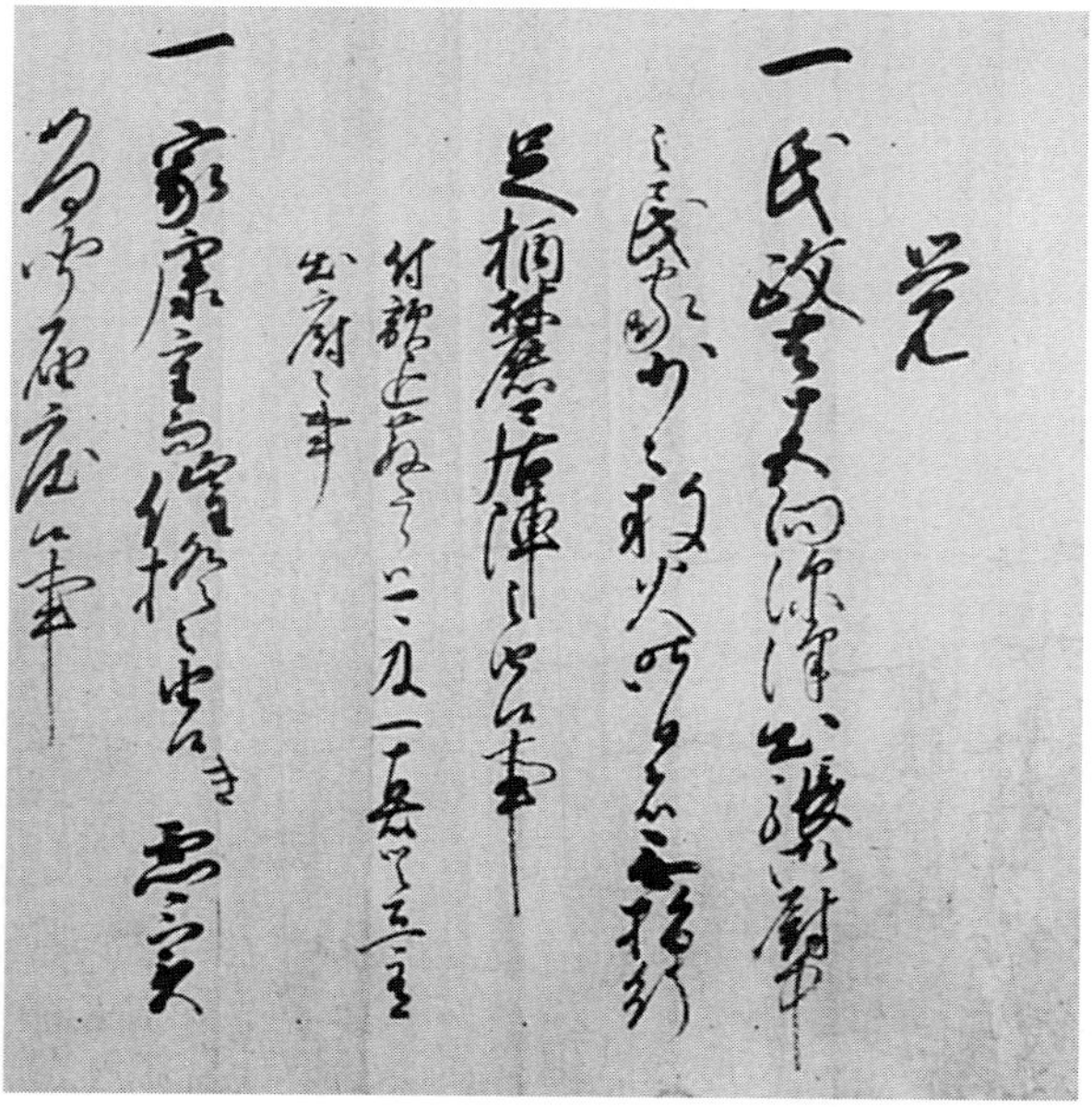

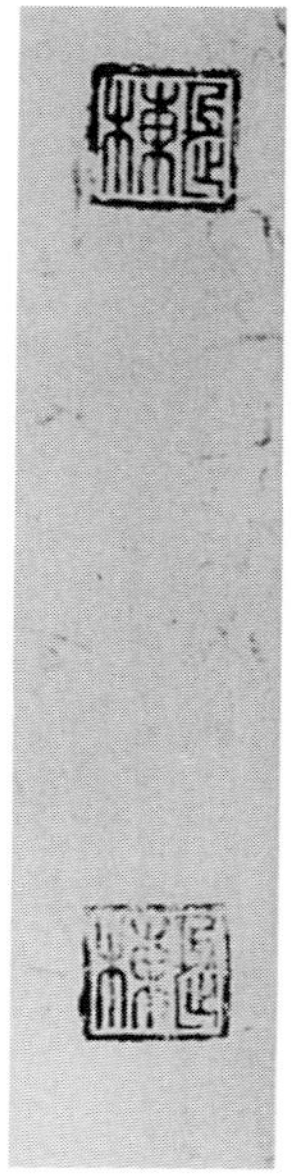

47　上杉長棟（憲実）紙継目黒印〔上杉家文書／大日本古文書による〕一七八頁

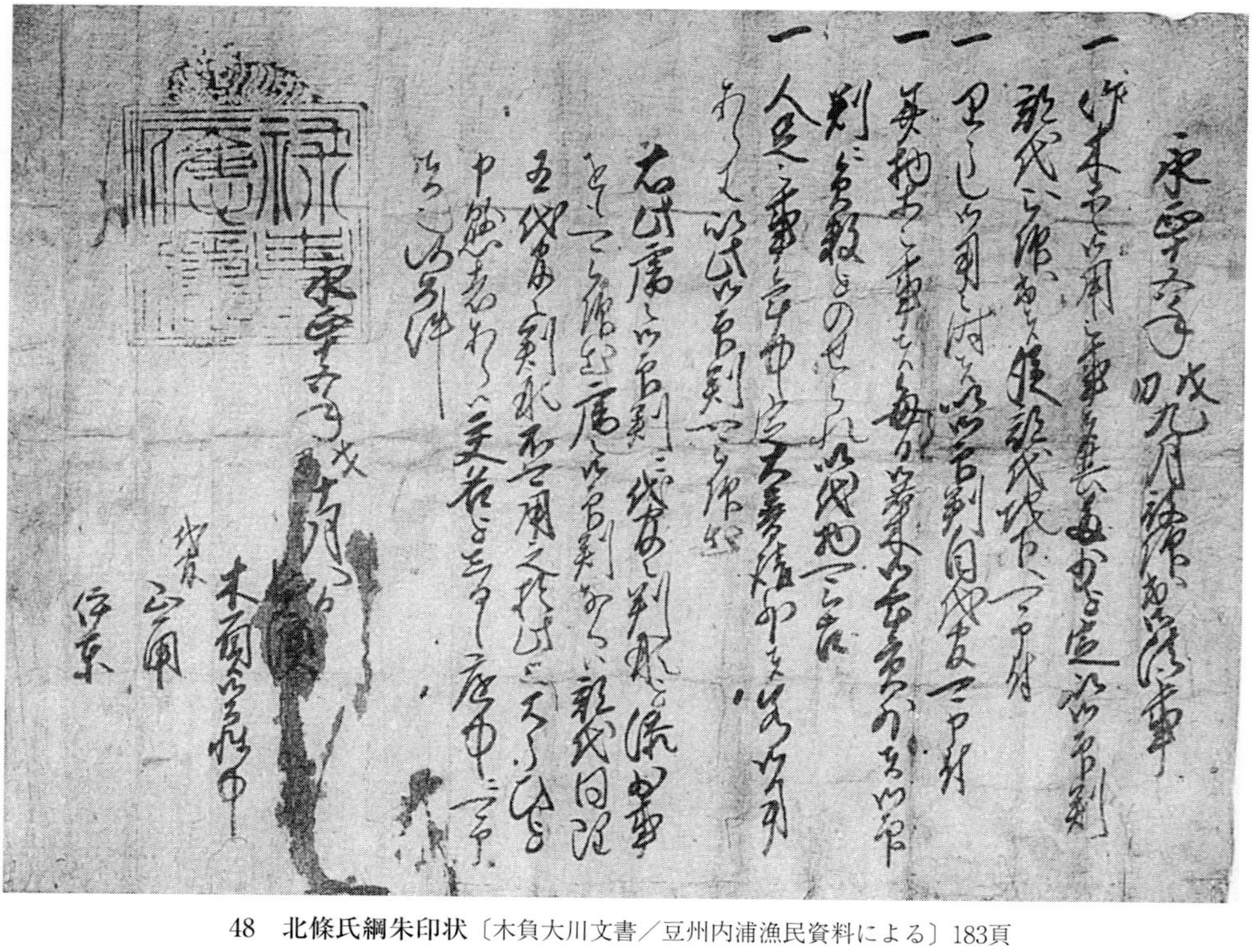

48　北條氏綱朱印状〔木負大川文書／豆州内浦漁民資料による〕183頁

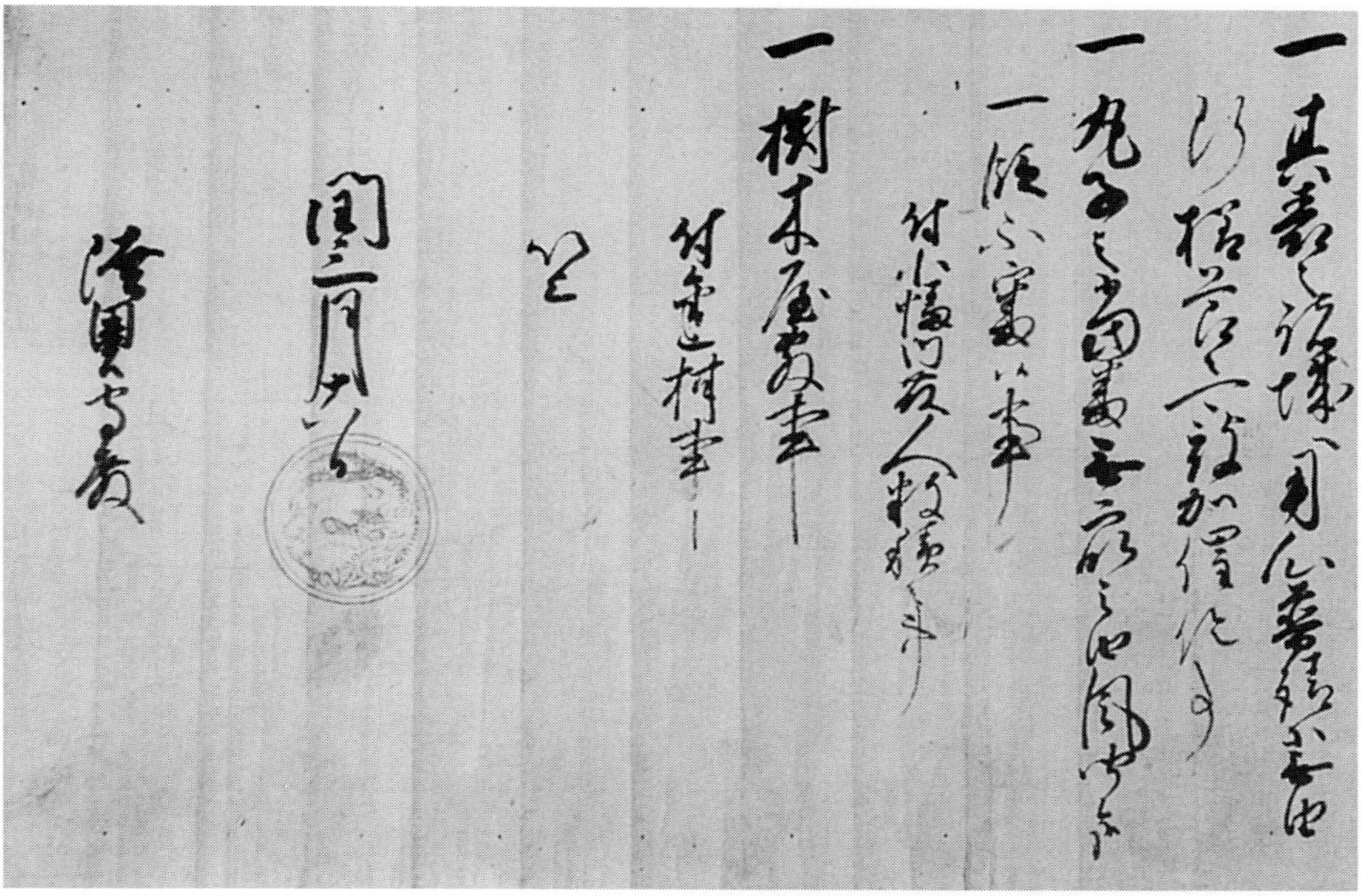

49　**武田氏朱印状**〔東京大学史料編纂所所蔵〕296頁

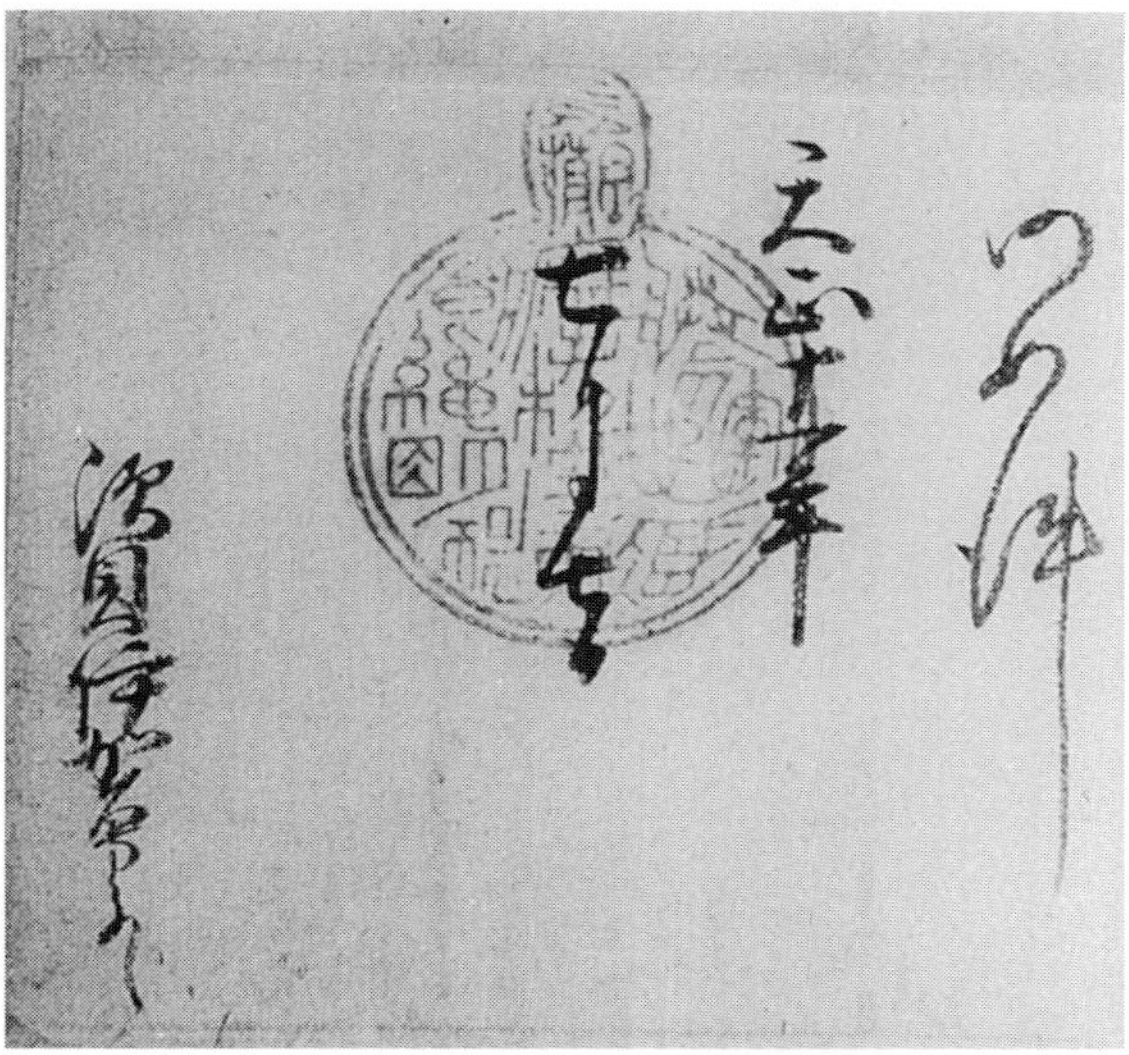

50　**上杉氏朱印**〔色部文書／反町十郎氏所蔵〕180頁

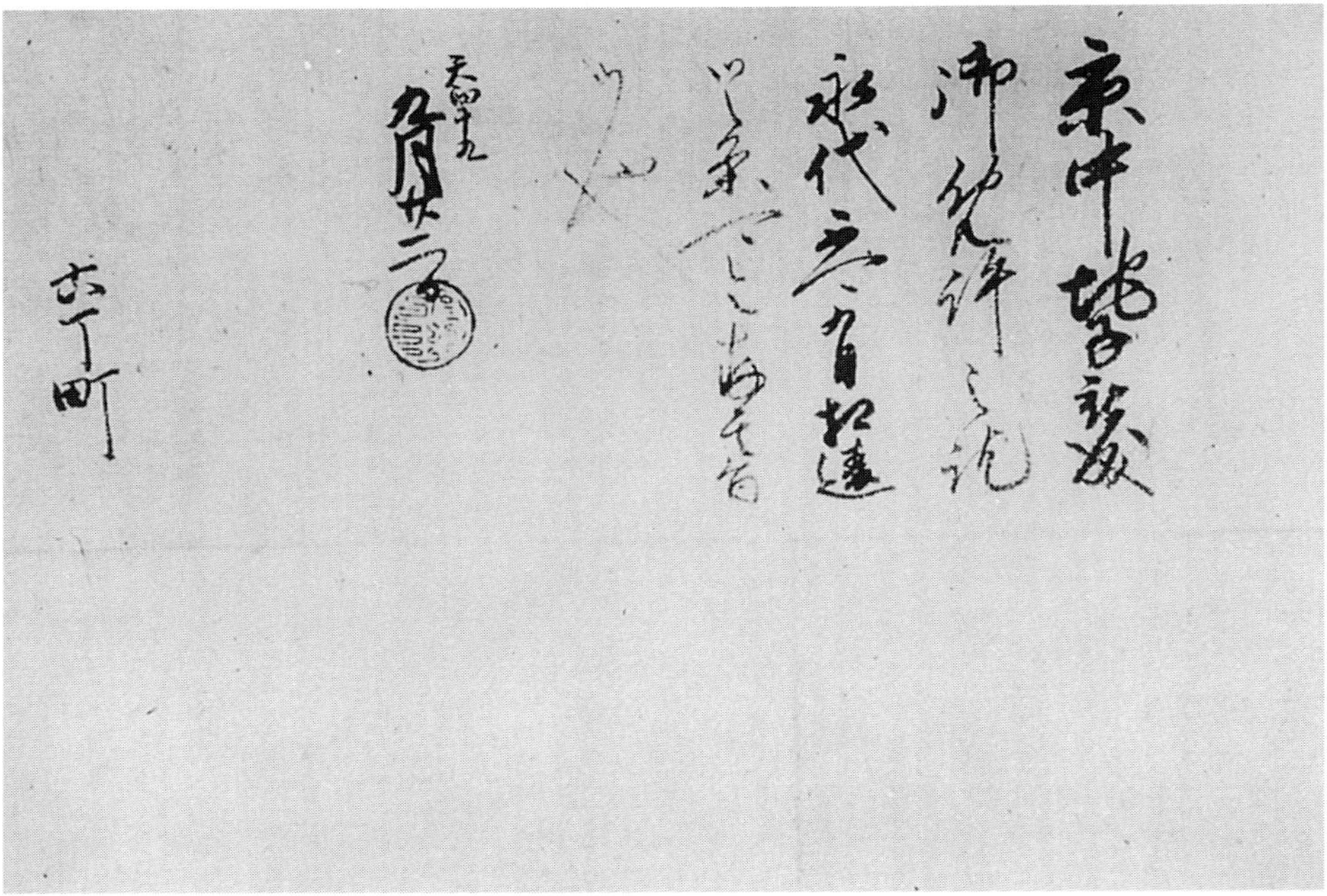

51　豊臣秀吉朱印状〔川端道喜文書／国民精神文化文献による〕185頁

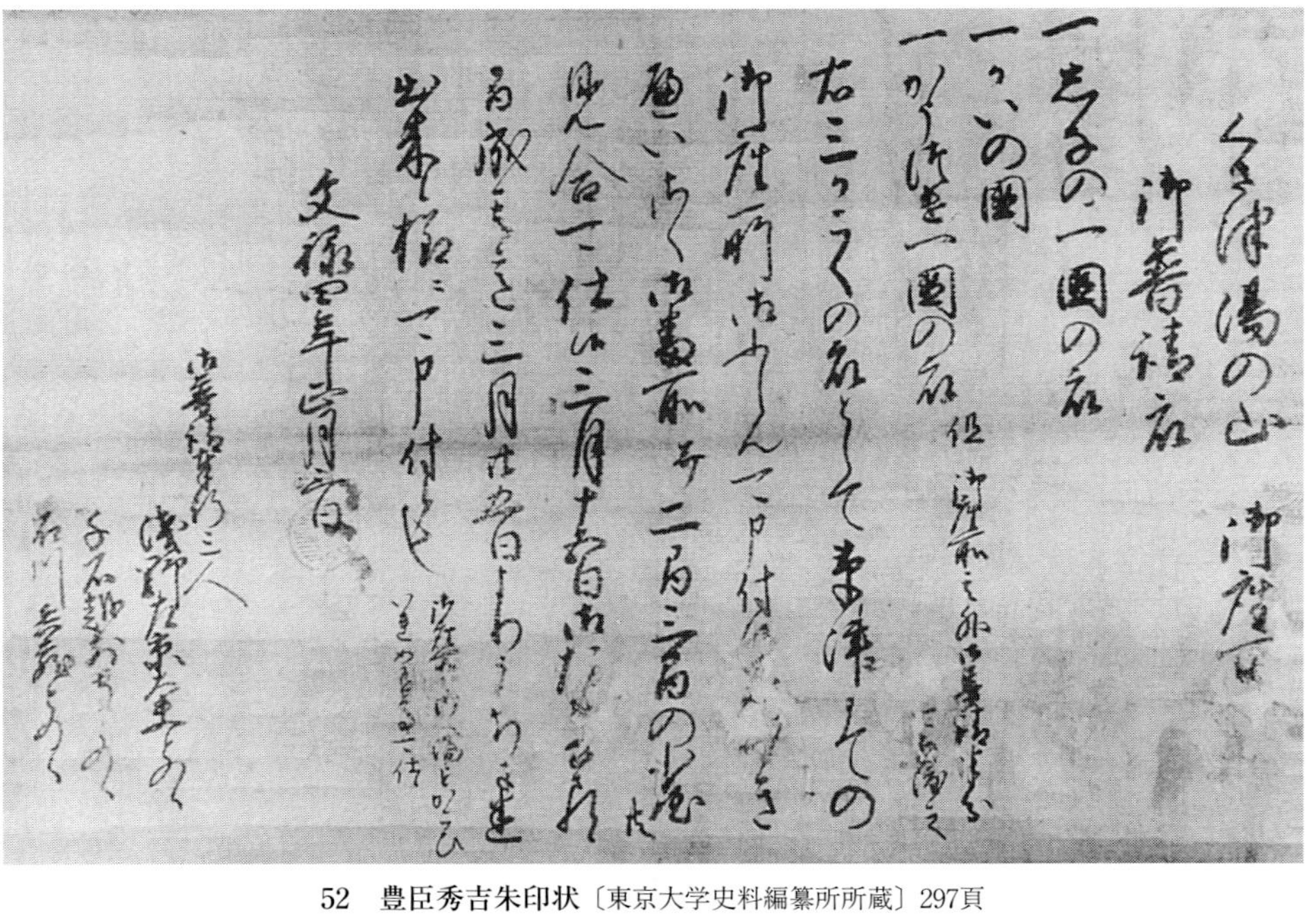

52　豊臣秀吉朱印状〔東京大学史料編纂所所蔵〕297頁

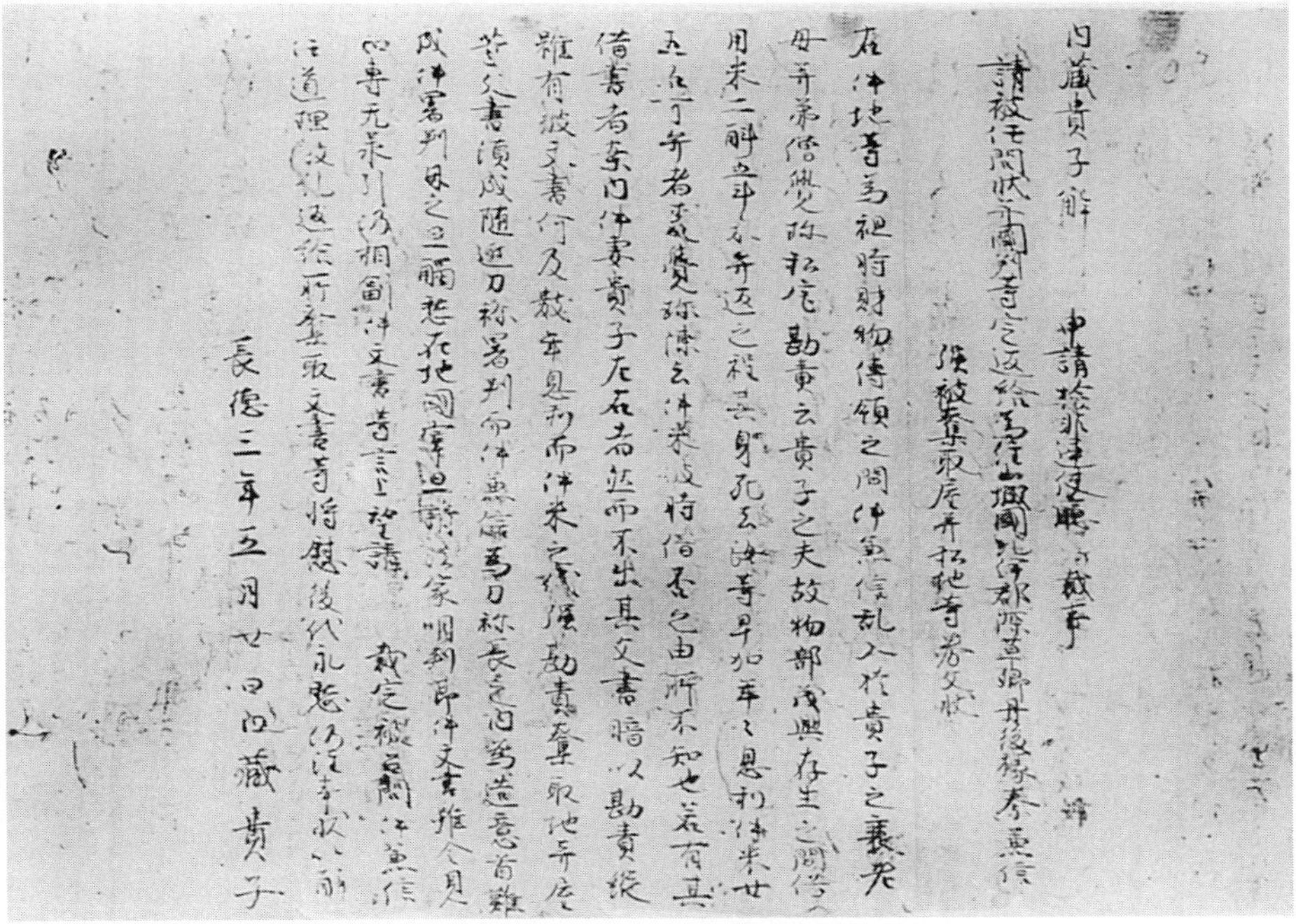

53　内蔵貴子解〔三条家本北山抄裏文書／京都国立博物館所蔵〕190頁

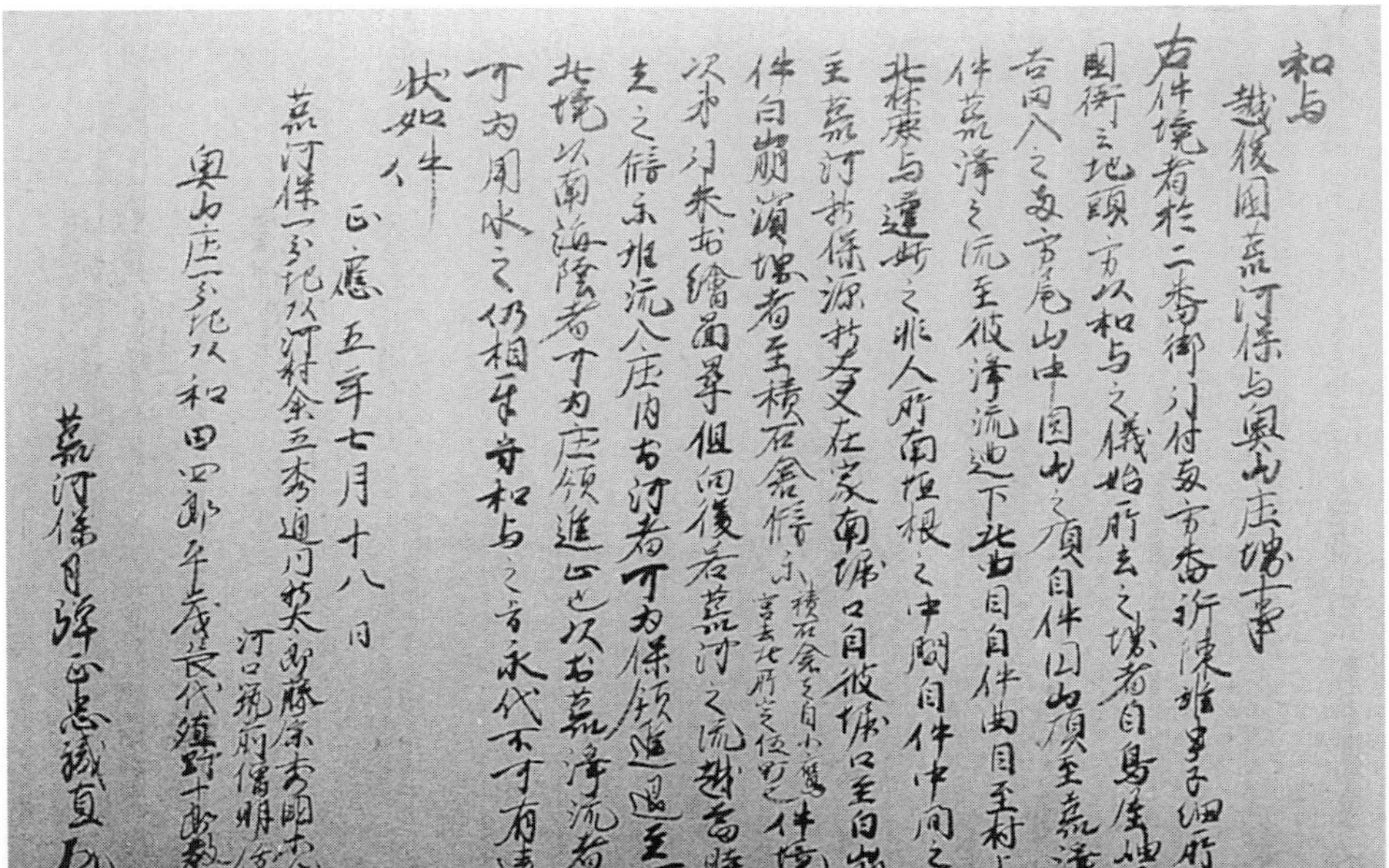

54　越後国荒河保奥山庄地頭保司等和与状〔三浦和田文書／反町十郎氏所蔵〕203頁

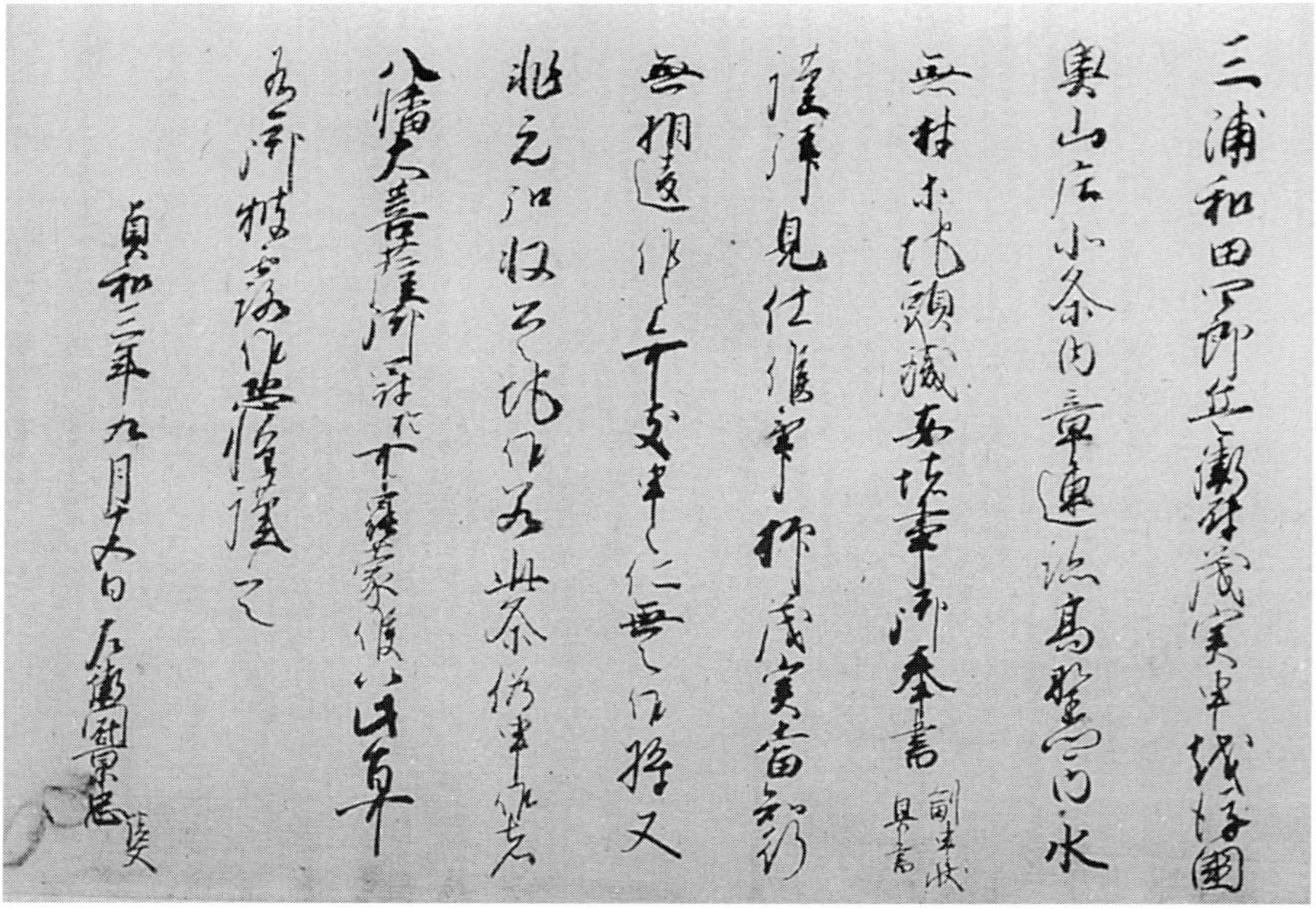

55　長尾景忠請文〔三浦和田文書／反町十郎氏所蔵〕218頁

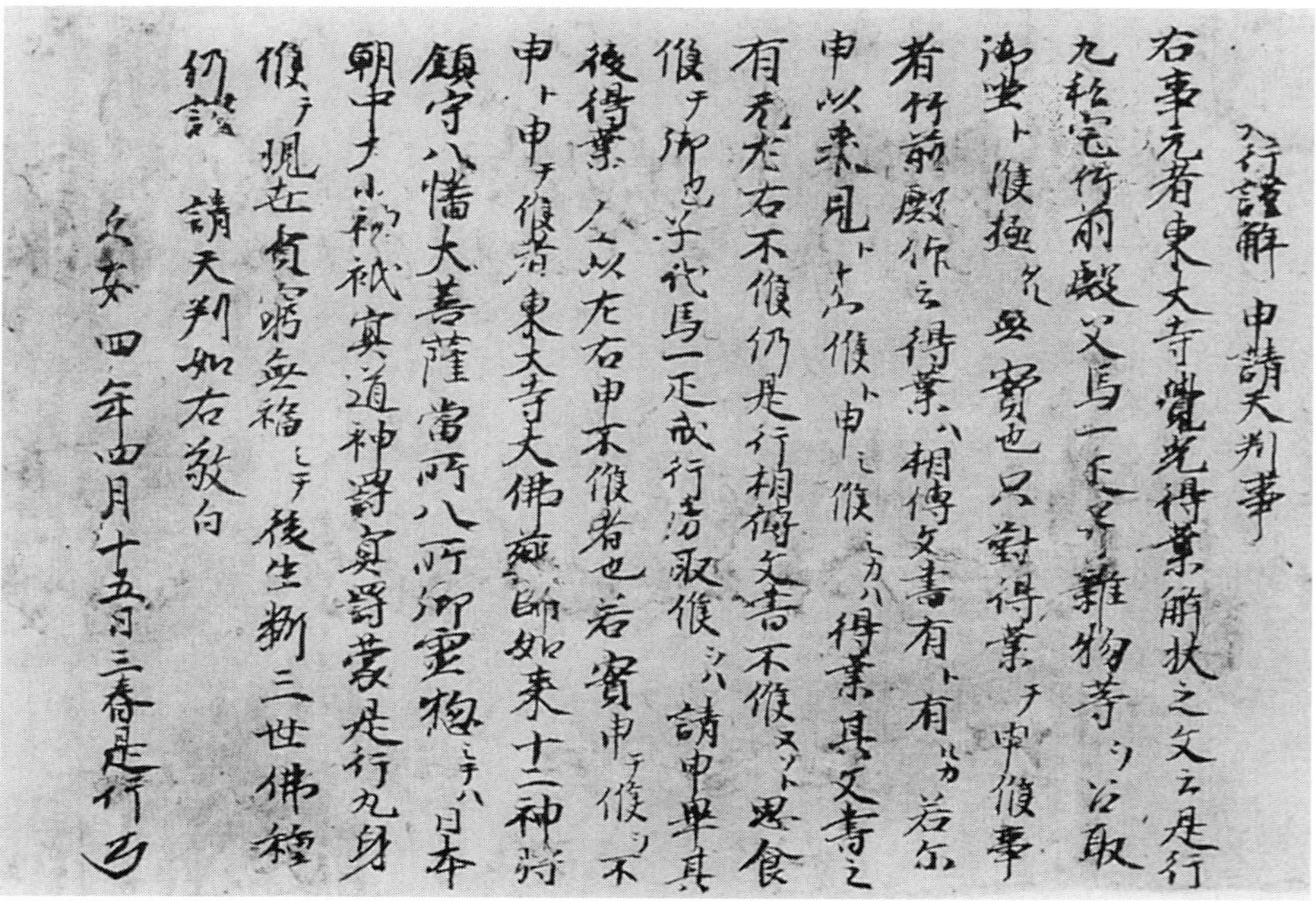

56　三春是行起請文〔東大寺文書／東大寺図書館所蔵〕222頁

A　牛玉宝印

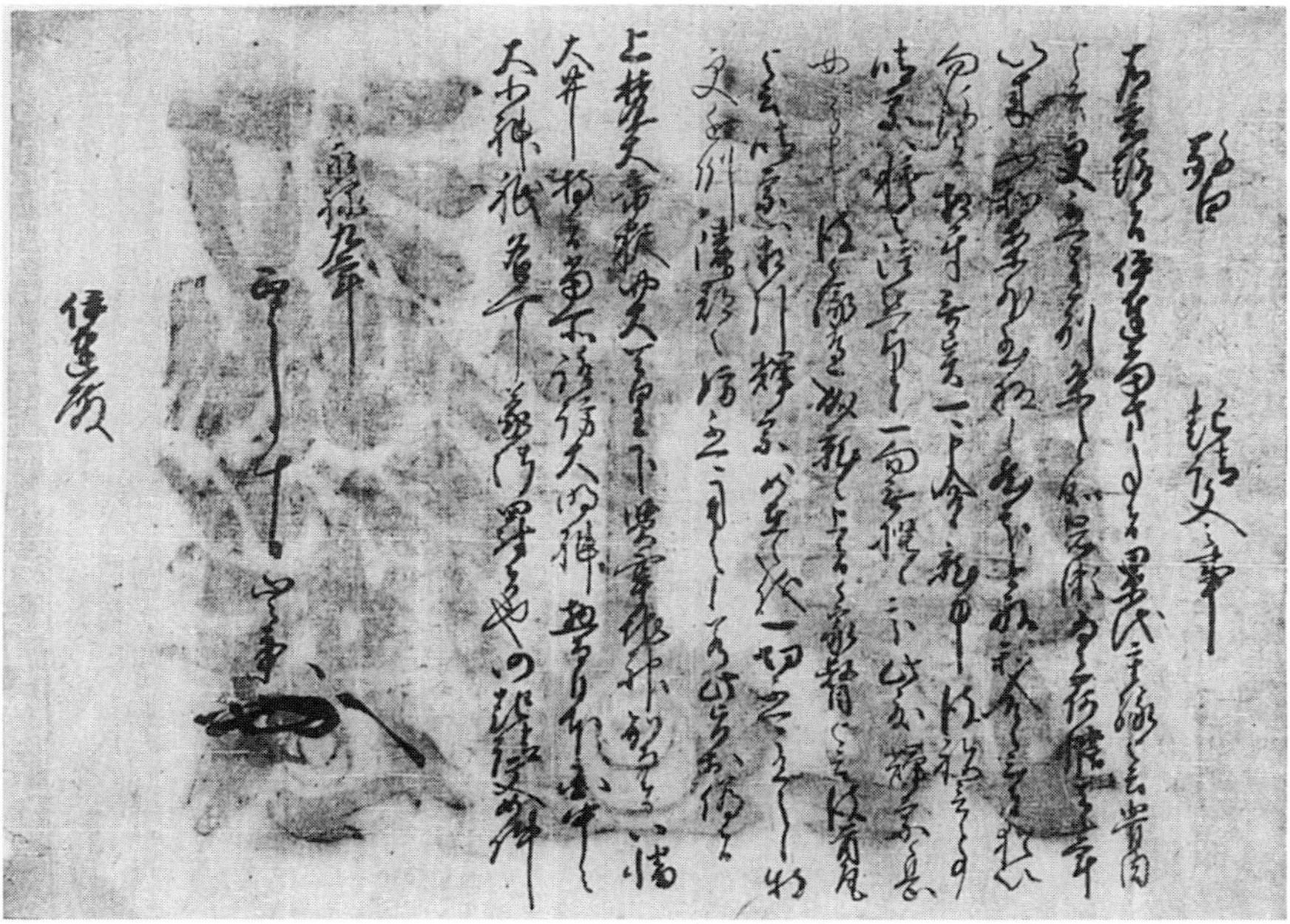

B　同上裏、起請文

57　**盧名止々斎（盛氏）起請文幷牛玉宝印**〔伊達家文書／仙台市立博物館所蔵〕298頁

A　牛玉宝印

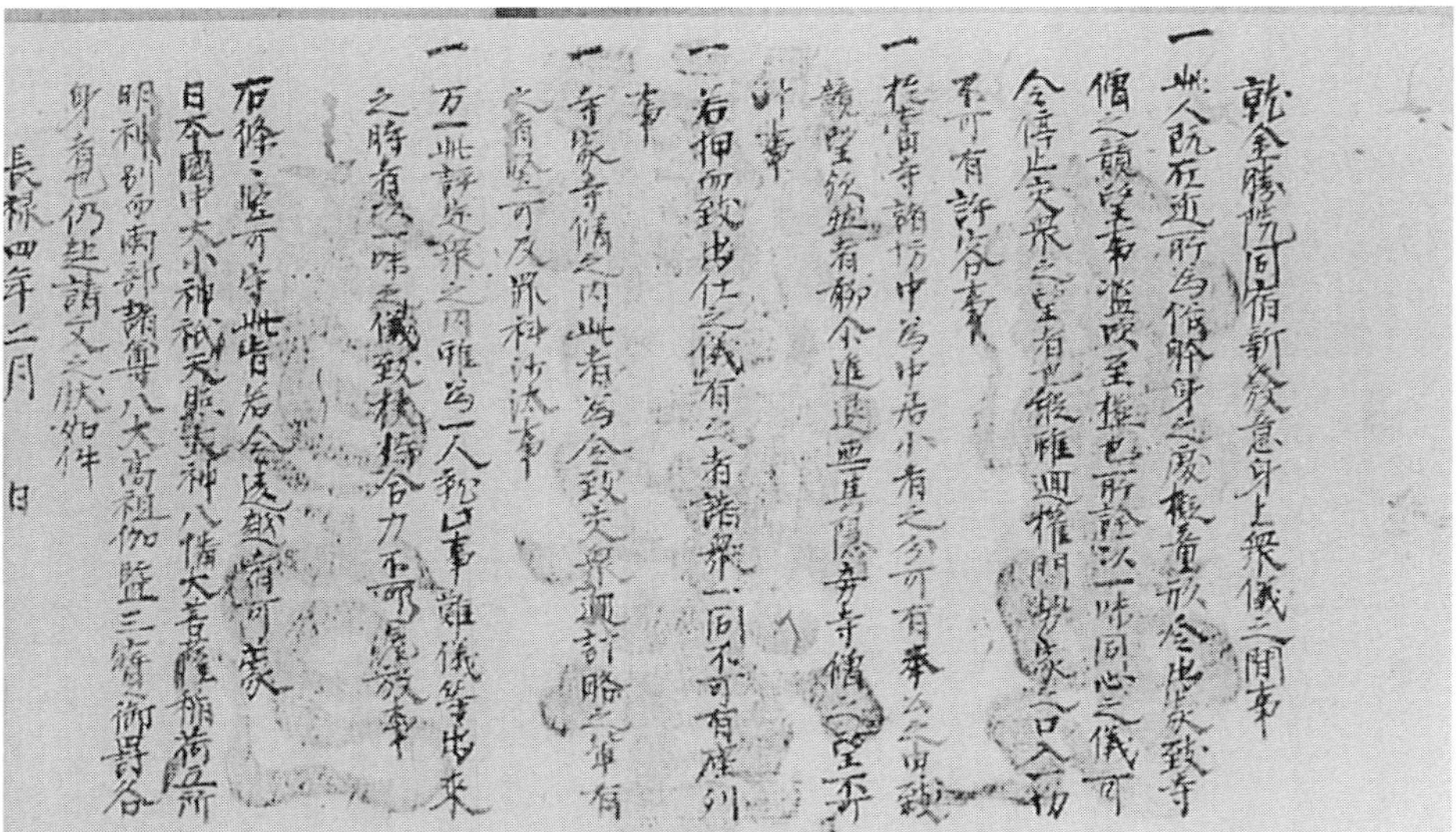

B　同上裏、起請文

〔東寺百合文書ユ函／京都府立総合資料館所蔵〕299頁

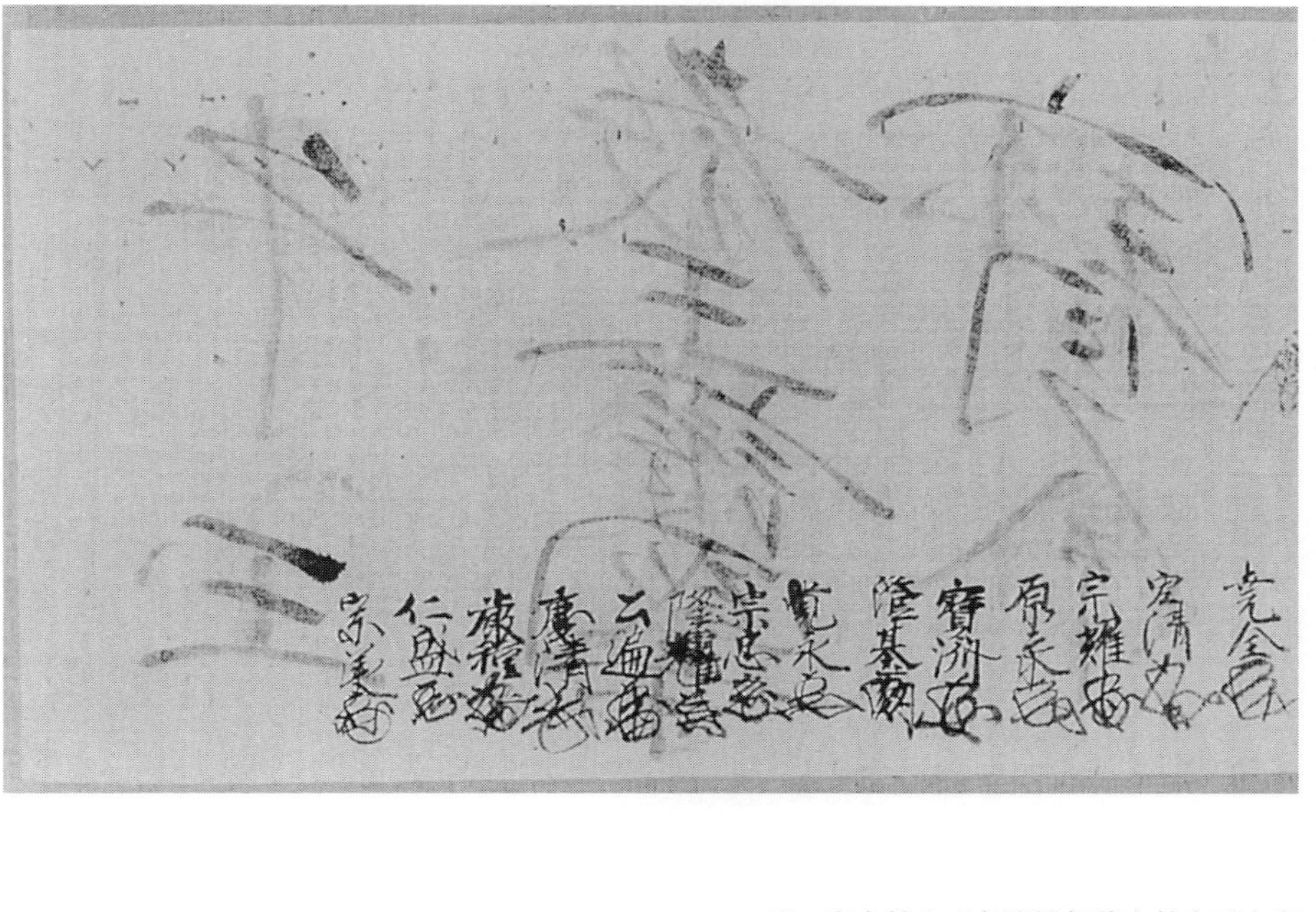

58　堯全外十三名連署起請文幷牛玉宝印

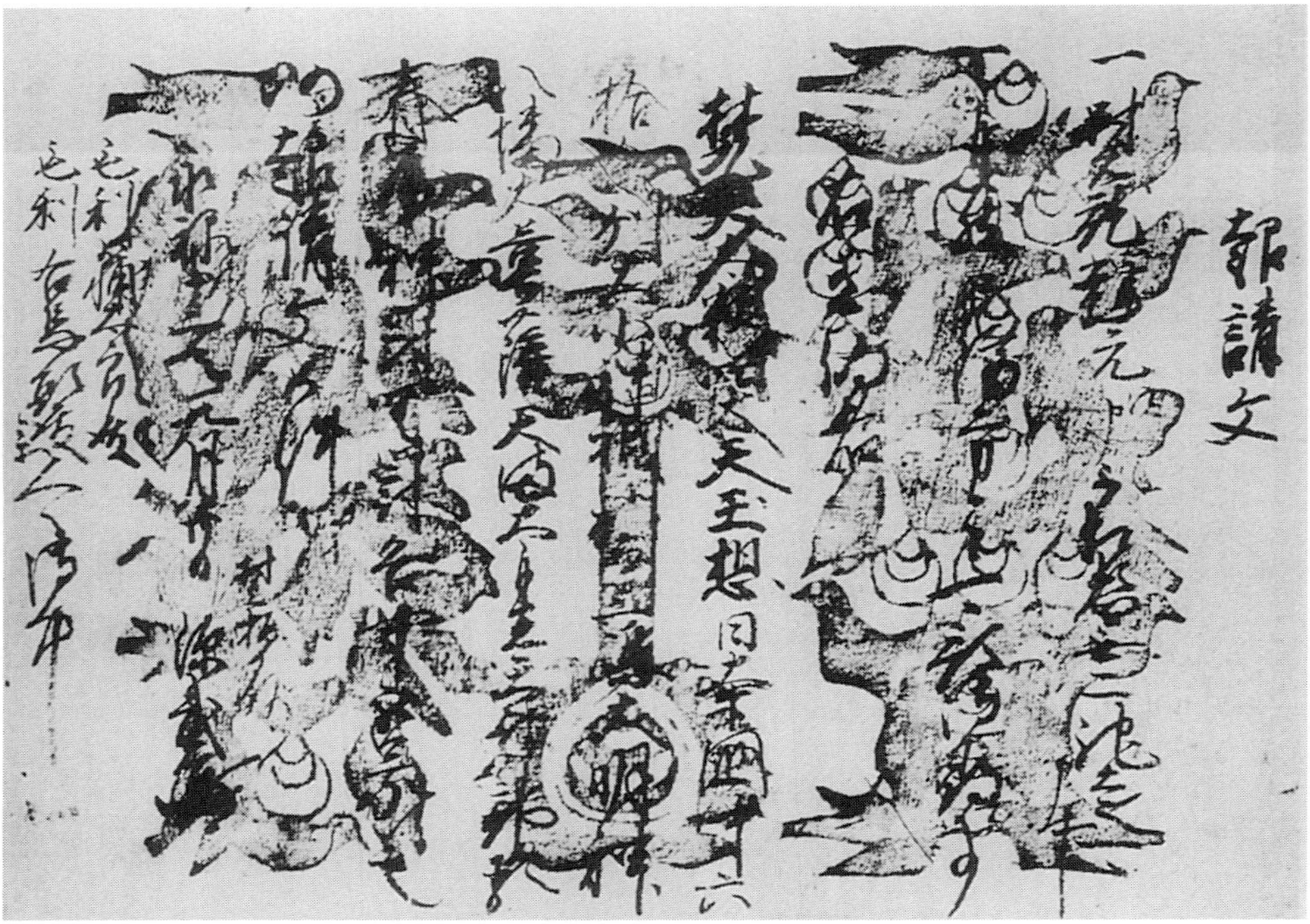

59　村上武吉起請文〔毛利家文書／大日本史料十編之四による〕234頁

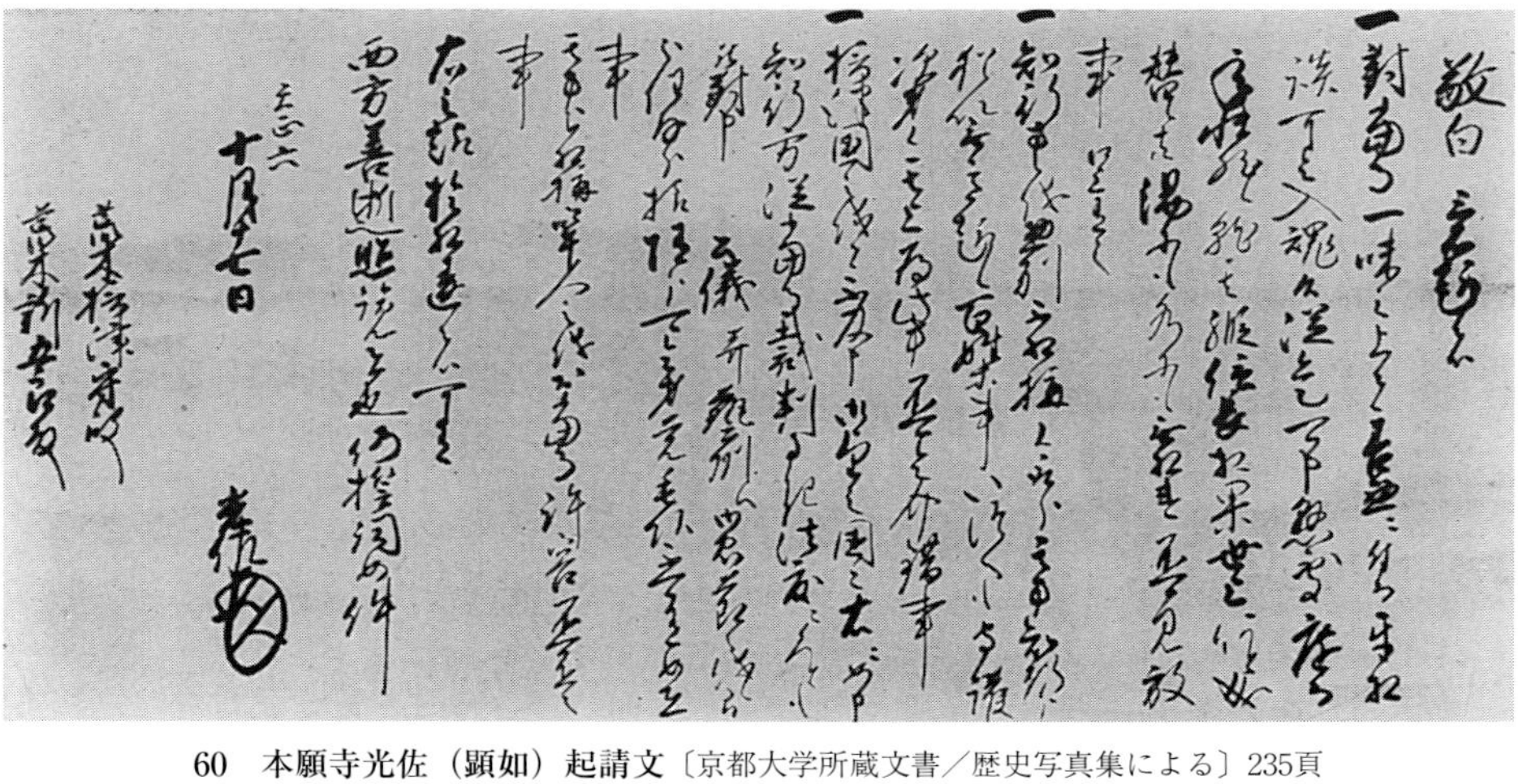

60　本願寺光佐（顕如）起請文〔京都大学所蔵文書／歴史写真集による〕235頁

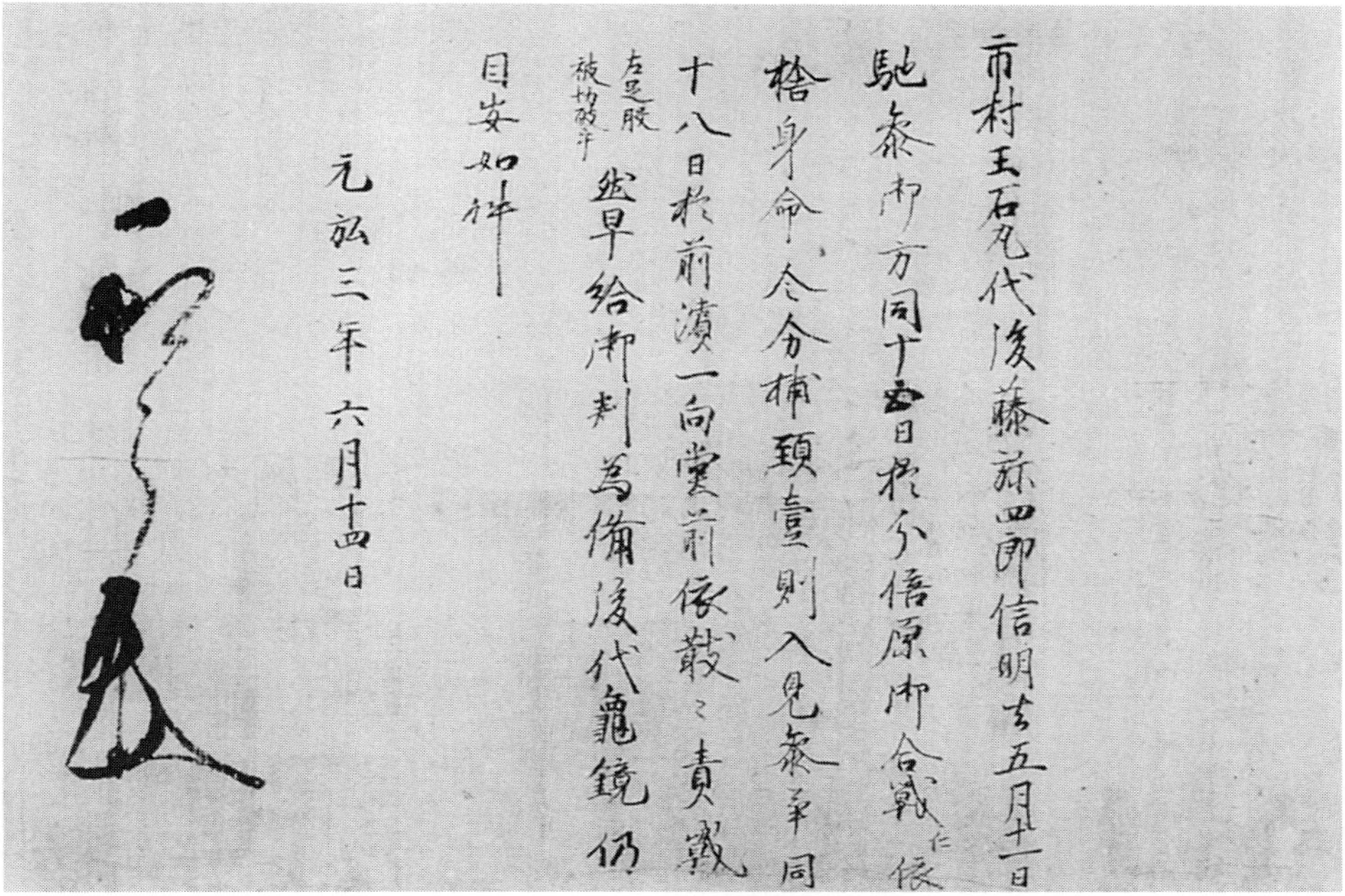

61　市村王石丸代軍忠状〔由良文書／古文書時代鑑による〕240頁

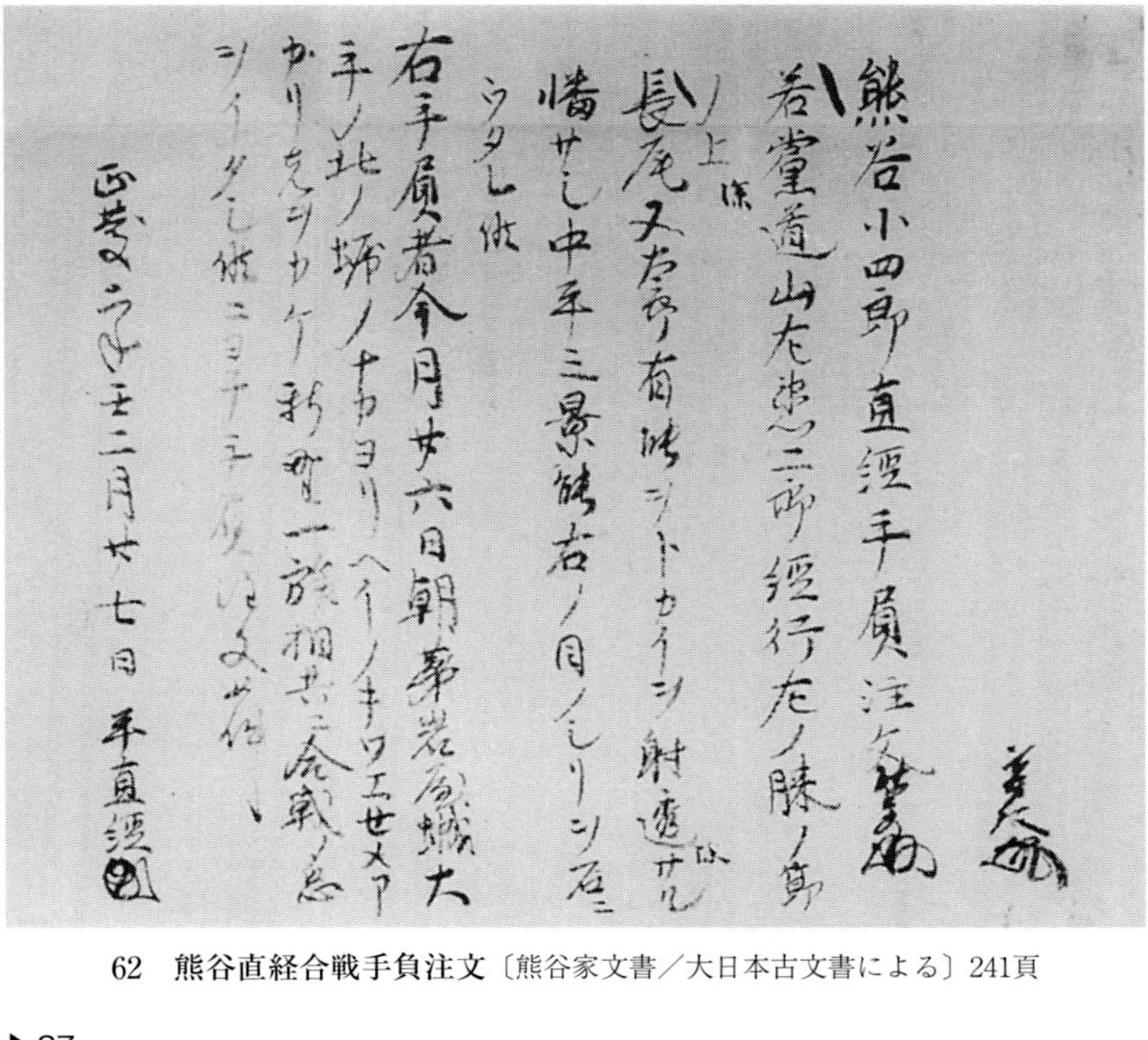

62　熊谷直経合戦手負注文〔熊谷家文書／大日本古文書による〕241頁

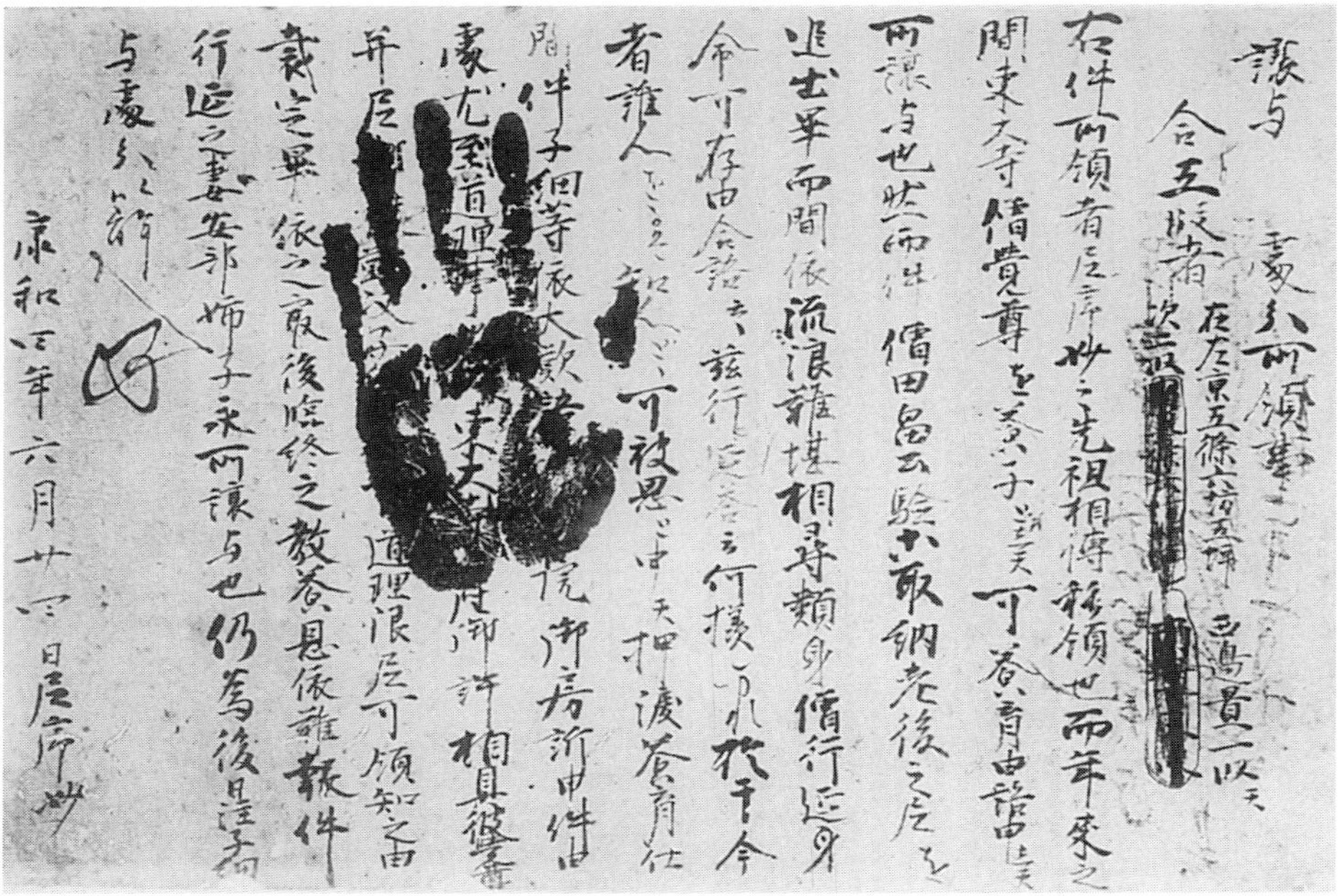

63　**尼序妙譲状**〔大倉集古館文書／大日本史料三編之六による〕248頁

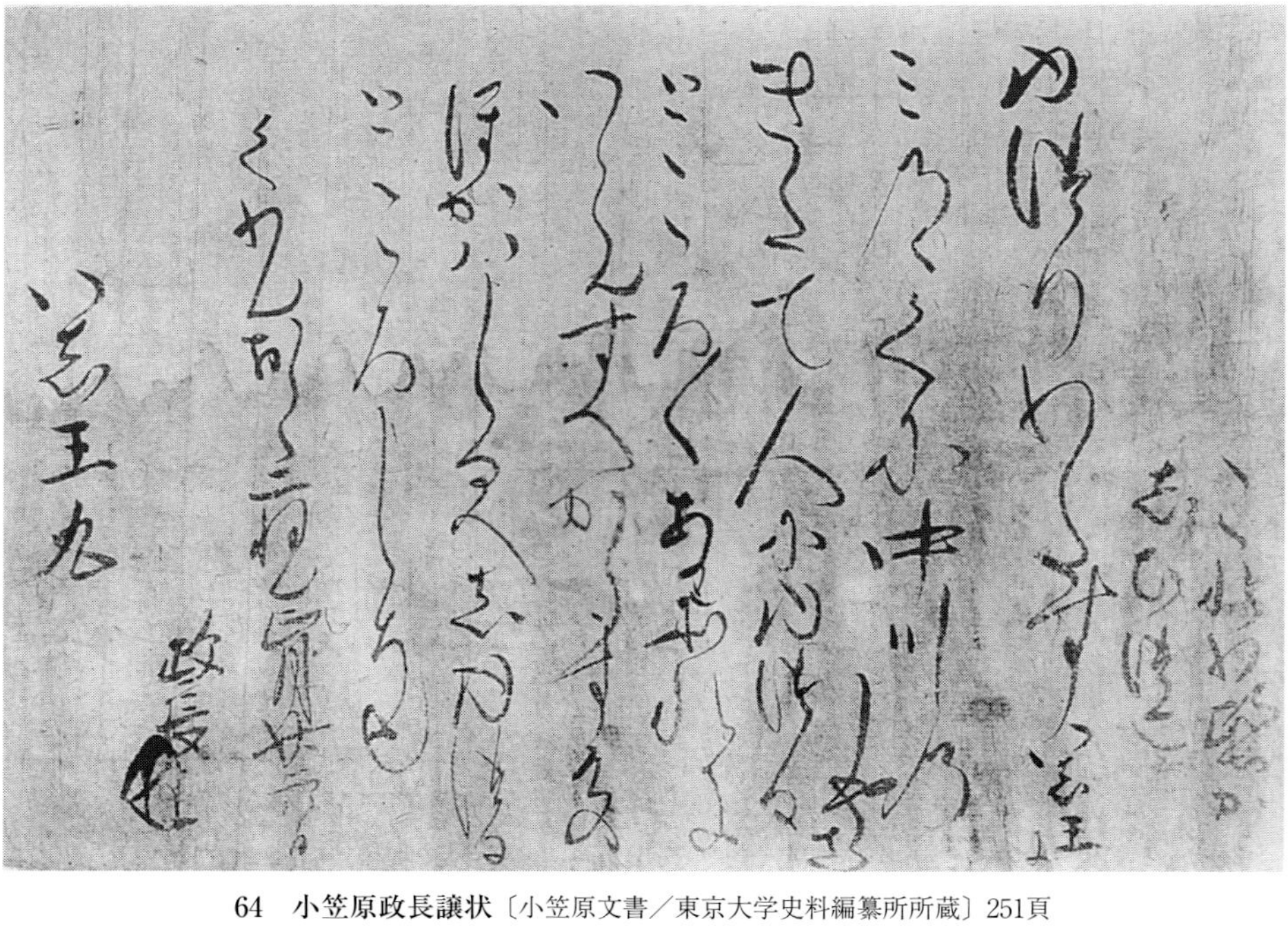

64　**小笠原政長譲状**〔小笠原文書／東京大学史料編纂所所蔵〕251頁

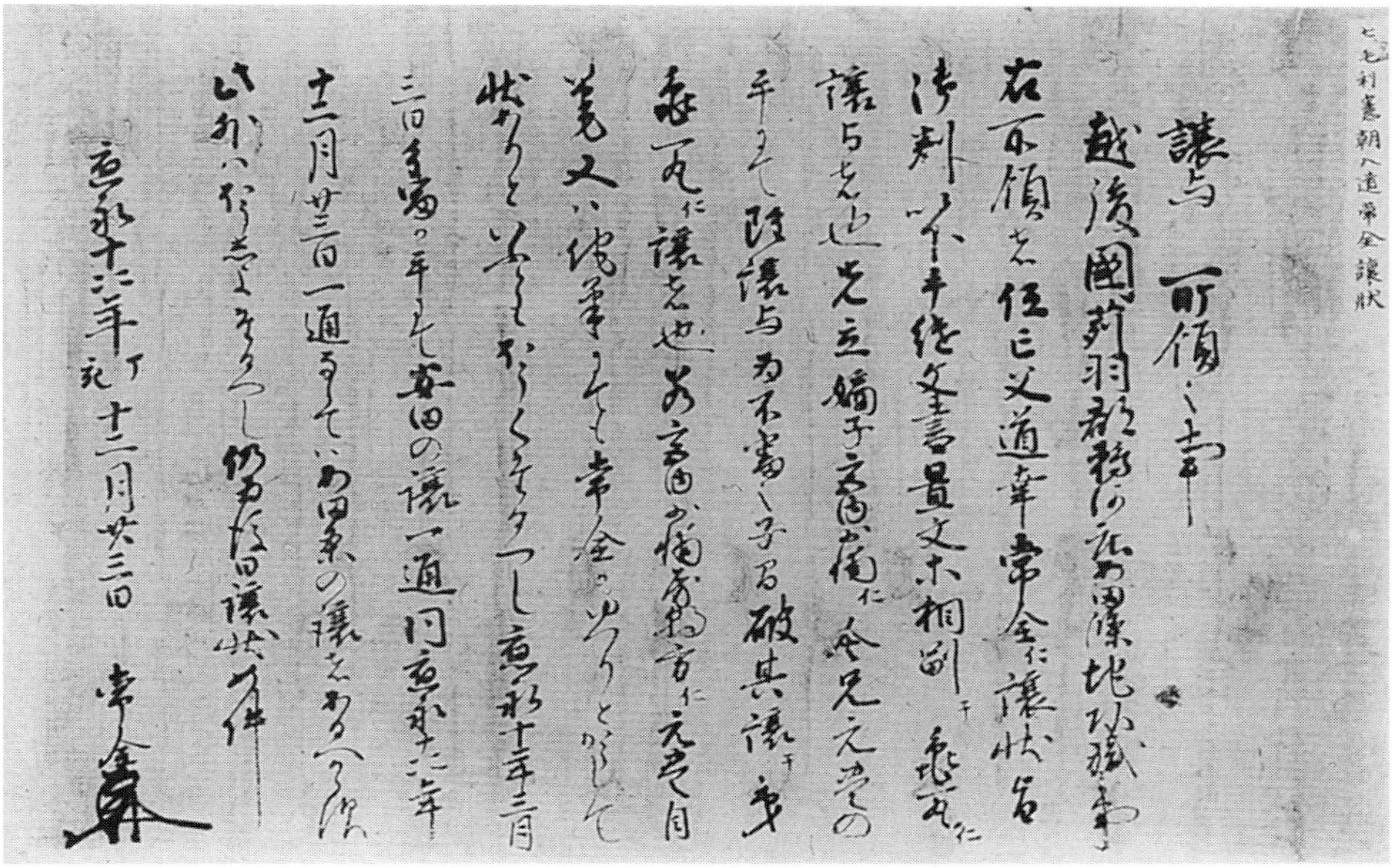

65　毛利常全譲状〔安田毛利文書／反町十郎氏所蔵〕254頁

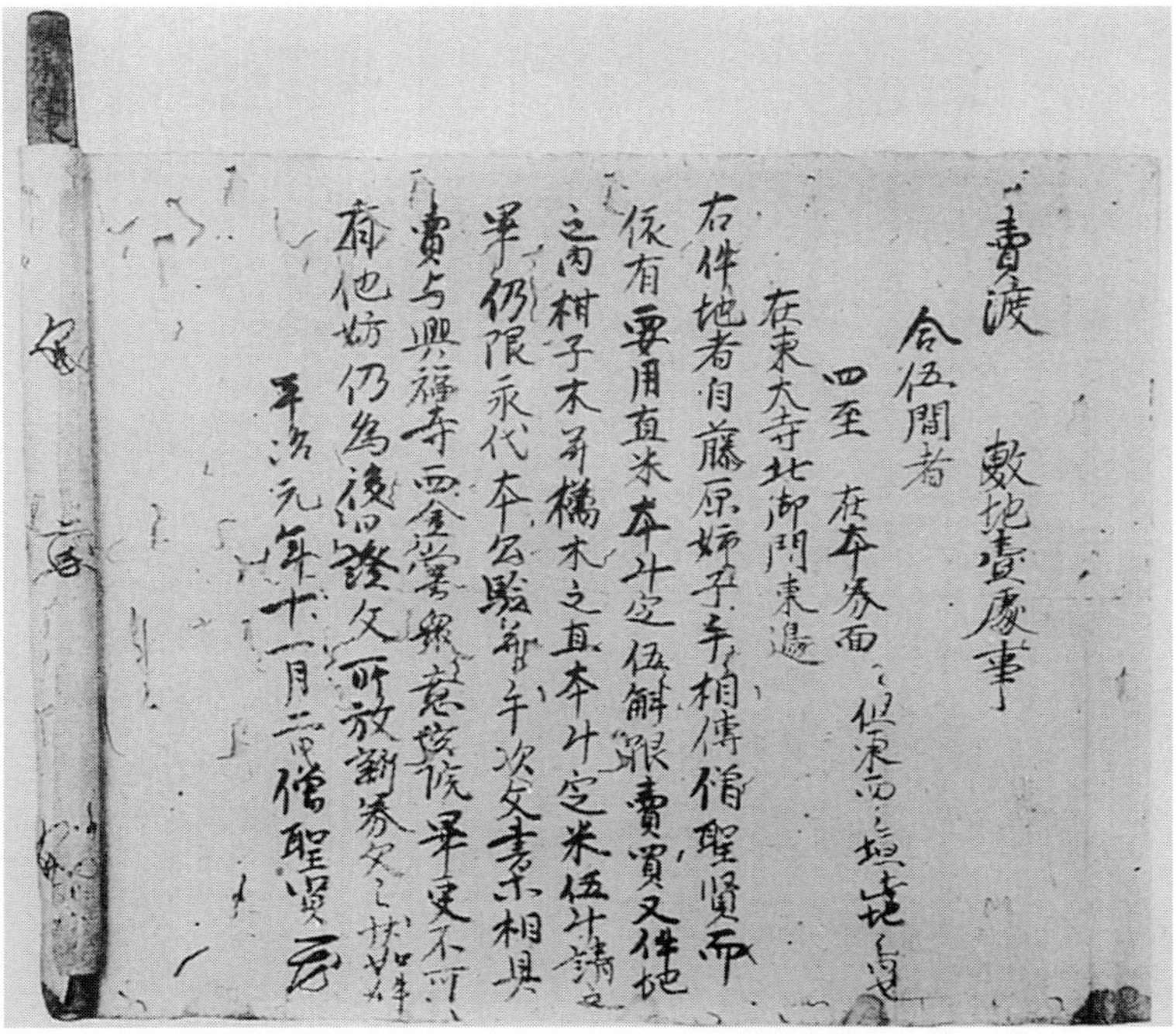

66　僧聖賢敷地売券〔京都大学所蔵文書／歴史写真集による〕266頁

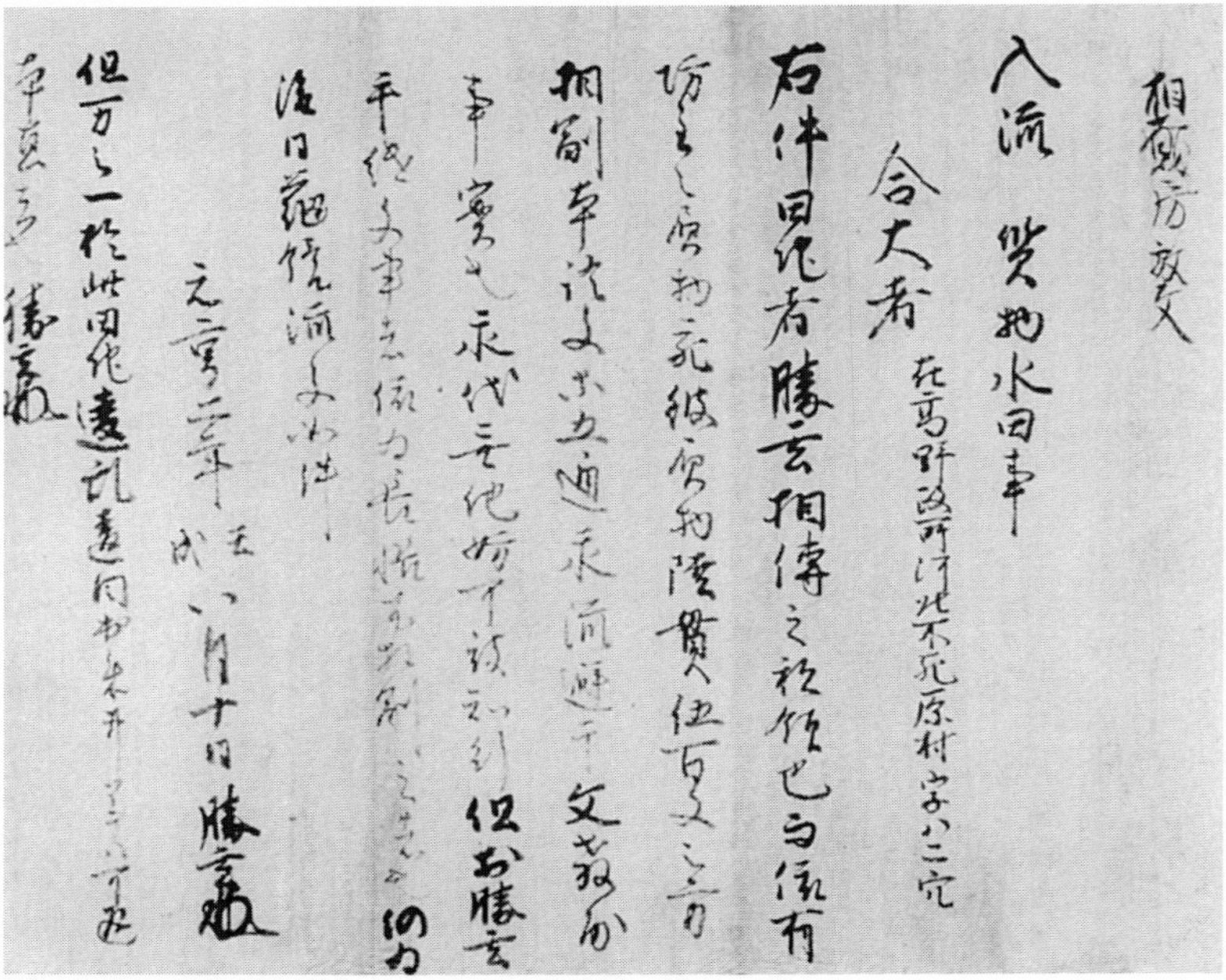

67　僧勝玄田地流文〔高野山文書，又続宝簡集五十二／大日本古文書による〕278頁

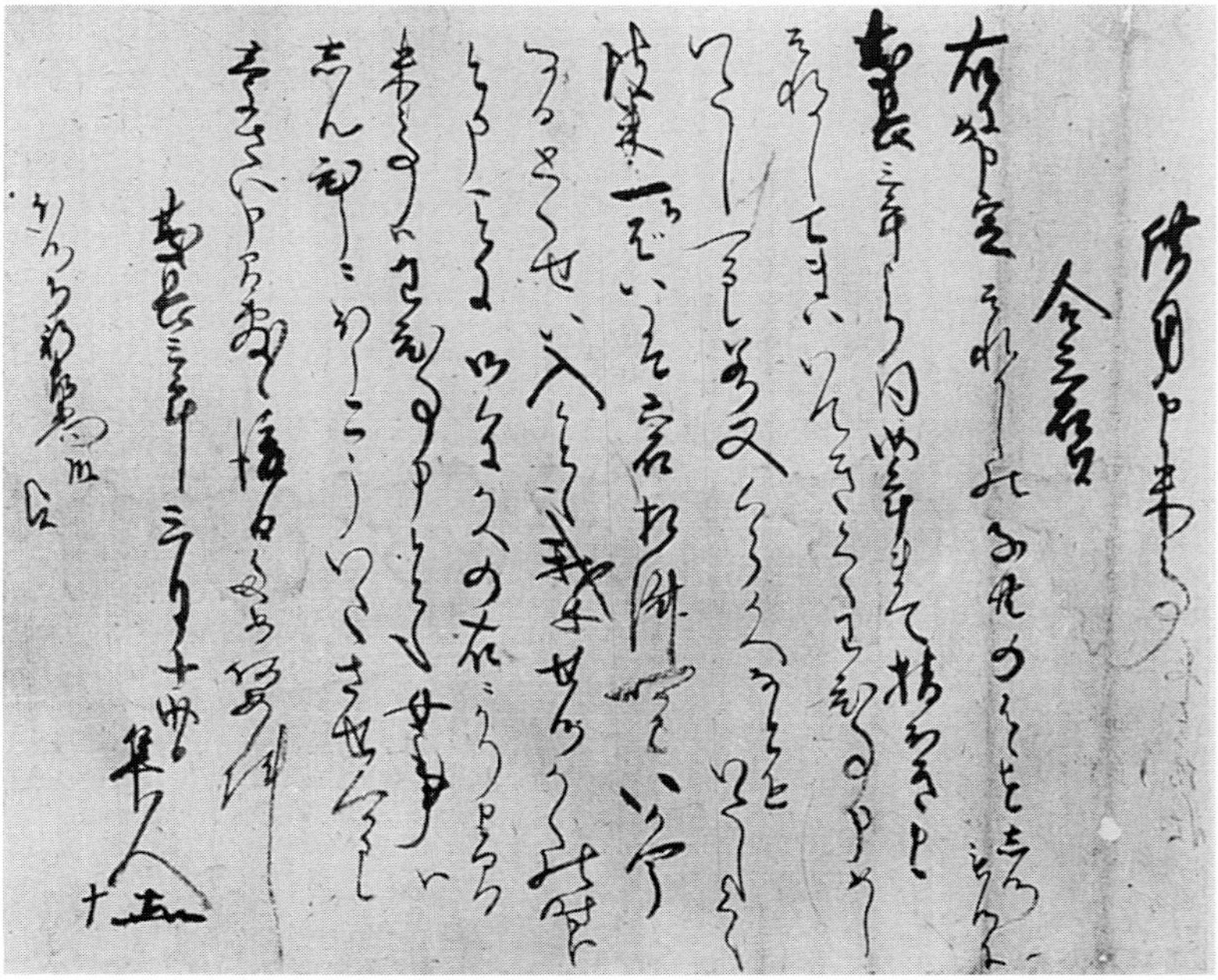

68　隼人人身質入借米状〔発智文書／反町十郎氏所蔵〕279頁

佐藤進一 著

［新版］古文書学入門

法政大学出版局

（扉題字は大永板「御成敗式目」より集字）

改訂にあたって

一　本文は常用漢字を用い、引用の古文書は、原則として正字を、一部、原本の字体に近い常用漢字を用いた。但し、注解及び本文中に部分的に古文書を引用する場合は原則として常用漢字とした。
二　新しい研究状況にかんがみ、第三章第三節に伝奏奉書の項を加えた。
三　新しい研究状況、本書の本文に対する批判のいくつかについて、本文当該箇所に補注欄を設けて説明した。
四　参照すべき史料・文献、及び語彙の注解を増補した。
五　前近代の文書・文献・史料集には『　』も「　」も付けず、近代以降の刊本のみに『　』を付けた。
六　引用した書籍・論文の編者・著者・執筆者の個人名、及び物故者には敬称を省いた。

目次

第三章　古文書の様式

古文書文例図版目次

第一章　古文書と古文書学

第一節　古文書とは何か

古文書学を学習するに当って最初に問題にしなければならないことは、古文書とは一体何であろうか、そしてつぎに古文書学とは一体どんな学問か、という点であろう。われわれが歴史事実を認識し、歴史知識を構成するには必ずそのよりどころとなる素材がなければならない。この素材を史料という。史料にはどんなものがあるかというと、大きくわけて精神的遺物と物体的遺物とがある。前者には言語・風俗・習慣・伝承・思想などがあり、後者には遺蹟・器物などの狭義の遺物と、文字・文章の記載そのものに史料としての価値の認められるもの、すなわち文献とが含まれる。そして古文書は、文献の中の一部であって、「特定の対象に伝達する意思をもってするところの意思表示の所産」、すなわち甲から乙という特定の者に対して、甲の意思を表明するために作成された意思表示手段、これが古文書である。〔補注一〕この特定者に対する意思表示という点が古文書の本質であって、これに対して主格の一方的な意思表示の産物、例えば一般の著述・編纂物・備忘録・日記の類が文書と対立して文献の大きな部分を占める。一般に古文書といえば、紙に書かれたものという常識が支配的であるが、紙に書かれていること自体は決して古文書の本質的要件ではない。いま述べた古文書の本質にかなうものであれば、布でも木でも金属でもかまわない、みな古文書であるといえる。例えば、近年学界をにぎわしている平城宮址、藤原京址等出土の木簡（モッカン）（木の薄片に墨書したもの）には、諸国から送られる貢調物につけられた送状というべきものや、請（ショウ）（物品請求書）、解（ゲ）、移（イ）など立派な古文書が多数見出される（なお、荻野三七彦もその著『日本中世古文書の研究』のなかで、板に刻んだ文書の数例を報告している）。〔補注二〕

〔補注一〕　現在の私の考えでは、この規定は少し狭すぎるようである。つまりここに述べたように、甲から乙への意思の伝達の手段として作成されるのが文書だとすると、例えば律令制下に作られた戸籍・計帳、中世の図田帳・検注帳、近世の郷帳・宗門改帳等は、地方・下級の機関で作成して中央・上級の機関に提出されたものとして、文書として扱われるけれども、もともとこれらの諸帳簿は人民管理のために作成して、中央・上級の機関に常時保管しておくべきもので、必要とあればそこに書き上げられた人間一人一人、田畠一枚一枚をその帳簿と照合して、帳簿と現実との合致如何を確かめる、つまり管理のための照合がその機能であって、授受関係の有無は一次的な意味をもたない。そう考えると、古代遺跡から大量に発掘される木簡の主要部分を占める調・贄などの付札、単に品物の名称・数量だけを列記した目録、人名だけを列記した名簿（中世の交名注文）、江戸幕府公認の御朱印船に与えられた朱印状などの特許証等々は、同定のための照合を機能とするものということができる。そしてこれらの同定のための照合用証書の多くが、それぞれの窮極の保証を、中央・上級機関に備えられた管理のための照合帳簿に求めているのである。かかる管理のための照合、同定のための照合を機能とする帳簿、証書、記名札等は、意思の伝達を機能とする、従来のいわゆる文書とは明らかに別種のものである。しかし他面これらのものが、現実の政治・経済・社会生活において、人間関係に現実に働きかける点で、従来のいわゆる文書と共通の性質をもつばかりでなく、両者は機能的に密接に関係し、規定し合っていることも明らかであって、特定の時代、特定の国家・団体において形成された文書の体系の全体像は、従来のいわゆる文書と、ここに記した照合帳簿その他との相互関連、相互規定の総体を明らかにしてはじめて把えることができるし、古文書学の目的もその点にあると考えられる。以上のように考えれば、ここに記した照合帳簿その他を、文書と密接に関係する別種の記録とするか、これを従来のいわゆる文書と併せて広義の文書として、文書の体系（そして古文書学の体系）を再構成するか、が今後の問題である。以上の点につき、なお拙稿「中世史料論」（『日本中世史論集』岩波書店、所収）、「武家文書の成立と展開」（朝日百科日本の歴史別冊『歴史の読み方』5所収）を参照。また、古文書学界最近の新しい考えを代表するものとして、富田正弘

「中世史料論」（『日本通史』別巻3、岩波書店）、また拙稿「中世史料論」に対する貴重な批判を含むものとして、杉本一樹『日本古代文書の研究』（吉川弘文館、特にその第一部）を参照。

〔補注二〕　昭和三十六年平城宮址木簡出土以来、学界に木簡に対する関心が高まり、また全国各地から木簡出土の報告が盛況を加える中で、一九七八年木簡学会が設立され、その翌年には同学会の会誌として、年間出土木簡の報告、木簡に関する研究などを内容とする『木簡研究』（年刊）が発刊されて今日に及んでいる。木簡の入門書としては狩野久『木簡』（至文堂）、鬼頭清明『木簡の社会史』（河出書房新社）をすすめたい。また日本の木簡を考える上で不可欠なのは中国の竹簡、木簡の知識である。この分野の入門書として、藤枝晃『文字の文化史』（岩波書店）、大庭脩『木簡』（学生社）、同『木簡学入門』（講談社学術文庫）、銭存訓『中国古代書籍史』（沢谷昭次他訳、法政大学出版局）を挙げたい。

さて、古文書には以上のように必ず差出者と受取者があるわけであるが、この授受者間の関係の如何によって古文書の材料・作成手続・様式・文章などのうえにいろいろの差違が現われる。そして、その違いはさらに時代の変遷・地域の相違によっていっそう複雑となる。そこでこのような古文書のもつ複雑な性質を理解し、古文書に関する知識を整理し体系立てるところの学問が必要になる。これが古文書学である。古文書学はもちろんそれ自身の目的をもつ学問として存在しうるわけであるが、実際には古文書を歴史の史料として利用する歴史学の立場から、古文書の史料的価値を明確にするための学問として研究され、その成果が利用されているのが現状である。いわば古文書学は歴史学の補助学科であるというのが現状である。そして日本ではのちに述べるように、奈良朝以前から近代に至るまで、きわめて多くの古文書が伝わっており、古文書はその性質上、人間生活の直接の所産であって、その正確さと具体的な点で最も有力な史料であるから、古文書学は日本史の研究上最も重要な武器であるということができる。ここには、とりあえず、古文書、古文書学について、必要最小限の入門的な定義を与えるにとどめて、最後に、もう一度この問題に立ち返ってみることにしたい。

つぎに、古文書とならんで日本史研究上の重要史料と考えられる日記について簡単に説明しておこう。日記は前に述べたように、古文書とちがって特定の対象を有しないところの、主格（日記を記す主体、記主とよぶ）の一方的な意思表示の産物であるが、しかし、その日その日の事件なり、感想なりを記したものだという点で、後になって、特定の意図をもって書くところの著書や編纂物などに比べて、格段の正確さと生ま生ましさがある。その点では古文書についで有力な史料価値をもっている。そして古文書が一通一通内容がバラバラであり、事実の連関を理解するのに困難であるのに対して、日記は前後の記事に関連があって、事実の理解に一貫性がある場合が多いという点で古文書にまさる長所がある。日記はまた記録ともよばれ、やはり古くからのものが伝わっている。日本書紀の孝徳天皇白雉五年の条の注に「伊吉博得《イキノハカトコ》（徳）言」云々という記事があるが、これは博徳の日記の記事を引用したものであって、これが日記の最古であるといわれる。これはしかし日記そのものでなくて、その一部の記事の引用であるが、日記の原本としては今日近衛家に伝わっている関白藤原道長の自筆の日記（御堂《ミドウ》関白記とよばれる）がいちばん古い。以下、平安時代から江戸時代までの公家の日記はいちいち挙げることのできないほど多い。そして、それらは例えば中右記《チュウユウキ》（中御門《ナカミカド》右大臣藤原宗忠の日記）、兵範記《ヘイハンキ》（兵部卿平信範の日記）、勘仲記《カンチユウキ》（勘解由小路《カデノコウジ》兼仲の日記）のように記主の官名・苗字・実名の一部をとって名づけたり、康富記《ヤストミキ》（中原康富の日記）、親長卿記《チカナガ》（甘露寺《カンロジ》親長の日記）、政基公旅引付《マサモトタビヒキツケ》（九条政基の文亀元年から永正元年まで和泉国日根野庄に下向中の日記）のように記主の名をそのまま用いたり、玉葉《ギヨクヨウ》（九条兼実の日記）、明月記《メイゲツキ》（藤原定家の日記）のように特別の名をつけたりして、個々の日記の名称としている。それらのなかの主なものは『史料大成』、『続史料大成』、『大日本古記録』（刊行中）、『史料纂集《サンシユウ》』（刊行中）などの叢書に収めて出版されている。そのほか僧侶の日記も少なからず伝わっており、役所の日記や武士の日記も残っている。江戸時代になると各界各層の人々の日記が書かれた。幕末維新に活躍した人々の日記を中心とした重要記録類が、『日本史籍協会叢書』の名で、大正中期から昭和前期にかけて刊行された（本編百九十二冊、戦後東京大学出版会から復刊）。戦後になって、近現代の政治家、軍人、官僚、作家等の日記が続々紹介刊行され、最近では江戸時代の公家、大名、幕府役人、さらに藩日記、村役人日記などが注目をあびるようになってきた。

日記の解題には、古く星野恒の「歴世記録考」(『史学叢説』第一集に収む) があって、簡潔適確な解題の模範である (但し、平安以降鎌倉初期までの公家の日記)。今日では、平安時代から幕末までをカバーする『日本歴史「古記録」総覧』上下 (新人物往来社)、さらに近現代の主要日記も含めた『日本「日記」総覧』(同上) が有益である。また斎木一馬『古記録の研究』上下二巻 (吉川弘文館) は著者の日記関係の論文を集成したもので、「日本古記録学の提唱」と記録語研究の諸編がとくに注目される。どの時代を研究するにはどういう日記を見ればよいかという手引きとしては、伴信友の作った日本史籍年表があり、明治年間小泉安次郎が増補したけれども、今日では全く不十分である。

第二節　古文書学の発達

日本で古文書学が一つの体系をもった学問として研究されはじめたのは、後で述べるように、明治時代に入って西欧の古文書学が輸入されてからであるが、わが国の長い歴史の間には、古文書学の基礎になるような事柄が部分的に研究されてきた。

一　文書の真偽鑑定

裁判の場合、当事者が自分の主張を正当づけるための証拠として文書を提出する。その際、偽作の文書を提出する者があり、文書の真偽を判別する必要が生じた。すでに古代の律には文書偽作の罪が規定されているが、とくに裁判上文書の偽作が盛んになり、その真偽鑑定が発達したのは、鎌倉時代に入って土地関係の訴訟が激増してからであり、鎌倉幕府の訴訟制度において真偽判別法の著しい進歩が見られた。この点は西欧の古文書学の発達と軌を一にしているが、わが国ではこの伝統は大した発展を示さずに終った。

二　書札礼の研究

大宝令・養老令では大体唐令にならって公式令という一編を設けて、公文書の種類・名称・様式・発布手続などを規定したが、その後平安時代に入って公家の公生活のうえで朝廷の儀式が大きな部分を占めるようになると、それらの儀式及びこれに付随した儀礼についての知識が重んぜられることとなり、彼らの日記はほとんどこのような儀式・儀礼についての記事で埋められたが、さらに進んで専門の参考書が作られた。この儀式・儀礼を有職といい、その関係の書を有職書という。例えば、源高明の西宮記、藤原公任の北山抄、大江匡房の江次第（江家次第ともいう）などがその代表的なものであって（以上は『故実叢書』に収録）、文書の作成発布のうえでの儀礼や慣習などもそのなかに説かれている。また朝政上最も重要な役目である上卿や職事の職掌その他の心得を説いた本もでき（上卿故実、貫首秘抄）、とくに公文書の発布手続や文例だけを挙げた解説書もできた（伝宣草、綸旨抄）。また単に有職上の必要からだけではないが、朝野群載、雲州消息、雑筆要集など、公私の文書を集めた文例集もできた。そして鎌倉時代に入ると、守覚法親王の消息耳底秘抄、平経高の書札抄といった専門の書札の本ができ、弘安八年（一二八五）制定された弘安礼節の一部には文書の応答に関する儀礼が正式に規定された。武家の方でも、鎌倉時代の末には、訴訟手続に付随して訴訟関係文書の様式文例を示した沙汰未練書という本が作られ、さらに室町時代に入ると、いろいろの面で格式が定められ、固定的な儀礼や慣習ができた。これを故実といい、その一部として文書のうえでの儀礼も形成された。当時これを書札礼といい、さらにそれが大内・大友・佐竹・上杉・里見等地方の大名に伝えられて、なかにはその家独特の書札礼を作った者もあった。そして室町時代の故実家（伊勢・今川・曾我・大館等）の子孫が江戸時代に入って、故実学者としてこの方面の研究を残していることも忘れてはならない。その代表者は伊勢貞丈である。また庭訓（テイキン）往来、雑筆往来などの往来物が庶民教育の教材として普及して、書札礼の知識を与えるうえに大いに役立ったことも注意すべきである。

三　古筆の鑑賞

能書家や有名な人の筆蹟を尊重しこれを鑑賞する風は古くからあったが、とくに安土桃山時代になって盛んになり、筆蹟鑑定の専門家が生れて、筆蹟や花押の研究に何程かの寄与をなしたが、しかし、その鑑定は非常に独断が多く、また学問的態度をもって研究するというより、骨董的趣味を主としたので、いろいろ付会の説をつくりあげたり、文書筆蹟を切り取ったりして、古文書学のうえからみてマイナスの面も少なくなかった。

四　古文書研究の歴史

江戸時代に入って歴史の研究編纂が盛んになるに及んで、その史料として古文書を集めてこれを学問的に研究する風が初めて生じた。水戸の大日本史編纂の副産物である花押藪とか、松平定信（楽翁）の集古文書などは古文書学発達のうえに画期的なものであった。以上述べたところは、後で古文書の伝来の部でなお詳しく述べよう。

以上のようにして古文書学は部分的には古くから開拓されてきたのであるが、今日見るような体系的なものとなったのは明治に入ってからである。明治五年太政官正院に置かれた歴史課がやがて修史局となり、六国史以後の正史を編纂することとなった。この事業はその後、正史の編纂から、史料の編纂に切りかえられ、機関も臨時編年史編纂掛と改められて帝国大学の付属に移され、ここに全国的な大規模な古文書蒐集事業が行なわれ、それにともなって実地の古文書研究が始まった。ちょうどそのころ、帝国大学の史学の教授坪井九馬三が明治二十三年西欧留学を終えて帰朝し、はじめて西欧の史学研究法、わけても古文書学を紹介したので、これにならって日本古文書学を組織立てる気運が生まれて、帝国大学史学科において古文書学が講義されるようになった。最初に古文書学を講じたのは久米邦武、星野恒等であり、ついで黒板勝美が専門の古文書学者として独自の日本古文書学を樹立した。古文書学の講義は京都大学その他諸大学にだんだん設けられるようになり、古文書学に関する概説書や研究論文も発表されるようになった。しかし概していえば、これまでの古文書学は様式論中心であって、古文書の機能とか分布状態とかの問題はまだあまり研究されていない。また古文書学における形態論とよばれる部門、すなわち古文書の紙・書風・文字・文章・花押・印章など個々の要素についても、相田二郎の印章の研究を除けば、ほとんどまだ本格的な研究は現われていない。さらに重要なことは従来の古文書学が対象としたものの多くが古代と中世とくに中世文書に限られたという点であって、この点からいえば、従来の古文書学は中世古文書学だったといって過言ではない。江戸時代以降の厖大な古文書はほとんどその研究対象からはずされてきた。これでは完全な意味では日本古文書学ではない。しかし江戸時代以降の古文書はそのまま従来の古文書学の体系にあてはめて理解するにはあまりに複雑であり多様である。それがまた容易に近世・近代文書が古文書学の対象のなかに取り入れられない所以であろう。戦後になって、ようやく一方には近世史の発達に促されて、他方には近世古文書の散佚という憂慮すべき社会現象から、それの保存が講ぜられ、進んでそれの研究が各方面から行なわれるようになった。既成の古文書学を批判し再検討して、複雑多様な近世・近代文書を含めて新たに体系化することが、日本古文書学の将来に課せられた大きな課題である。近年、近世古文書を対象とする入門書や学習書が出版されるようになり、また昭和四十二年日本古文書学会が設立され、その機関誌として『古文書研究』が発刊（昭和四十三年六月創刊）され、年々、貴重な研究、紹介、報告が登載されている。

なお古文書は後に述べるように、それぞれの伝来の由緒によって各地各所に散在しているが、さきに紹介した臨時編年史編纂掛は、後に史料編纂掛・史料編纂所と改称されて東京大学の付属機関として今日に及んでいる。ここでは全国的な古文書蒐集が明治以来継続的に行なわれ、またそれらの古文書が逐次編纂刊行されている。これが『大日本古文書』であって、奈良時代の古文書（主として正倉院文書）を年代順に編纂した編年文書が二十五冊、石清水八幡宮・高野山・東寺・東大寺・醍醐寺・大徳寺・東福寺、島津家・毛利家・上杉家・吉川家・小早川家・相良家・伊達家等々、社寺や武家の伝来文書を所蔵者別に編纂した家わけ文書が百六十冊、幕末外国関係の古文書が四十二冊、合わせて百八十三冊、また別に細川家の慶長五年（一六〇〇）以降の文書が『大日本近世史料』細川家史料の名で十六冊（平成八年八月現在）これまでに刊行され、事業は現在も続けられている。

そのほか全国の大社寺がその伝来した古文書を編纂公刊するものや、府県市町村等の地方公共機関がそれぞれの地域の関係文書を蒐集公刊するものが次第に多くなり、広く古文書研究の史料を提供しているが、わけても特筆すべきは、竹内理三氏による『平安遺文』（本文十一巻、索引二巻、東京堂出版）、『鎌倉遺文』（本文四十三巻、索引四巻、同上）編集刊行の偉業であって、これによってわれわれは居ながらにして平安・鎌倉時代六百余年の古文書を検索利用することができる。両遺文が学界にもたらした学益は測りがたいものがある。なお、瀬野精一郎氏、松岡久人氏らが、竹内氏の業績をついで『南北朝遺文』（同上）を世におくられつつあることを付言しておく。

つぎに、日本古文書学に関する主要な参考書を挙げる（＊印は現在入手容易なもの）。

＊1　久米邦武『古文書学講義』（早稲田大学における講義用にまとめられたもので、明治三十五年完結）（早稲田大学出版部。『久米邦武歴史著作集』第四巻にも収録、吉川弘文館）

2　黒板勝美『古文書学様式論』（黒板の著作集である『虚心文集』第六巻に収録、吉川弘文館）

＊3　伊木寿一『日本古文書学』（『大日本史講座』の一冊。昭和五十一年増訂版、雄山閣）

4　勝峯月溪『古文書学概論』（目黒書店）
＊5　相田二郎『日本の古文書』（上下二冊、上は概論、下は分類文書集、岩波書店）
6　伊地知鉄男編『日本古文書学提要』（上下二冊、新生社）
7　中村直勝『日本古文書学』（上中下三冊、角川書店）
＊8　田中稔『古文書』（『日本の美術』No.174）（至文堂、のち田中の遺著『中世史料論考』に収録、吉川弘文館）
＊9　日本歴史学会編『概説古文書学』古代・中世編（吉川弘文館）
＊10　同上、近世編
＊11　飯倉晴武『古文書入門ハンドブック』（吉川弘文館）
12　地方史研究協議会編『近世地方史研究入門』（岩波書店）
13　飯倉晴武ほか編『日本古文書学講座』（全十一巻、雄山閣出版）
14　日本古文書学会編『日本古文書学論集』（全十三巻、吉川弘文館）
15　荻野三七彦『日本中世古文書の研究』（荻野三七彦博士還暦記念論文集刊行会）
16　相田二郎『相田二郎著作集1　日本古文書学の諸問題』（名著出版）
17　滝川政次郎編『法制史料古文書類纂』（有斐閣）
18　東京大学史料編纂所編『古文書時代鑑』（正続各二帙、東京大学出版会より復刻版と縮刷版）
＊19　東京大学史料編纂所編『花押かがみ』（既刊四巻、一、平安時代、二・三・四、鎌倉時代、吉川弘文館）
＊20　佐藤進一『花押を読む』（平凡社）
＊21　石井良助『はん』（学生社、近年『印判の歴史』と改題復刊、明石書店）
＊22　荻野三七彦『印章』（吉川弘文館）

23　寿岳文章『日本の紙』（吉川弘文館）

以上のうち、2は著者の学位論文といわれるもの。3は簡潔に日本古文書学を概説した名著であって、初学者に是非すすめたい。5は著者のライフワークであって、古文書の様式を徹底的に細分し追究した点と、古文書の作成手続きと伝来の過程を重視した点が特色である。6は古文書以外の史料をも広く取り上げており、史料学入門ともよびうるもの。7は代表的古文書学者たる中村の主著。全三冊総計三千頁を超える巨篇であって、今日最も詳密なる日本古文書学の総説である。8は、百五十頁たらずの小冊ながら、豊富鮮明な図版と、編者の博識に裏打ちされた簡潔な解説とを特色とする好著である。10は浅井潤子・笠谷和比古両氏ほかの執筆に成る、今日最良の近世古文書学の概説。11は古文書読解の伴侶として好適な学習書。13は、従来未開の分野であった近世・近代の古文書にも多くの紙幅を割いている点に特色がある（近世・近代各三巻）。14は古文書及び古文書学に関する論考のアンソロジー。15 16は戦前戦後を代表する古文書学者の論文集。17と5の下は分類古文書集。18は人物中心に選ばれた古文書（古文書以外の筆蹟も含む）の写真集。19は平安・鎌倉時代の、人物中心の花押集。20は作り方とその意味を中心に花押を考察した試論。21 22は印章について、23は紙について概説した好著である。

終りに文字と言葉の参考書を挙げると、まず漢字の草書体やくずし字については、『草露貫珠』、『草字彙』、『五体字類』（西東書房）、東京手紙の会編『くずし字辞典』（思文閣出版）が良い（異体字については六四頁及び巻末付録2中世文書頻出異体字・略字一覧を参照）。片仮名・平仮名の変体仮名については、中田易直ほか編『かな用例字典』（柏書房『日本語の歴史』別巻（平凡社）の繙読をすすめたい（巻末付録3変体仮名一覧も参照）。つぎに、古語については、語彙が最も多く、出典も明記してあるものとして『日本国語大辞典』（全二十巻、小学館）、また、とくに中世語については、土井忠生ほか訳注『邦訳日葡辞書』（岩波書店。原書は一六〇三年成立）、『時代別国語大辞典 室町時代編』（土井忠生・森田武等編修、三省堂、全五巻）の利用をすすめたい。また、平安・鎌倉時代の日本化された漢文については峰岸明『変体漢文』（東京堂出版）、室町・戦国時代の文章についてはロドリゲスの『日本大文典』（土井忠生訳、三省堂）、ロドリゲス『日本語小文典』（池上岑夫訳、岩波文庫）が大変参考になる。

第二章　古文書の伝来

第一節　伝来の素因

古文書が今日まで伝えられて来た経路は種々様々であるが、いま、これを文書の作成される時間的順序に従って考えてみると、文書の草案・下書きとして作られたものが今日に伝わる場合と、実際に相手方に送られて所期の働きをなした文書の原文（これを正文（シヨウモン）という）そのものが伝わる場合と、さらに後日原本を写した控が伝わる場合とがあり、それぞれに伝来の素因を異にする。また文書の時間的効力を問題にすれば、元来、長期間の効力を有すべきものとして作成され、したがってそれ自身に伝来の力を備えたものと、一時的効力しか有しないものとがある。さらにかかる文書そのものの効力ではなくして、なんらか非本質的な価値が認められることによって、その文書が後に伝わる場合がある。以下、少し詳しくこれを説明しよう。

一　草案・土代

文書を作成する場合、すぐに正文を書かずに、まず下書きを作り、それを加筆修正して、しかるのち清書して正文を作りあげることは今日でも見られるところで、古くから一般官庁でも個人でも行なわれた。この下書きを草・草（ソウ）

案・土代(ドダイ)などといい、正文が相手(名充人(ナアテ))に送られるのに対して、草案は差出者の手許に留めておかれて、差出者側に伝わる。草案は多くの場合、正文が作成、発行されると、その用を終えて廃棄されたと考えられるが、まま偶然にも後々まで伝わり、またのちの参考にする目的で差出者が意識的に保存したために伝わることもある。例えば図版1は京都の醍醐寺に伝わる文書で、日付はないけれども、内容から見て建武四年(一三三七)と推定される申状の草案である。字句を抹消したり(抹消の仕方にも、完全に塗抹するのと、字句のまわりを囲む方法、さらに「見セ消チ」といって、字の左傍に特殊な符号を施す方法がある。六一頁参照)、行間に細字で書入れをしたりして、文章を推敲した跡の歴然たる文書である。また、こういう文書がある(図版2参照)。

「案」(異筆)

被二 別當宣一偁(1)、犯人藤原行時籠二置前大和掾□(2)正忠許一者(3)、仍令レ召二進其身一之處(4)、正忠今月十四日□申文偁、件犯人藤原行時居二住紀伊國伊都□(郡)一、彼國追捕使坂上重方宅垣内丑寅角、令レ住二□(5)従者内藏正木屋一之由、今月九日内惟光申□(送カ)、差二副督長於正忠一令レ捕二進件行時一(6)、若猶無二□(召カ)進事一處二同意一者、以二正忠重方等一令レ申二其弁一(7)者(8)、

長保元年七月十五日左衛門權少尉安倍(9)「信行」□(奉)

〔注解〕(1)被…偁　…ヲコウムルニイワク(又イウ)　偁=云。被の下、別の上が一字分空けてあるのは、別当宣を敬う意味で空けたのである。これを闕字(ケツジ)という。(2)文書を活字にする(翻字(ホンジ)という)際の約束として、文書が磨りきれたり、虫が喰ったりして、字が欠けて読めない場合、一字分なら□、二字分なら□□、三字分なら□□□、字数がはっきり分からぬ場合は大よその長さで▯のような四角で示す。また字の一部分が残っていたり(残画(ザンカク)という)、文意のうえから判読できる場合は、つぎの行の(郡)のような傍注を、疑問の残る程度の判読の場合は、そのつぎの行の(送カ)(送?)のような傍注をする。(3)者、テエリとよむ。トイエリがつまってテエリとなる。「……ということだ」の意。他の発言や文章を引用して、それが終ったところで、「……

ということだ」、「以上の如くである」という意味で「者」と書く。(4)之処、ノトコロ。「処」は場所の意ではなく、「……した時に」の意。唐詩にこの用法がある。但し「之」は日本的用法。(5)丑寅角（ウシトラノスミ）、十二支を方角にあてはめると、子が真北、午が真南だから、丑寅は東北の方角に当る。つまり丑寅角は東北隅の意。(6)督長、看督長（カドノオサ）のことであろう。(7)弁（ワキマエ）、答弁の意。(8)この最後の者（テエリ）が最初の被別当宣偁と相対応する。すなわち令申其弁（答弁をさせよ）までが別当宣の内容であることを示しているのである。(9)尉、ジョウ。尉の音はイであるけれども、これは令制の四等官の第三級（ジョウ）であるから、音にかかわりなくジョウとよむ。一行目にある大和掾の掾も同じである。

これは平安時代の中頃、藤原道長と同時代の人で、名筆の誉れ高い藤原公任（キントウ）の著書である北山抄（ホクザンショウ）の稿本の裏紙に書かれた文書であって、三条家に伝わり、現在では京都国立博物館の所蔵となっている。ところで、北山抄の裏に書かれた文書というのは、時間的順序からいえば実は逆で、一旦反故（ホゴ）になった文書の裏を用いて公任が北山抄を書いたわけであって、いわば、この文書は北山抄を書くのに使われたために偶然に残ったのである。こうした文書を一般に紙背文書（シハイモンジョ）とか裏文書（ウラモンジョ）とよんでいる。さて、この文書の内容を考えてみると、これは検非違使別当宣（ケビイシベットウセン）といって、検非違使庁の長官である別当が発する文書である。この長保元年（九九九）当時、公任は検非違使別当の職にあったから、おそらく検非違使庁の書記が文案を作成して公任の許に差し出したものであって、受け取った側で、公任か誰かが「案」という字を書き加えて、それが草案であることを示したものであろう。すなわちこれは、偶然に草案が差出者の側に伝わった好例である。原本を見ると、「案」の一字が本文と全然別人の筆蹟であることがはっきりわかる。また、日付の下の差出書（サシダシガキ）の「信行」の二字も本文と別筆である。おそらく信行の自署であろう。案の筆蹟とこの自署とは別筆である。なお、この文書については、上横手雅敬『日本中世政治史研究』（塙書房）一〇頁以下を参照。

二　案　文

正文の作成とその伝来についてはとくに説明する必要はない。つぎは後日に作られる写しであるが、これについては、文書の本質的効力に基づいて作られる写しと、そうでない写しとにわけて考える必要がある。例えば法令のようなものを多くの人に知らせる必要上、多数の写しを作成するのは前者であり、のちの参考にするとか、学問研究上の材料にするために書き写すなどは後者である。そして前者すなわち文書そのものの効力に即して作られる写しを案文《アンモン》といい、そうでないもの（後者）を単に写《ウツシ》という。そこで問題はいかなる場合に案文が作られて、今日に伝わるかという点であるが、それにはつぎの場合がある。

（A）法令・命令の布達　朝廷・幕府等が命令や法令を諸国に布告する場合、朝廷では五畿七道諸国（但し九州は直接大宰府）に下し、各国の国司はその案文をたくさん作ってこれを国内に頒下する。例えば鎌倉幕府が滅びて公家一統の実現した元弘三年（一三三三）七月に、新政府は「応《マサ》に高時法師の党類以下の朝敵与同（荷担者）を除くの外、諸国の輩当時知行の地依違《イイ》（相違）有るべからざる事」（原文は和様漢文体）と題する法令（北条氏の与党以外の者の現在もっている所領はそのまま認める）を全国に下した。それで今日各所からこの法令の案文が発見され、その数は十数通にも及んでいる。また幕府の場合には、幕府から各国の守護に伝え、守護はその案文を作って国内の地頭御家人に伝えた。

（B）訴訟の証拠文書　一般に中世では訴訟を起こす場合、訴えられた者が弁駁する場合、あるいは単に何か願い出る場合に、自分の主張を正当づける証拠文書の案文を訴状なり陳状《チンジョウ》（訴えられた者が提出する弁駁書。訴状・陳状については一九四頁以下参照）に添えて提出する。往々きわめて多数の文書の案文がえんえんと貼り継いで出されることがある。このような多数添付の案文を具書案《グショアン》といった。家督相続や財産相続に関する訴訟には父祖の譲状《ユズリジョウ》の案文を提出するとか、所領の押領や妨害を訴える場合には譲状・質券《シチケン》・安堵状等の自分の権利の存在を裏づける文書の案文を提出する。また刑事関係の訴訟の場合には、犯人の自白書、死傷者の疵あとの検証調書、嫌疑人の連名簿などの案文を添付する。こうした案文は、訴状とともに受取人である裁判所側に伝わる場合もあり、なんらかの理由で差出者に返されてそこに伝わる場合もあり、さらに裁判所側は訴状以下添付書類の写しを作って被告に送付するから、そうした意味での第二段の案文が被告側に伝わる場合もある。そうした具書案の例として、永和元年（一三七五）九月東寺雑掌頼憲の訴状土代（東寺文書）には六通の証拠文書があり、貞和五年（一三四九）閏六月若狭国名田(ナダ)庄陳状（大徳寺文書）には実に一八通の証拠文書が添付されている。こうした案文のなかには、往々思いがけない貴重な史料が発見されることがある。東寺文書のなかにある康永四年（一三四五）九月山城国下久世(シモクゼ)庄名主百姓等の訴状に、有名な永仁五年（一二九七）の鎌倉幕府の徳政令が詳細に証拠書類として添付されており、永仁の徳政に関する研究が、この文書の出現によって数段の進歩をとげたのはそのよい例と見ることができよう（図版3参照）。

（C）所領の分割移転　所領を譲与・売買・寄進する等、一般にその権利を他に移転する場合には、権利関係文書を一切相手方に引き渡すのであるが、所領の一部を移転する場合は全部の文書を渡すことはできないから、案文を作って、それに分割移転の旨のことわり書きを加えて渡す。この場合、ことわり書きは一般に裏に書く。これを「裏を毀(コボ)つ」という。

（D）後日の控　重要な文書は正文の紛失をおそれて予め案文を作っておく。そして正文は伝わらず、このような案文だけ伝わる場合が少なくない。島津家文書のなかに、弘安四年（一二八一）四月十六日島津久経の譲状外二通の案文があるが、その裏に、

此御下文等就二安堵注進一持二参關東一之間、於二長途一若令二紛失一者、可レ為二難儀一旨、所レ申非レ無二子細一、任二申請一所レ有二其沙汰一也、

元亨三年九月五日　　修理亮（花押）

文意は「この御下文（クダシブミ）等について幕府から安堵を得るために鎌倉まで持参するについて、長道中のこととて、もしや紛失したらたいへん困るので、予め案文を作っておきたいと願い出てきたから、申請通り案文を作らせた」。修理亮というのは当時の鎮西探題北条英時である。そして表の案文には、正文と対照して校正したしるしが付してある。すなわち島津氏は長途の旅の難をおそれて、案文を作り、正文とともに探題の許に提出して、その案文と正文とを対校して、両者が同じであることを認めて貰ったのである。こうした正文と対照して校正した案文を校正（キョウセイ）案文・正校案文といって、正文に準ずる効力が認められた。ここでは探題の政治的権威によって校正が保証されたわけである。

(E) 紛失状の作成　文書が紛失し、あるいは効力を失った場合、その文書の無効を宣言するとともに、それに代わるべき案文を作成してこれに政治的社会的権威の確認を求める。こういう手続きを経た案文を紛失状といい、以後、紛失状は正文に代わる働きをすることができる。例えば文書が火事で焼けた場合、盗まれたり所有者の意思に反して持ち去られたりした場合などである。そしてかかる紛失状の余白、多くは末尾の部分に紛失の事実及びそれに代わる案文の効力について、政治的社会的権威の確認文言が付記される。これを与判（ヨハン）・証判・紛失証判などという。京都では古くは京職、下って記録所や検非違使の役人、地方では古く国司・郡司、下って郡老・刀禰（トネ）・惣（ソウ）・乙名（オトナ）、寺領荘園では寺の三綱（サンゴウ）、武家時代になるとその国の守護、近隣の地頭等。これによって、その当時その地域の土地財産権に関する法秩序の維持担当者が何人であったかを知ることができ、この面から律令制の崩壊、郷村制の発達、守護権力の伸張などをうかがうことができる。例えば貞応三年（一二二四）十月十六日の河内国金剛寺の文書紛失状（『大日本古文書』金剛寺文書）は、治承四年（一一八〇）の田畠寄進状から建久九年（一一九八）の仁和寺宮庁下文まで全十三通の文書を連記した後に、つぎのように記している。

右當寺文書、本願上人深有二所存之旨一、被レ納二置御影堂一云々、而覺阿房偸(1)取出二闔外(2)一、被レ成二我物思一之間、寺家牢籠[3]之刻[4]、殊經二御沙汰一、且被レ觸二申大秦殿一、去承久二年十二月日被レ成二　宮廳[5]御下文一、（中略）雖レ觸二申覺阿房一、寄二事於左右[6]一猶無二返置之意一、於レ今者以二寺家所帯之案文一專可レ爲二正本一、但面々帯二其案一者、已似レ無二文書之規模[7]一、兼可レ貽[8]二向後之諍論一歟、仍任二　廳御下文一、立二紛失狀一、以爲二永代之龜鏡[9]一、以爲二門徒之重寶一、爲レ全二後鑒[10]一、加二御使愚判一矣、

貞應三年十月十六日

宮廳御使公文法師（花押）

院主　大法師（花押）

〔注解〕（1）偸取、ヌスミトリテ。（2）闇外、コンガイ。家の外に。（3）牢籠、ロウロウ。もと、とじこめる意。転じて、他人を窮迫の状態においこめる意。また、そのような状態におちいる意にも用いる。ここでは後者の意で、所領財産等を失って困窮すること。（4）刻、キザミ。砌、時。（5）宮の上一字分空けてあるのは一四頁（1）と同じ意味の闕字である。（6）事ヲ左右（ソウ）ニ寄セ。事ニ左右ヲ寄セ、とも。何の彼のと口実を設けて。（7）規模、権威の意。（8）貽、ノコス。（9）亀鏡、キケイ。亀鑑と同じく永世の権威をもつ鏡すなわち模範・手本の意、転じて永世の権威をもつ証文の意。（10）後日の立派な証文とするため。

これは、金剛寺御影堂に納めてあった文書を覚阿房が盗み出して、仁和寺宮庁の命令にそむいて容易に返そうとしないので、いま紛失状を作成して覚阿房の許にある正文の無効を宣言し、兼ねて作ってあった案文を今後正文として用いることとして、これに仁和寺宮庁の使者の確認を求めたのである。またつぎの至徳元年（一三八四）周防国仁保庄の地頭平子（タイラコ）重房の作成した紛失状（『大日本古文書』三浦家文書）は、建久八年（一一九七）の右大将家（源頼朝）政所下文以下十一通の同氏重代の文書の案文を連記した後に掲げられている（図版4参照）。

平子太郎重房謹立申紛失狀事

右本領周防國仁保庄地頭職者、自二曩祖(1)一至二重房一代々相傳知行無二相違一、然而(2)公驗(3)手繼(4)等重書(5)去月宿所炎上之時悉令(6)二燒失一畢、雖レ無二當時違亂一、爲レ備二後代龜鏡一、所レ調二進案文一也、早任二傍例(7)一給二御證判一爲レ擬(8)二正文一、恐々言上如レ件、

至徳元年七月二日

（証判）『存知候了

左京權大夫（花押）』

〔注解〕（1）曩祖、ノウソ。先祖。（2）然而、シカレドモ。「然リ而ウシテ」とはよまない。（3）公験、クゲン。官庁から交付された証文。（4）手継、テツギ。手から手に代々受け伝えて来た文書。（5）重書、ジュウショ。重要な文書。（6）令、セシム。使役の意（……させる）ではなくて、謙辞として「……する」意味に多く用いられた。一七頁引用文書の「令紛失者」も同じで、「紛失したら」の意。（7）傍例、ボウレイ。一般の慣例。（8）擬、ギス、ナゾラウ。正文の代わりとするために。

この場合は、平子氏重代の文書を火災で焼失したので、後日の紛議に備えるために紛失状を作ったのである。文書の末尾（これを文書の奥という）に一段大きな字で、当時の周防国の守護大内義弘（左京権大夫）がこの紛失状を認めるという意味の文言を書きつけている。

三　本質的効力による伝来

文書伝来の素因を文書の時間的効力の点から考えるならば、大体一時的効力と永続的効力とにわけることができる。そして文書がその本質的効力によって伝来するのはもっぱら後者に属するものであって、前者すなわちその当座で用をはたした文書は多くそのまま廃棄されてしまう。それが後世に伝わる素因についてはつぎに述べることにして、い

ま永続的効力の点を問題にするならば、その第一は、長期間法的な拘束力をもつところの公文書、すなわち法令・命令・土地台帳・戸籍台帳のようなものである。養老令の規定では普通の戸籍は三十年経過すると廃棄されるが、天智天皇の時にできた庚午年籍（コウゴネンジャク）は永久保存と規定されたから、永続的効力をもつ文書の適例となるわけであるが、残念ながら伝わらない。奈良・平安朝の法令で単独に伝わるものはきわめて少ないが、法令集はいくつか作られて今日に伝わっている。第一が類聚三代格（ルイジュウサンダイキャク）。平安時代の初期、弘仁・貞観・延喜と三回にわたって格（律令の規定を改廃する法令、すなわち律令以後発布された法令）の編集が行なわれて、それぞれ弘仁格・貞観格・延喜格とよばれたが、この三代の格を一まとめにして類別編集したのが類聚三代格である。ついで類聚符宣抄（左丞抄ともいう）・続左丞抄等（三代格以下、『新訂増補国史大系』に収録）。武家時代に入って、武家の出した法令はやはりこれをまとめた法令集がいくつか作られた。新式目・貞応弘安式目・御成敗式目追加・近衛家本追加・同追加条々・新編追加（以上鎌倉幕府、佐藤進一・池内義資編『中世法制史料集第一巻、鎌倉幕府法』岩波書店、に収録）。侍所沙汰篇追加・建武以来追加・政所壁書（以上室町幕府、同上第二巻『室町幕府法』に収録）。室町・戦国諸大名の法令集としては大内氏壁書（同上第三巻『武家家法1』に収録）があり、江戸幕府の法令集には御当家令条、武家厳制録、御触書寛保・宝暦・天明・天保各集成、正宝事録、撰要類集などが今日印刷になっていて容易に見られるものである。

永続的効力をもつ文書の第二は、土地財産に関する文書である。律令時代全国民に口分田の与えられたことは周知の通りであるが、各人が口分田について有する権利の保証は田籍、田図によって果たされた。墾田及びこれから発展した荘園については、その開墾を許可し、正式に「荘」として認定するという太政官や民部省の認可証、いわゆる官（カン）省符（ショウフ）が必要であった。平安・鎌倉時代以降に及んでは、荘園についても、個々の名田についても、すべてそのうえに自己の権利を主張するには、その土地を正当に自分が伝え得たものであることを証明し得る文書が必要であった。ある人から買ったとすれば、売った人の売渡状が、ある人から譲られたとすれば、譲渡した人の譲状が必要であった。

これを逆にいえば、すべて土地に関する権利を移転するには（例＝売却・譲与・寄進）、その土地に関する既存の文書全部とともに、権利を移転する意思を明示する文書を作成して移転先に交付せねばならぬ。こうして土地の権利者が変わるに従って、その土地に関する文書はだんだん数を増しつつ、つぎつぎと移ってゆく。つまり手から手へと受け継ぎ伝えられてゆく。こうした一連の文書を手継券文（テツギケンモン）とか手継証文とよんだ。例えば東寺文書のなかに京都左京七条一坊の家地（宅地）についての手継券文があるが、これは実に一九通連続した文書であって、その年代は延喜十二年（九一二）から文応元年（一二六〇）に及んでいる（その間に中断がある）。朝廷幕府や荘園領主が新たに土地あるいは土地上の権利を与え、課税免除等の特権を与え、また、その後に至ってそれらの権利を確認する等の文書、さらにまた、その土地に関して起こった争訟に対する判決文なども、その土地の権利者にとっては手放すことのできない文書であって、これらもつぎつぎに伝えられてゆく。今日伝来する神社寺院及び個人の文書の八、九割までが所領＝土地財産の文書だといって過言ではないが、これらの文書が幾百年にわたり、千余年にわたって伝えられた素因の中心点はここにある。数万通にのぼる京都の東寺の文書や、江戸時代以後になって方々に持ち出されて、たくさんの文書が散佚しながらも、なお今日一万通以上にものぼる奈良の東大寺の文書などは、こうして伝えられた寺領荘園文書の集積であるといってよい。ところが室町・戦国の間に荘園制度は完全に崩壊し去り、したがって荘園制度を基礎とした土地の上の権利関係も崩壊した。ここに旧来の土地財産権を保証する手段として伝えられてきた文書はその価値を失う。大社寺の荘園文書が大体この頃まで続いて、その後見られなくなるのはこの理由による。そして、これ以前の膨大な荘園文書がその後も伝えられるのは、もはや文書そのものの本質的効力によってではなく、単に古いものを伝えようとする惰性によるか、あるいは後に述べる非本質的、付随的価値が認められることによる。以上、主として社寺領文書を例にとって述べたが、大名以下の武士あるいはその他個人の文書、あるいはまた寺院における宗教的文書（流派や宗教的秘儀の相承）においても事情はほぼ同じである。

四　付随的応用的価値による伝来

（A）施政上その他の参考資料　法令・命令等の公文書を、その後の施政上の参考にするため、実際の効力を失った後も保存し、さらに編纂してのちに伝える。十一世紀初め頃、実際政治上の参考書として作られた政事要略（編者惟宗允亮）はその性質上その当時までの多数の格を収録しており、下って永久四年（一一一六）にできた朝野群載（編者三善為康）は文書作成上の参考書としての文例集であり、本朝文粋（編者藤原明衡と伝えられる）、同続文粋（編者藤原季綱と伝えられる）はともに平安朝時代諸名家の詩文を類聚したもので、なかに文書も多く含まれている。

武家時代には、前にあげた法令集がやはり施政上の参考書たる意味を強く有しており、そのほかでは、室町将軍の発した文書の控（案）を集めた室町家寺社御教書案・室町家御内書案・御前落居記録・御前落居奉書や、室町幕府政所の担当した事務の記録である政所賦銘引付以下の引付類（桑山浩然編『室町幕府引付史料集成』上下二巻、近藤出版社、はこれら引付類に御前落居記録、同奉書等を加えたもの）、石山本願寺の門主証如の出した文書の控を綴った天文書札案（刊本『石山本願寺日記』に収載）などがある。こうした傾向が進むと、古い時代のことを考えるうえに文書を利用する傾向が生ずる。すなわち文書のうえに歴史研究の資料としての価値を見出して、その見地から文書を後に伝えようとする。つぎに、これを述べよう。

（B）徴古資料　歴史編纂に古文書を利用するのは日本書紀以下六国史すべてにわたって見られるが、とくに続日本紀は宣命とよばれる和文体の詔書をきわめて原文に近い形で引用しており、この方面の研究に大いに役立つものである（奈良時代の宣命は文書としてはわずか二通しか伝わらない）。下って鎌倉時代の吾妻鏡、帝王編年記などいずれも編纂物であるが、古文書を引用している。寺社方面でも東大寺要録、同続要録、東寺の東宝記、醍醐寺の醍醐雑事記、石清水八幡宮の宮寺縁事抄など、いずれも平安から鎌倉時代にできたもので、各社寺の沿革を記したものであるが、みな多数の古文書を引用している。また伝来文書の整理保存も古くから行なわれていて、東大寺の子院である東南院では、すでに平安末期の久安・仁平年間に、石清水八幡宮は宮寺縁事抄の編纂と同時で鎌倉時代の初めに、河内の金剛寺・観心寺は近世初期に、それぞれ整理しており、高野山では鎌倉時代に一度文書の目録を作っているが、近世に入ってだんだん整理して巻物に表装し、これに宝簡集、続宝簡集、又続宝簡集などという題名をつけて保存した。つぎに東寺の文書は近世の初め貞享二年（一六八五）加賀藩主前田綱紀（松雲公）がこれを借覧したとき、文書収納のために桐箱百個を作って東寺に寄進した。そこで、この箱に納め伝えた文書を百合文書とよぶようになった。

江戸時代に入ると回顧的風潮が急に興り、家系や事蹟の調査が盛んになり、進んで歴史の編纂が企てられるようになった。まず幕府では、諸家に系図の書上げを命じて、これに基づいて寛永諸家系図伝を編纂した。また林羅山に命じて本朝編年録を編纂させ、ついでその子鵞峰にこれを増補させた。こうしてできたのが本朝通鑑であるが、これには京都五山の文書が利用された。山鹿素行の作った武家事紀は織田家古案・豊臣家古案・神君古案・諸家古案と題して古文書をそのまま採録している。つぎに有名な水戸の大日本史は、編纂に当って多くの編纂員を諸国に派遣して、文書記録を熱心に採訪させた。南行雑録、続南行雑録、西行雑録はその際の採訪旅行記であり、諸家文書纂・金沢蠹余残篇は蒐集文書の集録である。また、これらの文書によって花押藪という花押集も作られた。幕府でも徳川家の歴史を編纂するため旗本・大名らに古文書の書上げを命じた。これが貞享書上げである。下って八代将軍吉宗は青木昆陽に命じて徳川家と関係深い地方（甲斐・信濃・武蔵・伊豆・相模・遠江・参河）の文書を採訪させ、別に駿府奉行に駿河の文書を採訪させて比較的正確な写しを作らせた。その結果できたもののうち、前者（甲信等）の分が諸州古文書であり、後者（駿河）の分が判物証文写である。さらに下って文化・天保年間、武蔵・相模の地誌編纂のために改めて文書を採訪し、前に採訪した分と合わせて相州文書、武州文書と名づけた（この結果できた地誌が新編相模国風土記稿・新編武蔵国風土記稿である）。

幕府以外の諸家では、まず九州の島津家が慶安二年（一六四九）家伝の文書の整理を始めて、最も貴重な文書を大きな折本に表装して歴代亀鑑と名づけ、その後も整理を続けて五帖、二三三巻（総計五七八五通の文書を収録）とした。幕末に至って島津家家臣伊地知(イジチ)季通は薩摩藩領内の文書を集めて編年の古文書集を作った。今日、薩藩旧記とよばれるものがこれである（『鹿児島県史料』に収めて刊行。前後編で五冊）。岩国の吉川家でも慶長以来整理を行ない、小早川家も伝来文書を整理して小早川重書、小早川証文などの題名をつけた。毛利家家臣山内首藤(ヤマノウチスドウ)家も文書を整理して文徴と題した。また米沢の上杉家では古文書の原形を重んじて、表装せずそのままの形で小簞笥に入れて保存の道を講じた。長州藩では、享保七年（一七二二）藩士千余家に文書類の書上げを命じて文書集を作り、閥閲録(バツエツロク)（一七〇巻）と名づけた（近年、山口県文書館から『萩藩閥閲録』と題して刊行。全五冊）。秋田の佐竹家でも家臣の古文書を写して保存した（秋田藩採集古文書）。佐賀の鍋島家でも家臣及び藩内寺社の文書を写して佐賀文書纂を作った。また地誌編纂に文書を利用した例として、伊賀上野の城代藤堂元甫の三国地誌（一七六〇年完成、三国とは伊賀・伊勢・志摩）、松平容衆の新編会津風土記（一八〇三年完成）、仁井田好古の紀伊続風土記（一八三九年完成）等がある。

つぎに個人で古文書を蒐集した人として、まず挙げなければならぬのは前記の松雲公、前田綱紀である。彼は京都の社寺その他から多くの典籍文書を買い入れて保存した。今日、石清水八幡宮・賀茂別雷神社・東福寺・南禅寺・長福寺・称名寺、野上・天野・得田等、社寺・武家の古文書が前田家の尊経閣(ソンケイカク)文庫に架蔵されている。松平定信は多数の古文書を写し取って集古文書と題する古文書集を作ったが、ここで彼は宸筆・綸旨・位記・御教書・下文等五四種の古文書の題目を掲げた。これが学問的興味による古文書分類の最初である。また水戸の学者小宮山楓軒(コミヤヤマフウケン)（昌秀）は楓軒文書纂九十冊（内閣文庫影印叢刊として復刊）を、大坂町奉行新見(ニイミ)正路は賜蘆(シロ)文庫文書三十冊を遺した。以上の江戸時代に作られた古文書集及び地誌類は、それらに利用収録された古文書で、今日すでに散佚して原本の所在不明のものが少なくないから、古文書研究の上で貴重な史料である。

明治維新の際、全国の社寺から政府に差し出した朱印状の類約二千七百通は、その後東京大学付属図書館に移管されて大正十二年の関東大震災で焼失した。明治初年、六国史をつぐ目的をもって創められた修史局の事業が東京大学の史料編纂所に引きつがれて、根本史料の蒐集・編纂・刊行事業となり、全国的な古文書の採訪、写本の作成が続けられていることは前に述べたとおりであって、今日、慶長以前の古文書だけで三十万通に及ぶ古文書の正確な写しができており、その一部は『大日本古文書』、『大日本史料』として刊行されている。また花押や印章を集めた花押彙纂(イサン)、印章彙纂なども作られ、平安・鎌倉時代の花押は『花押かがみ』と題して刊行された(一〇頁参照)。

(C) 紙の利用　昔、紙は生産量きわめて少なく貴重品とされた。それで一度使った反故(ホゴ)でもこれを再度利用することが多かった。その場合、反故を漉き返して用いる場合(綸旨などに用いる宿紙(シュクシ)・薄墨紙(ウスズミガミ)はこれ)と、裏の空白部分を利用する場合とがある。漉き返す場合はもちろんもとの文書は残らない。裏に書く場合は、その裏に書いたものが大切に保存されたがために、本来反故になった文書が偶然今日に伝えられるわけで、前にも述べたように、これを紙背文書とか裏文書とかいう。裏文書のなかから思いがけない貴重な文書が発見されることがしばしばある。例えば大宝二年の戸籍をはじめとして、正倉院文書の大半を占める奈良時代の公文書は、もともと一旦反故になったものが事務処理のための用紙として写経所に交付されて、写経所でその文書の裏を用いていろいろの文書をまた書いたものであって、裏文書の代表であるということができる。また九条家に伝わる延喜式の古写本は、平安時代中頃の讃岐国戸籍や明法関係文書などの裏に書かれてあり、名古屋市の蓬左(ホウサ)文庫所蔵の齊民(サイミン)要術(中国の農書)古写本は、もとは武蔵の金沢文庫の蔵本であって、同文庫の創立者である北条実時あて、その他多くの文書の裏を用いている。また東大寺所蔵の、鎌倉時代の学僧凝然(ギョウネン)自筆の論疏(仏教教典の解説書)も多くは文書の裏を用いてあり、それら文書のなかには、弘安八年の秋田城介の乱の状況を知らせた消息のような貴重な史料が含まれている。そのほか前に引用した三条家本、北山抄も同様である。また反故文書の裏を用いて日記を書いた例はきわめて多く、古くは兵範記(近衛家、京都大学所蔵）をはじめ、鎌倉時代の経光卿記、勘仲記（以上歴史民俗博物館所蔵）、南北朝時代の祇園執行顕詮記（八坂神社所蔵）、室町時代の大乗院寺社雑事記（尋尊の日記。国立公文書館内閣文庫所蔵）、実隆公記（東京大学史料編纂所所蔵）、言継卿記（同上）などはその数例である。

(D) 墨蹟の尊重　能書家、歴史上著名な人物、高貴な人々等の筆蹟をとくに尊重してのちに伝えようとする心情及びそれの一般化、風習化は、その人物の死後多少時間が経過してから起こることであって、その人の生前から起こることはあまりない。筆蹟尊重の風は古くからあり、平安時代三蹟といわれる能書家の一人である小野道風の筆蹟の尊重されたことが、やはり三蹟の一人である藤原行成の日記（権記という）に見えているし、歌人藤原定家の筆蹟も鎌倉・室町時代を通じて重んぜられた。そして安土桃山時代に入ると、この風潮がとくに盛んになり、文書・典籍・写経等の一部を切り取ってその筆蹟を鑑賞する傾向、いわゆる古筆切の愛好が甚だしくなった。この傾向に応じて古筆鑑定の専門家（例えば古筆家）が出て、折紙とか極メ書（極メ札）などの鑑定書を発行したり、鑑定の基準となるような古筆の断片を集めて、一冊の本に仕立てて、これを古筆の手鑑といった。断片ではなく一通一通の完全な文書を配列した手鑑も作られた。筆蹟の尊重には以上のような古いものをのちに伝える強い力があったけれども、他方、単に筆蹟を骨董的な立場から愛玩する傾向が進んで、一通の文書、一冊の典籍をバラバラに寸断して、多くの人の分割所蔵に委ねるという事態が起こり、古い文化財の保存上悲しむべき結果を生んだ。西本願寺の三十六人集とか秋田佐竹家の三十六歌仙などの歌集はその適例である。こうして古筆切愛玩の犠牲となった文化財は、歌集その他典籍が多かったが、古文書もまた災厄を免れなかった。茶掛にするために、大きさその他の体裁上都合のわるい部分を断ち切った文書が所々で見受けられるのはその一例であって、筆蹟尊重は古文書伝来のうえでは功罪相半ばしたというべきであろう。

第二節　伝来の状態

古文書の伝来状態を年代順に概観すると、まず正倉院に大宝の戸籍以下奈良朝の文書が伝えられた関係で、奈良朝の文書は比較的多い。そして平安時代に入るとむしろ少なくなる。平安初期の文書はだいたい東大寺・東寺などのもの、なかんずく東大寺のものが中心をなす。平安中期になると、だんだん地方社寺の文書も出てくるが、官社・官寺であったところのものばかりといってよく、大まかにいって、国家が社寺に特権を付与し保護を加えるなどの公文書、いわゆる公験(クゲン)が多い。また内容からいえば、社寺の宗教的性格に直接関係した文書と、社寺領に関する文書とがある。平安時代後期になると、荘園制の発展にともなって社寺領関係文書はますます増加するとともに、荘園制発展の基盤をなす名主(ミョウシュ)・領主層の成長を示すものとして、彼らの土地経営に関する文書が、しかも個人の家に伝来するものが見られるようになる。鎌倉時代以降になると、幕府の発給した文書で武士の子孫の家に伝わるものが激増する。室町・戦国時代になると朝廷・公家は完全に無力となり、したがって実質的な支配権力を表現する朝廷の公文書はきわめて少なくなる。また荘園制度崩壊の当然の結果として、社寺本所の荘園経営の文書はほとんど見られなくなり、武家関係及び郷村関係のものばかりになる。江戸時代に入ると、幕府諸藩の発給した文書のほかに、前代の郷村関係文書の系統を引く村落文書（いわゆる地方(ジカタ)文書）、とくに五人組帳・宗門改帳等の村落行政文書が圧倒的に多くなる。

つぎに地域的に見ると、まず畿内の大社寺に圧倒的に多い。これは畿内の大社寺が全国的に散在する多数の荘園を領有して、長い間これの支配を続け得たからである。つぎに武士の文書は、いわゆる先進地域は社会的変動が激しく諸氏の盛衰興亡が甚だしかったために、文書は比較的に伝わらず、かえって東北・九州等の辺境に古いものがよく残っている。庶民階層の文書も大体これに準じて考えられる。江戸時代天領（幕府の直領地）であった所は比較的変動が少なく文書がよく残っている。また商工業の発達した京都・近江・伊勢・若狭などには商工業者の文書が伝わり、辺境にはあまり伝わらない。以下、伝来文書の主なものを、㈠皇室・旧皇族関係、㈡公家関係、㈢武家関係、㈣庶民関係、㈤社寺関係に類別して概観する。

一　皇室・旧皇族関係

(1) 正倉院文書――奈良の正倉院に皇室の御物として伝わり、歴代勅封とされてその保存には特別の注意が払われた。この文書はほとんど全部が奈良朝及びそれ以前のものであって、奈良時代を研究するには続日本紀とともに欠くことのできない史料である。総数約一万五千通。天保七年開封の時から逐次整理が加えられ、正集四十五巻、続修五十巻、塵芥三十九巻、続修後集五十三巻、続修別集五十巻、続々修四三九巻二冊にわかれる。奈良時代末までの分は『大日本古文書』として年代順に編纂刊行されている（全二十五冊）。最近、宮内庁正倉院事務所編『正倉院古文書影印集成』（八木書店）の刊行が始まり、研究者に便宜を与えている。また竹内理三編『寧楽(ナラ)遺文』（上下二冊、東京堂出版）に主なものが収められている。

(2) 京都御所東山御文庫――多数の文書記録類が伝えられているが、文書では鎌倉・室町時代に皇室の直轄下にあった所領・供御人(クゴニン)・座商に関するものや、文学芸能関係のものが多い。

(3) 旧伏見宮――南北朝・室町時代の皇室領及び音楽芸能に関する文書が多い。

(4) 旧北白川宮――数は少ないが、智証大師（円珍）に関する文書など珍しい文書がある。

二　公家関係

(1) 近衛家――御堂関白記(ミドウカンパクキ)をはじめとして平安以来の摂関家歴代の日記の原本・古写本があるほか、兵範記はその裏文書に源頼政、平重盛らの書状など貴重なものを含む点で有名であり、古文書の関係では、新制（平安末から鎌倉時代にかけて発布された特殊な形の法令。水戸部正男『公家新制の研究』創文社、参照）とか近衛家の所領関係、戦国末から江戸時代にかけて書道に関する文書（この頃近衛家には前久・信尹・信尋・基熙・家熙等の名筆が続出した）が多い。これらは、京都の陽明文庫（近衛家の文庫）に収蔵されている。

(2) 九条家――延喜式裏文書や家領に関する文書が多い。宮内庁書陵部架蔵に帰し、図書寮叢刊『九条家文書』（全七冊）として刊行。

(3) 久我家――鎌倉・室町時代の同家家領に関する文書。いまは国学院大学の所蔵で、同大学より『久我家文書』（全五冊）として刊行。

(4) 広橋家――経光卿記及び勘仲記の裏文書、家領関係文書。いま、すべて歴史民俗博物館に入っている。

(5) 山科家――鎌倉時代以降の家領関係文書。いま内閣文庫にある（一部はお茶ノ水図書館の成簣堂文庫に入る）。なお、この家には、室町時代初期の教言、戦国時代から江戸時代にかけて言継・言経・言緒らの日記がある。

(6) 勧修寺家――平安時代末の永昌記裏文書が有名。

(7) 冷泉家――和歌の家として知られる藤原定家の子孫冷泉家の文書（定家以下約三百点）は最近、『冷泉家古文書』（冷泉家時雨亭叢書の中）と題して影印（釈文つき）公刊された（朝日新聞社）。

(8) 西園寺・三条・土御門の諸家にも文書があり、とくに土御門家の陰陽道関係文書は注目される。

(9) 壬生家――家柄の低い太政官の史の家で、官務家とよばれ、職掌柄貴重な文書・記録を多量に伝えた。とくに室町時代の主殿寮領の文書がある。いま宮内庁書陵部の架蔵に帰し、図書寮叢刊『壬生家文書』（全十冊、明治書院）として刊行。

(10) 立入家――地下の家で内蔵寮に仕えた家であるが、室町・戦国時代の皇室経済に関する文書がある。『立入宗継文書』として公刊されている。

三　武家関係

(A) 将軍家　鎌倉将軍家の子孫はもちろん絶えてなく、室町将軍家も本家は絶えて、わずかに関東公方足利基氏の子孫が喜連川（キツレガワ）家として残り、少々文書を伝えている。

(B) 管領家　鎌倉幕府の執権北条氏の文書はなく、その一族で金沢文庫を建てた金沢氏の文書が今日金沢文庫の文書のなかから発見される。つぎに室町幕府では三管領といわれた斯波・畠山・細川いずれも滅びてなく、関東管領となった上杉氏の一派山内上杉家が、憲政のときに越後の守護代長尾景虎に家を譲って上杉政虎（謙信）と称せしめ、そのとき山内上杉家の文書も政虎に伝えた。こうして上杉謙信及びその子孫が、長尾氏の文書と山内上杉家の文書を後に伝えた。これが今日の米沢上杉家の文書で、大部分『大日本古文書』に収めて出版された（三冊）。武士の成長発展を見るうえに、また戦国時代の東国・北国の政情を研究するうえに、重要な文書である。

(C) 守護家

(1) 島津家――鎌倉時代には終始薩摩の守護であり、室町時代には大隅・薩摩・日向の守護であった。この家の文書は武家文書の筆頭というべく、鎌倉初期から江戸時代まで五千通以上あり、武士の勃興、守護大名の成長の過程を明らかにするうえに絶好の史料である。また琉球・シャム（タイ国）等との貿易文書がある。現在は大部分が島津家から東京大学史料編纂所に譲渡されており、『大日本古文書』として刊行中である（既刊三冊）。

(2) 大友家――鎌倉時代以来豊後の守護として栄え、豊臣秀吉のときに滅びた。この家の文書はいま立花家に伝わっていて、鎌倉時代から戦国時代まで数百通ある。田北学が戦前この文書その他大友氏関係史料を合わせて『編年大友史料』（二冊）を刊行、戦後その改訂版及び続篇を刊行した（戦後版は孔版）。

(3) その他——信濃の守護小笠原家の一族でのちに越前勝山藩主となった家、常陸の守護で江戸時代に秋田藩主となった佐竹家、近江の守護の一族で出雲に行って尼子に属し、のち毛利の家臣となった佐々木家、管領細川家の支流で江戸時代熊本の藩主となった細川藤孝（幽斎）・忠興の家、いずれも南北朝・室町時代以降の文書を伝えている。細川家の近世文書刊行については九頁参照。

(D) 一般武士

(イ) 近畿地方

(1) 山城——第一が蜷川家。室町幕府の政所執事伊勢氏の臣で政所代という職を代々つとめた家。親元・親俊・親孝三代の日記（『文科大学史誌叢書』に収録。近年、『続史料大成』の一部として復刊）のほかに古文書・記録多数あり、室町時代中期以後の幕府政治及び徳政・撰銭・座等を研究するうえに絶好の史料。今日内閣文庫所蔵となり、『大日本古文書』蜷川家文書（全六冊）として刊行。蜷川文書に類するものに、室町幕府の奉行であった飯尾氏の文書が僅かある（前田家所蔵）。つぎに革島荘の荘官より起こって今日まで続いている革島家の文書は、鎌倉以降のもので畿内荘園研究の好史料である。今は京都府立総合資料館の架蔵に帰し、同館紀要に翻刻連載。

(2) 和泉——淡輪・日根野・田代・和田等。とくに田代氏は摂関家領大鳥庄の地頭で、摂関家大番領、大番舎人に関する研究に必須。平安時代以来の文書を有し、のちに筑後に移る。和田氏は、南北朝期に楠木氏とともに南朝に属したので、その関係文書が多い。のちに薩摩に移る。

(3) 近江——朽木氏。佐々木氏の一族で、鎌倉・室町時代以降の文書千余通。なかに池大納言頼盛（平清盛の弟）の子孫の文書がまじっている。いま内閣文庫所蔵となり、内閣文庫影印叢刊『朽木家古文書』（二冊）として刊行、また別に『史料纂集』にも朽木文書として刊行。山中氏。甲賀郡の土豪で、この家の文書には甲賀郡中惣とよばれる戦国時代の武士団の一つのあり方を示すものがある（山中文書の大部分は『水口町志』の下巻に収録）。

（ロ）中部・北陸・関東地方

(1) 信濃——市川氏は源平時代から戦国時代までの文書を伝え、武家制度研究上貴重なもの（現在では酒田市の本間家の所蔵）。また、臼田氏は信濃の名族海野（ウンノ）氏の子孫で、南北朝末期に至って常陸に移り、下って戦国末期の兵農分離において農民身分となって今日に及んだ家であって、同氏の文書約五十通は、このような武士の歴史を語るものとして貴重である（近年、『茨城県史料』の中世編Ⅰに収録された。同書には臼田氏とその文書について詳細な解説がある）。

(2) 若狭——本郷氏の文書は原本が失われて今日写しが伝わっている。

(3) 能登——得江（トクエ）・得田（トクダ）・天野氏等の文書。これらはみな前田家尊経閣文庫の所蔵となっている。日置謙編『加能古文書』に収録されている。

(4) 武蔵——別府・高麗（コマ）氏の文書。『埼玉の古文書』に収載。

(5) 常陸——真壁（マカベ）・烟田（カマタ）氏の文書。真壁氏関係文書は『真壁町史料』として刊行。

(6) 上野——由良（ユラ）・正木氏等の文書。前者は今日東京大学の所蔵となっている。いずれも新田氏と関係深く、千々和実編の『新田義貞公根本史料』に多く収録されている。

（ハ）東北地方

(1) 米沢上杉氏の家臣色部（イロベ）・安田・黒川・中条・築地等中世越後在住諸氏の文書があり、上杉文書と併せて越後の中世史を研究するうえに重要な史料であるが、今日では各子孫の手を離れた文書が多い。これらは『新潟県史』資料編にほぼ収録された。

(2) 江戸時代、秋田藩主佐竹家で家臣の文書を集めて写しを作った。今日秋田藩採集古文書といわれるのがそれである。岡本・赤坂等今日では原本の見られない古い文書が収められている。

(3) 陸奥——白川結城文書。結城家は幾つかに家がわかれたので文書も方々に分散している。全部合わせると八百通、南北朝以降の文書である。最近、『白河市史資料編』に収められた。つぎに、下総の相馬郡から陸奥の行方郡に移った相馬氏、初め会津にいて秀吉のときに仙台に移された伊達氏、頼朝のとき陸奥の留守職を命ぜられた留守氏（もと伊沢氏）、鎌倉時代北条氏の家臣であって南北朝時代南朝方として活躍した南部氏、南北朝時代に活躍した鬼柳氏・朴沢（ホウザワ）氏、鎌倉時代から足利氏の家臣であった倉持氏などの文書がある。これらのうち、留守氏の文書は水沢図書館に、鬼柳・朴沢・倉持氏の文書は東北大学に入っている。また、伊達氏の文書は『大日本古文書』に収めて刊行（十冊）、現在は仙台市立博物館の架蔵となっている。相馬氏の文書は戦災で焼失したが、豊田武・田代脩の両氏によって、関係文書と併せて『史料纂集』相馬文書（続群書類従完成会）として刊行された。南部氏のものは『南部家文書』（吉野朝史蹟調査会刊）に収められた。なお、『岩手県中世文書』（三冊、岩手県教育委員会・岩手史学会刊）、『宮城県史』史料編にも両県関係文書が多く収められている。

（二）中国・四国地方

(1) 山陽——毛利氏は大江広元の子孫で、安芸国の地頭となって赴任し武士としての成長をとげた。全部で二千通からあり、『大日本古文書』に収め刊行された。つぎに吉川家文書（二千通）、小早川家文書（千百余通）。両家とも、もとは鎌倉時代以来の地頭であるが、戦国時代に毛利家から養子を迎えて毛利の一族となった。そのほか山内首藤（ヤマノウチスドウ）（備後）・熊谷・平賀（ともに安芸）・三浦（周防）らはもともと関東の御家人で、この地方に地頭職を与えられて移住した武士である。これら毛利以下諸家の文書は、中世の武家社会の構造を研究するうえに貴重な史料であって、すべて『大日本古文書』に収め刊行ずみ。その他の毛利家臣（萩藩士）家伝文書については二五頁参照。

(2) 山陰——石見の久利（クリ）氏は久利郷の郷司の子孫で、平安後期からの文書を伝え（立命館大学刊『石見久利文書の研究』に収録）、益田氏は鎌倉時代以降の文書多数を伝える。今日、史料編纂所の架蔵。

(3) 四国——伊予の忽那（クツナ）氏が南朝関係の文書を伝える（『伊予史料集成』I「忽那家文書」と題して景浦勉氏の編により

刊行)。土佐では安芸氏と香宗我部(コウソカベ)氏の文書が多く、後者は現在東京国立博物館に入っている(両文書とも『近世村落自治史料集』(二)土佐国地方史料に収録)。なお、伊予の雄族河野氏の文書は早く分散したようである。

(ホ)　九州地方

九州は武家文書の多く残っている地方として注目される。

(1) 筑前――中村文書。筑後では上妻(コウヅマ)文書、五条文書。五条文書は征西将軍宮に従って京都から下った五条頼元の子孫の文書で、南朝関係文書の多いことで有名である。『史料纂集』五条家文書として刊行。

(2) 豊後――入江文書・都甲(トコウ)文書・野上文書。そのうち野上文書は前田家の尊経閣文庫の所蔵に帰している。『大分県史料』には、この地域の文書の大部分が収録されている。

(3) 肥前――まず松浦党に属する諸氏の文書が多く残っていて、中世における「党」の研究に貴重な史料を提供している。すなわち松浦(マツラ)・斑島(マダラシマ)・来島(クルシマ)・有浦・青方等の諸氏。このうち斑島文書は方々に散らばっており、有浦文書は有浦氏の子孫が神奈川県に移ってそこに伝えており、青方文書は長崎県立図書館の所蔵に帰し、史料纂集『青方文書』(二冊)として刊行。つぎに深堀文書はいま鍋島家にあり、竜造寺文書は竜造寺氏の子孫村田氏が伝えており、橘中村・小鹿島(オガシマ)・嬉野(ウレシノ)・後藤武雄・深江・小代(ショウダイ)などの諸氏の文書もほぼ鎌倉以来のものである。小代文書は『熊本県史料』に、深堀・深江・竜造寺等の文書は『佐賀県史料集成』に収められた。

(4) 肥後――相良文書が『大日本古文書』として刊行されており(二冊)、戦後、慶応義塾大学の所蔵に帰した。豊後大友氏の一族志賀・詫磨(タクマ)両氏の文書は、大友文書とともに田北学『編年大友史料』に収録されている。また佐田文書も鎌倉時代以来のもの。志賀・佐田の両文書は『熊本県史料』に、詫磨文書は『大分県史料』に収載された。

(5) 日向――河上・指宿(イブスキ)・土持(ツチモチ)・伊東・長谷場等諸氏の文書があるが、分量は少ない(『日向古文書集成』にだいたい収録、また最近、『宮崎県史』史料編、中世Ⅰにも収録)。

(6) 大隅——祢寝氏が平安時代末期以来の文書を伝えており、散佚したものもあるが、なお相当数残っている(『九州史料叢書』に収録)。同氏は最初大隅祢寝院の荘官であったが、鎌倉時代には幕府の御家人となり、室町時代に至って島津氏に属した。このような数百年にわたる同氏の盛衰起伏がこの文書によって明らかにされる。これを島津文書その他薩摩の武家文書と併せて研究すれば、一層いろいろのことが究明されよう。

(7) 薩摩——まず入来院文書。米国イェール大学教授となって日本中世の封建制度を研究した朝河貫一(敗戦後米国で死去)が一九二九年これを『入来文書』として英訳刊行して、欧米の学界に紹介したことで知られる(戦後、増訂版が日本で刊行された。日本学術振興会)。近年、東京大学史料編纂所に譲渡された。そのほか二階堂・比志島・樺山等の文書も鎌倉時代以来のもので、『鹿児島県史料』に収めて刊行。

(8) 対馬——中世に島主として、江戸時代に藩主として君臨した宗氏の発給した鎌倉時代以来の文書が、今日なお多数伝わっている。江戸時代、宗氏は藩士や島民の家に伝わるこのような文書を写して、御判物写、御判物帳などと名づけた。近年、長崎県史編纂委員会で、これらの古文書集を編集して『長崎県史』史料編第一に収めた(収録文書数二千五百余通)。

以上挙げた武家文書は、鎌倉・室町時代あるいはそれ以前からの家のものであるが、その中には大隅の祢寝氏、薩摩の比志島氏、和泉の淡輪、日根野氏の如く、その土地生えぬきの武士もあるが、またもとは関東の武士で鎌倉幕府から近畿・西国の地頭に補任されて移住し、そのまま長くそこに住みついた武士も少なくない。中国地方の小早川・熊谷・平賀・三浦・山内首藤、九州地方の深堀・小鹿島・小代・大友・相良・佐田・入来院・二階堂等みな然りである。また、これらの文書は一つ一つ貴重な史料を含んでいるが、さらに近接した地域の文書を多数併せて研究することによって、個別の家の文書だけでは知り得ない史実なり、歴史の発展過程なりを明らかにすることができる。その意味で米沢の上杉家文書と旧米沢藩士の文書を併せて、越後における上杉氏の発展とこれをめぐる同国武士の動きを見ることができるし、中国の毛利氏とその一族及び家臣の文書、九州の大友氏とその一族及び家臣の文書、島津氏とその一族及び家臣の文書でも同様のことがいえるのである。

（E）戦国時代以後の新興武士　加賀の前田家、安芸の浅野家、佐賀の鍋島家（『佐賀県史料集成』の一部として刊行）、阿波の蜂須賀家、土佐の山内家、備前の池田家等はその主なもの。このうち、浅野家の文書は『大日本古文書』として刊行された。

（F）滅亡した武士　特筆すべきものは安芸厳島神社の神官の佐伯氏であって、平安中期以降の文書を伝えたが、同氏は戦国時代に滅び、文書だけは代わって神官となった野坂家に伝わった（『広島県史』史料編に収録）。

四　庶民関係

庶民でも、とくに村役人とか宿駅の本陣を勤めた家、商工業や芸能関係の座をもった家などにそれぞれ関係文書が伝わる。例えば若狭の多烏浦の刀禰（トネ）であった秦氏は鎌倉時代から中世末までで百数十通（現、京都大学所蔵）、同国神子浦（ミコノウラ）の刀禰であった大音（オオト）氏は同じく鎌倉時代から中世末までで二百数十通の文書、いずれも刀禰職（シキ）（九八頁参照）に関する文書や漁業関係文書を伝えており（秦文書・大音文書は小葉田淳編集の『若狭漁村史料』に収録）、越前福井の橘氏は室町・戦国時代に座商として活躍した家で、その関係文書を伝えており、安芸の小田氏、土佐の安芸氏などもそれぞれ特色ある文書を伝えている。また町村の共有文書といって各地方の郷村団体の伝えた文書がある。これには大体郷村の自治組織や、漁村における漁業区に関するもの、商工業の座に関するものが多い。著名なのは京都の上京文書、近江の八幡町共有文書、同じく近江の琵琶湖沿岸の菅浦（スガノウラ）共有文書などが挙げられる。以上のうち、菅浦の文書はいま滋賀大学日本経済文化研究所史料館に保管されて、同研究所より菅浦文書と題して編集刊行されている（二冊）。

五　社寺関係

わが国中世以前の文書の過半は社寺関係の文書であるが、そのなかで畿内の大社寺の文書がその大半を占める。そして、それらの大社寺の文書は、古代から中世にわたって社寺経済の基礎をなした社寺領荘園に関するものがほとんどであった。明治・大正以降、これらの文書が採訪されて学界に紹介されると、それを史料とした荘園の研究が盛んとなり、とくに昭和以後急速にこの方面の研究が進み、荘園研究を基礎とした社会経済史学の発達はめざましいものがあった。

(イ) 近畿地方

(1) 山城——畿内わけても山城・大和には諸宗派の本山及び古くから国家の崇敬を受けた大社寺が多く、それぞれ多くの古文書を伝えている。神社から挙げると、まず石清水八幡宮が最も多く、その社家である田中・菊大路両家は平安朝以来の文書を伝えている。『大日本古文書』として刊行された（六冊）。一部は外に出て前田家尊経閣や天理大学図書館の所蔵に帰している。なお『石清水八幡宮史』の資料編もよい参考になる。つぎに賀茂・松尾・住吉・祇園・北野等の各神社にも平安以来の文書がある。このうち祇園社はいま八坂神社といい、文書が二冊、記録が二冊刊行されており、京都の都市形態を研究するにも有益である。また北野神社には室町時代麴座（コウジザ）の本所であった関係から、麴座商に関する文書や記録がある。その一部は現在筑波大学の所蔵に帰している。また松尾神社では社家である東氏も文書を伝えている。鎌倉中期（正嘉二年）社領伯耆国東郷庄の絵図は下地中分絵図の代表的なものとして著名である。そのほか稲荷・大原野・梅宮・若王子（ニャクオウジ）・離宮八幡等も比較的多い。離宮八幡宮文書には大山崎の油座関係の文書が多い（『島本町史』史料編に収録）。

つぎに寺院では、第一が真言宗の東寺（教王護国寺）で、奈良時代以来の文書二万五千余通。全国第一位を占める

(現在、京都府立総合資料館所蔵)。前述のように、その大半は百箇の筥に収められて百合文書とよばれ、十中八九までが寺領荘園に関するものである。それらの荘園はほとんど全国にわたって散在し、なかには若狭国太良庄・丹波国大山庄・山城国上久世庄・備中国新見庄・伊予国弓削島庄など数百年にわたる沿革をもつ荘園が少なからずあり、その点からみて東寺百合文書は荘園研究の宝庫ともいうべく、明治三十九年に発表された中田薫の画期的な研究「日本荘園の系統」、「王朝時代の荘園に関する研究」(どちらも、のちに『法制史論集』岩波書店、第二巻に収められた)をはじめとして、西岡虎之助・清水三男等諸氏の研究はみなこの文書を素材として行なわれた。『大日本古文書』として刊行中(既刊十冊)。また東寺百合文書のうち、東寺領備中国新見庄関係文書は『岡山県史 家わけ史料』に、同じく播磨国矢野庄関係文書は『相生市史』(三冊)に、それぞれ収め刊行。なお、東寺百合文書の利用を助けるものとして、京都府立総合資料館編『東寺百合文書目録』五冊が有益である。さらに先年、新たに三千余通の文書が発見されて京都大学文学部の架蔵に帰し、同大学の赤松俊秀によって『教王護国寺文書』と題して刊行された(全十冊、ほかに絵図一冊、平楽寺書店)。つぎに同じく真言宗の醍醐寺の文書も、平安時代以来の大量の古文書を三宝院・報恩院・理性院等にわけて伝えてきた。ここでも荘園文書が多いが、また純宗教関係、例えば法系伝授に関するものが多いことが特色である。この寺の文書は『大日本古文書』として目下刊行中(既刊十二冊)。つぎに仁和寺・勧修寺・神護寺・随心院・大覚寺(中村直勝・林屋辰三郎氏ほかの校訂による『大覚寺古文書』二巻に収載)などにも文書が多い。泉涌寺・高山寺・広隆寺も少なくない。とくに高山寺には平安以降の文書四百点があって、『高山寺資料叢書』(東京大学出版会)の一冊として刊行された。天台宗では青蓮院・曼珠院・三千院・妙法院・実相院・聖護院等の門跡寺院や、廬山寺・鞍馬寺・住心院等、いずれも平安ないし鎌倉時代以来の古文書を伝える。ことにこれらは、本山である延暦寺が織田信長の焼打ちによって、それまで伝えた史料を失ったので、今日とりわけ貴重である。浄土宗では知恩院・誓願寺・二尊院・清涼寺・禅林寺、また浄土真宗では西本願寺・興正寺が挙げられる。日蓮宗では妙覚寺・本能寺・本圀寺等に文書が多い。

つぎに特筆に値するのは、五山をはじめとする臨済宗の諸寺院である。南禅寺・東福寺・天竜寺・妙心寺・大徳寺・相国寺・建仁寺等。このうち大徳寺は、その塔頭(タッチュウ)（徳禅寺・真珠庵・大仙院・養徳院・如意庵等）の分を合わせて五千通以上、大部分鎌倉・室町時代の寺領関係文書である。『大日本古文書』として刊行中（十五冊）。東福寺には鎌倉初期からの文書があり、とくに寺の開基である九条道家の文書がある。この寺の文書の一部は前田家に移っており、そのなかには有名な楠木合戦注文がある。東福寺領肥前国彼杵(ソノキ)庄の文書目録の裏に書かれている。また同寺の塔頭海蔵院・栗棘庵(リッキョクアン)にも多い。東福寺の文書は『大日本古文書』として刊行（五冊）。南禅寺も鎌倉以来の文書が多く、その子院である慈聖院・真乗院のものは大半前田家に移っている。寺外に流れた分を除いて、南禅寺文書（三冊）として刊行。また金地院(コンチイン)には近世初頭の名僧崇伝に関するものが多い。建仁寺は本寺に少なく子院の両足院に室町時代のものが多い。そのほか臨川寺・鹿王院(ロクオウ)・長福寺・正伝寺にも多い。長福寺の文書は多く寺外に出て前田家・東大文学部などに分蔵されている（石井進編『長福寺文書の研究』に収載）。また臨済宗の尼寺宝鏡寺・曇華院(ドンゲ)には室町時代のものが多い。曹洞宗になっている宇治の禅定寺には平安時代からのものがある。

(2) 大和——神社では奈良の春日神社。いうまでもなく、藤原氏の氏社で興福寺と密接な関係にあるもの。やはり鎌倉・室町時代のものが多く、内容的には社領関係が多い。戦前から中村直勝・永島福太郎氏等によって整理されて刊行された（三冊）。第三冊には大東(オオヒガシ)家以下の社家伝来の文書も収めてある（近年、永島氏ほかによる改訂版が『春日大社文書』六冊として復刊）。なお、この神社には鎌倉時代以来の神主の日記が多く伝わっており、永島福太郎氏の努力によって『春日社記録』と題して刊行が進められている（既刊三冊）。神社史料だけではなく、政治史・社会史関係の重要記事が少なくない。また談山神社の文書も刊行された。

つぎに寺院では、第一に東大寺を挙げなければならぬ。これはだいたい同寺の東南院と尊勝院とに伝わったが、東南院のものは明治年間皇室に献納されて御物となり、正倉院に収められた。東大寺の文書は江戸時代から少なからず寺外に出て、今日個人・官衙・文庫等の所有に帰したものがきわめて多いが、それでもなお本寺・尊勝院に多数伝わり、これと寺外に出たもので今日知られる点数を合わせると一万一千余通になる（中村直勝の調査による）。『大日本古文書』として目下刊行中（十七冊、うち一冊は奈良時代の墾田絵図）。この寺の文書はやはり寺領荘園のものが大部分をしめるが、東寺百合文書が主として鎌倉・室町時代のものであるのに対して、これは奈良・平安時代のものが非常に多い。すなわち発生成立期の荘園に関する文書が多いことが特色であり、また他寺の文書と隔絶した貴重な点である。そして伊賀国黒田庄・美濃国大井庄等数百年に及ぶ歴史を知り得る史料が多い。中村直勝の『荘園の研究』をはじめ、竹内理三氏・清水三男等の研究、わけても敗戦直後に発表されて戦後の学界に強い影響を与えた石母田正の『中世的世界の形成』（伊藤書店、岩波文庫）など、東大寺文書を主要な史料とした業績が少なくない。また竹内理三氏が編纂刊行された『寧楽遺文』『平安遺文』にも多数の文書が採録されている。なお、東大寺文書の利用には、奈良国立文化財研究所編『東大寺文書目録』六冊を参照すると有益である。つぎに興福寺は平安以来の文書を伝えるが、その数は割合少ない。ここでは同寺両門跡の一つである大乗院の院主が書いた室町時代の日記（尋尊大僧正の大乗院寺社雑事記その他）が量的・質的に貴重であって、相当部分が刊行されて室町戦国時代の社会経済史の発達に寄与した。文書・日記ともに寺外に出て内閣文庫や成簣堂文庫（徳富蘇峰の蒐集文庫、現在お茶ノ水図書館所蔵）に入っている。先年、井上鋭夫によって、これらの日記・文書のなかから越前（とくに河口・坪江庄）関係の史料を抽出した『北国庄園史料』が刊行された。なお、大乗院文書（お茶ノ水図書館架蔵）の利用には、荻野三七彦『「大乗院文書」の解題的研究と目録』上下二冊の参照が有益。また興福寺の子院福智院の文書は花園大学より刊行された。つぎに法隆寺は平安以来のもの、唐招提寺は奈良時代からのもの、西大寺は鎌倉以降のものを伝えた。近年、奈良文化財研究所が唐招提寺・西大寺の史料調査を進めており、新たに発見紹介された文書が多い。栄山寺も平安以来の文書を有する。

(3) 河内——南朝とくに楠木氏と関係深い観心寺・金剛寺はともに平安以降の文書を伝え、『大日本古文書』として刊行された。玉祖(タマノミオヤ)神社は木札の制札として最古のもの（文治年中北条時政の制札）を伝えているので著名である。

(4) 和泉——開口(アクチ)神社には平安末期以来の文書があり、とくに文治三年（一一八七）の寄進状は新しい年代の画指*の文書として知られている。また久米田寺には南朝関係文書が多い。最近、大阪府文化財調査報告書の一冊として刊行された。

* 画指（カクシ）。無筆者が自署の代りに指の長さと節の位置を画いたもの（例、）。大宝令（養老令も同じ）の戸令に、妻を離婚する際、字の書けない夫は画指をせよという規定がある。画指の実例は奈良時代に多く、開口神社文書の文治三年、東大寺文書の建仁二年（一二〇二）あたりが最も新しい。但し、実例のうえでは画指の見られるのは借銭文書、土地売買文書（売券(バイケン)）などであって、離婚文書の画指は発見されない。なお、画指はもと中国に始まり、敦煌文書に多くの用例があり、中国文化の影響を受けた東洋諸国に広く行なわれた。大宝令の規定は唐令にならったものである。画指の起源は明らかでないけれども、原理的には、指節の間隔比に個人差があるという説にもとづくものではあるまいか。

(5) 摂津——勝尾(カチオ)寺が最も多く、平安末期以降のもの約二千通を伝え、戦前刊行された『勝尾寺文書』の上巻（下巻未刊、魚澄惣五郎編集）には約半分が収録されたが、戦後、箕面市史編集委員会によって新たに年代順に編集されて、千三百点余の文書が『箕面市史』史料編（滝安寺文書と併せて三冊）として刊行された。ここでは土地等の寄進状や売券が非常に多い。そのほか四天王寺・中山寺も多い。神社では後鳥羽天皇をまつる水無瀬(ミナセ)宮には鎌倉以来の文書があり、戦前刊行された。多田神社はもと多田院といい、清和源氏と関係深い神社である。鎌倉時代には北条氏の支配下にあったので北条氏関係の文書が多い。ここの文書も一部散佚したらしく、水戸の彰考館で採訪したときの写しのなかにいま見られない文書が相当入っている。

(6) 紀伊——この国も文書の多く残っている土地であるが、筆頭は高野山金剛峯寺である。前述の如く宝簡集、続宝簡集、又続宝簡集の題名で整理・成巻された文書合わせて三千五百通に達する。平安時代からのもので内容的には荘園関係が圧倒的に多い。なかんずく紀伊国南部庄、同国阿氐河庄、備後国太田庄などは長い沿革を知り得る代表的な荘園である。この方面の史料として量的にも質的にも高野山は東寺・東大寺と並ぶものである。以上の文書は『大日本古文書』として明治年間刊行された（八冊）が、なお、そのほかに未整理の文書が、本寺にも、また金剛三昧院・西門院・成慶院・正智院・蓮華定院・宝寿院・寂静院等の子院にも、多数伝わっている。中世にはそれぞれの子院が所領をもち、また地方の豪族と師檀の関係を結んでいたから（例、成慶院＝武田氏、西門院＝里見氏、蓮華定院＝真田氏）、これら子院の文書は地方史研究史料としても貴重であるが、まだ十分な調査はできていない。戦前、高野山史編纂所がこれらの文書及び高野山領であった紀伊国内の社寺豪族等の文書を蒐集編纂して、『高野山文書』（予定十二冊）と題して刊行を始めたが、刊行されたのは勧学院文書、金剛三昧院文書等七冊にとどまる。

粉河寺は南朝関係文書を多く有する（中世粉河地方に関する文書が京都の随心院にもある）。歓喜寺にも古いものがあるが、数は多くない。神社では日前国懸神宮が鎌倉以降の文書を有する。ここの神官紀氏は紀伊国造家の子孫で神宮の文書は多くこの家に伝わった。隅田八幡宮は隅田党の研究史料をもって著名である。熊野神社では、旧社家の米良、潮崎氏に伝わったものが多く、近年これらを合わせて『史料纂集』熊野那智大社文書（全五冊）として刊行された。米良氏には鎌倉以降の熊野信仰に関する文書、とくに地方豪族の依頼を受けて熊野参詣の先達となり、祈禱を行なう関係、すなわち一種の師檀契約関係に関する文書がきわめて多い。この関係が一つの職（収益を生み出す権利体）として売買され譲与されていることは興味深い。海南市の郊外にある禅林寺も鎌倉以降の文書百余通を伝え、施無畏寺は開山明恵上人及び檀越湯浅氏に関するものがあり、由良の興国寺は開山法燈国師（心地覚心）に関するものを伝えている。

(7) 伊勢——まず伊勢神宮関係では神宮文庫の文書。なかんずく天養記とよばれる天養二年（一一四五）の官宣旨

（写）には源義朝が相模国大庭御厨（オオバミクリヤ）を鎌倉郡の内と称して押領したことが記されている。また櫟木（イチキ）文書も写しではあるが貴重なもの。そのほか諸大夫等旧御師（オシ）の家の文書は御師の研究に見逃し難いものであり、文庫所蔵の神道関係の古書からは多数の紙背文書が発見される（例、類聚神祇本源・御鎮座伝記等）。神宮と関係深い慶光院には室町以降の文書とくに神宮造営に関するものが多く、また、ここは尼寺であるから女性の文書が多いという特色がある。伊勢の学者御巫（ミカナギ）清直の蒐集した古文書集が徴古文府と輯古帖であるが、いずれも商業都市としての山田に関する文書（とくに山田の自治行政機関である三方（サンボウ）の文書）や伊勢湾の海事関係文書が多いのは注目される。寺院では浄土真宗高田派の本山一身田の専修寺は鎌倉以来の宗派関係文書を多数伝えている。また元弘の乱に関する根本史料である光明寺残篇によって名高い光明寺も鎌倉以来の文書を多数伝えたが、いまは大半内閣文庫に入っている。『日本塩業大系』の史料編、古代中世（二）に収めて刊行。

(8) 近江——近江も京都に近く交通商業の早くから発達した所であるうえに、延暦寺・園城（オンジョウ）寺以下の大社寺が多く、したがって古文書もきわめて多い。先述の如く延暦寺は焼けたので文書は少ないが、その末寺葛川（カツラガワ）の明王院には鎌倉以来のものが多く、ここには荘園内部の荘民の動きを見るべき文書がある。村山修一編『葛川明王院史料』と題して刊行（吉川弘文館）。延暦寺に対抗する園城寺（三井寺（ミイデラ））は文書の数はさほど多くないが、開祖円珍（智証大師）の入唐の際の文書、ことに唐において彼が与えられた唐朝の公文書や唐人の私文書は中国古文書の貴重な史料であって、前述した北白川家伝来のものと併せ見るべきである。石山寺は典籍聖教（ショウギョウ）とともに平安以降の文書を多数伝えているが、ここでは純宗教的な文書が多い。長命寺・永源寺・宝厳寺（琵琶湖の竹生島）も少なくない。大島奥津島神社の文書は、前掲の菅浦文書などとともに室町時代の村落生活を見るに足り、また蒲生（ガモウ）郡今堀村の日吉（ヒエ）神社は中世商業史上に活躍した得珍保（トクチンホ）の座商人の文書を伝えており、わが国における座の研究史上忘れ難いもの。仲村研によって『今堀日吉神社文書集成』（雄山閣）として刊行された。多賀神社・御上神社にも相当量の文書がある。

（ロ）東海・甲信地方

(1) 美濃――岐阜の立政寺、多治見の永保寺、池田町の竜徳寺、武芸川（ムゲガワ）町の汾陽（フンヨウ）寺など概して室町時代以降の文書を伝える。また郡上郡長滝の長滝寺は長滝神社（白山）の別当寺として栄えたが、いま伝える文書は少なく、むしろその塔頭の経聞坊が鎌倉時代中期からの文書を伝えている。また郡上郡石徹白（イシドシロ）の石徹白氏は中居神社の社家であって、鎌倉末期からの文書を伝えている。以上挙げた美濃の社寺関係文書は戦前刊行の『美濃国史料』にだいたい収められたが、先年刊行の『岐阜県史』史料編（古代中世一）にほぼ完全に収載された。

(2) 尾張――第一が真福寺。古事記、将門記をはじめとして国宝級の典籍聖教の宝庫であることはよく知られているが、古文書も相当ある。東大寺文書の一部も流入しているが、本来寺伝の古文書には土地の寄進状が多い。『真福寺善本目録』（二冊）が刊行されていて、大よその内容はこれによって知られる。つぎに臨済宗の名刹妙興寺は鎌倉以来の文書七百余通を伝えている。ほとんど寺領関係文書である。『一宮市史』（資料編五）に収録・刊行された。真福寺と妙興寺の文書には尾張の国造尾張氏の文書が相当ある。そのほか熱田神宮・津島神社（信長関係のものがある）、笠覆（リュウフク）寺（笠（カサ）寺）・密蔵院・長母（チョウモ）寺等も中世文書を伝えている。

(3) 三河――猿投（サナゲ）神社は鎌倉以来の文書を有し（『愛知県史料叢刊』に収めて刊行）、岡崎の大樹寺は徳川家と関係深く、室町・戦国時代（松平氏時代）の文書が多い。『史料纂集』に収めて刊行。

(4) 遠江――浜松の近くの蒲神社は蒲御厨（カバノミクリヤ）に関する文書を有する（この御厨の関係史料は東大寺文書にも相当ある）。大福寺も鎌倉以来の文書を有し、瑠璃山年録残編と称する鎌倉末期の年代記もある。

(5) 駿河――府中及び大宮の浅間（センゲン）神社と久能山の東照宮に多い。富士の大石寺、西山の本門寺は日蓮宗の寺で鎌倉時代からの同宗に関する文書が多い。

(6) 伊豆――三島神社及び同社家の矢田部氏が鎌倉以来の文書を有し、室町時代の鎌倉府関係の文書もある。

(7) 甲斐――日蓮宗の総本山久遠寺（身延山）と大善寺がとくに多い。

(8) 信濃――諏訪神社（上下）に非常に多い。上社の神官守矢氏も鎌倉以来の文書を有する。生島足島（イクシマタルシマ）神社は起請文の多いことでとくに有名。

（八）関東・東北地方

(1) 相模――鶴岡八幡宮はいま百余通を伝えるにすぎないが、古くは相承院・我覚院等の別当寺があって、これらもみな文書を伝えていた。江戸時代に写した相州文書には収録されている。戦後一部原本が地方で発見された。総じて鎌倉・室町両幕府の崇敬の篤かったところであるだけに、頼朝の寄進状以下幕府の御教書等が多い。影印本『鶴岡八幡宮古文書集』が刊行されている。なお相州文書所収の相承院文書には鎌倉時代の足利氏の文書があることはとくに注目される。寺では、鎌倉五山はじめ沢山あるが、そのなかでは円覚寺が第一で、寺領関係（とくに寄進状）や法会の記録が多い。北条氏の出した文書の多い点も注意される。塔頭黄梅（オウバイ）院・続燈庵にも少なくない。覚園寺・宝戒寺・妙本寺及び松ケ岡の東慶寺にも相当ある。ことに東慶寺は江戸時代縁切寺として有名であって、その関係の文書がある。鶴岡八幡宮・円覚寺以下鎌倉市内の文書は、『鎌倉市史』史料編（三冊）にすべて収録刊行された。

(2) 武蔵――純粋な社寺ではないが、金沢文庫を挙げねばならぬ。いうまでもなく金沢実時の草創にかかるが、文庫の管理及び北条氏滅亡後の一切の管理は、金沢氏の菩提寺で文庫の隣りにあった称名寺に委ねられたので、文庫のものと、称名寺のものと一緒になって後世に伝わった。文庫が多くの典籍を蔵し、これを後に伝えたことはいうまでもないが、文書もまた少なくないのであり、とくに典籍の古写本の紙背から続々と文書が発見され、今日まで整理されたものが約四千通、そのうち約半数が純宗教文書（印信・血脈等）、残り半数が一般世俗の文書で、しかもその八割は鎌倉時代に属し、おおむね称名寺の寺領に関するものと金沢貞顕等武士や僧侶の書状とであって、鎌倉時代末期の幕府政治に関する貴重史料が多く、また武家古文書の研究にも絶好の史料である。『金沢文庫古文書』として刊行（戦前版二冊、戦後版十三冊）、別にコロタイプ版も一部刊行されている。また『神奈川県史』の史料編にも編年収録された。なお金沢文庫の典籍や文書は早くから寺外に持ち去られたものが多く、今日全国各地から発見される。これまで調査された典籍は『金沢文庫蔵書目録』に採録された。

(3) 安房――日蓮宗の妙本寺が鎌倉以来の文書を伝えている。

(4) 下総――香取神宮に約千五百通。なかでも神官大禰宜家のものが最も古く、平安末期から摂関家政所下文とか藤原氏長者宣等が目立ち、その他、寄進状・売券・質券等が多い。また案主（アンジュ）家には室町時代の検注帳が多い。明治年間『香取文書纂』として刊行され、近年『千葉県史料』に収められた。日蓮宗の寺として著名な中山の法華経寺の寺伝聖教（双紙要文、天台肝要文等）の紙背から鎌倉中期の文書多数が発見された。中尾堯氏がこれらの文書と寺伝文書、真間の弘法寺その他の末寺文書等を合わせ『中山法華経寺史料』（吉川弘文館）と題して刊行した。

(5) 常陸――鹿島神宮。ここでも大禰宜家と大宮司家（わけても前者）に平安末期以来の文書があり、香取神宮と同じく藤原氏関係の文書が多いことと、神官の武士としての活動を知りうるものの多いことが目立っている。戦前、『鹿島神宮古文書』第一として神社から一部刊行された（約四百通収録）が、近年刊行の『茨城県史料』中世編Ⅰに全部収められた。常陸総社の文書は、総社の文書として全国的にも珍しいもの。これも同上『茨城県史料』に収録された。吉田神社も鎌倉以降の文書を多数伝えたが、今は亡佚して写しだけが伝わっている。

(6) 上野――新田氏と関係深い世良田の長楽寺は平安末期からのものを有する。岩松文書・正木文書などと併せ見るべきもの。

(7) 下野――日光の輪王寺に鎌倉末期からの文書百余通あり、足利の鑁阿（バンナ）寺は足利氏と関係深い寺で、鎌倉以来の文書多数を伝えている。

(8) 陸奥——中尊寺は南北朝時代の初めに焼けたが、経蔵と金色堂だけ残ったので、そこに蔵せられた文書だけ今日に伝わった。藤原清衡の中尊寺建立供養願文を北畠顕家の書写したものはとくに著名であり、ほかには中尊寺衆徒の訴訟文書が多い。『奥州平泉文書』と題して岩手県から刊行された。磐城平の飯野(イイノ)八幡宮の関係文書は神主伊賀氏の後裔飯野氏が伝え、鎌倉幕府の直轄領(関東御領)であった好島(ヨシマ)庄をめぐって地頭岩城氏と預所伊賀氏の抗争に関するものが多い。この文書及び国魂(クニタマ)神社の文書は『飯野及国魂史料文書』と題して戦前に刊行された。近年、『史料纂集』飯野八幡宮文書の刊行をみた。棚倉の都々古別(ツツコワケ)神社の関係文書は同社の別当八槻氏が伝えている。南北朝以降、とくに戦国時代白川氏の文書が多い。

(二) 北陸地方

(1) 若狭——第一が明通寺で鎌倉・室町時代の文書二百通以上あり、鎌倉・室町両幕府の崇敬を受けたのでその関係のものもあり、また北条氏から出された文書がある。なお、この寺でいちばんの特色は鎌倉以来の寄進札八十枚余を蔵することである。寄進者は領主・商人・侍女などあらゆる階層に及んでいる。つぎは羽賀寺で、元弘以来の文書八十通余を蔵する。この寺は勅願所として朝廷の保護を受けたので勅筆や綸旨が多い。

(2) 越前——織田庄の剣(ツルギ)神社に百余通あり、南北朝以降のもの。尾張の織田氏との関係をうかがうべき文書がある。曹洞宗の大本山永平寺にはあまり残っていない。西福寺には鎌倉時代末期から安土桃山時代までで二百五十通、戦前、山本元編集の『敦賀郡古文書』に、また近年『史料纂集』西福寺文書にも収められた。寄進状・売券が多い。なお越前と若狭における古文書の伝来・分布状態については『越前若狭古文書選』に簡潔な解説と図解があり、代表的な古文書が収録されている。また、大久保道舟多年の調査集成による『曹洞宗古文書』(二冊)があることを付記する。

(3) 加賀——白山比咩(ヒメ)神社に鎌倉時代以来の文書があるが、比較的少ない。

(4) 能登——気多(ケタ)神社には室町以降の文書があり、大宮司桜井家の文書と併せて『史料纂集』気多神社文書(三冊)

として刊行。曹洞宗の永光寺には瑩山紹瑾（ケイザンジョウキン）の附法状その他宗教関係の文書が多い。

(5) 越中・越後・佐渡――この三国は社寺文書が少なく、越中では勝興寺、越後では普光寺・専称寺、佐渡では国分寺と長安寺くらいである。

（ホ）中国地方

(1) 丹波・丹後・但馬・伯耆・因幡・石見・隠岐等山陰の諸国は採訪が行きとどかない関係もあるが、総じて社寺文書が少ない。丹後の成相寺、石見の武明八幡宮がやや目立つ程度である。

(2) 出雲――山陰で最も文書の多いのは出雲であって、まず出雲大社であるが、ここの文書は神主である千家・北島の両家に鎌倉以来の文書が多数伝わっている。このうち、北島氏のものは、村田正志氏が江戸時代末までの四百余通を編集、一通ごとに解説を付して、『出雲国造家文書』と題して刊行（清文堂）。日御碕（ヒノミサキ）神社も文書が多く、ここでは神官の小野氏がこれを伝えている。寺では鰐淵寺（ガクエンジ）が最も多く、平安末期からの文書を伝える。曾根研三『鰐淵寺文書の研究』に収録刊行。

(3) 播磨――広峯神社及び神官広峯氏は鎌倉以来の文書を伝える。なお、京都の八坂神社の文書にも広峯社関係のものがある。清水寺は量的に最も多く五百通位。そのほか松原八幡宮・伊和神社・大山寺にも相当ある。また戦国時代まで大和の法隆寺の末寺であった斑鳩寺（ハンキュウ）には、法隆寺領鵤（イカルガ）庄に関する文書・記録を集録した鵤庄引付がある。先年、阿部猛・太田順三編で、この史料に法隆寺文書（鵤庄関係）、峯相記（ミネアイキ）その他を加えた『播磨国鵤荘資料』（八木書店）が刊行された。いったい播磨は近江と同じくいわゆる上方（カミガタ）の一国で、瀬戸内海交通にも重要な役割を果たす位置にあり、文化的に開けた所で、文書とくに社寺文書の多い所である。なお、摂津（東端の一部を除く）・播磨・丹波・但馬・淡路諸国の社寺及び個人諸家伝来文書は近年刊行の『兵庫県史』史料編にほぼ収められた。

(4) 備前――金山寺（カナヤマジ）は、平安時代末以降の寺領保護関係文書その他多数の文書を伝えている。鎌倉時代に入って寺が鎌倉幕府の祈禱所となった関係から、幕府の免許状その他保護に関する文書がある。なお、六波羅探題の制札（木製）はいま寺外に出ている。安養寺・遍明院、いずれも鎌倉以降の文書を有する。西大寺は南北朝期以降の文書、とくに守護赤松氏、守護代浦上氏等の発給した文書を伝える。また妙覚寺は日蓮宗不受不施派の本山であって、安土桃山時代の僧日典・日奥の書状を多数伝えている。

(5) 備中——吉備津神社の文書が旧社家賀陽（カヤ）氏に伝わっている。以上の備前・備中の社寺文書は藤井駿・水野恭一郎両氏編集の『岡山県古文書集』（四冊）にほぼ収録された。

(6) 備後——尾道の浄土寺に鎌倉時代以来の文書がある。

(7) 安芸——厳島神社、本社伝来のもの、前述の旧社家佐伯氏のもの、その後の社家野坂家のもの、別当寺であった大願寺のものなど合計すると二千余通という厖大な数にのぼる。年代的にも平安中期から近世まで。神社崇敬に関するもの（寄進状、奉幣使発遣の文書等）、戦国時代社家棚守氏（いまの野坂氏）の活動に関するもの、鎌倉時代初期のこの地方（安摩（アマ）庄衣田島（エダシマ））の荘民の生活をうかがうべきもの等、その内容は多様である。そのほか仏通寺・楽音寺・洞雲寺等も古い文書を伝えている。備後、安芸の文書は『広島県史』の史料編に収められた。

(8) 周防——防府の松崎神宮に鎌倉以降の文書が多数伝わっている。つぎに阿弥陀寺は鎌倉の初め（文治二年）東大寺再興のために周防国が同寺に与えられた際、東大寺大勧進としてこの国に下って再建事業を主宰した俊乗坊重（チョウ）源（ゲン）が建てた寺で、その関係から東大寺に関する文書が多い。山口の興隆寺は大内氏歴代の文書を多く伝える。

(9) 長門——赤間神宮（同神宮から影印本『赤間神宮文書』刊行）・住吉神社（一宮）・忌宮神社（二宮）、いずれも鎌倉時代以来の文書を有する。

（へ）四国地方

(1) 讃岐——古来金毘羅（コンピラ）さんで知られる金刀比羅（コトヒラ）宮と善通寺に比較的多くある。

(2) 伊予――前述した忽那氏と関係深い長隆寺のほか、観念寺・善応寺に多少ある。観念寺の文書は『伊予史料集成』の一冊として刊行された。

(3) 土佐――夢窓国師と関係深い吸江寺に多少伝わっている。

(ト) 九州地方

(1) 筑前――まず宗像神社に平安末期からのものがある。一部社外に出ているが、旧社家にも相当あり、概して神社崇拝及び神官たる武士の活動を伝えるものが多い。現在、『宗像大社文書』（同社復興期成会）と題して、影印（釈文つき）公刊中。太宰府天満宮は本社よりも旧社家である西高辻・大鳥居・小鳥居諸氏の文書及び別当寺であった満盛院に伝わったものが多い。総じて戦国時代神官が大友氏に帰属して活動した当時のものが多い。目下刊行中の『大宰府及太宰府天満宮史料』に逐次収録されている。筥崎八幡宮は石清水八幡宮の支配下に属した関係から、平安中期から鎌倉時代に至る文書は石清水八幡宮に納められて、いまこの神宮に伝わるのは戦国時代以後のもの。別に祠官大宮司家の文書が写しであるが南北朝から伝わっている。また観世音寺は奈良・平安時代の文書を伝えたが、やはり本末関係から東大寺に納められ、一部は今も東大寺にあり、一部寺外に出て個人の所有に帰したものもある。きわめて貴重な文書である。大悲王院・大泉坊も鎌倉以降のものを伝える。後者には栄西自筆の誓願寺盂蘭盆（ウラボン）縁起・同建立縁起があるので有名である。

(2) 筑後――高良（コウラ）神社に多少ある。

(3) 豊前――宇佐八幡宮。本社にもあるが、社家である益永（マスナガ）・小山田（オヤマダ）・到津（イトウズ）・宮成諸家に平安時代末期からのものが多数伝わっている（但し古い所は原本が失われ、写しが多い）。

(4) 豊後――柞原（ユスハラ）八幡宮に鎌倉以降の文書約三百通。豊前・豊後両国の文書は武家・社寺を併せて大部分『大分県史料』に収められた。

(5) 肥前——武雄神社・河上神社（淀姫明神）・実相院（河上神社の別当寺）に平安以降の文書が多量にある。武雄神社の文書には神官の武士としての活動を伝えるものが多い。高城寺・光浄寺・東妙寺にも相当ある。いずれも『佐賀県史料集成』に収められた。

(6) 肥後——阿蘇神社の文書は天保年間火災で焼けたが、幸い写しが残り、また別当寺の西巌殿寺（サイガンデンジ）にも文書が伝わった。この神社の文書には南朝関係のものがとくに多い。『大日本古文書』として刊行済（三冊）。広福寺は菊池氏の開創した寺で同氏の文書が多いことで有名。血判の文書として最古のもの（南北朝初期の延元年間）がある。大慈寺は弘安年間この寺の住持義尹（ギイン）（寒巌）が大慈橋を建立したときの関係文書のあることで知られる。

(7) 日向——大光寺が最も多く、鎌倉初期からの文書を伝える。檀越である伊東氏の文書が多い。『宮崎県史』史料編、中世Ⅰに収録。

(8) 大隅——台明寺（タイミョウジ）が平安期からの文書を伝えたが、幕末に廃寺となり、文書は島津家に入った。『大日本古文書』の島津家文書第一冊にその一部が収載された。この寺は蔵人所に笛竹を貢進する義務を負うていたので、その関係から鎌倉初期の蔵人所の文書がある。古文書学上貴重な史料である。

(9) 薩摩——一宮である新田八幡宮に多数伝わっている。鎌倉時代のものが多い。神官たる水引権執印（ゴンノシュウイン）氏の武士としての活動を伝える文書が多い。近年『鹿児島県史料集』Ⅲとして刊行。

これまで個々の記述で紹介しなかった地域別の古文書集や比較的古文書を多く収録した地誌・地方史の類を一覧表にして巻末付録1に示す。これらの印刷本には、しばしば誤記や誤植、あるいは解読の誤りに基づく句読点、返り点の誤記があるから、印刷本を絶対的に信用することは危険である。印刷本の古文書集の利用者にはこの点の注意を促すとともに、古文書集の編集刊行に当る人々には、誤記・誤植のないよう細心の注意を払われることを切望する。

第三章　古文書の様式

これより古文書の様式の説明に入るわけであるが、総じて古文書の様式というのは古文書の形状・骨組のことである。そして本来文書というものは、差出者と受取者との政治的ないし社会経済的な関係によって、また地域により年代によって千差万別の働きをするものであるが、その働き＝効力は一般に文書の表面に表わされる。その場合、個々の文書における具体的な用件ではなくして、その用件を成立させる条件としての上記のような諸関係を文面に表わすところのもの、これが文書の形状であり様式である。つまり文書の様式を正確に理解することは、その文書の働きを正しく理解する途であるといえる。すなわち一般に古文書学の様式論とよばれるものの意義は、このように古文書の効力という古文書学における中心的問題を理解するための前提である点にある。一般に考えられるように、様式論の知識を真偽鑑定の武器として用いることは、そもそも様式論本来の意義をはなれた副次的効果といってよい。

さて、古文書の様式を総合的・概括的にどのように把握するかは困難な問題であって、差出者・受取者間の上下関係を中心として、すなわち上から下に出す文書、下から上に出す文書というふうにわける見方もあり（これは中国の法制に由来する）、また公文書と私文書にわける見方もある（これは西欧の古文書学の影響による）が、前者は文書様式の時代的な特徴を無視する嫌いがあり、後者は、例えば中世の幕府文書のように初めは私的な者の発する文書であっても、差出者が政治的支配者の地位に立つこととなった結果、同じ様式の文書が公的性格を帯びてくる場合を十分統一的に説明し難い難点がある。すなわち、これらはいずれも歴史の発展にともなっていろいろの変化をとげた古文書の様式の歴史的性格をとらえ得ないと思われる。そこで古文書の様式の歴史的発達という点に着目して、㈠公式様、㈡公家様、㈢武家様という三段の様式変化を考え、時代の推移にもかかわらず比較的変化発展の乏しかった非政治的な文書を別に㈣上申文書、㈤証文、㈥帳簿類と三大別して、合わせて六様式に分かつのが適当である。本書では、紙数の都合もあって㈠から㈤までを概略説明するにとどめる。

最初の三つについて相互の関係を述べれば、公式様とは、大宝令及び養老令のなかで公文書の様式その他を規定した公式令に見える文書の様式であって、だいたい律令制度の盛時である奈良朝及び平安朝初期によく行なわれたもの。公家様とは律令制の衰退、摂関政治の成立にともなって現われたもので、漸次公式様文書に取って代わって実際政治上の文書として効力を発揮するようになる。これに対して旧来の公式様文書はだんだん用いられなくなってついに消滅するか、あるいはまた実際の政治と無関係な形式的儀式的な場合の文書としてわずかに存続するというようになる。武家様とはもともと公家様から出たもので、武家が幕府をつくった後、幕府の文書として政治的公的性格を取得するようになり、だんだん武家独自の様式をつくりあげてゆく。この場合にもやはり公家様文書はすぐ消滅することなくしばらくは存続するが、南北朝を経て室町時代となり、公家が全く政治権力から離れてしまうと、公家様文書も政治的性格を失って衰えてゆき、逆に武家様の影響をすら受けるようになるのである。

第一節　公式様文書

大宝元年（七〇一）制定された大宝令は、唐の制度にならって公式令の一篇を設けた。ついで養老二年（七一八）に制定された養老令も、だいたい大宝令にならって公式令を定めた。大宝令は滅びて、今日伝わるのは養老令であるが、令の註釈を集大成した令集解という本に大宝令の註釈書が部分的に引用されていて、それによって大よそ大宝令の原文を考えることができる。それによると公式令に関しては、小さな点を除いて大宝・養老両令の規定は大体同じであったようである。公式様文書は前述のように公式令に規定された様式の文書であるが、その実例は幸い正倉院文書という厖大な奈良朝文書が残っていて、それによって研究することができ、また奈良朝の正史である続日本紀が史料的に相当正確で、間々古文書をそのまま引用しており、あるいは古文書の様式に関する説明をのせているので、これまた公式様文書を研究するうえに重要な手がかりとすることができる。さて養老令の官撰注釈書である令義解（リョウノギゲ）によれば、公式令とは「公文の式様」すなわち公文書の様式を規定する令だと説明されている。そして公式令にはつぎの二十一種の様式が規定された。

(1) 詔書式	(8) 奏弾（ソウダン）式	(15) 勅授位記式
(2) 勅旨式	(9) 飛駅（ヒエキ）式（下式・上式）	(16) 奏授位記式
(3) 論奏式	(10) 解（ゲ）式	(17) 判授位記式
(4) 奏事式	(11) 移（イ）式	(18) 太政官会諸国及諸司式
(5) 便奏式	(12) 符（フ）式	(19) 諸国応官会式
(6) 皇太子令旨式	(13) 牒（チョウ）式	(20) 諸司応官会式
(7) 啓　式	(14) 辞（ジ）式	(21) 過所（カショ）式

以上二十一種の様式は、大まかに次の三種に分類することができる。(1)から(9)までは天皇及びその至親たる皇太子と臣民との文書通交の式であって、これを第一類、(10)から(14)までは太政官を頂点とする律令官庁間の文書通交の式（官人の対官庁文書を含む）であって、これを第二類、(15)から(21)までは以上の範疇に属しないものとして第三類とすることができる。

まず第一類の(1)詔書と(2)勅旨は、ともに天皇の意思発現の様式であって、両者の区別は令義解に「臨時の大事を詔となし、尋常の小事を勅となす也」と説明される。次に(3)(4)(5)の三種は一括して奏の式というべく、詔勅と対応して臣下が天皇に対して意思を表明する様式であって、事柄の大小によって三種に区分される。(6)は天皇の至親たる皇太子が臣下にその意思を表明する式であって、三后（皇后・皇太后・太皇太后）もこの式を準用する。そして令旨式に対応するのが(7)啓式であって、臣下が皇太子に意思を表明する式である。ところで、詔書・勅旨は天皇の意思発現の様式だといっても、天皇が単独にまた恣意的にこれを発することはできない。太政官内で特殊な位置を占める中務省の内記が原案を作成して天皇の認可（天皇が日付を記入する）を得たのち、これを原案として中務省に留め、別に写しを作って太政官に送る。これは詔勅の発布施行を太政官に任せることを意味し、太政官では改めて施行を天皇に奏上して天皇の認可を受ける（天皇が「可」の字を記入する）。太政官は施行に当って、中央官衙に対しては詔勅の写しを太政官符に添付して発行し、諸国に対しては詔勅の文意を織りこんだ太政官符を発行する。このように詔勅は太政官を経由しなければ発行できないと同時に、太政官が天皇の意思を矯めて偽りの詔勅を発行できない仕組になっている。中央官衙あての太政官符には「太政官印」を捺すけれども、諸国あての太政官符に「天皇御璽」印を捺す定めになっていたのも、同じく太政官の独走を抑える趣旨であった。以上のような詔勅発行における太政官の介入と対応して、臣下が天皇に奏上する奏の式においても、奏上の主格はすべて太政官であって、太政官を経ることなく臣下が単独で奏上できない仕組である。このような天皇対臣下の文書通交における太政官介入の大原則に対して例外をなすのが(8)と(9)であって、太政大臣以下の非違弾劾の奏上を太政官を経ることなく天皇に直接なしうるとしたのが(8)奏弾式であり、軍事非常の際に天皇が単独で兵馬の指揮を為しうるとしたのが(9)飛駅式である。すなわち(8)(9)は天皇の非常大権的な特殊な権能に由来するものといえよう。

つぎに第二類に属する(10)から(14)までの五種は、律令官庁相互の間に取り交わされる文書の式であって、解は管轄関係にある下級官庁より上級官庁へ、符はその逆に上級官庁より下級官庁へ、そして移は対等の位置づけをもつ官庁相互（たとえば民部省と刑部省の如く）となっている。そして牒は主典以上、すなわち律令官制でいう四等官の範囲に属する官人が各人の所管官庁に上申する式、辞は四等官に属しない下級官人及び一般庶民が官庁に上申する式であって、官庁間の文書通交の式が大半を占める第二類の中で、この二種だけが個人発行の式であるわけだが、恐らくそれは上申の基本様式である解を補足するものとして付加されたものであろう。

以上に見るように、第一類は天皇（及びその至親）と臣下との文書通交の諸式であって、そこでの諸式区分の規準はもっぱら差出者と受取者との関係であって、いかなる事柄を伝達するにはどの式を用いるか、いかなる目的の伝達にはどの式を用いるかといった、伝達内容や伝達目的は式定立の上で考慮されていない。わずかに詔書と勅旨の間に事柄の大小という区別が設けられているが、それも令の本文ではなく、義解すなわち令の解釈に委ねられている。このような諸式区分の原則は第二類でも同様であって、ここでは管轄関係にある官庁の上下、対等の如何が式を決定する。例えば太政官から民部省にあてて出す場合には、命令であれ、通知であれ、証明であれ、すべて符つまり太政官符を用いるのである。その間にあってわずかに例外をなすのが第一類の終りに位置づけられた奏弾、飛駅の二式であって、それが第一類の中でいかなる意味をもつかはすでに見た通りである。

さて第三類の七種を見ると、まず⒂⒃⒄は勅授、奏授、判授の違いはあるものの、いずれも位記式すなわち天皇が臣下に位階を授与する書式であり、⒅⒆⒇は公式令がすでに概括命名するごとく計会式である。計会とは照合勘査の意であり、計会式とは太政官と諸司及び諸国との間に受発された公文書を年末に一括整理して録出する書式であって、公文書の授受が確実になされたかどうかを勘査することを目的とした。この書式によって作成された文書が計会帳であることは改めていうまでもない。(21)の過所式は諸国公設の関渡を通過するための通関許可証というべき過所の書式である（過所については、なお一五一頁参照）。以上のように、第三類の位記式、計会式、過所式はいずれも文書の目的に即した名称の書式であり、またそれぞれの書式は文書の目的・機能を明示するように定められている。このような書式定立の原則は、第一類、第二類において、文書授受者の関係如何を原則としたのと全くちがっている。なぜこの第三類（三種）だけがこのような形で公式令に掲げられたのであろうか。この第三類が、第一、第二類に見られるような文書授受者相互の関係の仕方だけではとらえられない性質のものと見ることは容易であるが、はたして第三類の三種の様式に何か共通の性質があるのか、もしあるとすればその性質は何かという点については、今後の課題としたい。

以下本節では、実例のうえでもまた後世の古文書に対する影響からしても最も重要な様式と思われる詔書（勅旨を含む）・解・移・符・牒、以上五種をとりあげて、説明を加えることとしたい。

一　詔　書

詔書とつぎの勅旨は、ともに天皇の命令すなわち勅命を下達する文書である。令義解（リョウノギゲ）には「詔書勅旨同じく是れ綸言なり、但し臨時の大事を詔と為し、尋常の小事を勅と為す也」と説明している。詔は臨時の大事に際して発せられる様式である。しかし臨時の大事といっても一様ではなく、事柄の性質、大小軽重によって五種にわけられ、それぞれ詔の最初の書き出しが左のように規定された。

(1) 明神御宇日本天皇詔旨（アラミカミトアメノシタシラスヒノモトノスメラガオホミコトラマト）……云々咸聞（コトゴトクニキキタマヘ）　大事を外国の使臣に宣する場合
(2) 明神御宇天皇詔……云々咸聞　次事を外国の使臣に宣する場合
(3) 明神御大八洲天皇詔旨（アラミカミトオホヤシマノクニシラススメラガオホミコトラマト）……云々咸聞　朝廷の大事（例、立后・立太子等）を宣する場合
(4) 天皇詔旨……云々咸聞　中事（例、左右大臣以上の任命）を宣する場合
(5) 詔旨……云々咸聞　小事（例、五位以上を授ける）を宣する場合

さて詔書の発布手続はさきにも略記したが、いま一度述べると、詔勅発布の事を直接担当するのは中務省であって、

まず中務省の書記官である内記が御所において原案を作成して天皇にたてまつる。天皇はこれに日付の一字を宸筆で記入されて（これを御画日（ギョカクニチ）という）中務卿に下される。中務省はこれを省に留めて別に一通を写して、これに中務卿、中務大輔、中務少輔が署名し、それぞれの署名の下に「宣」「奉」「行」と書き、中務省印をおして太政官に送る。太政官では太政大臣、左右大臣、大納言が署名して、この詔書を施行することを奏上する。これを太政官の覆奏（フクソウ）という。これに対して天皇は「可」の一字を宸筆で記入してこの奏上を認可される。これを「御画可（ギョカクカ）」という。太政官ではこれを官に留めて、在京の文武諸官衙に対しては別に詔書を写して、これを施行する旨を記した太政官符をこれに添えて下し、地方官庁（大宰府と諸国司）に対しては詔書の文意を文章の中に織りこんだ太政官符（これを謄詔符という）を下した。つまり中務省は詔書の調製に当り、太政官はこれの施行に当る。そして天皇は前者に対しては御画日を、後者に対しては御画可をもって、その詔書が自らの真意によることを確認したわけである。元来、公式様文書が一般にそうであるように、天皇の発する文書も唐の制度の輸入であって、様式においても手続きにおいてもよほど簡略になってはいるが、それでもなお複雑煩瑣なこと上記の如くである。この手続き一つをとっても、律令国家における天皇の地位、具体的には天皇と太政官の関係を考える材料になる。

　ところで、もともと君主の意思を人民に下達するには、直接人民を集めて呼びかける、宣詔するものであったから、その伝統が残って、文字をもって詔勅を作る段階になっても、やはりこれを人民に読み聞かせる（命（ミコト）を宣（ノ）る）形式をとった。すなわち宣命（センミョウ）であって、テニヲハを万葉仮名で表わし細字で右によせて書く、一種独特の和文体である。そこで、このようにしてテニヲハを表わす書き方を「宣命書キ」という。続日本紀にはこのような宣命を六十二通引用してあり、正倉院文書には宣命の草案と見るべきものが二点あり、宣命の研究に豊富な史料を提供している。つぎに一例を挙げて注解を加えておく。

現神御宇天皇詔旨良麻止宣勅乎親王諸王諸臣百官人等衆聞食宣高天原神積坐皇親神魯弃神魯美命吾孫將知食國天下止事依奉乃任尓遠皇祖御世始弖天皇御世御世聞看來食國高御座乃業止奈母隨神所念行久止宣天皇勅衆聞食宣　加久聞看來天日嗣高御座乃業波天坐神地坐祇乃相宇豆奈比奉相扶奉事尓依弖之此座平安御坐弖天下者所知物尓在自止奈母隨神所念行須然皇止坐弖天下政乎聞看事者勞岐重弃事尓在家利年長久日多久此座坐波荷重力弱之弖不堪負擔加以挂畏朕婆〻皇太后朝乎母人子之理尓不得定者（省）波聖情母日夜不安是以此位避弖聞（間）乃人尓在弖之如理婆〻尓波仕奉倍自止所念行弖奈母日嗣止定賜弊流皇太子尓授賜久止宣天皇御命衆聞食宣

内召五位已上宣命

〔正倉院文書　続修一〕

〔注解〕　現神御宇天皇（アキツミカミトアメノシタシラシメススメラ）が詔旨（オホミコト）良麻止（ラマト）、良麻止は臣をヤツコラマ、御裔僕をミナスヱヤツコラマというように、ある言葉につけていう辞で、特別に意味はない。親王（ミコタチ）諸王（オホキミタチ）諸臣（オミタチ）百官人等（モモノツカサノヒトタチ）衆聞食宣（モロモロキキタマヘトノル）「皆よく聞けと宣詔する」の意。高天原神積坐（タカマガハラニカムヅマリマス）皇親（スメラガムツ）神魯弃神魯美（カムロキカムロミ）ノ命（ミコト）ノ吾孫（アガミマ）ノ将知（シラサン）食国（オスクニ）天下（アメノシタ）止（ト）事依奉乃（コトヨサシマツリノ）任尓（マニマニ）「御委任をうけたまわって」の意。遠皇祖（トホスメロギ）ノ御世（ミヨ）ヲ始弖（ハジメテ）天皇（スメラ）ガ御世御世（ミヨミヨ）聞看来（キコシメシクル）食国（オスクニ）高御座（タカミクラ）乃（ノ）業（ワザ）止奈母（トナモ）「ナモ」は後世の「ナン」と同じく、強めの助詞。随神（カンナガラ）所念行久（オモホシメサク）止（ト）宣（ノリタマフ）天皇（スメラ）ガ勅（オホミコト）ヲ衆聞食宣（モロモロキコシメサヘトノル）加久（カク）「斯くの如く」の意。聞看来（キコシメシクル）天日嗣（アマツヒツギ）ノ高御座（タカミクラ）乃（ノ）業（ワザ）波（ハ）天坐神（アメニマスカミ）地坐祇（クニニマスカミ）乃（ノ）相宇豆奈比（アヒウヅナヒ）奉（マツリ）「神が御世の政治をよしとし給う」の意。相扶奉（アヒタスケマツル）事尓（コトニ）依弖之（ヨリテシ）シは強めの助詞。此座（コノクラヰ）ニ平安（タヒラケクヤスラケク）御坐弖（オハシマシテ）天下者（アメノシタハ）所知物（シロシメスモノ）尓（ニ）在自止（アルラシト）奈母（ナモ）随神（カムナガラ）所念行須（オモホシメス）然（シカレドモ）皇（スメラ）止（ト）坐（マシ）弖（テ）天下政（アメノシタノマツリゴト）乎（ヲ）聞看事（キコシメスコト）者（ハ）労（イタハシ）岐（キ）重（イカシ）弃（キ）事尓（コトニ）在（アリ）家利（ケリ）年長久（トシナガク）日多久（ヒマネク）此座（コノクラヰ）ニ坐波（イマサバ）荷重（ニオモク）力弱（チカラヨワク）之弖（シテ）不堪負担（オヒモチアヘズ）「長く持ちつづけることが出来ない」の意。加以（シカノミナラズ）挂畏（カケマクモカシコキ）朕（アガ）婆々（ハハ）「私の母」の意。皇太后（スメミオヤ）ノ朝（ミカド）乎母（ヲモ）人子之理（ヒトノコノコトワリ）尓（ニ）不得定省（エツカヘマツラネ）波（バ）「人の子の至情として母である皇太后につかえまつるべきであるのにそれもできないので」の意。ここで者の左に片仮名のニに似た形の傍点をつけて、右に小さく省と書いてあるのは、者を省と訂正したことを示す。同じ行の聞の左にも同じ形の傍点がある。すなわちこの傍点は抹消符である（抹消符については、なお後記）。聖情（アガココロ）母（モ）日夜（ヒルヨル）不安（ヤスカラズ）是以（ココヲモテ）此位（コノクラヰ）ヲ避（サリ）弖（テ）間（イトマ）乃（ノ）人尓（ヒトニ）在（アリ）弖之（テシ）「天子の位をすてて暇の身になってこそ」の意。如理（コトワリノゴト）婆々（ハハ）尓波（ニハ）仕奉（ツカヘマツル）倍自止（ベシト）所念行（オモホシメシ）弖奈母（テナモ）日嗣（ヒツギ）止（ト）定賜（サダメタマ）弊流（ヘル）皇太子（ミコ）尓（ニ）授賜（サヅケタマハ）久止（クト）宣（ノリタマフ）天皇御命（スメラガオホミコト）ヲ衆聞食宣（モロモロキキタマヘトノル）。公式令では文章の終りは咸聞となっているが、この実例では衆聞食宣とある。規定と実際との違いである。内召二五位已上一宣レ命（内裏に五位以上の官人を召して詔を宣る、という意）

文字の抹消法――図版1のように、文字の上に墨線を引く（墨抹《ボクマツ》）場合と、ここに見えるように抹消符を用いる場合があった（まれに胡粉を塗抹する例も見られた）。この抹消符は、止の草体「ゝ」の略体であって、奈良・平安期には止もしくは「ゝ」の例が少なからず見え、中世にもまれに見えるが、より一般的にはその略体「こ」（平仮名の「こ」または片仮名の「ニ」「ヒ」に似た形）が用いられた（図版7参照）。このような抹消符を用いて、抹消を示す方法をミセケチ（見セ消チ）といった。

これは孝謙天皇が皇位を去って太上天皇として母后（光明皇后）に孝養をつくしたいという趣旨から皇太子（次代の淳仁天皇）に譲位されたときの詔の草案で、天平宝字二年（七五八）八月一日のものである。いうまでもなく、以上は詔書の本文だけであって、実際はこの後に日付（御画日）、中務卿以下の連署、太政大臣以下の覆奏、御画可等の手続きがあったはずである。こうした形の詔書を「命を宣る」すなわち詔書を下付する相手、この詔書の場合でいえば百官人以上に、直接に宣りきかせるという意味で宣命といった。そしてこうした日本古来の形式に従った詔書に対して中国風の純漢文の詔書もだんだん出されるようになり（奈良時代すでに見られる）、平安時代に入ると漢文学興隆の波にのっていよいよ盛んになり、宣命式の詔書を漢文式のものと区別して文書様式上の名称として宣命とよぶようになり、しかもこの宣命式はだんだん特定の場合、例えば伊勢神宮以下の神社に宣誥される場合に限られるようになった。宣命の研究には本居宣長の続紀歴朝詔詞解が最上の参考書である。倉野憲司『日本文学史』第三巻（三省堂）にも立派な研究が要領よく述べられており、金子武雄『続日本紀宣命講』（高科書店）も好著。また、原典の通釈として、新日本古典文学大系の『続日本紀』（全五巻、岩波書店）に即くことをすすめたい。

漢文体の詔書の実例として、つぎに醍醐天皇の詔を示す。これは朝野群載十二（国史大系本による）に載っているもので、当時の詔としては、だいたい形式の具備したものである。

詔

朔旦冬至

詔、古之撫瑤圖鑒寶籙之者(1)、莫不在琁機(2)於七政和玉燭(3)於四時、用能三百六旬、膏雨無破塊之聲(4)、七十餘度微風絶鳴條之響(5)、朕以菲質忝纂重光(6)、毎思敎令之不明、常恐節候之無信、廼者有司奏言、今月朔旦(7)推得冬至、終而復始、致在自然、朕自惟、寡德何以會嘉辰、豈非神宗之靈睠(8)、臣佐保持之所致乎、爲須與天下共此休祥(9)、自昌泰元年十一月廿一日昧爽(10)以前、徒罪以下不論輕重、咸從原免(11)、但八虐故殺謀殺强竊二盜私鑄錢常赦所不免、及欠負(12)官物之類、不在赦限、若以赦前事相告言者(13)、以其罪々之、其門蔭久絶、才效尤著者、特加榮賞以穆朝章(14)、又内外文武官主典以上、敍爵一級、在京正六位上諸吏、及史生以下直丁以上、幷天下高年者、宜量賜物、庶使出金科者(15)、沐德澤於再生之年、延爵賞者、戴恩光於一陽之日、布告遐邇、俾知朕意焉、主者施行(16)

昌泰元年十一月廿一日　　従五位下守中務少輔藤原　　宣奉行

大納言　藤原時平

権大納言　菅原道—自餘不注

詔書如右、請奉　勅付外施行、謹言

昌泰元年十一月廿一日

可

初行の詔と、第二行の朔旦冬至は、朝野群載の編者がつけた項目名である。以下、本文部分の読下しと注解を示す。

〔読下し〕

詔、古の瑤図を撫（ブ）し、宝籙を鑑（ミ）る者、琁機を七政に在（ミ）て、玉燭を四時に和し、用（モッ）てよく、三百六旬、膏雨破塊の声なく、七十余度、微風鳴条の響きを絶たざるなし、朕、菲質を以て忝（カタジケナ）く重光を纂（ツ）ぐ、毎（ツネ）に教令の明らかならざるを思ひ、常に節候の信なきを恐る、廼（サキ）に有司奏言すらく、今日朔旦冬至を推得す、終りて復（マタ）始まる、致（イタ）りて自然に在りと、朕みづから惟（オモンミ）るに、寡徳何を以てか嘉辰に会はん、豈祖宗の霊睠、臣佐保持の致すところに非ざらんや、須（スベカ）らく天下とこの休祥を共にせんがために、昌泰元年十一月廿一日昧爽より以前、徒罪以下軽重を論ぜず咸（コトゴト）く原免に従へ、但し、八虐・故殺・謀殺・強竊二盗・私鋳銭・常赦の免（ユル）さざるところ、及び官物を欠負するの類は赦限にあらず、若し赦前の事を以て相い告言せば、その罪を以てこれを罪せよ、その門蔭久しく絶え、才効尤も著（アラハ）るる者は、特（コト）に栄賞を加へて以て朝章を穆（ウヤマ）へ、又、内外文武官主典（サカン）以上は爵一級を叙せよ、在京正六位上の諸吏及び史生以下、直丁以上、ならびに天下高年なる者には、宜しく量りて物を賜へ、庶（コイネガワク）は金科に出づる者をして徳沢に再生の年に沐せしめ、爵賞を延ぶる者をして恩光を一陽の日に戴かしめんことを、遐邇に布告して朕が意を知らしめよ、主者（ツカサドルモノ）施し行なへ。

〔注解〕（1）宝籙（ホウロク）、天子の未来書。瑤図（ヨウト）も同じ意味。（2）琁機（センキ）云々、琁機（また璣とも）は天文を観測する器。七政は水火金木土の五星と日月。この部分は、書経（堯典）に、舜が琁機によって七星の運行を観測して、暦を調整したとあるに依っている。（3）玉燭（ギョクショク）、四季の気候が調和すること。（4）膏雨（コウウ）云々、恵みの雨が田をうるおす意。破塊（ハカイ）は暴雨が田を害するをいう。（5）微風云々、木枝を鳴らす程の風も吹かない意。（6）重光（チョウコウ）、代々天子の明徳。（7）今月、国史大系本は今日。尊経閣文庫本により改めた。（8）霊睠（レイケン）、祖先たちの恩顧。（9）休祥（キュウショウ）、さいわい。（10）昧爽（マイソウ）、夜明け。（11）原免（ゲンメン）、罪をゆるす。（12）欠負（カンブ）、未納、怠納。

(13)相告言（アイコクゲン）、他人の罪を告発する。相（アイ）は、必ずしも相互にではなく、六朝時代（中国）以後、二者の間に生ずる動作につける語。(14)朝章、国家の綱紀。(15)金科（キンカ）云々、世の模範とされた人たち。(16)主者施行、後世ではシュシャシギョウと音読するようになる。

朔旦冬至というのは十一月朔日が冬至に当ることをいい、この一致は当時の暦のうえでは二十年に一回まわってくる計算になるが、非常にめでたいこととされ、朝廷では朔旦冬至の宴があったり、この詔にあるように、とくに恩赦その他の恩典が行なわれた。「詔古之……」から「……臣佐保持之所致乎」までは朔旦冬至のめでたい所以を中国の故事を引いて説明したもの。それ以下が恩赦・表彰・叙爵・賜物等の恩典を規定したもので、この詔の中心をなすものである。日付の下の「中務少輔藤原　宣奉行」は、本来中務卿某宣し、中務大輔某奉じ、中務少輔某行とあるべきところ、なんらかの都合で卿・大輔が署名せず、少輔が三人分の仕事を兼行したことを示す。つぎに大納言藤原時平と権大納言菅原道―（一字を略した符号、ここではもちろん「真」の字である）は太政官上首としての覆奏である。この年は太政大臣・左右大臣ともに欠員になっているので、それにつぐ大納言時平以下が連署した。「自餘不注」と二行に小さく書いてあるのは、なお何名か連署しているが、省略するという意味で、朝野群載の編者が記したものである。

平安時代になると、以上のように宣命が衰えて漢文体が盛んになったのみでなく、手続のうえにも変化を生じてくることが西宮記、北山抄などの有職書によって知られる。

以上二つの文書の実例について、なお説明を加えておきたいのは異体字（異字ともいう）の文字である。第一の宣命でいえば、旨―亩、坐―㘴、棄―弃、所―旿、須―湏、また第二の詔書でいえば、殺―敎、これらはみな字画からいって異字または譌字というべきものであるが、わが朝廷では書生（写字生）の採用条件として必ずしも字画の正確を求めず、筆蹟の巧秀を第一とした（学令義解）ほどで、実際にはいろいろの異体字が用いられた。今日、これを異体字とよんでいる。異体字にもいろいろあって、もともと中国から伝わった俗字、わが国でできた新字、実用上、適宜に点画を増減したものなどいろいろである。異体字は奈良時代だけでなく、その後も長く使用された。そのなかには奈良朝以来一貫して用いられたものも相当あるが、時代が下降すると使用されなくなるもの、逆に新しく使われだすものもある。そして古文書の解読には、各時代の文体及び言葉に習熟すること、漢字の草体・行体を習得することとならんで、異体字を習得することが必要である。奈良時代のそれについては、『大日本古文書』（編年の部）の各巻末に異字一覧が載っているが、その他の時代の文書で用いられた異体字については、そのような網羅的な便覧はない。太田晶二郎氏の「異体字一隅」（角川書店『郷土研究講座』七所収、『太田晶二郎著作集』五にも収む）は大そう有益であるが、厳密に調べるには各時代の漢字字書及び実例によらなければならない。前掲伊木寿一『日本古文書学』、勝峰月溪『古文書学概論』に簡単な異体字の一覧が載っている。さらに、杉本つとむ『異体字とは何か』（桜楓社）、本書巻末の付録2中世文書頻出異体字・略字一覧を参照。

二　勅　旨（勅書）

これは詔書のところで述べたように尋常の小事に用いられる様式であって、公式令の説明によれば御画日も太政官の覆奏も御画可もない簡単な手続きであった。しかし実例のうえでは公式令通りの勅は伝わらない。聖武天皇が大安寺に下されたと考えられる天平感宝元年（七四九）の勅施入願文（いま静岡県平田寺にある）がややそれに近い。後には高僧に大師号・国師号などの諡号（徽(キ)号）を贈られるときに勅書が出されるようになり、中世以降は中務省の連署なく、日付を宸筆で記入するいわゆる御画日を書せられるようになった（ときには全文宸筆のものもある）。文章は漢文体である。

三　符（フ）

符は直接上下関係にある役所の間で、上の役所から下の役所に下す文書である。すなわち律令制下の政治機構はつぎのような上下関係にあったから、このような諸機関の間で上から下へ事柄を伝達する場合に符を用いるのである。

太政官┬八　省──諸寮司及び職
　　　├諸　国（西海道を除く）──郡
　　　└大宰府──西海道諸国──郡

例えば太政官から民部省に、民部省から主税寮に、また太政官から大和国に、大和国から広瀬郡にといったように。ただし西海道（いまの九州）は国の上に大宰府という上級官庁があったから、ここの国々に命令を下すにはまず太政官から大宰府に下し、大宰府から筑前・筑後以下所管の国々に下すのである。まず実例を示す（図版5参照）。

太政官符安藝國司(1)
　僧都樂　遣伊都岐嶋社(2)
　令賫(3)佛舍利壹粒入銀壺壹口
右、正二位行權大納言兼中宮大夫藤原朝臣隆季宣、奉勅(4)差件(5)僧發向彼社、須下知(6)牧宰充食參具馬壹疋令得往還、路次之國亦宜准此、但所放返抄(7)國郎押(8)署(9)加印言上者、國宜承知依宣行之、苻到奉行
左少辨正五位下藤原朝臣（花押）　　正六位上行左少史三善朝臣（花押）
　　承安二年二月廿八日

〔注解〕（1）「太政官符す安芸国司」とよむ。太政官から安芸国司に符を下すという意味がここに示される。（2）伊都岐嶋社はいう

までもなく今日の厳島神社である。(3)正二位行権大納言の「行」はつぎの意味をもつ。官と位が規定通り相当になっている場合は官を先に位を後に書く。それが不相当の場合は位を先、官を後に書く。かつ不相当を示すために、位が官に比して規定（相当）より高ければ「行（ギョウ）」字、官が高ければ「守（シュ）」字を、位と官の間に書く。ここでいえば権大納言は三位相当官であるのに、藤原隆季は当時二位であったから「行」と書いたわけである。(4)奉勅、「勅ヲウケタマワルニ」とよむ。(5)差、指定する、指名する。(6)牧宰は国司。(7)返抄とは請取状。(8)押署加印、責任者が署名して役所の印を捺す。(9)言上者の「者」は「テエリ」「テエレバ」とよみ、文章の中に他人の発言や文章を引用する場合に用いる。他の文章を引用し終ったところで「以上の如くである」とでもいった意味。ここでいえば隆季宣……者と対応する。すなわち「奉勅……言上」までが隆季の宣した内容である。こうして太政官は最初に隆季の宣を引用して、しかる後に「国宜しく承知し宣に依りて之を行ふべし、符到らば奉はり行へ」と命令を下すのである。公式様文書には実にこの「者」がたくさん出てくる。いちいちの者が何を受けているかわからなければ、全文の意味を正確に理解することはできない。なお、一四頁注解(3)参照。

結局、この文書は僧都楽を使として仏舎利一粒を厳島神社に奉納させるについて、安芸国及び沿道の国々に食料馬匹等の用意を命じたものである。符一般についていえば、日付と責任者の署名の前後関係が注目される。他の文書ではことごとく日付が前で署名が後であるのに、符はその逆になっているのが特徴である。つぎに、この文書では「天皇御璽」の四字を印文とした正方形の朱印が三つ捺してある。一般に公式様文書の官庁文書には必ず官印が捺された。これらの官印は大きさ・印文・材質などいちいち規定された。最大のものが「天皇御璽」印（これを内印という）、つぎが「太政官印」（これを外印（ゲイン）という）、そのほか民部・大蔵等八省の印、省所管の諸司の印、諸国の印などがあった。これに准じて郡印・郷印・寺印・僧綱所の印なども使用された。これらの印はすべて朱印であって、黒印はない。内印・外印を捺す場合や手続きについては細密な規定ができたが、だいたい諸国に下す太政官符には内印、在京の諸司に下す太政官符には外印を捺した。そしてこの文書では要所々々に三カ所捺してあるが、文書の全面に捺した場合、文字の書いてあるところに残らず捺した場合が奈良朝にはよく見られる。また日付の辺に一カ所捺すこともあり、後にはだんだんそのようになった。要するに、当時の官印は主としてその文書が確実なものであることを証明するために捺されたものといってよい。

つぎに図版6も太政官符の一例である。この官符は神祇官あてのものである点が注目される。神祇官は百官之首といわれ、神祇・太政と併称されて律令制の最高官庁と考えられているが、文書発布のうえから見ると、図版に示すように太政官から神祇官に符を出している（この文書は戦後学界に紹介された）。符は上述のように上の役所から下の役所に出す文書であるから、太政官と神祇官は上下関係にあったといわねばならない。逆に神祇官が下から上に出す文書である解を太政官に出している例もあり（朝野群載）、対等官庁間で交わす文書である移を神祇官から遠江国衙に出している例もある（同上）。これによって見れば、神祇官・太政官相並んで律令制政治機構の最高に位するというのは、おそらく大化改新における一つの政治理念であって、実際政治のうえにこれを裏づけるべきものはなかった。神祇官は政治上の権限もなければ、現実にそれほど高い機構上の地位を与えられたものでもなかった。神祇官の長官である伯がわずか従四位下相当官であって、大臣・納言より低いのはもちろん、八省の卿・左右大弁よりも低かったことも併せて参照すべきである。終りにこの文書について若干注解しておく。

〔注解〕　「被二右大臣宣一偁」、右大臣の宣を被るに偁（＝云）ふ（また、いはく）。この行の最後の「者」がこの偁に対応する。すなわち「件社……例」これまでが右大臣の宣の内容である。官宣承知……の官は充名である神祇官をさす。責任者の署名の部分では「家持」と「梅取」の名前の部分が本文と筆蹟の違うことがわかる。これが自署である。すなわち本文は書記官が書くが、責任者の名前（実名）だけそれぞれ自筆で書くのである。家持は有名な歌人大伴家持である。ここでは自署が用いられているが、時代が下ると、自署をくずして行書や草書に書き、さらに各人独特のくずし方をするようになる。これを草名とよぶ。さらに運筆の変化や筆画の省略が進み、一種の符号のようになったものを花押と（また書判とも）よぶ。これは奈良朝末期宝亀三年（七七二）の文書であるが、前掲承安二年（一一七二）のものには明瞭に花押が見られる。自署と草名と花押の区別は一応以上のように理解されるが、実際にはどちらともいえないものもある。大よその年代からいえば、平安前期十一世紀頃から花押がボツボツ現われはじめ、平安末期には一般的になったといえる。平安時代の花押は『花押かがみ（一、平安時代）』に採録されている。なお中世後期になると、実名と離れた（実名と無関係に作られた）花押が現われる。

四　移（イ）

符が上下関係にある役所の間で上から下に出す文書であるのに対して、移は上下支配の関係のない役所の間で取り交わされる文書である。例えば民部省と大蔵省、摂津国と大和国、中宮職（シキ）と皇后宮職（シキ）（この両職はともに中務省の所管である）のような間で取り交わされる文書である。まず実例を挙げよう。

刑部省移　民部省
合仕丁(1)伍拾肆人（直丁 廿七人／廝 廿七人）
應㆑給㆓米壹拾伍斛陸斗陸升(3)(2)　塩壹斗伍升陸合陸夕　布貳拾漆段㆒
省仕丁一十二人（直丁 六人／廝 六人）
應㆑給㆓米三斛四斗八升（人別日二升）　塩三升四合八夕（人別日二夕）　布六段㆒（人別二段）
囚獄司仕丁卌二人（直丁 廿一人／廝 廿一人）
應㆑給㆓米十二斛一斗八升（人別日二升）　塩一斗二升一合八夕（人別日二夕）　布廿一段㆒（人別二段）
竝應㆑給㆓久尓宮㆒
(4)以前省并所管司仕丁等、來三月廿九箇日料、所㆑請如㆑件、故移(5)
天平十七年二月廿日　従七位上行少録韓國連大村
従四位下守(6)卿王

〔正倉院文書正集二〕

〔注解〕（1）仕丁（ジチョウ、和訓ツカエヨホロ）、諸国から徴集されて、中央官司その他の雑役（土木工事等の力仕事や使い走りなど）に駆使された者。その仕丁のなかに右のような雑役に服する者と、彼らのために炊事をする者との二つがあった。前者を直丁（ジキチョウ）、後者を廝丁（シチョウ）という。そして原則として直丁と廝丁とは同数であった。(2)応、マサニ……スベシ。(3)陸斗陸升、当時の数字はだいたい原則として、壹貳參肆伍陸柒（漆）捌玖拾を用いた。(4)以前、右というのと同じ意味。ただ一箇条をうけるときは「右」、二箇条以上をうける場合には「以前」と定まっていた（公式令）。後にだんだん「以前」は用いられなくなる（鎌倉時代まではところどころに見られる）。ここでは本省の仕丁に関する条と囚獄司の仕丁に関する条の二つをうけているから「以前」と用いた。(5)故移、コトサラニイスとよむ。このように移の文章の終り（書止め）は故移と書く。これを以移（モッテイス）と書く場合もある。(6)署名の上の部分の守、下の部分の行は前に説明した官位不相当を表わす（六六頁注解(1)参照）。また上の卿は刑部卿、下の少録は刑部少録をそれぞれ省略した書き方である。なお、この文書には「刑部之印」が十三捺してある。

〔大意〕 刑部省及び省所管の囚獄司で使っている仕丁五十四人の、来る三月一カ月（二十九日）分の食料等の支給を、民部省に請求したものである。最初に仕丁の総数及び請求物の総数をあげ、つぎに省仕丁及びその食料等、囚獄司の仕丁及びその食料などという風に内訳を明細書にしたのである。最後の「並応給久尓宮」は支給場所を示したものだろう。

つぎに挙げるのは、少しちがったケースである。

左京職移　東大寺

　婢弟女

　□（婢）秋女 已上二人、六條一坊戸主犬上朝臣眞人戸口犬上朝臣都可比女之賤

右得二(1)□□□女訴狀一云、上件婢等以二去三月一(2)立レ劵、賣コ納東大寺一(3)已訖、然寺未レ與二其價一、至レ今訴申已經二數月一、(4)都無二處分一者、□□□狀、(5)案二關市令一云、賣コ買奴婢一立レ劵付レ價、然卽立レ劵、理應レ付レ價、若未レ與レ價、所レ訴合レ理、仍具二訴狀一移送如レ件、至早處分、故移

　天平感寶元年六月十日

　　從七位上行少屬平羣臣「廣道」（自署）

　正六位上行少進猪名眞人「東万呂」（自署）

〔東南院文書　五櫃十一巻〕

〔注解〕（1）□□□女は文意から考えて、恐らく都可比女（ツカヒメ）であろう。（2）立券、書面でもって官に届け出て正式の許可証の交付を受ける。（3）已訖、スデニオワンヌ。すでに終りぬ、完了した、の意。（4）都、スベテ。（5）案ニ關市令一云、令の一篇で関や市場のことを規定したのが関市令、その関市令を調べてみると、の意。「賣ᄀ買スルニハ奴婢ヲ一立テレ券ヲ付ケヨレ價ヲ」これが関市令の文である。この文書の紙面に「左京之印」が十七顆捺してある。

奈良時代の文書の実例で見ると、移は上記刑部省移の例のような対等官司の間だけでなく、この左京職移の例のように対等官司以外の授受者の間、詳しくいえば、民部省と他の独立の官司（春宮坊・左右馬寮・左右兵衛府）との間とか、東大寺・造東大寺司のような律令制政治機構のうえで正確に位置づけ難いものと省寮等官司との間とかに用いられた。つまり移は上下関係の不明確な二者の間に取り交わされる文書として便宜的に用いられた形跡がある。この点、後で述べる牒と同様な働きをしたわけである。しかし平安時代に入ると、移のこのような用例は見られなくなり、対等官司間での用例もきわめて乏しくなる。実際の働きをした文書としては、猪隈関白記、建久九年（一一九八）正月廿日条に貼付された同年正月十九日付の兵部省移（左近衛府充）が今日見られるところでは最も後のもののようである（平安時代以降、移の残存例の少ない理由について、早川庄八「公式様文書と文書木簡」『木簡研究』七号、参照）。

五　牒（チョウ）

公式令は符に対応する、下から上に出す文書の様式を三種規定した。一つが解（ゲ）で、上下支配の関係のある役所間で下の役所から上の役所に出す。一つが牒で、すべて主典（四等官制の第四等官）以上の官吏が役所に申達する。一つが辞で、四等官に属しない下級官吏（当時の言葉で雑任（ゾウニン）と総称する）が役所に申達する。そして牒は、そのうえさらに僧綱（全国寺院の統轄機関）及び三綱（各寺院の中枢機関）が役所と文書を取り交わす場合にも用いることとされた。

しかし実際は、以上の規定はあまり守られなかったらしく、官吏も役所も含めてすべて下から上に差し出す場合にはもっぱら解が用いられるようになり、牒ははじめ副次的機能とされた僧綱、三綱と役所との応答にもっぱら用いられ、さらに進んで官制上、上下支配関係の明らかでない役所の間にも用いられるようになった。この点、牒は移ときわめて類似した性格をもつが、移が平安朝に入るとあまり用いられなくなったのにひきかえ、牒は時代の下るとともに用途が広くなった。すなわち、平安時代に入ってできた蔵人所・検非違使庁・記録所や、さらに下って建武新政の際におかれた雑訴決断所・武者所などの令外官（リョウゲノカン）（養老令以外の新設の官）は、実際政治のうえでは命令下達する場合にも、その役所としての地位が律令官制からはみ出した存在であり、したがって正式に他と上下関係をつけ得ないところから、符の様式を用いることができず、ここに牒の様式を用いるようになり、ついで発生してきた下文という新様式を併せ用いるようになった。奈良時代にはつぎに挙げる但馬国司の牒をはじめ、弘福寺三綱・元興寺三綱の牒や、大納言藤原家（仲麻呂）・法師道鏡等個人の牒もある。太政官から出された牒の現存最古のものは平安初期、延暦十二年（七九三）の文書である。太政官符を略して官符というように太政官牒を略して官牒という。官牒には外印を捺した。まず実例としてこの文書を示そう（図版8）。

太政官牒　僧綱幷東大寺三綱
従四位上守宮内卿兼行因幡守石上朝臣家成　　[1]従陸人
従五位下行[2]官奴正大春日朝臣浄足
外従五位下行[3]内薬侍醫兼佑廣海連男成　　各従肆人
右被㆓右大臣去五月廿九日宣㆒偁、奉㆑勅為㆑曝㆘涼在㆓彼寺㆒香薬㆖、宜㆑遣㆓件人等㆒者、仍依㆓宣旨㆒令㆑向㆓彼寺㆒、
宜㆑知㆓此状㆒、[4]聴㆓使処分㆒、其少僧都玄憐及三綱与㆑使共加㆓検校㆒、今以㆑状牒、

延暦十二年六月一日　左大史正六位上兼行土左掾浄野宿禰(5)「最弟」(自署)
参議従三位行左大辦兼春宮大夫衛門督但馬守勲四等紀朝臣「古佐美」(自署)
〔東南院文書第十〕

〔注解〕（1）従陸人、従者六人の意。後の広海連男成の下に各従肆人とあるのは、大春日浄足と広海男成は従者各四人を伴うという意味である。（2）官奴正、宮内省の管下に官奴司があり、その長官が官奴正である。この役所は官戸・奴婢の名籍と口分田を掌った（令義解）が、大同三年主殿寮に併合された。（3）内薬侍医兼佑、中務省の管下に内薬司があり、その職員に佑（判官）、侍医その他がある。広海男成は侍医で佑を兼ねたのである。この内薬司も寛平八年典薬寮に併合された。なお、内薬司の佑を判官とするのは、黛弘道「養老令官制における諸司の佑について」（『続日本紀研究』四―八）による。（4）使ノ処分ヲユルセ、使者が任務を執行することを妨害することなく、その通りにさせよ、という意。（5）最弟と、古佐美に「　」をつけて、自署と傍註してあるのは、この部分が本文と筆蹟がちがい、各人の自署であることを示す。紀古佐美は宝亀末年から延暦八年にかけて征東副使、征東大将軍として奥州に出陣した人である。

〔大意〕　東大寺の管理下にある香薬の曝凉（風入れ）のために使者三名を派遣する旨を僧綱と東大寺の三綱に連絡したものである。なお、この牒には外印すなわち「太政官印」が十二顆捺してある。

つぎに挙げるのは、但馬国司が造東大寺司にあてて出した牒である。また図版9には天慶四年（九四一）の因幡国牒を掲げた（解読は二九一頁参照）。

(1)但馬國司牒上　造東大寺司
合進上奴貳人
　奴池麻呂
　奴糟麻呂
右件奴、依㆓民部省去天平勝寶元年九月廿日符㆒、以㆓去正月八日㆒進上已訖、此无(2)㆑故以㆓二月廿六日㆒逃來、仍捉㆓

奴正身（3）㆒、付㆓本主（4）大生部直山方等㆒進上如㆑前、今具㆓事状（5）㆒謹牒

天平勝寶二年三月六日

（6）守従五位下勲十二等楊胡史「眞身」（自署）

史生正七位上臣（巨）勢朝臣「古万呂」（自署）

掾正六位上縣犬養宿禰「吉男」（自署）

〔東南院文書五櫃十一巻〕

〔注解〕（1）但馬国司牒上、牒の書出しは普通「某（差出者）牒某（充名）」となる。ここでは充名にとくに敬意を表して上（タテマツル）を付したもの。（2）无故、无＝無、ユエナクとよむ。（3）正身、タダミ。ソウジミとも。身体そのものという意で、捉奴正身は「本人をつかまえて」ということになる。（4）本主、本来の所有主。本主の大生部山方等に付けて進上するとは、本主に責任を負わせて進上させる意。（5）具事状、コトノサマヲ具シテ、事状を詳しく書いて。（6）署名の中の「守」・「掾」はいうまでもなく但馬守・但馬掾の意。なお、この文書には、字面に「但馬国印」が十四顆捺してある。

〔大意〕 さきに民部省の命令で但馬国から造東大寺司に貢進されていた二人の奴が本国に逃げ帰ったので、これをとらえて本主につけて再び送り返すという意味で、奈良時代社会の悲惨な一断面を語るもの。

中世の牒の一例として雑訴決断所牒を図版10に示した。

雑訴決断所牒　尾張國衙

醍醐寺三寶院結縁灌頂領當國安食庄預（1）所道観申當庄荒野田畠等同國高田保地頭山城入道不知法名（2）打㆓越（3）堺㆒致㆓押領㆒

由事本解幷具書（4）

右爲㆑被㆑尋㆓問子細㆒、來廿日以前可㆑令㆓參洛㆒之由、相㆓（5）觸交名輩㆒、可㆑被㆑申㆓散状（6）㆒者、以牒、

元弘三年十一月五日　大外記中原朝臣

右少弁藤原朝臣（花押）

〔醍醐寺文書〕

〔注解〕　二行目以下の部分は「醍醐寺……道観申す……押領を致すよしの事」とよむ。この部分を事書（コトガキ）という。(1)預所、アズカリショ。荘園領主の代理人として現地に居住して荘園経営を指揮する荘官。(2)不知法名。山城入道という通称が知られるだけで、その法名がわからない場合にこのように注記する。俗人の場合に不知実名と注記してフチジツミョウとよんでいるから、これもフチホウミョウとよんだのであろう。(3)堺ヲウチコシ押領（オウリョウ）ヲイタス。中世、田畠山野等の所領を領有して、耕作し収穫をあげるなど、事実的支配を行うことを知行（チギョウ）といい、この知行を他人が実力を行使して妨害することを押妨（オウボウ）といい、さらに実力をもって知行を侵奪することを押領といった。この場合は、高田保の地頭が境界を越えて安食庄の田畠荒野等を押領したと訴えたわけである。(4)本解幷具書、ホンゲナラビニグショ。本解は訴状、具書は関係書類をいう。訴状及び関係書類を添付する意。なお訴状については一九四頁参照。(5)交名（キョウミョウ）ノ輩（トモガラ）ニアイフレ、指名した人々に通知して。交名は、人名の書出し。(6)散状、サンジョウ。簡略な形式の回答書。

六　解（ゲ）

前項で述べたように、もともと解は下級の役所が上級の役所に差し上げる文書と規定されたが、実際にはその範囲を拡大して、個人から役所に差し出す文書にも用いられて、牒や辞の機能をも果たすようになり、さらに個人対個人の場合でも下位の者から上位の者、貴人に対して用いられた。

まず解の一例を図版11に示す。

〔注解〕　謹解……「謹ンデ解（ゲ）シ申シ請ウ海上郡大領ノ司ニ仕エマツル事」とよむ。大領（ダイリョウ）は郡司四等官中の長官。他田日奉部（オサダノヒマツリベ）直神護、これがこの解の差出者である。直（アタエ）はいうまでもなく姓（カバネ）である。小乙下は大化五年制定された冠位十九階の第十八階に当る。難波朝廷（ナニワノミカド）は孝徳天皇朝。追広肆（ツイコウシ）は天武天皇十四年制定の諸臣四十八階の第四十階に当る。飛鳥朝廷（アスカノミカド）は天武天皇朝。藤原朝廷は文武天皇朝。奈良朝廷は元明天皇朝。位分資人、高位の人にその位に応じて給せられる従者。始二養老二年一至二神亀五年一「――より始めて――に至るまで」とよむ。テニヲハや動詞の語尾などを万葉仮名で細字で書いている。これがすなわち宣命書きである。我（ガ）、尓（ニ）、波（ハ）、支（キ）、弖（テ）、良（ラ）、祁（ケ）、留（ル）、止（ト）。

〔大意〕 他田日奉部直神護が下総国海上郡の大領に任ぜられんことを請うたもの。申請する理由として祖父・父・兄の任官の例及び神護自身の経歴、奉公の実績をのべて、今度は当然ながら大領に任じてもらいたいと主張している。

これでわかるように解には充名を書かない。また差出者はこの例のように本文中に自然にわかるように記されていて、とくに形式的には書かない場合もあるが、冒頭に「某謹解……」とする場合が多い。また日付の下に書くこともある。神祇官が太政官に解を出していることは前に述べたが、そのほか、国や郡からも解をたてまつり、また個人の役所あてのものとしては不参解（フサンゲ）といって今日の欠勤届ともいうべきものや、請暇解（ショウカゲ）といって休暇願の如きものもある。このようにすべて役所に提出する願・届の類は解の様式をとった。したがって訴の如きも解をもってするわけで、この種の解が平安時代以降、解文（ゲブミ）・愁状（ウレイジョウ）・申状（モウシジョウ）・訴状（ソジョウ）とよばれるようになる。また律令制では土地牛馬の売買は官に願い出て正式の証明書を作成する（これを「券文を立つ」とか立券・立券文という）を要した。すなわち解をもって願い出て、それに証明を書きこんでもらうのである。また個人同士の借銭証文にも解が用いられた。奈良時代月借りの借金証文を月借銭解（ゲッシャクセンゲ）といった。こうして解は訴状の類、個人間の売買・質入・貸借証文の起源となり、きわめて広範囲に用いられるようになった。

つぎに例を二つ挙げるにとどめ、別に証文類の章で詳しく説明する。

坂合部濱足解(1)　申請依レ病不ニ参向一状事

右比日(2)之間、冷病强起、身體腫疼、不レ便(3)ニ立坐一辛苦侍(4)、依ニ此過(5)一請ニ暇五箇日一不レ得ニ参向一、仍注ニ日遅怠状一謹
以解、

寶龜元年十月十日

〔正倉院文書　続修二十二〕

〔注解〕これが請暇解とよばれるものである。ここでは差出人「坂合部濱足（サカイベノハマタリ）」が文章の最初に来ている。(1)解シ申シコウ……状ノコト、とよむ。(2)比日、このごろ。(3)不便立坐、立坐に便ならず、立ったり坐ったりするに困難を覚える。(4)侍、ハベリ。のち（平安時代後期以降）になると、これに代わって「候」が用いられるようになる。(5)過、トガ。故障という意味であろう。

謹解　申請出擧錢事(1)

合錢肆佰文(2)　質式下郡十三條卅六走田一町

受(3)山道眞人津守

息長眞人家女

山道眞人三中

右件三人死生同心(4)、限二八箇月一半倍將二進上一、若(5)不二進上一者、息長黒麻呂將二進上一、仍録レ状以解、

天平勝寶二年五月廿六日息長眞人黒麿

〔正倉院文書　続修二十五〕

〔注解〕(1)出挙銭、スイコセン。今日の借金と同じ。元々出挙は米について行なわれ、春種籾を貸して秋利息を付して束稲を返させることが、国家的制度として行なわれ、これを公出挙（クスイコ）といった。これに対し私人の出挙を私出挙といい、米のみならず銭についても行なわれた。これが出挙銭である。ここでは四百文借りている。(2)質は、借銭の質の意。(3)受は、借り人を表わす。ここでは山道津守以下三人で借りている。(4)死生同心は生死同心ともいい、連帯債務を意味する。共同債務者のうちの誰かが逃亡もしくは死亡した場合、残りの債務者が共同債務の全額を弁済する責任を有すること。中田薫『法制史論集』第三巻、岩波書店、所収「我古法に於ける保証及び連帯債務」参照。(5)若……、もし借人が返済しなければ息長黒麻呂が返す。すなわち、この文書は単なる借銭解（借金証文）ではなくて、保証人が貸主に入れた一札なのである。

第二節　公家様文書

律令制度は奈良時代を発達の頂点として、平安時代に入ると早くも弛緩と破綻を示しはじめる。なかんずく律令官制は蔵人所、検非違使庁という二大官庁（これら律令官制以後設置された新官制を令外官（リョウゲノカン）という）の新設によって大きな改変をみた。蔵人所は嵯峨天皇の弘仁元年（八一〇）設置された機関で、天皇の秘書局的性格をもち、その長官（別当）には左大臣が任ぜられるが、実際は中堅・下級官吏中の有能者が簡抜されて蔵人頭（クロウドノトウ）以下、五位、六位の蔵人に任ぜられて、この官衙の中核を構成した。朝廷政治の中心は律令官制の最高機関であった太政官からこの蔵人所に移った。また同じく嵯峨天皇朝に検非違使庁が新設されると、律令官制上の刑部省、弾正台、衛府、京職等の実権はあげてこの新機関に集中した。かくて太政官、刑部省、弾正台等は次第にその機能を削減され、あるいは全く喪失して形式的な存在に転落する。政治機関運営の具体的手段である公文書の様式や発給手続きが、このような政治機構と政治形態の変化と無関係であり得ないのは理解に難くないところであろう。蔵人所、検非違使庁の地位の強化にともなって、新様式の文書が生まれ、その効力は次第に大きくなってゆく。それにひきかえ、古い公式様文書の多くはその実質的機能を新様式文書に譲って形式化し、あるものは全く消滅し、あるものは名称だけが他に転用され、あるものは単なる儀礼的文書として残存するにすぎなくなる。この節では、叙上の平安朝政治の展開とともに発生・発達した新様式文書を、爾後の公家政治運営上の中心となったという意味で公家様文書とよび、比較的重要なもの数種について説明することにしたい。

一　宣　旨（センジ）

前節で述べたように、公式令では天皇の意思＝勅命を下達する文書は詔書、勅書であって、その発布には、天皇の側近に侍する女官である内侍（尚侍、典侍、掌侍）から中務省に伝えられ、中務省での原案作成——御画日——太政官に回送——太政官覆奏——御画可——太政官発布という数段階に及ぶ複雑な手続きを要したが、蔵人所が設置されると、内侍から蔵人とくにその職事（シキジ）に勅命を伝え、職事から上卿（ショウケイ）（当日の政務担当の公卿、多くは大臣）に伝え、上卿は事柄の内容によって、これを外記（ゲキ）局、弁官、内記局などに伝えて発布せしめた。こうして外記局か弁官から勅命を伝えるために発布された文書を宣旨という。古いところでは弘仁三年（八一二）のものが類聚符宣抄に収められている。こうした手続きの詳細は公家の有職書である伝宣草、新任弁官抄などに説明されている。

つぎに宣旨を実例について説明するわけであるが、その前にちょっと付記しておきたい。右の手続き中、内侍が勅命を職事に伝える場合の文書を内侍宣（ナイシセン）といった。「内侍宣」という言葉は類聚符宣抄所収の延暦九年（七九〇）の文書に見え、実例も承和四年（八三七）のものが伝わっている（但し原本として伝わるものはない）。下って鎌倉時代以後に起こってくる女房奉書（やはり天皇近侍の女官が直接勅命を仮名書きで書いて下達する文書。一一四頁参照）はまさしくこの内侍宣の流れをひく文書である。また職事＝蔵人頭が勅命を上卿に伝宣する場合は、もともと口頭でするのが原則で、これを文書に書き表わすことはあっても、それは職事の手控えとしてであった。これを口宣（クゼン）とか職事の仰詞（オオセコトバ）と称したが、のちにはこれを上卿に交付するようになり、一つの独立した効力ある文書として口宣案（クゼンアン）とよぶようになった。〔補注三〕

〔補注三〕　早川庄八『宣旨試論』（岩波書店）は、宣旨の発生が八世紀に遡ること、八—十世紀の宣旨が、受命者の作成する官庁内部の受命記録にとどまり、外部に発令される文書としての宣旨が現われるのは十一世紀後半に下ること等を明らかにし、これによって、口頭伝達——伝達内容の記録化（受命記録の作成）——文書として外部に発令（文書化）、という文書発生史の段階を明らかにしたばかりではなく、文書としての宣旨の機能変化まで見通した研究である。

さて勅命が上卿から弁官に伝えられた場合には、弁官は弁官局所属の書記である史（サカン）にこれを伝えて史をして宣旨を起草発布せしめる場合と、担当の弁官自身が署名して発布する場合と二つの方法があったが、後者は他の文書の発達に大きな関係があるので、別に項をわけて記すこととして、ここでは前者だけを扱う。その様式は、

應……事

右、某辨某傳宣、左（右）大臣宣、奉レ勅宣……者

年　月　日　　　　某史某奉

ここの左（右）大臣がすなわち上卿であり、某弁は上卿から伝えられた弁官の名である。上卿の役は多くは大臣が勤めるが、大納言、中納言のこともあり、その場合はもちろん、ここには大（中）納言某宣と書く。日付の下（これを日下（ニッカ）という）に、例えば「左大史小槻宿禰（花押）奉」のように、弁官の伝宣をうけて宣旨の起草と発布に当る責任者としての史の名が書かれるのである。「奉レ勅宣……者」は「勅ヲウケタマワルニ、ヨロシク……スベシテエリ」とよむ。書始めの「応……事」（マサニ……スベキコト）は事書といって、その宣旨の要旨をまず記載するものである。だから、この事書だけ読めば宣旨の内容は大体わかるわけである。なお、本文の末尾が者で終っている点に、受命記録としての宣旨の名残りが認められる（次掲、外記奉の場合も同じ）。

つぎに、上卿から外記に伝えられた場合には左の如き様式になる。

左（右）大臣（上卿の官位姓名）宣、奉レ勅宣……者

年　月　日　　　　　　　　某外記某奉

つぎに、やや長文であるが、宣旨の実例を一つ挙げて説明を加えよう。これは内容も面白いから、ここで宣旨の様式、発布手続きに注意すると同時に、文書の内容理解についても十分意を用いてほしい。

(1)應令東大寺進上證文、寺領伊賀國玉瀧杣内字鞆田村分田陸拾餘町、并(2)杣工肆拾餘人、混合六條院御庄事(3)

右、(4)得彼寺去二月廿四日解状偁(5)、(6)謹撿案内、玉瀧杣者自天平年中以降、爲寺家領歷數百年、雖無指(7)免田、(8)以杣工作田(9)爲雜役免所勤來也、(10)所謂玉瀧村廿町、湯船村十五町、鞆田村六十餘町、杣工玉瀧湯船村十五人、鞆田村卌人(11)也、代代之間敢無(12)牢籠、(13)爰去承德二年依備前守平正盛寄文(14)、以鞆田村内田廿町、被立券(15)六條院御庄已畢、其後天仁二年同村田十三町、都介村田卌餘町、暗被押籠(16)之後、卌人杣工稱其作人併駈仕(17)之間、全不隨寺家之所勘(18)、但於國司者、每年撿注(19)之後、依例勘除、至于所當官物(20)者、以寺家封戸百卌一石所率(21)補也、而作人等乍募官物、不辨其代、雖遁雜役不勤其替、誠雖似田堵(22)之對捍(23)、偏(24)是隨庄家之進止(25)也、但如杣工申狀者、以庄田十五町、支配(26)卌人、號其作人所押仕也、早被除庄田、永欲遁雜役者(27)、何混合十五町之庄、可虜掠(28)六十町之作人乎、而間造大佛殿料、所召大少材木、雖有其數、依件等妨、早難採進、雖三箇杣、以鞆田爲宗之故也、就中件村所請募封戸代、石別(29)見米三斗辨濟寺家、殘七斗所立用杣食(30)也、(31)然而依無其勤、髄可令辨濟之由雖加催促、無心辨濟(32)、長治二年以後(33)未進已及三百餘石、云雜役、云官物、寄事左右(34)、共忘其勤、(35)所爲之旨旁涉狼藉、(36)望請天裁、(37)任先例被裁免件等事者、永斷後代之牢籠者(38)、左少辨源朝臣雅兼傳宣、左大臣宣、奉勅、宜令彼寺進上件證文者(39)

永久三年四月卅日　　　　左大史小槻宿禰（花押）奉

（東大寺文書之二、東南院文書第三櫃七卷）

〔読下し〕

まさに東大寺をして、証文を進上せしむべき、寺領伊賀国玉滝の杣（ソマ）の内、字（アザナ）鞆田（トモダ）村分の田六十余町
ならびに杣工四十余人、六条院の御庄に混合するの事

右、彼寺のさんぬる二月廿四日の解状を得るにいはく、謹んで案内を検うるに、玉滝の杣は天平年中よりこのかた、寺家の領として数百年を歴（＝経）たり。さしたる免田なしと雖も、杣工作田を以て雑役免として勤め来るところ也。所謂玉滝村廿町、湯船村十五町、鞆田村六十余町、杣工は玉滝、湯船村十五人、鞆田村四十人也。代々の間あへて牢籠なし。ここにさんぬる承徳二年備前守平正盛の寄文によりて、鞆田村内の田廿町を以て六条院の御庄に立券せられすでにをはんぬ。その後天仁二年同村の田十三町、都介村の田四十余町、暗におしこめらるるの後、四十人の杣工その作人と称して併ら駈仕せらるるの間、全く寺家の所勘にしたがはず、但し国司に於ては、毎年検注の後、例によりて勘じ除き、所当官物に至りては、寺家の封戸百四十一石を以て率補するところ也。しかるに作人ら官物につのりながら、その代を弁ぜず、雑役を遁るると雖もその替(カワ)りを勤めず、まことに田堵の対捍に似たりと雖も、偏へに是れ庄家の進止に随ふ也、但し、杣工の申状の如くば、庄田十五町を以て四十人に支配し、その作人と号して押さへ仕ふところ也、早く庄田を除かれ、永く雑役を遁れんと欲すてへれば、何ぞ十五町の庄に混合して、六十町の作人を虜掠すべけんや、しかる間、造大仏殿の料に召さるる所の大少の材木その数ありと雖も、件等の妨によりて、早く採り進め難し、三ケ杣と雖も鞆田を以て宗となすの故也、なかんづく件の村請け募る所の封戸代、石別見米三斗、寺家に弁済し、残り七斗を杣食に立用する所也、しかれどもその勤めなきに依りて、たしかに弁済せしむべきのよし催促を加ふると雖も、弁済に心なし、長治二年以後の未進すでに三百余石に及ぶ、雑役といひ、官物といひ、事を左右に寄せて共にその勤めを忘る、所為の旨かたがた狼藉に渉る、望請せらく天裁、先例に任せて件等の事を裁免せらるれば、永く後代の牢籠をたたんてへれば、左少弁源朝臣雅兼伝宣、左大臣宣す、勅を奉るに宜しく彼の寺をして件の証文を進上せしむべしてへり。

永久三年四月三十日

左大史小槻宿禰（花押）奉

〔注解〕　（1）応＝マサニ……スベシ。（2）杣工、ソマク。材木伐採のために指定された工人、きこり。（3）こういう事書の文章は、短文の場合は普通の漢文のように「まさに……をして……を……せしむべきこと」と書かれるが、やや複雑な長文になると、この例のように漢文とは一風ちがった構成になり、「まさに……せしむべき……のこと」というふうによむ。（4）彼寺（カノ寺）、事書に示した寺、すなわち東大寺。（5）解状、ゲジョウ。前節で説明した解の系統の文書で、上の方に出す願い、訴の文書である。第四節の解状・訴陳状の項を参照。（6）検案内、アナイヲカンガウルニ。案は手控え、逐語訳すれば、「謹んで自分の手控えの参考書類をしらべてみると」という意味で、こうした解状の書き出しに用いる慣用句である。（7）指、サセル、サシタル。それほどの、格別の。（8）免田＝年貢公事などの貢租を免除された田。（9）雑役免、ゾウヤクメン。正税（年貢）以外の雑税的貢租を免除されること、ま

たその土地。(10)所謂、イワユル。いま用いる所謂とやや異なり、「その内容（内訳）はすなわちこれこれ」という意味に用いる。(11)卌＝四十。(12)牢籠、ロウロウ。一九頁(3)に説明したように、他人の所領を押領して窮迫させる意味。すなわちここでは、代々他人の押領なく領有してきた、という意。(13)爰、ココニ。「ところで」「さて」というほどの意味。(14)寄文、ヨセブミ。寄進状。(15)立券、リッケン。七一頁にも説明したように、土地売買などの場合、正式の官庁の許可証を交付されること。ここでは正式に官許を得て六条院領の荘園としたことをいう。(16)本来鞆田村二十町だけが六条院領となったのに、そのほかに十三町や都介村四十余町までこっそりと六条院領に繰り入れたという意味。(17)併、シカシナガラ。全部、全く。「……だが、しかし」という意味ではない。(18)所勘、的確に現代語訳し難い語であるが、「指示命令に従う」というふうな意味である。(19)検注、土地の広狭肥瘠、収穫状況などを検査して貢租をきめること。(20)所当官物＝正税。(21)封戸、フコ。官吏・貴族・社寺などに与えられる俸禄的な給与、ここではこの都介村などから徴収すべき正税分百四十一石をそのまま東大寺の封戸に割りあてたという意味。(22)田堵、タト。十世紀ころから広汎に現われる荘園内の耕作農民。はじめは荘園領主の田地を請作（ウケサク）するにとどまったが、次第に耕作権を強化して名主（ミョウシュ）に転化した。ここでは杣工＝作人のこと。(23)対捍、タイカン。「ムカヒコバム」と訓じ、抵抗する、抗拒する意。(24)偏、ヒトエニ。全く、一に。(25)進止＝進退ともいい、支配の意。(26)支配＝今日の支配の意味ではなく割りあてる意。(27)この、者（テエリ）までが杣工申状の引用である。「……の如くば……てえり」（……によればかく〳〵であるという）。(28)為宗、ムネトナス。第一とする、一番重要視するの意。(29)見米＝現米、見は現に通ずる。(30)杣食、杣工の食料にあてる。(31)然而、シカレドモ。二〇頁参照。(32)無心弁済＝弁済する意思がない。(33)未進＝年貢などの怠納。(34)寄事左右、コトヲソウニヨセ。一九頁参照。(35)その行為たるや狼藉というべきだ。(36)「望請（モウショウ）せらく（または、すらく）天裁」のよみ、身延本本朝文粋の傍訓参照。天裁、天皇の裁可。(37)先例通り免除の裁決をお与え下さいましたら、今後永く他人の押領を受けることなく安堵することができましょう。(38)この「者」は最初の「得……解状偁」にかかる。すなわち偁以下延々と引用してきた解状の文章が、この「永断後代之牢籠」で終るわけである。その引用文の結びを示すための「者」である。(39)最後の奉勅にかかる。「天皇の勅命を伺ったところが……せしめよという御命令である」という意味で、「者」は勅の内容を記してそれを結ぶための「者」である。

【要旨】　伊賀国玉滝杣は東大寺領として寺用の材木伐出しにあてられていた所。承徳二年になって平正盛がそのうちの鞆田村の一部二十町を六条院に寄進して六条院領の荘園にしたことがきっかけとなって、ついには、その他の田地まで院領に繰り入れられ、したがって杣工は作人として六条院に駈使されるという有様となったため、古来杣工が東大寺に負うていた寺用材木伐採の勤めは果たされないにもかかわらず、寺封として寺の収入となるべき官物を杣工の食料として割取するという不合理が累年継続して改められない。東大寺はこの不法にたえかねて、これを朝廷に訴えて、問題の田地及び杣工を六条院領に混領することを停止されたいと要請したのである。朝廷ではこの東大寺の解状による訴えに基づいて、おそらく事実の審理に乗り出したものとみえて、東大寺に証文の提出を命じたのがすなわちこの宣旨である。平正盛は有名な平清盛の祖父に当り、平氏は正盛のころから諸国の国司を歴任したり、権門勢家に土地を寄進して自家勢力の伸張を図ったのであって、この文書はそうした点からも研究されるべき性質のものである。

様式については、この文章を前掲の例文と対照すると、東大寺の解状が中に入りこんでいる点がちがうだけで、他は全く同じなので、とくに説明するまでもないと思うが、念のためにこの文書を様式の点で整理すると、

　應……事
右、得㆓彼寺……解状㆒偁……者、左少辨源朝臣雅兼傳宣、左大臣宣、奉㆑勅宣……者
　永久三年四月卅日　　　左大史……奉

ここでは左大臣（これは源俊房という人）がすなわち上卿である。俊房から弁官の雅兼に伝え、雅兼は左大史に伝えて宣旨を発布せしめたのである。

つぎに宣旨と同系統の文書として挙ぐべきものに検非違使別当宣（ケビイシベットウセン）がある。検非違使は前述の如く蔵人所とならんで令外官の随一に数えられる重職で、その官衙を検非違使庁、また略して使庁といい、その長官を別当と称し、参議以上で衛門督（エモンノカミ）か兵衛督（ヒョウエノカミ）を兼ねる公卿をこれに任ずるを例とした。別当宣は別当の命を被官の者が奉って宣するものであって、その初見は政事要略所載の貞観十二年のものとされる。三条家本北山抄の紙背文書のなかに、北山抄の著者藤原公任が長保元年検非違使別当在任時代の別当宣の草案が残っている。この全文は一四頁及び図版2に掲げた。別当宣は勅宣に准ずるものとされ、別当宣にそむく場合は違勅をもって論ぜられた。別当宣を下に施行するには次項に述べる検非違使庁の下文あるいは同庁の牒をもってした。

二　官宣旨（カンセンジ）

前項の宣旨の説明で、弁官から宣旨が下される場合に、弁官が署名して発布する様式が別にあることを述べたが、この様式の宣旨をとくに官宣旨という。それはつぎに例示するように「左（右）弁官下」という書出しになるので弁官下文（ベンカンノクダシブミ）ともいった。その様式の骨組は、

左（右）弁官下　某司（社・寺）
　應……事
右……左（右）大臣宣、奉レ勅、宣……者、某司（社・寺）……宜承知、依レ宣行レ之
　年　月　日　　　某史某
某弁某

左（右）弁官下の下には充名を書く。すなわち、だいたい役所や社寺の名であるから、右に某司（社・寺）と表わした。そしてよむときは「左（右）弁官下す何処々々」とよむ。これによって文書の発行者すなわち命令発現の機関と、文書の受取者すなわち命令下達の対象が明記され、しかも官命の下達という意味が「下」の一字によって最も端的に表現される。この種の文書が下文（クダシブミ）とよばれる所以である。これはまさしく公式様文書における太政官から出る官符・官牒にあたる文書であって、かつ官符・官牒のように対象（受取者）が律令官制上、太政官の管下の役所であるかそうでないかによって、符と牒の区別をつけなければならない（例えば八省や諸国なら官符であるが、神社寺院なら官牒というふうに）のに対して、これは一律に下文ですませるわけであり、そのうえ、文書発布の手続き

上、官符、官牒のような厳格かつ煩雑な請印（ショウイン）（内印あるいは外印をおす）の手続きも全く不要であった。こうした文書自体の様式や手続きの簡便さも大いに影響して、朝廷政治が太政官政治から職事（蔵人）・弁官中心の政治に移行したことをそのまま象徴するように、官宣旨が次第に官符、官牒に取って代わるようになったのである。さて前掲例文について説明を補足すると、「応……事」は宣旨の項で説明したと同様、本文の要旨であって事書（コトガキ）とよぶ。本文すなわち「右」以下、これを古文書学のうえで事実書（ジジツガキ）とよぶ。これはだいたい関係文書、例えば下から出された解であるとか官奏であるとかを引用する場合が多いが、そのつぎに「左（右）大臣宣奉勅宣……者」と、上卿の伝宣及びその内容を示す。しかるのちに某司（社・寺）すなわち受取者は「よろしく承知し、宣によりてこれを行へ」、すなわち上卿伝宣の命令をよろしく承知して伝宣の通りに施行せよと結ぶのである。つぎに、弁官はもともと左右両局にわかれていて、左弁官は八省中の中務、式部、治部、民部の四省の事務を、右弁官は残りの兵部、刑部、大蔵、宮内の四省の事務を取り扱う定めであったから、官宣旨も初めはこの区別に従って、中務以下四省関係の事務は「左弁官下ス」と書き、兵部以下四省関係の事務は「右弁官下ス」と書くわけである。ところが右弁官管轄の四省のうち、兵部省と刑部省に関しては、反乱に際しての追討使の発遣とか、犯人の追捕といったような、いわゆる凶事が多かったところから、いつしか凶事に関しては「右弁官下ス」、然らざるものは「左弁官下ス」という形式で官宣旨を整える慣例ができた。すなわち官宣旨における様式上の左・右弁官の差異は、本来の両弁官の分掌によらず、もっぱら取り扱う内容の凶事か否かによることになったのである。源師時の日記長秋記（チョウシュウキ）によると、永久元年（一一一三）に殺害濫行を犯した地方武士の追討に関して、かかる凶事は右弁官に命じて宣旨を出さしめるものであると見えているが、それより約六十年前の天喜四年（一〇五六）のころ、東大寺に命じて同寺内に逃げこんだ殺害刃傷犯人を差し出させる旨の官宣旨が「左弁官下ス」形式になっているところから見ると（東南院文書）、右の慣例は十二世紀頃から次第にできたものであろう。まず「左弁官下ス」の形式の実例をあげて説明を加える。

左辨官下東寺
　應早且(1)進上證文、且解申由緒(2)、末寺伊勢國多度神宮寺事、
右、得延暦寺去年九月十一日解狀偁、去八月廿八日宣旨偁、權中納言藤原泰憲宣、奉　勅、件神宮寺依爲末寺、欲領(3)知之處、稱寺家別院押(4)妨之由、東寺所訴申也、仍被尋問子細之日、爲寺家別院之官符、雖副進案(5)文、猶非無其疑、宜仰彼寺、慥(6)令(7)進上正文者、仍官符正文令(8)進上者(9)、權中納言藤原朝臣實季宣、奉　勅、件寺爲末寺之由、宜仰彼寺、且進上證文、且解申由緒者(10)、寺宜承知、依宣行之
　承保三年三月廿三日　　大史小槻宿禰
(11)少辨藤原朝臣
〔東寺文書、射〕

〔読下し〕
左弁官下す東寺
　まさに早く且つうは証文を進上し、且つうは由緒を解（ゲ）し申すべき、末寺伊勢国多度神宮寺の事
右、延暦寺の去年九月十一日の解状を得るに偁（イハ）く、去んぬる八月二十八日の宣旨に偁く、権中納言藤原泰憲宣す、勅を奉（ウケタマ）はるに、件（クダン）の神宮寺は末寺たるによりて、領知せんと欲するの処、寺家の別院と称して押妨するの由、東寺訴へ申す所也、仍（ヨ）つて子細を尋問せらるるの日、寺家の別院たるの官符、案文を副（ソ）へ進むといへども、なほ其の疑ひなきに非ず、よろしく彼の寺に仰（オオ）せて、慥（タシカ）に正文を進上せしめよ者（テエリ）、仍つて官符の正文進上せしむ者（テエレバ）、権中納言藤原朝臣実季宣す、勅を奉はるに、件の寺末寺たるの由、よろしく彼の寺に仰せて、且つうは証文を進上し、且つうは由緒を解し申せ者（テエレバ）、寺よろしく承知し、宣によりてこれを行へ
　承保三年三月二十三日　　大史小槻宿禰
少弁藤原朝臣

〔注解〕（1）且、本来はカツ、カツガツと訓じて、一方では、不十分ながら、まあまあ、といった意味、全体の一部分をあらわす意味の副詞として用いられたが、この例のように「且……且……」と二つ重ねて用いられることも多く、その場合は「カツウハ……カツウハ……」とよみ、「……したり……したり」と事柄を二つ重ねる意味で、文章のうえでも対句（ツイク）になる。（2）由緒、ユイショ。由

来、沿革、正当な権利保持者たることの歴史的経過すなわち権利の継承関係。(3)領知＝領掌ともいい、中世では一般に知行という。土地財産＝所領の領有すなわち事実的支配を意味し、ここでも「神宮寺を領知する」といってもただ寺院そのものではなく、寺院の敷地その他寺領田地等を一切含めて考えているのである。(4)押妨、オウボウ。他人の所領を侵害して領知、知行を妨げること。なお七五頁参照。(5)案文、アンモン。第二章の文書伝来の素因（一五頁）で説明したように、文書本来の効力に即して作成される控えをいう。(6)正文、ショウモン。上記案文に対して文書の原本をいう。(7)者、この者は上文の「八月廿八日宣旨偁」に対応する。すなわち「令進上正文」までが宣旨の文章なのである。(8)令、シム。二〇頁(6)参照。ここでは延暦寺が「正文を進上致します」といっているのである。(9)この「者」は上文の「得延暦寺……解状偁」に対応するのである。(10)この「者」は「実季宣」に対応する、すなわちここまでが上卿実季の伝宣の内容である。(11)単に少弁とあるのは左少弁のことである。「左弁官下ス」の場合に左弁官所属の役人が署名する場合は、このように「左」を略してただ少弁某とか中弁某と書く。「右弁官下ス」の場合にも同様で、右弁官所属の役人ならいちいち右少弁などと書かず、少弁某と書く。日付下の大史も同様で、これは左大史の意味である。だから「左弁官下ス」の官宣旨に右弁官所属の役人が署名し、「右弁官下ス」の官宣旨に左弁官所属の役人が署名する場合に限って、いちいち右（左）中（少）弁某とか左（右）大史某と署名する。

この文章は右の注解でも若干説明したように、引用が二重三重になっていてやや複雑に見えるが、これを整理するとつぎのようになる。

右得延暦寺……解状偁「去八月廿八日宣旨偁『権中納言藤原泰憲宣〝奉勅……慥令進上正文〟』者、仍官符正文令進上」者、権中納言……實季宣「奉勅……解申由緒」者、寺宜承知、依宣行之

この官宣旨は最初に延暦寺の解状を引用しているが、その解状がさらに（承保二年）八月二十八日の宣旨を引用しているのである。そこで全体を事件の経過に従って解釈するとすれば、逆にはじめの奉勅の下から見てゆく順序となる。すなわち東寺の末寺である伊勢国多度神社の神宮寺に対して、延暦寺がこれを延暦寺の別院だと称して押妨を加

えたので、東寺はこれを官に訴えた。そこでいろいろ取り調べた結果、延暦寺は多度神宮寺が延暦寺の別院であることを証明する官符（太政官符）の案文を訴訟文書に添付して提出したが、どうも疑わしいということになって、改めて官符の原本の提出を延暦寺に命じた。この命令が八月二十八日の宣旨である。そこで延暦寺では官符の正文を提出しますという解状をたてまつった。もちろん解状とともに正文は提出されたと解してよい。そこで今度は藤原実季を上卿として東寺に対して、多度神宮寺が東寺の末寺だという主張について、証文の提出と詳しい理由の説明を命ずる宣旨を下したのである。左弁官ではこの宣旨を受けて、これを東寺に下して宣旨の内容の施行を令した。それがこの官宣旨である。本文の後半に彼寺、件寺、彼寺と同じような言葉が重なっているが、文意のうえから最初の彼寺は延暦寺、件寺は多度神宮寺、後の彼寺は東寺と解すべきである。文末の「寺宜承知」の寺はいうまでもなく受取者の東寺をさすのである。東寺文書のなかにはこの事件の関係文書がまだ数通あって、それらによると、この事件は初め僧良心及び平正衡なる者が多度社の神宮寺を天台の別院と称して、東寺の使者を責めさいなみ、神宮寺領の荘園を掠（カス）めたことから起こったようであって、延暦寺、東寺という二大本所の寺領争いのなかに、伊勢平氏の正衡というような地方武士が活発に動いていた点に注目すべきものがあろう。

さて図版12は、同じく「左弁官下ス」の官宣旨である。左の読解と対照されたい。

左辨官下　伊豫國

應レ令下従三位藤原[1]朝臣綱子、任二院廳御下文幷相傳理一永領中掌當國字弓削嶋庄上事、

右、得二綱子今月日奏狀一偁、謹檢二案內一、諸國庄牧任二相傳理一令二知行一者例也、爰件庄者養母源氏相傳領掌所レ歷[2]二年序一也、而去承安元年比、相二副[3]公驗等一所レ讓二渡綱子一也、隨則注二子細[4]一歷二院奏一之處、同年七月廿七日任二彼讓狀一可レ令二領掌一之由、被レ成二賜廳御下文一畢、相傳子細具二于件狀一、自レ然以降、彼此無二異議一令二知行一

之間、去治承元年五月十五日夜嚴親(5)前大納言藤原卿居處五條東洞院炎上之間、彼庄券契(6)調度文書等皆以燒失、但於二院廳御下文一者、付二廳底留案(7)一所二書取一也、凡件庄當時知行雖レ無二相違一、或爲レ斷二向後之牢籠一、或爲レ備二公驗燒失之證據一、專欲レ蒙二勅裁一矣、望請天裁、任二院廳御下文幷相傳理一、被レ下二宣旨一、欲レ備二子孫相傳領掌之龜鏡(8)一者、權大納言藤原朝臣實房宣、奉レ 勅依レ請者、國宜承知依レ宣行レ之、

大史小槻宿禰（花押）

治承三年八月廿二日

右少辨藤原朝臣（花押）

〔東寺百合文書、こ〕

〔注解〕（1)藤原綱子、邦綱の娘で建礼門院平徳子（安徳天皇の母）の乳母となった人。（2)年序を歴（フ）る所なり、長い期間を経過した。中世になると、知行二十カ年を経過すると、本来の権利の有無にかかわりなくその知行を法律的に保護するという規定ができて（御成敗式目第八条）、これを年紀の法といった。この場合はそういう確定した期間の意味ではない。（3)公験、クゲン。二〇頁参照。（4)自然以降、シカリシヨリ（シカシヨリ、とも）コノカタ。それ以来。（5)厳親、父親すなわち綱子の父邦綱。後白河院政、平氏政権時代に活躍した人物で、権大納言に登って、五条大納言とよばれた。治承五年、六十歳で死んだ。山槐記、治承四年二月廿一日条に「五条亭（五条南東洞院西 前大納言邦綱卿家）」とある。（6)券契、ケンケイ。券文ともいう。証文。（7)庁底留案、院庁の庁所に残っていた控え。（8)亀鏡、キケイ。一九頁参照。

つぎに「右弁官下ス」の形式の実例を図版13に示した。文章の構造はほとんど前例と同じであるから、各自解読を試みられたい。

〔注解〕（1)応の下は慥。慥（タシカニ）の異体字。（2)当寺住侶、この官宣旨の充先である金剛峯寺（高野山）に住する僧侶。（3)依致訴訟已及諠譁、訴訟を致すに依りて、すでに諠譁に及ぶ。（4)雖レ有二其召一不レ企二参洛一、召喚したけれども上京しない。（5)離山、寺を逃げ出すこと。（6)亡命山沢、不従追喚、これは養老賊盗律謀叛条にある句。山沢に亡命して追喚に従わず、山中、渓谷に潜居して、追捕召喚に応じない。（7)論之政道招違勅科、これを政道に論ずるに違勅の科（トガ）を招く。（8)全体に異体字の多い点を注意して解読すること。剛、慥、訴、亡、喚、違など。

〔要旨〕　これは高野山僧覚観の逮捕命令である。もともと高野山と金峯山（キンプセン）とが争い、そのあげく衝突を起こしたので、朝廷では覚観を事件の関係人物として召喚したが、これに応じないばかりか、遂に出奔して行方をくらました。そこで諸寺諸山に覚観の追捕を命じたのである。この官宣旨は金剛峯寺に下した命令である。中世にはこういう全国的もしくは広域的な犯人逮捕命令は宣旨（官宣旨）の形で出されて、これを衾宣旨（フスマノセンジ）と称した（玉葉、建久二年四月廿六日条にすでにこのことが見えている）。署名の権中弁平朝臣はいうまでもなく権右中弁のことである。またこの写真を見ると一体に上部の文字が大きく、下方ほど字が小さくなっていることがわかる。これはこの種の文書によく見られるところで、上から下に命ずる意味を含ませたものと解される。上下の大きさの違いがもっと甚だしいのもある。

官宣旨の実例としては、写しであるが貞観十一年（八六九）のものが現在のところ最古であり、承平四年（九三四）のものも政事要略に見えている。こうして官宣旨という様式ができると、この様式は発令官庁と受令者との関係を「某下す某」という形できわめて端的に表わしている点、及び公式令の規定以外の新様式文書であって、発布手続き、その他で公式令の煩雑な規定に拘束されないという点で、令外官官庁の下達文書として次第に広く用いられるようになり、一般に下文（クダシブミ）とよばれた。例えば蔵人所下文や検非違使庁下文がそれである。蔵人所は天皇の朝夕の供御のことをも管掌したから、そういう供御の品を貢納する所に対して、蔵人所から下文が出された。朝野群載に収めてある延久三年（一〇七一）のものがその初見であるが、正文としては島津家文書の中に大隅国台明寺伝来のものが二通あるだけである（二通とも建仁二年（一二〇二））。検非違使庁下文は東寺百合文書（み）にある嘉承三年（一一〇八）のものが初見。しかし、これは案文で、正文としては大和の栄山寺文書（現、陽明文庫所蔵）にある天永二年（一一一一）のものが最も古い。また建武新政のときの新設官庁である雑訴決断所の下文もここに付記しておくべきであろう。つぎに令制官庁でも寮司諸衛など下級官衙において下文を用いた。例えば関戸守彦所蔵文書にある長承元年（一一三二）の左馬寮下文、摂津の勝尾寺文書にある寛喜二年（一二三〇）の右馬寮下文、薩摩の桑幡文書にある安元三年（一一七七）の右近衛府政所下文がそれである。

つぎに純粋の官庁ではないが、天皇が在位中に将来譲位後の御所を指定してこれを後院（ゴイン）と称し、譲位すれば上皇は通例そこに移ってこれを院と称したが、かかる後院も院も当然しかるべき役人（別当以下）を置いてその経営に当らしめた。そして後院庁も院庁もやはりこの下文を用いた（院庁下文の機能については、院政の機構、政務執行手続きの問題とともに今後の研究課題である）。また皇女その他皇親の女性が女院（ニョイン）号の宣下を受けて女院の家政機関として女院庁が設けられると、ここでもやはり下文が用いられた。院政時代から鎌倉時代にかけて、女院の中には美福（ミフク）門院、宣陽門院、七条院など厖大な荘園を伝領した女性があって、かかる人の女院庁の下文は多くその所領荘園の相伝、相論などに関するものであって、社会経済史上の好史料が多い。つぎに下文は公家の家政処理のうえにも用いられた。摂政関白家はじめ公卿らは各自家政機関である政所（マンドコロ）から下文を出した。もともと令制によれば、三位以上の職事官（シキジカン）（散位に対する語で、現在、官についている者をいう）は、家政を司る家司（ケイシ）を政府から給せられる規定になっており、その家司によって構成される家政機関を政所といったが、これが元になって平安後期には一般に三位以上の者は政所を設けることができた。一般に公家・貴族といっても三位以上と四位以下は階級的にはっきり区別され、三位以上（及びとくに四位の参議を加えて）は公卿（クギョウ）とよばれて種々の特権を与えられたが、政所の設定もその一つであったわけである。のちに第三節で述べる武家（鎌倉将軍家）の下文もまさにこの公家政所の下文の系統をひくものであった。

また大社寺においても社寺領の経営その他庶務執行機関として政所を設け、そこから下文を出すようになっている。彼らの多くは荘園の本所として大領主たる点において、院、女院、摂関家などの権門勢家となんら異なるところはなかったのであるから、同じ様式の文書が両方に行なわれてもなんら怪しむに足りない。時代が下ると下文は、社会的により低い地位の社寺や荘園領主あるいは荘務執行の代理人として荘地に派遣される預所（アズカリショ）などにも用いられ、その様式も武家の下文などとも影響しあって種々の変形を生みだしている（例えば文書の右端に領主が花押を書く）。

以上、官宣旨の系統をひく下文の発達を概括して、いちいちについての詳しい様式上の説明はいっさい省略した。

つぎに二、三実例を挙げて、その内容の説明に連関して若干様式にも触れることとしたい。

(イ) 院庁下文

院廳下　信濃國小川御庄公文等[1]

　可停止平維綱妨、任預[2]增證下知、令致沙汰[3]下司職[4]事

右、預大法師增證解状云、當御庄者、爲相傳領、敢無相論[5]、仍以券文、寄進最勝寺御領之間、下司清原家兼依致無道沙汰、池田宗里爲讎敵、去五月十五日、被殺害畢[6]、其後平維綱號有家兼讓状幷文書、致濫吹[7]、押取遺物、[8]擬執行庄務、尤無其謂者[9]、早停止彼維綱之妨、任增證下知、可令致下司沙汰之状、所仰如件[10]、公文等宜承知、不可違失、故下[11]、

　　天養二年七月九日　　主典代主計權助兼因幡權介皇后宮大屬大江朝臣（花押）

別當權大納言藤原朝臣（宗輔）（花押）
民部卿　藤原朝臣（顯頼）（花押）
權中納言兼左衞門督藤原朝臣（公教）（花押）
內藏頭兼伊豫守皇后宮亮藤原朝臣（忠隆）（花押）
尾張守兼右京大夫平朝臣
權右中辨藤原朝臣（朝隆）（花押）

〔吉田文書〕

〔読下し〕

院庁下す　信濃国小川御庄の公文等

　平維綱（コレツナ）の妨げを停止（チョウジ）し、預り増証の下知に任せて下司職を沙汰致さしむべき事

右、預り大法師増証の解状に云く、当御庄は相伝の領として敢て相論なし、仍（ヨ）って券文（ケンモン）を以て最勝寺の御領に寄進するの間、下司清原家兼無道の沙汰を致すに依りて、池田宗里讎敵の為めに、去五月十五日殺害せられをはんぬ。その後平維綱家兼の譲状ならびに文書ありと号して濫吹を致し、遺物を押し取り、庄務を執行せんと擬（ギ）す。もつともその謂（イワレ）なし者（テエ）れば、早く彼の維綱の妨げを停止し、増証の下知に任せて、下司の沙汰を致さしむべきの状、仰するところ件の如し。公文等よろしく承知し、違失すべからず、故に下す。

〔注解〕（1）公文、クモン。荘官の職名。もともと公文（公文書）その他文書を取り扱う役から起こった名である。（2）預、アズカリ。預所と同じ、本所領家の命をうけて現地に下って庶務を執行する代理人である。荘園の管理を預かるわけである。（3）下司、ゲシ。預所以上を上司といい、これに対して公文や田所（タドコロ）などの荘官を下司といった。（4）職、シキ。本来官職、職務の職であるが、荘園制の発達に伴って、職は単なる職務でなく、それに随伴する収益を含めた意味に用いられるようになる。すなわち、職は職務であると同時に一種の財産権であった。だから「下司職を沙汰致す」というのは、下司の職務を執行するとともに、これに伴った領地やそれから上がる収益を取得することを意味する。（5）相論、ソウロン。訴訟によって争うこと。なお、中世では「争論」という語は用いないようである。（6）畢、ヲワンヌ。訖、了などの字も用いる。完了の意。（7）濫吹、ランスイ。みだりなこと、乱暴。（8）荘務を執行（シギョウ）せんと擬（ギ）す。荘務を執行しようとした。「擬」は、……しようとする意。唐詩に用法あり。（9）者。テエレバ。ここまでが増証の解状である。（10）仰（オオ）する所件の如し、以上のように仰せられた。（11）故下、コトサラニクダス。故は公式様文書の移の書止めにしばしば見られる「故移」の故と同義で、ユエニとはよまない。

〔要旨〕これは鳥羽法皇の院庁から下されたもので、信濃国小川庄の預所増証の訴えによって、平維綱の濫妨を停止せしめたものである。増証の解状によれば、増証は本来この荘園の相伝の領主であったが、これを最勝寺に寄進して自ら預所となっていることが知られる。そこでこの下文は、維綱の非法の沙汰を停止して、増証の命令通り下司職を沙汰せしめよというのである。この文書の下達の対象は形式上は小川庄公文等である。それは、こうした命令なり、任命なりを当該地域の関係職員に知悉せしめるという意味で、公文あてに命ずる形をとるのであるが、実際にはこの下文は、この下文によって「下司職を沙汰する」権利を保証された増証に交付されるのである。この下文によって権利を得るのは増証なのだから、増証こそこの下文を与えられねばならないのである。これを一般化して「文書はその内容をなす権利・利益の属する所に帰属する」ということができる。つぎに署名について一言すると、ここでは別当権大納言藤原朝臣以下六名が上段に、主典代……大江朝臣一人が下段に署名している。この署名の仕方は前に符や官宣旨の所で当然説明すべきであったが、ここにわかりやすい例が出てきたからここで述べる。令の規定によれば、公文書に関係役人が連署する場合、長官と次官は上段に（これを「行上に署す」という）、判官以下は下段に署すと定められた。この規定がずっと後まで守られて、令外官でも令の四等官に准じてこの規定を適用した。院庁の職員は令制官ではないが、それに准じて判官代、主典（サカン）代などが置かれたから、右の令の規定を准用して判官代以下は下段に署するのである。この例では判官代がなく主典代だけ下段に署しているが、つぎに挙げる七条院庁下文では判官代、主典代が二人下段に連署している。そしてこのような連署の場合は、地位の上下に従って上段は右から左へと、下段は逆に左から右へと名を並べるのである（ただし、日付の真下、いわゆる日下（ニッカ）には職掌上、主典が署する規定であるから、日下の人が最下位でない場合もある）。ここでいえば権大納言藤原朝臣が最高位で、主典代大江朝臣が最下位である（なお、つぎの七条院庁下文を見よ）。この原則は大体室町前期ごろまで用いられた。

(ロ) 女院庁下文

（1）（端裏書）「七條院廳御下文檜牧庄貞應三三五」
（2）七條院廳下　大和國檜牧庄官等
　可下早任二相傳理一以二法印權大僧都道嚴一爲中當庄預所職上事、
右今月　日彼（3）解狀偁、件庄者縣（4）清理開發（5）以後、十餘代之間更無二異論一、且相傳之次第、去建久九年廳御下文明白
也、然者於二預所職一者、停コ止甲乙輩之妨一、道嚴之門跡可二相傳知行一之由欲レ被二仰下一矣者、任二相傳之理一停コ
（6）止甲乙人之妨一、以二彼道嚴一爲二預所職一、可二（7）門跡相承一之狀所レ仰如レ件、庄官等宜承知不レ可二違失一、故下、
　　貞應三年正月　日　　　主典代西市正兼皇后宮大屬安倍朝臣（花押）
別當權大納言源朝臣（花押）　　判官代宮内少輔藤原朝臣（花押）
越前守　藤原朝臣（花押）
左少辨　平　朝　臣（花押）
〔東京大学文学部所蔵文書〕

〔注解〕（1）端裏書、ハシウラガキ。文書の右端を端（ハシ）といい（左端を奥という）、その端の裏の部分に書いた記事を端裏書という。これは文書の差出者が書いたものでなく、受取者側で書き込んだものである。文書は通常左方（すなわち奥）から内側に折って巻くから、巻き終ると、ここの部分が表に出る。受取者はこの端裏の部分に文書の内容を簡単に略記しておく。そうすればいち

いち中を開いて見なくとも文書の内容がわかる。端裏書は大体そういう目的で記入されるものである。一種の表題のようなもの。たいてい受け取った当時記入する場合が多く、本文を理解するうえに参考になる場合が少なくない。ことに本文の差出書や日付が虫損・磨損で読めない場合や、後述する書状・奉書・折紙など、日付に月日だけ書いて、年を書かない場合に、端裏書によって、それらの欠損文字や年次を推定できることがある。端裏書は本文でないからといって、軽視すべきではない。ここで「貞応三三五」とあるのは貞応三年三月五日の意味であって、この下文を受け取った日付と解される。(2)七条院は藤原信隆の女で名を殖子といい、高倉天皇の典侍となり、後高倉院と後鳥羽天皇を産んだ女性である。後鳥羽天皇即位後、建久元年七条院の院号を与えられた。天皇の深い敬愛を受けるとともに、全国各地に散在する荘園三八カ所を領有して、政界にも大きな勢力をもった。承久の乱で後鳥羽上皇が敗れて隠岐に流された後も、七条院の孫に当る後堀河天皇(後高倉院の子)が即位したので、いったん幕府に没収された七条院領は七条院に返された。七条院は安貞元年に病死したが、その広大な七条院領は修明門院に譲られ、その後、大覚寺統と持明院統との両皇統対立の情勢下において、ほぼ大覚寺統の経済的基礎となった。ここに見える大和の檜牧庄(ヒノマキノショウ)も七条院領の一つであった(八代国治『国史叢説』所収「七条院御領考」を参照)。(3)彼解状、道厳の解状。その下の「偁」と次行の「……欲被仰下矣者」の「者」が照応して、解状の引用を示す。つまり「件庄……欲被仰下矣」が解状の内容である。(4)県清理、人名。アガタノキヨマサとよむのであろう。(5)開発、カイホツ。荒蕪地を開墾して田地とすること。開発者とその子孫はその田地に対して強い領主権を認められた。(6)甲乙人、コウオツニン。不特定人、たれかれ、という意味。鎌倉中期以降、一般庶民の意に転化する(笠松宏至『法と言葉の中世史』平凡社、参照)。(7)門跡相承、モンゼキソウショウ。この門跡は後の寺格としての意味でなく、門流、一門の意味。

〔要旨〕この文書は、七条院庁が法印権大僧都道厳(ドウゴン)を同院領大和の檜牧庄の預所職に補任したものである。解状に相伝之次第云々といっているから、道厳は檜牧庄の領主職を受け継いだものであろう。そして、さらに預所職を兼ねることになったものであろう。つぎに、この下文の充所は大和国檜牧庄官等になっているが、前掲院庁下文の場合と同じく、この下文も檜牧庄官等に下付されたわけではない。誰某を何々職(この文書では預所職)に補任した事実を現地の荘官全体に知悉せしめるという形をとったものであって、実際には補任された人(ここでは道厳)にその下文が与えられるのである。

(八) 摂関家政所下文

関白左大臣家政所下(1)　攝津國嶋上郡水成瀬郷(2)刀祢住人等

仰下　雑事二箇條

一　可丙停下止東大寺領水成瀬庄領畠肆箇處、前庄司秦重時等、造二新券文一、沽(3)中却不知名行(4)願寺別當幷山崎住人
　等上、如レ舊任(5)二四至一爲乙庄領甲事、
右彼庄司丹後掾藤井安吉愁狀云、件畠年來作人僧法道、尾張爲道、秦重時、物部常延、同近賴等六人之中、
至二于重時一者、〇(6)本自爲二舊庄司一、乍レ存二条里(7)四至幷繪圖等一、同心合力俄造二新券文一、沽二却件輩一、甚以左道也(8)、
(9)加之、案二庄內四至一、南限善法寺領(10)、東限大路、北限河、西限山也、眞僞之至(11)已以掲焉、就レ中、年來地子無レ
有二究進一未濟多數、早被レ停二止件謀計一、欲(12)レ被レ放二避作手一、爰重案二由緒一、件庄繪圖幷四至之內、何有二私人
之領一乎、爲(13)レ愁之甚莫レ過二於斯一者、所レ仰如レ件、在地刀祢住人等宜承二知之一、召二問重時等一、与二使者一共相二
定眞僞(14)一、事在レ實者、如レ舊爲二庄領一矣、
一　可三〇早弁二進同庄田去今兩年地子物等一事、
右同庄司安吉愁狀云、件輩爲二田堵一年來耕二作庄田一、不レ弁二濟地子物一、或稱二八幡宮寄人(15)一、或號二　殿下散所雜
色一、(16)鎭致二遁避一者、同欲レ被レ令レ究二濟地子物一、勿レ令レ致二遁避一、故下、
(17)以前雜事、所レ仰如レ件、在地宜承二知之一、与二使者一共相定、依レ件行レ之、不レ可二違失一、故下、

寬德二年五月十八日　　案主清原在判

令主計權助佐伯朝臣在判(18)　　大書史(吏)大膳尾僅人(屬漢)在判
別當播磨(脫アラン)　源朝臣在判　　知家事大膳小屬伴在判
散位藤原朝臣在判　　內藏屬物部在判
前備中守藤原朝臣在判　　見長
右馬頭源朝臣在判　　主計屬佐伯在判
近江守藤原朝臣在判　　主稅屬秦

讃岐守藤原朝臣在判　　　　左衛門少志坂上在判
土左守源朝臣　　　　　　　上村主在判
散位菅原朝臣在判
周防守藤原朝臣
木工頭兼讃(マヽ)岐藤原朝臣在判
掃部頭兼左大吏(史)周(マヽ)防惟宗朝臣在判
民部権少輔藤原朝臣
施薬院使惟宗朝臣在判

〔東大寺文書之五、摂津国古文書〕

〔注解〕（1）摂津国、ツノクニとよむ。摂津守もツノカミとよむ。（2）刀禰、トネ。もと、公事に関与する官人の総称であったが、平安時代に入ると、京では保単位に、地方では村単位に置かれた村役人的な存在となる。在地の有力者が任命されたらしく、職務としては、非違の検察や田畠売買立券の際の保証などに当っている。この文書においても、荘領を私領と称して売却した旨の訴えについて、刀禰は（住人・使者とともに）被告を召問して、真偽を決定することを命ぜられている。一般化していえば、在地村落において、土地の権利関係を認定（もしくは否認）する権限を有した。いいかえれば、村落における土地所有権秩序の保持者であったといえよう。中世になると刀禰はだいたい消滅するが、伊勢神宮領その他の神社領及び港湾、漁村地域に比較的後まで残った。木村茂光「刀禰の機能と消滅」（『日本史研究』一三九・一四〇合併号）参照。（3）沽却、コキャク。売却すること。（4）不知名、フチミョウ。名前のわからないという意。行願寺別当とだけわかるが、その名前がわからないから、不知名行願寺別当と書くのである。（5）四至とは東西南北の界をいう。任四至は今まできまっている東西南北の界の通りにという意。（6）○は字を書き落した場合等に補入する符号、挿入符である。正円より片仮名のワに近いものが多い。本自はモトヨリ。この語は本来の漢語である。（7）条里、例えば十四条三里というように土地の所在を特定する方法。転じて所在地の意。（8）左道、サドウ。曲事、また粗末の意にも用いる。（9）加之、シカノミナラズ。（10）四至の訓み方は上から棒よみにする。南は限る……東は限る……の如し。（11）真偽の至りすでに以て掲焉（ケチエン）なり。掲焉は炳焉ともいい、顕然の意。（12）作手（サクテ、ツクテ）をはなち去られんと欲す。避は去と同じくサル。放棄する意。作人職を放棄させ（取り上げて）下さい。（13）愁を為すの甚しき、これにすぐるはなし。（14）事在実者、コトジチアラバ。事実者（コトジチナラバ）とも書く。調べてみて事実であったら。(15) 寄人、ヨリウド。神人（ジニン）のこと。寄人の語はもともと本貫があって、他所にはせ寄る人という意味から出た。(16) 鎮の字はトコシナエニとよむ。いつも、常に、という意。(17) 以前、単数をうけるときは右、複数をうけるときは以前という。七〇頁(4)参照。(18) 在判、アリハン。判は花押のこと。正文に花押が署してあることを、案文で示す場合に「在判」と書く。これでもわかるように、案文を作るとき、花押の形を模写することはない。「在判」と書いて、正文には花押があることを示すのである。

三　庁宣・大府宣

平安時代中期に入って国司遥任の制が発生すると、国守は在京して任国に赴かず自分の代理人を派遣した。この代理人を目代（モクダイ）といった。そして国衙（国司の庁所）には下級の官人がいて目代の指揮に従って国務を執った。すなわち長官＝国守不在の際の留守職である。それでこれらの官人を在庁官人（国庁に在る官人の意味）といい、目代及び在庁官人によって構成される国庁を留守所（ルスドコロ）といった。しかし中央から諸国に指示命令を発する場合には、やはりこれを国守に達するわけだから、国守はこれを在庁官人に伝達しなければならない。このような中央からの令達その他の国務事項について、在京の国守から在庁官人に宛てて発する文書がすなわち庁宣である。正確にいえば、国司庁宣である。これは右のように国司制度そのものの変貌に対応して発生した文書様式であって、公式様文書における国符、国牒に代わるものである。まず図版14に示した実例について説明を加えよう。

〔読下し〕

庁宣す　留守所

　早く大山庄(1)内に入乱し、米光保の去作(2)の官物と号して、寄人等を責め徴る(3)を停止（チョウジ）せしむべき事

右、件の庄立券の内、去作と雖も、専ら国使を以て、官物を入り催すべからず、已に立券の旨に任せて、庄領として、地利(4)を納めしむべきの状、宣するところ件の如し、留守所よろしく承知し、違失すべからず、以て宣す。

康和五年八月十四日
大介高階朝臣(5)(花押)

〔注解〕(1)大山荘、丹波国多紀郡にあり、承知十二年(八四五)東寺領として立荘されたが、十一世紀以後、廃絶、再建、収公の転変を経て、康和四年(一一〇二)すなわちこの庁宣の前年、再び立券された。(2)去作官物、キョサクノカンモツ。去年分の収穫に対して賦課する官物(公田に賦課する公租)。(3)責徴、セメハタル。きびしく取り立てる。(4)地利、土地よりの収穫。(5)大介(オオスケ)、異説もあるが、一般に、本来なら「某国守某」と署名すべきところ、遥任国司の場合はこのように「大介某」と署名する、と説かれている。この文書の大介は丹波守高階為章である。この花押は「為」と「章」の部分との合成。

この文書は、大山庄の出作田米光保の去年分の官物催促のため、国使が荘内に乱入し、実力を用いて寄人に官物を督促したのに対して、その停止を命じたものである。

なお庁宣の様式について付言すれば、書出しはみなこのようにただ「庁宣」と書き、国名をつけない。これは、受取者=受命者には自明のことだからと思われる。庁宣の下には多くは受取者が記される。これは初めは在庁官人、留守所あて、時代が下ると直接荘園の荘官などにもあてて出す。また、この文書にはないけれども、天喜四年(一〇五六)伊賀国の庁宣(東南院文書)、康平六年(一〇六三)石見国の庁宣(久利文書)など初期の庁宣に、国印が捺されているのが数例見出される。これは明らかに国符の影響であって、この点からも、庁宣が国符に代わる様式の文書であることがわかる。

ところで国司遥任の制度は、さらに時代が下ると再転して知行国主制となる。国司任命がその収入を第一義とする点で、これは遥任国司制と同じであるが、遥任国司のように収入を受け取る者自身が国司に任命されずに、自分の代わりの者(例えば子弟、家来)を名義上の国司に任命してもらって、実際の収入はその陰の人が取得するのである。これは国司制度が荘園制における所領給与の影響を受けたためであって、こういう方式で国司の収入を与えられることを賜国(国を賜わる)といい、国を賜わった人を知行国主とか国の領主といい、彼の代わりに名義上の国司になる者を名国司という。こういう制度の変化によって庁宣も多少変わり、上例のように大介が署判する例のほかに、実際の知行国主が花押だけ文書の袖に書く（これを袖判という）例も平安末期から見られる。もっとも知行国主が高貴な人の場合には袖判を書くこともしない。

九州には国すなわち九国二島の上に、これを統轄する大宰府という機関があって、令制の官符などはまず大宰府に下し、大宰府から国に下すという手続きであったが、庁宣の行なわれる時代になると、これもやはり在京の大宰帥（大宰府の長官）が大宰府の在庁官人に対して庁宣を出した。これも国と同様「庁宣」と書き出した例があるが（保延七年）、朝野群載所収の保安四年（一一二三）のものは「太府宣　太宰府在庁官人等」と書き出しており、諸国の庁宣と区別するために、とくに大府宣（大宰府宣の略であろう）といったことがわかる。のちにはもっぱらこの様式が用いられた。

なお、以上述べた庁宣の内容をさらに国内に下達施行するには、留守所から下文を出した。図版15参照。

四　綸旨・御教書

奈良時代の私文書はもっぱら状とか啓とかいわれた（公式令に規定された啓は、皇太子及び三后が下す文書である令旨に対応して、下から、皇太子及び三后にたてまつる文書であったが、この様式の文書はほとんど残っていない。そして、それとは別に個人間の往復書状として啓という文書が用いられたのである）。その様式は種々あったが、これを整理するとつぎの六種になる。(a)(b)(e)は大体役所に充てる場合で、充書を明記しない。時に充書を本文の中に織りこむこともある。

(a)　何某（差出者）謹啓…………

…………………………………

月　日

(b) 謹啓……………事……………

月　日　何某（差出者）

(c) 何某（差出者）　何某（充書）

月　日

(d) 謹啓　何某（充書）

月　日　何某（差出者）

(e) 何某（差出者）

月　日　何某（差出者）

(f)

月　日　何某（差出者）

何某（充書）

平安時代に入ってもこれらの式はかなり用いられたが、次第に(f)の様式が多く用いられるようになり、ついにこれが後世の書状様式を決定する。ところで、こうした私人の書状であっても地位・身分の高い者は直接自ら筆をとらずに、侍臣に認(シタタ)めさせる。これは単に侍臣に代筆させるという意味ではなくて、侍臣が主人の意を奉じて、侍臣の名で書状を認めるという体裁になる。すなわち本文の書出しに「被……言偁……」(……言を被(コウム)るに偁く=主人の言葉を承ったところが、つぎの通りです)とか、本文の終り(これを書き止めという)に、(イ)「依仰執達如件」(おおせによって=主人の仰せによってお取次ぎ致します)、(ロ)仰旨如此(仰せの旨(ムネ)かくの如し)、(ハ)御消息(ゴショウソク)如此、(ニ)御気色(ゴキショク)如此、(ホ)御消息(御気色、仰)所候也(候ところ也)、(ヘ)「……由候也」(……のよしに候也=主人のおおせはかくかくです)といったような文言を用い、また差出書の部分にはもちろん主人の意を受けて筆をとった侍臣の名を書くが、多くの場合その下に奉という字を小さく書く。これは公文書にも出てくるが、ウケタマワルと読んで主人の意をうけたまわることを表わすのである。このように同じ書状でも差出者が直接出すのではなく、その侍臣、右筆(江戸時代には祐筆という字を用いた)が主人の意を奉じて出す書状を総括して奉書(ホウショ)という。そして平安時代にはとくに三位以上の人の奉書を敬して御教書(ミギョウショ)といった。もと唐の制度では親王・内親王の命を下達する文書を教といったが、日本ではこの語を採って三位以上の人の仰せを教といい、その文書を教書といい、その上にさらに御という敬語をつけて御教書とよんだのである。御教書という言葉は、藤原公任(九六六―一〇四一年)自筆の三条家本北山抄の紙背文書の中の長徳・長保頃(九九五―一〇〇三年)と思われる備後守某(邦守?)の返書に「請二御教書一事、右去二月参日御教書今月八日到来」と見え、天喜二年(一〇五四)の美濃守某の申状(京都大学所蔵、古文書纂)に「五日御教書、同廿八日到来」と見え、また藤原明衡(九八七?―一〇六六年)の編纂した書状の例文集である明衡往来(メイコウオウライ)(雲州消息ともいう)の中にも、奉書形式の書状に対する返事に「請二御教書一事」と書いてあって、十世紀末から十一世紀にかけて広く用いられはじめたことがわかる。そして三位以上のなかでもさらに特殊な地位・身分の人の出すものは、種々特殊な名称が付せられた。すなわち天皇の場合には綸旨(リンジ)、上皇の場合には院宣(インゼン)、皇太子、三后以下親王・内親王の場合には令旨(リョウジ)とよんだ。

以上のように、私文書の一様式として発生した奉書、御教書という様式の文書が、律令制政治の弛緩と政治形態の変化にともなって、次第に公的文書として用いられるようになる。綸旨を例にとれば、まず天皇の側近に侍する秘書官的存在である蔵人が、天皇の私的な用務を弁ずるために、天皇の意を奉じて綸旨を出すようになり、やがて天皇の私的な事柄だけでなく公的な政治的事柄をも扱うようになって、上掲の宣旨とならんで詔勅に代わる働きをするようになるし、院政が創始されると院宣が発生し、これも次第に公的な機能を営むようになる。すなわち私的文書として出発した様式の文書が、その差出者の地位と、取扱内容とによって公的性質をおび、公的文書の機能を果たす端緒がここに開かれたのである。以下、実例によって個々の様式について説明を加えよう。

(イ) 綸旨

蒙　綸旨云、日光焦畝月潤永絶、人民懐愁皇情仰天、仍任祖師古跡、従明日引率廿口助修法侶、建嘉會壇於神泉之池邊、修請雨法於佛海之誓水者、
綸旨如此、以一察万、如件
　万寿五年四月十二日　　　左中辨重尹奏
　謹奉　仁海律師房

〔読下し〕
綸旨を蒙るに云く、日光畝を焦がし、月潤永く絶ゆ、人民愁をいだき、皇情天を仰ぐ、仍つて祖師の古跡に任せて、明日より（従＝自）廿口の助修の法侶を引き率（シタガ）へ、嘉会の壇を神泉の池辺に建て、請雨（ショウウ）の法を仏海の誓水に修せよ者（テエレバ）、綸旨かくの如し、一を以て万を察せよ、件の如し、
　万寿五年
　　四月十二日　左中弁重尹奏
謹んで奉（タテマツ）る　　仁海律師房

これは醍醐寺の祈雨日記に見えるものだが、日付の「万寿五年」と差出書の「重尹歟」は後人の書入れ（追筆という）でどちらも誤り。僧綱補任・公卿補任によると、正しい年次は寛仁三年（一〇一九）、左中弁は藤原経通にあたる。よってこの文書は写しではあるが、綸旨の最古のものである。正文ではやはり醍醐寺三宝院の文書にある天喜二年（一〇五四）のものが最も古い。図版16には天承元年（一一三一）の例を示した。さて右の文書は炎旱が永く続いたので、後一条天皇が仁海律師に命じて降雨を祈らせたときのものである。綸旨は前述の如く蔵人が天皇の意を奉じて出すのであって、ここでは左中弁がそれに当る（左中弁で蔵人頭を兼ねた。その下に奉とあるのは前述の如くウケタマワルとよむ。このように文書の差出書の下に付する語を下付とよぶ）。とにかくここに左中弁奉とあって、左中弁がこの綸旨の奉行であることが示される。その中間の「重尹歟」という三字はもともと綸旨の正文にはなかった文字で、のちの人が備忘的に書き加えたもので、それが誤っていることは上記の通りである。次行の充名の上にある謹奉の二字は相手に対する敬意を表わすもので、これを上所（アゲドコロとも）とよぶ。このほかに謹上、進上などが広く用いられる。もちろん普通の書状にも出てくる。というよりも、こういう上所や下付や充名の下につける敬語（ここでは房。普通は殿、御房、江戸時代以後は様をよく用いる）や、また、その下につける脇付（まいる、人々御中、現在でも侍史、机下など用いる）は奉書・御教書を含めて、私人の書状から発達したものとして、用いられたもので、これが中世、書礼、書札礼といって文書のうえでの礼式として重視されるものなのである。そこで右の文書について見ると、内容的には天皇から出された命令であるけれども、形式的には左中弁が差出者なのである。だから書礼としてはあくまでも左中弁と仁海との関係になるわけで、謹奉というような相手に敬意を示す上所も、常識的に考えると天皇が一僧侶に対するものとしておかしい感じもするが、これは左中弁と仁海との社会的身分関係のうえから考えるべきものである。この点は他の院宣でも御教書でもすべて奉書形式の文書一般に通ずる原則である。また「万寿五年」という小さな四字も追筆で、これが誤りであることは前記の通りである。すべて綸旨をはじめとして奉書・御教書形式の文書は、もともと私人の書状から起こったものであるから、日付は月日だけで、年次（年付〔トシヅケ〕という）を書かないのが通例である。中世になると、逆に公文書様式の影響を受けて年付を書くものも現われ、十四世紀以降次第に一般化した。

　さて、綸旨は以上のように蔵人が天皇の意を奉じて直接自分で認めるのであって、詔勅に比してはいうまでもなく、宣旨にくらべてもはるかに簡単な手続きで発せられることになる。このように、綸旨はもともと私状の様式から発達したものであり、簡便を旨とするものであるから、儀式的な事柄や恒久的な決定などには用いられず、もっぱら臨時の命令や、終局的決定以前の中間的手続用の文書として、また恒久的、儀式的文書を伝達するための文書として用いられた。綸旨は天皇の意思を伝える文書であるから、天皇の政治権力の大きな時代ほど綸旨の効力は強く、また政治関係の綸旨が多く発せられたわけで、その逆の場合、ことに院政が始まって、天子は東宮の如しといわれる時代になると、綸旨は出されることも少なくなるし、その効力も相対的に弱くなる。そうした意味で綸旨の全盛期というべきものは建武新政及びその前後の後醍醐天皇親政時代である。天皇は強い信念をもって武家政治とともに院政を否定して、天皇による専制的支配を実現しようとしたから、意識的に綸旨の効力を確信し、綸旨による天皇の意思の浸透を期した。今日残存する文書でも、この時期の綸旨がきわめて多い。つぎにその一例を示す。

道覺相㆓率勇健之士㆒
可㆑致㆓合戰之忠節㆒、於㆑有㆓
勳功㆒者、可㆑被㆑行㆓勸賞㆒
者
綸旨如㆑此、悉㆑之
　元弘三年四月廿三日　勘解由次官（花押）

〔成簣堂古文書〕

元弘三年四月というと、後醍醐天皇が討幕計画に失敗して捕えられ隠岐に流されたのち、ここを脱出して伯耆国に渡り、豪族名和長年に奉ぜられて、諸国に討幕の兵を募っていたときであり、この綸旨も薩摩の牛屎道覚という武士に対して「勇士を率いて合戦の忠節をつくせ」とよびかけたものであって、軍勢催促の綸旨である。二行目終り以下は「勲功あるにおいては勧賞（ケンジョウ）に行なはるべしてへれば、綸旨かくの如し、これをつくせ」とよむ。勘解由次官は天皇の近臣で高倉光守という人である。ところで、この綸旨には充所がない。事実上は道覚に軍勢を率い忠をつくすべきことを命じたのだから、道覚が充書になるはずなのに、そうならずに道覚の名は本文の中に織りこんである。これは当時の書状の様式からいえば異様なことであるが、異様といえば道覚というような殆ど名の知れない地方武士に綸旨を出すこと自体が従来の慣例にないことであった。それでそうした事実のうえでの破格を形のうえでも表わす意味で、当然書くべき充所を書かずに、これを本文に織りこんだのである。これを逆に見れば、こういう形式によって相手の身分格式がほぼ察知されるわけである。

つぎに綸旨はたいてい、書出しに「被二綸旨（綸命、綸言）一云」、書止めに「綸旨（綸命、綸言）如レ此」、「天気如レ此」「天気所レ候也」などとあって、綸旨、天気という文字によって、この文書が天皇の命令すなわち綸旨であることが判別される。すなわち右のような言葉は綸旨特有の文言であるといえる。しかし、場合によってはただ「依仰執達如件」とか「御気色所候也」としか書いてなくて、一般の御教書と文言のうえで区別し難い場合もある。つぎに第四行が「者」一字で終って綸旨如此以下が改行になっている点を説明しなければならない。これはいわゆる平出（ヘイシュツ）式というもので、天皇、皇室等に関する文字が出るとき、これに敬意を表するための措置で、公式令の規定に由来する（公式令は唐制に基づく）。すなわち、公式令には平出式と闕字（ケツジ）式の定めがあって、天子、天皇、皇帝、陛下、太上天皇、天皇諡（オクリナ）、皇后などの文字は平出にすること、大社、陵号、車駕、詔書、勅書、中宮、東宮等の文字は闕字にするということというように定められた。平出はこの例のように行を改めるのであり、闕字は敬意を表すべき文字の上を一字分あけるのである。一〇四頁の例で「蒙　綸旨」というふうに綸の上があいているし、つぎの院宣（図版17）の三行目の院の上が二字分くらいあいている。こういう形になる。令の規定は必ずしも厳格に行なわれず、ことに後になると、公式令の規定にない文字でも闕字、平出にすることがあり、同じ文字があるいは闕字になり、あるいは平出になった。例えば、一〇四頁の万寿五年の綸旨は原本ではないので断定はできないけれども、初めの綸には闕字を用い、後の綸には平出を用いているようである。綸旨にはよく「天気」という文字が用いられるが、これはかならず平出である。

つぎに注意すべきは用紙であって、綸旨は普通宿紙（シュクシ）といって一回使った紙を漉き返した紙を用いた。紙の色が薄黒いので薄墨紙（ウスズミガミ）ともいい反魂紙（ハンゴンシ）ともいった。またもっぱら綸旨に用いたので綸旨紙ともいった。しかし平安時代の綸旨には間々宿紙でない、すなわち白紙（ハクシ）の綸旨があり、また南北朝時代南朝の出したものに白紙の綸旨がある。江戸時代になるとほんとうに漉き返したのでなく薄墨色に着色したものが多い。

(ロ) 院　宣　これは上皇、法皇に近侍する院の役人＝院司が上皇、法皇の意をうけたまわって出す文書であって、高野興廃記に寛治二年（一〇八八―院政発生の翌々年）二月廿六日の院宣のことが見えるのが、院宣に関する史料の初見であり、文書としては、朝野群載に載っている寛治七年（一〇九三）の白河上皇の院宣が今日のところ最も古い。図版17に示した文書は院宣の正文としては比較的古いものである。これを判読すると、

大和國(1)検注事、國司申
状如レ此、早可レ被レ仰二寺家一者、
依二(2)　院御氣色一言上如レ件、
親範恐惶敬白

十一月十七日　　権右中辨平（草名[5]）奉

〔東南院文書一櫃八巻〕

保元[3]三年

進[4]上　華藏院僧正御房

〔注解〕（1）検注は前にも出たが、田などの広狭、土地の肥瘠、収穫の多少などを検査すること。国司が一国全体の検注を行なうことを国検といった。国司交替の際などに新任国司によって国検が行なわれた。これがその新任国司の場合かどうかわからないが、とにかく、大和国の検注についておそらく大和国に荘園をもつ寺家（東大寺）と国司との間に問題が起こったのであろう。それで国司はそのことを朝廷に訴えた（申状を出した）。（2）親範というのは、この院宣の奉行である権右中弁平親範のこと。親範は権右中弁という現官のままで後白河上皇の院司となったのである。書状一般の儀礼からいって相手に対して非常に鄭重にする場合は、このように差出者の名を入れて「何某恐惶敬白」とか「何某誠恐謹言」などという。奉書もこの式に従うわけである。その前の「言上如件」という言い方もこれと対応した鄭重な言い方である。（3）写真を見ると、保元三年という四字が他の文字とはっきり違った筆蹟であることがわかる。これは別人が書き入れたもので、これを異筆という。また別人が後日追記したことがはっきりしている場合は追筆ともいう。これはおそらく受け取った側で書き加えたものであろう。（4）進上、これも前（一〇五頁）に説明した上所であって、相手に対して敬意を表わすもの。「謹上」が用いられることが多いが、「進上」は「謹上」より鄭重の度が上であって、書止めの「何某恐惶敬白」というのに対応するわけである。（5）草名、ソウミョウ。これは自署を草書体にくずし、それが次第に極端化したものである。よく見ると親範の二字をくずしたことがわかる。これがもう一歩進んで全く文様化または記号化したものを花押（カオウ）、書判（カキハン）とよぶ（六八頁参照）。

右の例に見られるように、院宣は「依㆓院御気色㆒……」とか「依㆓院宣㆒……」とか「院宣如㆑此」、「院宣所㆑候也」などと記される場合が多く、それによってその文書が院宣であることがわかるが、時にはただ「依㆓御気色㆒……」、「御気色所㆑候也」とだけであって、何びとの意を奉じたものか判別し難い場合も少なくない。その場合には奉行の地位・資格などを調べて、それによって、その文書が院宣か綸旨か、あるいはまた摂関家の御教書かなどを判別するわけである。なお院宣はだいたい白紙が普通であるが、間々綸旨と同じ宿紙を用いることもある。それは綸旨に関係ある蔵人で同時に院の蔵人をも兼ねた人が院宣を奉ずる場合と考えられている。

つぎに図版18に示したのは後宇多上皇の院宣である。読解はつぎの通り。

近江國香庄相傳
知行之由、被㆓聞食㆒
了之旨、
院宣所㆑候也、仍執達
如㆑件
文保二年九月十三日（花押）奉
太政大臣禪師御房
太政大臣禪師御房　宣房

〔田中勘兵衛氏所蔵文書〕

最後の一行は本紙ではなく封紙に書いた上書（ウワガキ）である。差出書は、本紙には花押だけ書いても、封紙には実名を書く。おそらくこれは礼紙を封紙に宛てたものであろう。なお、この近江国香庄（コウノショウ）については、荻野三七彦の詳しい研究がある（『日本中世古文書の研究』所収「近江国香庄文書の研究」）。これによれば、太政大臣禅師は醍醐寺の成助（ジョウジョ）であって、成助はこの年の正月五日に師の賢助（ケンジョ）から香庄を譲られている。すなわち、この院宣は賢助から成助への譲与を承認（安堵）したものである。

(ハ) **令　旨**（リョウジ）　公式令に皇太子及び三后の下達文書として令旨式が規定されたが、この規定に該当する文書は全く残っておらず、はたして実際にこの規定が行なわれたかどうかも疑問である。平安時代になって上記綸旨、院宣に見られる奉書式文書が盛行するに及んで、皇太子、三后からもこれにならった形で奉書式文書が発給され、これを令旨とよぶようになった。差出者の範囲も皇太子、三后に限られず、親王・内親王・女院などのものも同じく令旨とよんだ。その様式はおおむね書出しに「被令旨偁」（令旨をこうむるに偁く）、終りに「令旨如此」とあり（両方書いて前後照応させる場合と後者だけの場合とある）、かつその令旨の上に差出の主体の名を入れる場合が多い。例えば、

一、……春宮令旨所レ候也、……仍執達如レ件（正和三、七、三、春宮尊治親王令旨案—東寺百合文書へ）

一、被二美福門院令旨一云、……者、令旨如レ此、悉レ之謹状（平治元、七、十七、美福門院令旨—高野山文書）

一、……由、鷹司院令旨所レ候也、仍上啓如レ件（正元元、八、二、鷹司院令旨—仁和寺文書）

一、……者、二品親王令旨如レ此、仍状如レ件（元弘三、二、七、大塔宮令旨—三原文書）

一、……由、依二大塔宮二品親王御氣色一状如レ件（元弘三、二、廿二、同上—瀧安寺文書）

終りの二つは後醍醐天皇の皇子護良（モリヨシ）親王（大塔宮（オウトウノミヤ）といった）が鎌倉幕府討伐のために諸国に軍勢を徴したもので、この種の令旨は実に多く残っている。皇子で仏門に入った人（法親王、入道親王）から出されるこの種の文書もやはり令旨とよばれる。例えば仁和寺宮の令旨（これをとくに御室（オムロ）の令旨という）や、延暦寺座主（ザス）宮の令旨などである。

(二) **御教書**　御教書はさきにも述べたように、三位以上の人及びこれに准ずる人の意を伝える文書であって、その人の侍臣＝家司が奉じて書くのである。御教書には上述した綸旨・院宣・令旨のような様式上の特有文言はなく、単に書出しに「被レ仰偁……」とか、書止めに「……者依レ仰執達如レ件」、「……者御消息如レ此……」、「……者御気色如レ此……」、「……由被二仰下一候」などとあって、それが広い意味での奉書（直接の書状でなく、侍臣が主人の意を奉じた文書）であることの示される場合が多いが、間々右の仰、御消息、御気色の上へ「関白殿」、「左大臣殿」などを

加えて何人の御教書であるかを明示することもある。摂政関白家の御教書は殿下の御教書とよばれた。

被㆓　關白殿仰㆒云、來廿六日伊勢公卿勅使祿料、幷合袴三腰、期日以前美麗可㆓調進㆒由、宜㆓遣仰㆒者、仰旨
　如㆑此、知綱謹狀
　　十月十二日　　　　右衛門權佐藤原知綱奉
謹奉　淡路守殿

これは永久四年（一一一六）に成った朝野群載に採録されているが、寛治七年（一〇九三）関白藤原師実の御教書と考えられ（中右記、同年十月十一日条参照）、御教書としては最古のものらしい。内容は伊勢神宮に勅使として発遣される公卿の費用及び装具を期日以前に調進すべしというものであり、家司の藤原知綱が奉じている。つぎに、もう一つ例を挙げておく（図版19）。

　東寺領丹波國大山莊事
右、不㆑可㆑有㆓宮田莊妨㆒之由、
重被㆓仰下㆒候畢者、以㆓此
旨㆒可㆘令㆓言上㆒給㆖之狀如㆑件、
　八月廿八日少納言（花押）上

これは、天承二年（一一三二）関白藤原忠通の御教書であって、忠通の家司少納言平知信が、忠通の意を受けて、

摂関家領丹波国宮田荘の住人が東寺領同国大山荘への濫妨を停止するよう命じた旨を、東寺側（仁和寺宮覚法法親王側近の房官）に伝えたもの（「言上せしめ給ふべき……」という丁寧表現は、仁和寺宮に対する敬意の表われ）で、この文書の場合、差出書の「少納言」が何者で、どういう立場の人かがわからないと、実際の差出者（藤原忠通）を特定することができない。

また摂関家藤原氏がとくに藤原氏の長者として一家一門のことに関して発する御教書は藤原氏の長者宣（チョウジャセン）とよばれた。様式は家司の奉書である点、摂関家御教書と同じであるが、書止めの「依レ仰」、「御消息如レ此」、「御気色如レ此」などの文言が、多くは「依二長者宣一執啓如レ件」、「長者宣所レ候也」、「長者宣如レ此」という文言に変わる。藤原氏の長者宣は、右のように同氏の一家一門のことに関して出されるものであるから、同氏の氏神である春日神社、氏寺である興福寺に対して出したものが多く、また同氏の支配下に属する下総の香取、常陸の鹿島両社や大和の談山神社に対しても出された。今日残っている長者宣は右社寺の文書ばかりといってもよい。長者宣は本来藤原氏に限らず、すべて氏の長者として発する文書に付せらるべき名称であるが、事実上、藤原氏以外の諸氏は早く衰退して、ほとんど顕要な地位に達しなかったため、他氏の長者宣というべきものは伝わらない。そして逆に、こうした地位の低い氏においては、その氏の長者の職務を他氏の顕要の者が代行する、例えばその氏人の任官叙位などを定めることが、すでに平安朝末期に行なわれ、これを是定（ゼジョウ）といい、またこの地位をも是定といい、是定の発する文書を是定宣（ゼジョウセン）といった。今日伝わるのは橘氏の是定宣であって、早く台記（藤原頼長の日記）、兵範記（平信範の日記）、玉葉（九条兼実の日記）に見え、実物としては梅宮神社文書のなかに南北朝時代のものが伝わっている。すなわち橘氏の是定宣は橘氏に関する文書であるが、同氏の長者ではなく、藤原氏の長者が発した文書なのである。

以上、摂関家を中心として御教書、長者宣について述べたが、御教書は摂関家に限られたものではなく、いわゆる公卿の人々は皆これを出したし、また、これにならっていっそう下位のものまで同じ様式の文書を用いた。それらは奉書とよぶべきである。また寺院にも取り入れられて、東寺長者の御教書とか、醍醐寺座主の御教書などが発せられた。そしてこれら公家や大寺院は例外なしに荘園の本所領家として荘園をその経済的基盤としたから、しぜん彼らの本所領家としての荘務処理の文書として御教書が用いられるようになった。前述したように、彼らは一方において下文を多く用いた。下文と御教書の関係は、宣旨・官宣旨と綸旨との関係、あるいは院庁下文と院宣との関係と同じく、下文が訴訟の判決、課役免除その他の特許状など後代の証文となるべき永久的効力をもつ文書に用いられるのに対して、御教書は臨時の命令、終局的決定以前の中間決定、単なる通達などに多く用いられた。その間に用途の差違と効力の強弱が認められたが、中世とくに十四世紀以降になると、一般的な公文書系様式の衰退、これを逆にいえば私文書系様式の発展とくにその公文書化及び武家文書の発達に促されて、次第に下文系統は衰えて御教書系統あるいは御教書と下文との混合様式が行なわれるようになる。その点は次節でまた述べよう。

㈭ **女房奉書**（ニョウボウホウショ）　さきに宣旨の発生をのべたときに内侍宣にふれたが、女房奉書はちょうどこの内侍宣にあたるものである。すなわち天皇の意思を直接受け伝える内侍が仮名書きの書状（奉書形式の書状）を作成して相手に交付する。これが天皇の意思を伝える文書として綸旨に代わる働きをする。女房奉書はもともと女官の手控えであって、相手（名充人）に渡される性質のものではなかった。今日伝わるものでは、鎌倉時代の中期、弘長三年（一二六三）のもの（賀茂別雷神社文書）が最古とされ、おそらくその頃から下付されるようになったものであろうが、その内容は政治関係のものではなく、天皇の私的な用務を弁ずる文書として出された。室町時代になると広く出されるようになり、ことに戦国時代には綸旨ももちろん出されたが、むしろ女房奉書が普通のようになった。なかには天皇自身書かれたものもあるが、その場合も文書はやはり女官（勾当内侍（コウトウ））が天皇の意を奉じて出す形にしてある。古来女性は仮名を用いるのが通例であったから、女房奉書も全文仮名書きであり、その書き方も次第に文字配列のうえに一種の慣例ができて、いわゆる「散し書（チラシガキ）」になる。その慣例は幾種かあったが、図版20（上は本紙、下は礼紙）のようなものが比較的多い。つぎにその解読を示す。

仰　天文十三九廿三
(6) をよひ候　(5) さてハこの
まゝ　御所
御しゆりの　大はに
(1) あその大くし
これとよ
(2) 上かいの事
御めん
(7) 事　候
ちそう
(3) これは
(8) いたし　一たんの
候ハ、
(4) てう
しんへうに　しやう
覚しめし　にて候

(13) 社頭に　(9) 候ハんする
こめ　よし
まいらせ候へと　を
(10) 御つかひ
と
して
(14) おほせ事候へく候　御下かう
よし申とて　候て
候
(11) よく
おほせき
かせられ
(15) かしく　候へく候
(12) この御心
きやうハ

(1)(2)……は読み方の順序である。上段では(1)〜(4)の四行が比較的大きく書かれ、(5)以下は細字になる。一般に書状を一枚の紙に書き上げた場合、さらに白紙一枚を重ねて、相手への敬意を表わす。これを礼紙（ライシ）といい、本来文書の主体である紙を本紙といった（なかには礼紙を二枚も三枚も重ねて敬意を厚くすることもある）。本紙に書き切れない場合は礼紙に書き、また追而書（オッテガキ）などは礼紙に書いた。礼紙に書いた部分を礼紙書（ライシガキ）という。女房奉書もこれと同じで、本紙に書き切れないときは礼紙を用いる。〔補注四〕図版で示した例についていえば、上が本紙で下が礼紙である。この場合の礼紙書では、(10)—(12)の三行が太字、他は細字になっている。女房奉書はもともと外部に出すべきものではなかったから、本来日付がなく、のちに至るまで変らなかった。ただ室町時代になると、これを取り扱う公卿が本紙の右端裏の上部に「仰 享禄四 十一十」というふうに日付を注記することが行なわれた。古文書学のうえでこれをとくに裏端書とよぶ学者もある。天皇の女房奉書に准じて上皇法皇からも側近の女房が同様の文書を出した。

〔補注四〕 書状の用紙が二枚にわたる場合、二枚目の用紙を礼紙とよぶことには、田中稔の異論（『中世史料論考』吉川弘文館、所収「礼紙について」）があるけれども、書礼の通史的検討を今後に期待して、今は通説に従っておく。

さて図版の文書について説明すると、これは肥後の阿蘇神社の神官阿蘇家の文書であって、最初の一行は右に説明した裏端書である。これによって、この文書が天文十三年九月二十三日に出された後奈良天皇の女房奉書であることがわかる。本文はほとんど仮名書きであって、仮名には濁点がなく、いわゆる変体仮名が相当用いてあるうえに、符号に近いような女房文書特有の崩し方や続け方をした文字も出てくるので、見なれないと非常に難解に見える。(11)行の「おほせ」は「お」と「ほ」が極端につまって一字のようになっているし、終りの「候へく候」はほとんど文字には見えない。⒀行の「まいらせ」も独特の崩し方で、第一字は万の変体仮名である。最後の「日野中納言とのへ」はいうまでもなく充名であるが、その左横に見えるのは封じ目のあとである。いまではたいてい「〆」と書くが、これはもともと「封」という字の草体が極端に略されたもので、ここに見えるのはその「封」の草体である。これは、本紙と礼紙を背中合せに重ねて（つまり両方の裏の白い部分を密着させて）、そのまま本紙を上にして本紙の左端から右端にむかって巻く。巻き終ると、ちょうどこの充名の部分が表にくるようになる。すなわちここに充名を書き、本紙の右端を下から途中まで切って、これを紙紐にして全体を結（ユワ）えてその上から封じ目をする。受け取った側でこの紙紐を脱するから、後にはこの写真で見るように封じ目の不完全な形しか残らないのである。こういう封式を切封（キリフウ）という。別に封紙を用いず、文書そのものの一部を切って封をするからである。本紙の右端がちょうど中程まで切れているのが写真に見えるが、これが紙紐用に切ったあとである。保存のよい場合は、その紙紐が切れ失せないで残っていることがある。つぎにこの文書を漢字交り文に改めると、

阿蘇の大宮司惟豊上階の事御免候、これは一段の朝賞にて候、さては此御所大破に及び候まま、御修理の事馳走致し候はば、神妙に思しめし候はんずる由を御使として下向候て、よく仰せ聞せられ候べく候、此の御心経は社頭に籠めまいらせ候へと仰せ事候べく候由申せとて候

これは後奈良天皇が日野中納言（烏丸光康）を勅使として肥後に下し、阿蘇大宮司惟豊に位階昇進のことを伝え（このとき正四位下から従三位に昇叙された）、禁裏御所の修理費用の献納を勧めさせたもので、末尾の心経は般若心経を阿蘇宮に納めしめたことをいう。このとき諸国一宮に般若心経を納めて疫病消除を祈らしめたのである。

終りに、第一、二節にとくに関係ある参考文献（一〇頁書目の相田・中村著書及び本文引用文献のほか）を挙げておく。
鈴木茂男『古代文書の機能論的研究』（吉川弘文館）、「宣旨考」（坂本太郎博士古稀記念会編『続日本古代史論集』下、同上）、早川庄八『日本古代の文書と典籍』（同上）
富田正弘「平安時代における国司文書について——その位署形態と国司庁宣の成立」（『京都府立総合資料館紀要』四）
林屋辰三郎「御教書の発生——日本の古文書と経済的基礎構造の関係」（『古代国家の解体』東京大学出版会）
拙稿「中世史料論」（『日本中世史論集』岩波書店）
また史料集としては、『大日本史料』第一編（八八七—九八六年。完結）、第二編（九八六—一〇二七年まで刊行済）、第三編（一〇八六—一一二〇年まで刊行済）がそれぞれ既刊年代の史料を網羅しており、『大日本古文書』中の東南院文書（既刊三冊）は比較的平安時代の文書を多く収めており、竹内理三氏が編集刊行された『平安遺文』は、平安時代の古文書のほとんどすべてを年代順に配列したもので、この時代の古文書の研究に多大の便宜を与えている。

第三節　武家様文書

前節に述べたように、平安時代の中期から末期にかけて、朝廷・公家の間には官宣旨・下文の系列と綸旨・院宣・御教書の系列、すなわち下文と御教書の二大系統の文書が盛行して、次第に公式令系統の文書を駆逐していった。十二世紀の末、源頼朝が伊豆に崛起し、相模鎌倉に拠って東国を基盤とする武家政権を創設したとき、彼がその政権運営のために用いた文書が右の二系統の文書以外のものでなかったことは、この武家政権が政治的にも経済的にも京都の朝廷・貴族から分離し独立して存続しうる条件をもたず、ことにこの政権の中核を形づくる頼朝以下の武士上層部が京都文化の追随者であって、未だ彼らの間になんら独自の文化を形成し得なかったことによる当然の結果であった。しかし、その後まったくの模倣が続いたわけではなく、いくばくもなく下文と御教書との折衷ともいうべき下知状(ゲチジョウ)という新様式が生まれ、ここに下文・下知状・御教書の三系統が武家文書の中心を形づくった。このうち下文は鎌倉時代から南北朝時代にかけて最上格の文書として用いられたが、次第に御教書及びつぎに述べる直状(ジキジョウ)の発達に圧倒されて、室町三代将軍義満頃で使用が衰え、一般の地方大名でも特殊な尚古的な傾向の強い大名以外は用いなくなった。下知状は鎌倉時代さかんに用いられて次第に下文の位置を浸蝕したが、室町時代に入ると、かえってその用途は制限され固定化していった。

ところで、御教書・奉書の発達は私的な書状の発達に由来すること前節に述べた如くであるが、この私状様式の普遍化現象は中世に入ってますます顕著となる。すなわち、御教書・奉書のような間接的意思伝達法ではなくして、普通の私状様式と同じ直接的な意思伝達法によって職務の執行を命じたり、経済的収益としての職(シキ)の内容実現（例えば所領所職の給与や確認）をはかるようになる。これを書下(カキクダシ)といい、書止めを「……状如件」、「仍如件」のような文言で結び、日付に年次（年付(トシヅケ)）を入れる点が、純私状と区別される主要な相違点であった。これは間接的伝達方式の奉書に対して、直接に出すという意味で直状(ジキジョウ)・直札(ジキサツ)ともいった。また、将軍の発給する文書として、書状とほとんど変わるところのない御内書(ゴナイショ)という様式が発生して、公的機能を果たすようになったことも、私状様式の普遍化として注目すべきであろう。一方、宋元文化の影響によって武家の間に印章が用いられ、ひいてはこれが花押の代わりに文書に捺されるようになって、ここに印判状が発生し次第に広まった。

以上、だいたい下文・下知状・御教書・書下・印判状の五種が中世武家文書の基幹をなした様式である。〔補注五〕

〔補注五〕　江戸時代に入ると、これら中世以来の文書及びその変容に、覚(オボエ)、達(タッシ)、触(フレ)などの略式文書（一種のメモ）、二頁の補注一で触れた多種多様の帳簿類が加わって、幕藩文書の骨格を形成することとなる。

一　下　文

(A) 鎌倉幕府の下文

(イ) **奥上署判下文**　源頼朝は最初、日付のつぎの行の上部に前右兵衛佐源朝臣（花押）と署判して下文を出した。これは今日寿永二年（一一八三）のもの（賀茂別雷神社文書）と同三年のもの（久我家文書）とが伝わっている。

(ロ) **袖判下文**　ついで図版21に示したような、文書の右部分（袖（ソデ））に花押を署するほか差出書を書かない下文を発給した。これを御判（ゴハン）の下文とか袖御判の下文といった。

〔読下し〕

（花押）[1]

下す　伊勢国波出（ハタ）御厨[2]

　補任（ブニン）す　地頭職の事

　　左兵衛尉[3]惟宗忠久

右、件の所は故出羽守[4]平信兼の党類の領也、しかるに信兼謀反（ムホン）を発（オコ）すに依り追討せしめ畢（オワ）んぬ。仍って先例に任せて公役（クヤク）を勤仕（ゴンシ）せしめんがために、地頭職に補する所也、早く彼の職として沙汰致すべきの状件の如し、以て下す

　　元暦二年六月十五日

〔注解〕（1）この頼朝の花押は頼の扁（ヘン）「束」と朝の旁（ツクリ）「月」とを合わせたもので、こういうのを花押の分類からいって二合（ニゴウ）体の花押という。（2）御厨（ミクリヤ）は皇室の食料品、伊勢神宮その他有力神社の神饌を調達するために設定された所領。十一世紀後半以降、急速に荘園化し、ことに伊勢神宮に寄進されて成立した御厨が東国を中心に増大した。（3）薩摩の大名となって明治維新まで続いた島津氏の先祖忠久である。それでこの文書も忠久の子孫の島津家に伝わったものである。忠久は頼朝の庶子とも伝えられる。（4）出羽守平信兼は平家の支族で、平家の根拠地である伊賀伊勢地方に蟠踞していた。そして平家一族が没落して西海に逃れた後もこの地方にとどまっていて、元暦元年七月富田家助、平田家継ら平家の与党とともに蜂起したが、結局、源氏の大将義経及び大内惟

義のために多くの者が殺されて鎮圧されてしまったことが、吾妻鏡や玉葉、山槐記などの当時の公家の日記に詳しく見えている。源平盛衰記によれば、信兼は自殺したという。この下文は頼朝がその謀反人信兼の党類の所領を没収して御家人に与えたことを示すものである。また、頼朝が最初伊豆で兵を挙げた時、平家の与党として真先に誅伐した伊豆の目代山木判官兼隆は、この信兼の子と伝えられる（源平盛衰記、尊卑分脈、山槐記）。筆蹟について説明すると、文書全体は頼朝の右筆が書いて、頼朝は花押だけ書き入れたのである。こういう下文の類はいうまでもないことであるが、その他、一見頼朝の自筆と思われる書状の類でも、確実に頼朝の自筆と認むべきものはないといわれている（相田二郎著作集1『日本古文書学の諸問題』所収「鎌倉時代に於ける武家古文書の筆蹟」参照）。なお、この下文を仔細に見ると、左兵衛尉惟宗忠久の一行は他の部分と筆蹟が違っていることがわかる。これはおそらくこの種の下文を同時に多数調製する必要から、個々の被給者を書き入れないものを一括して作り、後で名前だけを書きこんだものであろう。なお、黒川高明編著『源頼朝文書の研究　史料編』（吉川弘文館）は、頼朝署判の文書、及びその他の頼朝発給文書を網羅し、正文は図版に翻字を添え、真偽についていちいち編者の見解を付記したもので、頼朝の文書を研究するうえに甚だ有益である。

この袖判下文の様式は、現存する限りでは元暦元年（一一八四）六月から文治五年（一一八九）二月までと、とんで建久三年（一一九二）九月のもの（松平基則所蔵文書）がある。この建久三年のものは後述する将軍家政所下文といっしょに下付されたもので特殊の事情に基づく。要するに上記(イ)(ロ)二様式は、未だ頼朝が政所を開設し政所下文を発給しうる資格を有しなかったところから、便宜上これらの様式の下文を発したものであろう。書礼のうえでいえば、(イ)よりは(ロ)すなわち奥判よりは袖判が尊大であり、相対的には上位者の書式である。もっとも袖判は彼の創始にかかるものではなく、一〇一頁に述べた如く庁宣に知行国主が袖判を加えた例がある。袖判の初見は寛治三年（一〇八九）の大宰府下文である（東南院文書）。

(ハ) **政所下文**　頼朝は建久元年十一月上洛して権大納言・右近衛大将に任ぜられ、十二月両官を辞したが、これを機会に翌年から政所下文を発した。まず現われるのが、

(1)　前右大将家政所下文であって、建久二年二月（下諏訪神社文書）・同三年六月（松浦文書）などの例がある。前右大将というのは、頼朝は前述の如く建久元年十一月権大納言に任ぜられ、同月のうちに右近衛大将に兼任せられたが、

まもなく両官とも辞したので、前右大将家と称したのである。

ところが建久三年七月、頼朝はようやく宿望を達して征夷大将軍に任ぜられたので、

(2) 将軍家政所下文を出すことになった。今日では建久三年八月のもの（茂木文書）から、同五年八月のもの（大倉氏採集文書）まで残っている。その後、おそらく建久六年三月から七月にかけて上洛した際に、彼は将軍職を辞し、以後再び元の前右大将家政所下文に戻る。つぎに建久二年の前右大将家政所下文を例示しよう。

前右大將家政所下　捧紀五近永
　可㆔早弁㆓濟陬(諏訪)方下宮神領鹽尻西條所當物㆒事、
　　副下(1)　御下文
右所當稱㆓作田不作之由㆒、乍㆑耕㆓作田數㆒、近年不㆑弁㆓濟所當㆒之由、(2)稅(祝)四郎大夫盛次所㆓訴申㆒也、事實者(3)甚不當也、慥可㆓弁濟㆒也、兼又令㆑追㆓補(捕)百姓等㆒、搜㆓取資財物㆒、居㆓住郷內㆒盛次所從(4)男女十七人、寄㆓事於左右㆒搦取之由訴申、事實者早可㆓糺返(5)㆒之狀如㆑件、以下(6)

　　建久二年二月廿一日　　　案主藤井（花押）

令主計允藤原（花押）　　知家事中原（花押）

別當前因幡守中原朝臣　　掃部允惟宗（花押）

　　　　　藤原

〔下諏訪神社文書〕

〔注解〕（1）副下、ソエクダス。添付して下す。すなわち別の下文を一通、証拠書類として添付したのである。（2）税は祝の誤りで、祝（ホウリ、ホリ）は神官。（3）事実者、コトジチナラバ。九八頁(14)の事在実者と同じ。（4）所従、ショジュウ。主人に仕え、その駆使に従って耕作や家内労働に従事するもの。完全な人格を認められず、売買譲与の対象となった。下人（ゲニン）とほぼ同じ身

分。(5)紕返、キュウヘン、タダシカエス。不法に取り上げたものを本主に返すこと。(6)以下、モッテクダス。

〔要旨〕　捧近永という者が下諏訪神社の神領を耕作しながら、不作と称して年貢を納めず、あまつさえ領内の百姓を捕えたり、百姓の資財を取り上げ、神官盛次の所従十七人をからめ捕えたということを、盛次が頼朝に訴えてきたので、年貢の進納と、取り上げた所従や資財の返却を命じたものである。捧近永は信濃の筑摩郡捧（ササゲ）庄の出身であろうか。また、ここに署名している令（リヨウ）・別当以下の人々は頼朝の政所の役人であって、令主計允藤原は二階堂行政、別当前因幡守中原朝臣は有名な大江広元である。広元は大江維光の子で、中原広季の養子となり中原の姓を称した。晩年大江姓に復した。

つぎに、もう一つ建久八年の前右大将家政所下文を挙げよう（図版22）。

前右大将家政所下　　左兵衛尉惟宗忠久
　可下早爲二大隅・薩摩兩國家人奉行人一、致中沙汰上条条事、
一　可レ令レ催二勤内(1)裏大番一事
　右催二彼國家人等一、可レ令二勤仕一矣、
一　可レ令レ停三止賣二買(2)人一事
　右件条可二禁遏一之由、宣下稠疊、而邊境之輩、違犯之由有二其聞一、早可二停止一、若有二違背之輩一者、可レ處二重科一矣
一　可レ令レ停二止殺害已下狼藉一事
　右殺害狼藉禁制殊甚、宜守二護國中一、可レ令二停止一矣、
以前条々所レ仰如レ件、抑忠久寄二事於左右一、不レ可レ冤(3)二淩無レ咎之輩一、而又家人等誇二優恕(4)一之餘、不レ可レ對二捍奉行人之下知一、惣不慮事出來之時、各可レ致二勤節一矣、以下、
　建久八年十二月三日　　案主清原

令大藏丞藤原（花押）[(5)]

知家事中原

別當前因幡守中原朝臣[(6)]

散位藤原朝臣（花押）[(7)]

〔島津家文書之一、一一号〕

〔注解〕（1）内裏大番、ダイリオオバン。京都大番役をいい、鎌倉幕府の御家人の平時における最大の軍役（軍事勤務）。国単位に京都に召集されて、皇居の警衛に当る。（2）宣下稠畳、センゲチュウジョウ。宣下は朝廷よりの命令、前々節で述べた官符、前節で述べた宣旨・官宣旨で下達されるものをいう。そういう朝廷の人身売買禁止令が重ねがさね出されているという意味。したがって、この条は幕府独自の命令ではなく、朝廷の禁令の遵守を下達したものであって、幕府と朝廷の関係を考えるうえに注目すべき史料である。（3）冤凌、エンリョウ。冤はシエタグ（虐げる）。淩（正しくは陵）は陵轢（リョウリャク）、陵辱（リョウジョク）、陸陵（リクリョウ）などと用い、暴力（物理的な力）を加えて肉体に苦痛を与える意味である。（4）優恕、ユウジョ。寛恕に近い意味。犯罪、非法その他有責の事柄を大目に見てやること。したがって「優恕に誇るの余り……」は、非法・不当なことをやっても、幕府が目をつぶってくれることをいいことにして、奉行人（すなわち忠久）の命令に反抗するようなことがあってはならぬ、という意。（5）連署の大蔵丞藤原は官途、花押からみて武藤頼平に当たる。（6）別当前因幡守中原朝臣は、前掲建久二年の下文に見える中原朝臣（広元）と同一人かと思われるが、広元は建久六年まで前因幡守を称し、同七年正月兵庫頭に任ぜられ、以後、兵庫頭中原と署記した（青方文書、高野山文書等）。したがって、この建久八年の文書に旧称を用いているのは不審である（この点、石井進氏の教示による）。原本について見て鎌倉時代初期の文書と認められるから、これは単なる右筆の誤記なのであろうか。しばらく疑いを残しておく。（7）散位藤原朝臣は花押からみて、二階堂行政にあたる。

この下文は、大隅・薩摩の家人奉行人島津忠久に対して、家人奉行人の職権事項を明示したものである。そしてこの第一条、京都大番役の催促（御家人の勤務を指揮統率する）と、第三条、殺害狼藉の禁止は、鎌倉幕府における守護の三大職権事項（大番催促、謀叛人・殺害人の追捕。これを大犯三ヶ条（ダイボン）とよんだ）のなかの二つとほぼ合致するし、この文書の第三条には「宜守護国中」と書いてある。これらの点を併せ考えると、家人奉行人は守護の前身であり、この下文は守護制度の成立過程を考えるうえに重要な史料ということができよう。

右のように頼朝の下した政所下文は摂関家政所下文とほとんど同じ形式で、ここには(イ)(ロ)の如く頼朝自身の署判や袖判がなく、別当・令・知家事・案主など家司にあたる人々が連署するのである。頼朝は建久二年正月政所始の儀式（新年の仕事始め）を行ない、その際、従来所領給与にあたって御家人に下付していた御判（頼朝の花押）または奉書の文書を返還させて、家の御下文すなわち政所の下文を再交付することに改めた。ところが御家人の筆頭である千葉常胤がこれに抗議し、家司のみが花押を書く下文では後々の証に備え難いといって、頼朝の袖判の下文（上記(ロ)の様式）を併せ賜わったということが吾妻鏡に見えている。この話でわかるように、頼朝が早くから発給していた袖判下文は、東国武士の間では、彼らの強い主従観念によくマッチするものとして尊重されたのである。また頼朝が政所下文を用いるにしても、前大納言家といわずに前右大将家といい、年来の強い希望がかなって征夷大将軍に任ぜられると、さっそく将軍家政所下文を用いた点はやはり注目すべき点であって、例えば同じ武士の出身であっても、平氏が全く貴族化してしまって、文書のうえでも「権中納言家政所下」という下文を用いているのとよい対照をなしている（長寛二年権中納言平清盛の下文――厳島神社文書）。もっともこれを、武家の棟梁たる地位を正当づける根拠を近衛大将や征夷大将軍という朝官に求めようとする頼朝自身の支配者意識の現われと見るべきか、それとも頼朝をとりまく東国武士の意向の反映と解すべきかは、軽々しく断定できない問題である。

さてその後、頼朝の後継者（当時鎌倉殿とよばれた）である歴代の将軍は、家を継いでも三位になるまでは、やはり上記(ロ)の袖判下文（まれに(イ)）を用い、三位になって政所開設の資格を得て、はじめて政所下文を用いた。これは頼家・実朝・頼経・頼嗣まで変わらなかった。しかし、そのつぎの宗尊親王以下の宮将軍は最初から将軍家政所下文を出した。

つぎに、下文はどういう事柄に用いられたかというと、初めはだいたい公家様文書における下文と同様で、地頭職その他の職の補任、所領給与、安堵、課役免除、守護不入以下の特権付与や訴訟の判決など、恒久的効力の期待される事項について相当広範囲に用いられたが、つぎに述べる下知状が発生すると、次第に多くの事項が下知状に譲られて、承久乱以後はもっぱら知行充行（アテオコナイ）（恩給）と譲与安堵（親子その他の間で行なわれた所領譲与を将軍が承認すること）の二項に限られ、さらに嘉元元年（一三〇三）に譲与安堵に際していちいち下文を発行せず、被相続人から相続人に与える譲状の余白に幕府の執権らが安堵文言を書き加える（これを安堵の外題（ゲダイ）という）という規定ができて以後は、下文は知行充行だけに限られた（この点なお一四三頁参照）。

図版23に示したのは譲与安堵の下文である。事書と本文だけ読下しをつけておく。

早く平家政をして領知せしむべき、下野国中泉西荒居の内、冨吉東西郷、越後国白河庄の内、山浦四箇条（女子（ニヨシ）等の分幷びに女田寺領下居在家（ザイケ）はこれを除く）等の地頭職の事

右亡父大見肥後民部大夫行定法師（法名寂円）の弘安四年四月二十六日、同六年四月五日の譲状等に任せて、彼の職として領掌せしむべきの状、仰（オオ）する所くだんの如し、以て下す。

文意についてはとくに説明するまでもないが、大見行定という武士が弘安四年と六年の二回にわたって譲状を作成して、子息の家政に下野国中泉庄内冨吉東郷と西郷（冨吉郷が東西あるいはもっと多くにわかれていたのであろう。ここでは、その東郷と西郷）及び越後国白河庄内山浦の四カ条（越後地方では村や保に当る小地域を条とよぶことが多い）の地頭職を譲り与えて死去したのである。そこで家政の申請によって幕府はこの行定の譲状をそのまま認めて、家政の右地頭職を確認するというのがこの下文の趣旨である。このように鎌倉幕府の御家人は親その他から譲状を与えられても、それだけでは法的効力が十分ではなく、幕府の確認＝安堵を得なければならなかった。これがないと、万一その後その所領、所職を他人に侵害された場合、幕府の十分な保護を期待することができない。だから御家人にとって

安堵は、新しく所領を与えられること（これを新恩という）につぐ大きな御恩であった。安堵は譲与だけでなく土地売買の場合にも行なわれた。少なくとも安堵を得ないと合法的な売買とみなされなかった。但しその場合の安堵は下文でなくつぎの下知状で行なわれた。つぎに山浦四箇条の下の割注はいわゆる但書であって「山浦四箇条といっても女子等の分その他は除外する」という意味である。つまり山浦四箇条のうちの一部は家政に与えず女子に与え、また一部はすでに女田寺（メタデラ？）の寺領となっているので、これは家政分にならないのである。割注の末尾の在家というのは、いろいろ問題のある歴史的名辞であるが、単なる家屋ではなく、田地に付属して譲与売買されるきわめて独立性の弱い耕作農民を、その居住する家屋に即して在家二宇とか在家三宇というのである。関東北陸では畿内先進地域のように独立農民＝名主の発達が容易に見られず、領主の下にはこうして在家の名でよばれる下層農民があって領主の農業経営の直接の荷担者となった。

また、この文書によって当時の御家人の所領が一カ所でなかったことがわかろう。大見行定はこの文書に見えるだけでも下野と越後に地頭職をもっていた。大見氏はもと伊豆の豪族で桓武平氏を称した。源頼朝が伊豆で挙兵したとき、馳せ参じた武士のなかに大見家秀があり、宇佐美実政・堀親家など著名な御家人と同族である。大見行定は家秀の孫にあたる。一般に関東の武士たちは幕府に仕えて従来の所領を安堵されたうえに、さらに戦功その他によって各地に所領を与えられた。その多くは地頭職として与えられたのである。例えば島津氏などは幕府から大隅・薩摩・日向三カ国にまたがる広大な荘園、島津庄の地頭職をもらったほかに、信濃・越後・越前・播磨・伊勢などにも所領を与えられたのである。こうして御家人が各地に飛地をもつことは、のちにその家がいくつかにわかれるもとをなした。

この機会に武士の名前について一言しておこう。この文書を見ると、大見肥後民部大夫行定法師（法名寂円）とあり、その子は平家政とある。これは大見が苗字で平は本の姓である。足利尊氏の本姓が源で足利は苗字であるのと同様である。苗字は地名などからつけられたのが多い。足利氏は下野の足利庄を本拠としたからであり、大見氏は伊豆の大見庄を本拠としたからであるといわれる。つぎに肥後民部大夫というのは通称であり、行定は実名（また、諱、名乗ともいう）である。通称は呼び名ともいって、他人がよぶ名である。実名は格式ばった場合のほかは自分でもあまりいわない。肥後民部大夫という呼び名はどうしてできたかというと、行定の父は肥後守実景という人であったので、行定は父の受領（国司のことを受領という）にちなんで肥後何某、例えば肥後二郎とか肥後四郎とかよばれたと考えられる。その後、任官して式部丞になるとやはり肥後式部丞とよばれ、さらに位階が昇って五位に任ぜられると、五位の位を大夫というところから肥後式部大夫とよばれたらしい（修理大夫・春宮大夫の大夫などは官名であってダイブとよむ）。寛喜元年（一二二九）当時は式部大夫であったことが父実景から行定に充てた譲状に見えている。その後、民部丞に転じたと見えて肥後民部大夫とよばれるようになり、のち出家して法名を寂円といったわけである。このように呼び名は親の官名を上につけてよばれることが多いが、また烏帽子親のそれが付せられることもある。そして、その後の任官や昇叙などによってだんだん変わる（なお、『日本歴史』昭和二十七年九月号所載、高柳光寿「呼び名のこと」参照）。

　さて本題にもどって、この写真を見ると、将軍家政所下の下は空白になっている。これは前に挙げた摂関家政所下文や院庁下文などと大いに異なる。幕府から出した下文でも初期のものは例外なしに「下」の下に……荘官等とか……庄住人等といった充名があったが、これは前にも説明したように多くは形式的な充名であって、例えば地頭職補任にしても、この部分には実際補任された人すなわち地頭職をもらった人の名ではなくて、その地頭職の所在地の「住人等」が記されるのが通例であった。要するに、職の補任をあくまで古代の官職の任命とみなして、その任命を在地の者に告知するという古い形式をそのまま踏襲してきたわけである。しかるに職の補任が実質的には所領給与を意味するという傾向は、鎌倉幕府の地頭設置及びその後の御家人に対する所職恩給制の発達によって著しく促進され、職補任の下文の充所に在地の住人を書き入れるということは全く形式的なものになってしまう。充所を省いてこの部分を空白にするのは、そうした点に関する自覚の表われだと考えられる。さらにこの自覚が徹底すると当然、実際その職に補任される人、職を給与される人の名が書かれることになるわけで、事実この弘安前後からそういう形式が行なわれて、後には全くこれだけになってしまう。これは一つには職そのものの性格とこれに対する当時の人々の観念が変わったことを表わすものであり、また一方には武家が公家文書の様式を模倣しつつも、次第に自分独自のものを形成してゆく過程を示すものとしても注目すべき点だと思われる。〔補注六〕終りに連署の部分を見ると、上方に三名、下方に二名の官職名があるが、花押を書いているのは相模守平朝臣と前武蔵守平朝臣の二人だけである。前者は当時の執権北条貞時（時宗の子）であり、後者は執権につぐ幕府の重職である連署（レンショ）の職にあった北条宣時（ノブトキ）である。この頃になると、下文には執権と連署の二人だけ（連署が置かれないときは執権だけ）花押を書くようになり、他の令、知家事、案主などは形式的に官職名だけ書いて署判しないようになった。これは将軍の御教書や下知状が執権・連署二人だけ署判するようになったのと同じ傾向を示すもので、要するに幕府政治の実権が北条氏に帰したことが文書の様式のうえに反映したわけであって、承久乱後次第に強まった傾向の結末である。そして令とか知家事・案主などの職名だけをそのまま残しておくことは、この下文が次第に実質的な働きを失って、最も儀式ばった荘重さを要する事柄だけに限られるようになったことと関連して考えられるべきであろう。

〔補注六〕　以上、下文の充所の変化及びその意味に関する考察に対して、近藤成一氏の批判がある。同氏「文書様式にみる鎌倉幕府権力の転回——下文の変質」（『古文書研究』第十七・十八合併号）を参照。

鎌倉幕府における下文の様式の変遷は以上の如くであって、最初用いられた袖判下文は藤原将軍までで、その後は用いられなかったが、かえって幕府家臣の有力者に用いられて、この系譜が室町将軍の下文につながることになる。すなわち御家人のなかで最も有力な北条氏及び足利氏がそれであって、この両氏は地頭代官の補任その他各家人や家領のことについて上掲頼朝下文の(ロ)形式そのままのものを用いている（北条氏の下文は蒲神社文書や阿蘇文書に、足利氏のものは前田家所蔵文書のなかにある）。今日伝存するところでは、この様式を用いた御家人は北条・足利二氏だけであって、この点からも、足利氏が鎌倉時代の武家社会において北条氏と並ぶ格式をもつ有力な大名であったことがわかる。文書は広い意味での社会生活の手段であるが、その文書を生みだすのも広い意味での社会なのである。文書の様式一つを考えても、それは単に差出者の個人的な趣向や考えだけで定められるものではない。足利氏が他の多くの御家人と異なり、執権北条氏と同じ様式を用いたということは、それを世間——武家社会が容認したことを意味し、ひいては足利氏がそれに値する社会的地位と待遇を保持していたことを意味するのである。

つぎに鎌倉幕府が倒されて建武新政時代になると、陸奥国守に任ぜられて陸奥に下った北畠顕家がやはり同様の袖判下文を出している（南部家文書その他）。これは平安時代の知行国主下文の様式を襲用したと見るよりも、武家のものにならったと見るべきであろう。その一例を図版24に示した。

（B）室町幕府の下文

室町将軍家足利氏は上記のように鎌倉時代から袖判下文を出していたが、尊氏は鎌倉幕府を倒すと、いち早くこの様式の下文を用いて戦功者に対して恩賞の給与すなわち充行（アテオコナイ）を行なった。つぎに一例を示す。

（尊氏）
（花押）

下　安保新兵衛尉

信濃國小泉庄内室賀郷地頭職事

右以レ人爲二勲功之賞一所レ補二彼職一也、早任二先例一可二領掌一之状如レ件、

元弘三年十二月廿九日

〔安保文書〕

これは文字通り安保新兵衛尉に勲功賞として地頭職を与えたことを示すもので、内容からいえば、恩賞充行状というべきもの。ところで元弘三年（一三三三）十二月といえば、鎌倉幕府の滅亡が同年五月、後醍醐天皇の京都帰還が翌六月、そして八月には諸将の論功行賞があり、十月には記録所や雑訴決断所・武者所などの新機関も設置され、ついで義良親王・成良親王らの陸奥・関東派遣が行なわれて、ようやく新政がその緒についたころである。このときにあたって尊氏が自分の名で武士に恩賞給与を行なっていることは、彼が六波羅探題を倒して以来、ひきつづいて京都に奉行所を設けて諸国の武士をひきつけていたことと考え合わせて、興味のある事実といわねばならない。

ついで尊氏は建武政府に離反して幕府を開くと、やはり同じ様式の下文を用いた（図版25）。その解読を示す。

（尊氏）
（花押）

下　小笠原兵庫助政長

可㆑令㆔早領㆓知美濃國中河御厨地頭職㆒〈得宗領〉事

右人、爲㆓勲功之賞㆒所㆓充行㆒也、早守㆓先例㆒可㆑致㆓沙汰㆒之狀如㆑件、

建武四年八月十三日

〔小笠原文書〕

この下文も、元弘三年の下文も、「下」の下に、実際に地頭職を恩賞として給与される個人名が記入されている。つまり文書の実際の受取人が充所の位置に明記されたわけで、鎌倉初期の下文（例えば図版21）と対照すると興味深い。なお、割注の「得宗領（トクソウ）」とは、旧鎌倉幕府の実権者であった北条氏の本家が全国各地にもっていた厖大な所領のことである。得宗領は北条氏の権力の物質的基盤であるから、鎌倉幕府の政治史・体制史を研究するうえに、得宗領は重要な問題である。なお、鎌倉幕府が倒れると、得宗領は建武政府によって没収されたが、その処理の仕方（主と

して誰に与えるかの問題）は建武政府にとっても、その次の足利政権にとっても大きな問題となった。

つぎに、足利尊氏の弟直義も幕府政治上の文書として袖判下文を用いた。直義は室町幕府開創期約十五年、尊氏と並んで一種の二頭政治を行なったが、最初は奥上署判の下文（一二〇頁に示した頼朝下文の(イ)式）を用い、ついでこの袖判下文を用いた。また尊氏の子で叔父直義の養子となり、尊氏と直義が不和となると、養父直義のために尊氏に抗して、中国地方に大きな勢力を張って長く幕府を悩ました直冬（タダフユ）も、最初は日下（ニッカ）署判の下文、ついで奥上署判、ついで袖判下文を用いた。しかるに観応五年（北朝が観応三年に文和と改元した後も、直冬は引続き観応の年号を用いていた）南朝に降り南朝の正平九年の年号を用いて以後、直冬は袖判下文を出した形跡がなく、従来、袖判下文を用いた事柄は日下花押の御教書（実は書下）を用いた。おそらく袖判下文を廃したのであろう。このことは袖判下文の武家的性格を考えるうえに注目すべき点であろう。尊氏の跡をついだ二代将軍義詮・三代将軍義満ともに父祖以来の袖判下文を用い、鎌倉幕府のような将軍家政所下文は用いなかった。この間、後述するように御教書が下知状・下文の要素を取り入れて、次第に下知状・下文の地位を侵して優勢になり、そのためついに応永九年以後足利家の下文は出されなくなった。少なくとも実質的効力をもった下文はこの年で終った。

袖判下文は足利氏の家臣にも用いられ、例えばごく初期の例として高師直のものが近江甲賀郡の山中文書（神宮文庫現蔵）に残っているが、将軍家でこの様式が廃されたのと軌を一にする如く、その後の例はほとんど見うけられない。ただ遥か下って十五世紀末、応仁・文明の乱頃から中国地方の雄族大内氏に用いられたことを付言しておく必要がある。すなわち大内政弘—義興—義隆—義長と数代にわたってこれを用いた。大内氏はだいたい京都文化吸収追随の気風の強い大名であって、応仁・文明乱後は京都の公家・僧侶らを招いて伝統的文化の摂取につとめ、城下町山口は京都の繁栄を奪ったほどであったが、文書のうえでもその傾向が見られる。前に説いた大府宣（一〇一頁参照）が久しく廃絶していたのを、大内義隆が大宰大弐として復活したことも同じ傾向を示す事例である。そしてこうした伝統的風潮の強い所では、当然のことながら室町末・戦国時代の新興文書である印判状は発達しないのである。なお大内氏の影響を受けて毛利隆元も同様の袖判下文を出した。つぎに大内氏の下文の一例を示す（図版26）。

（大内政弘）
（花押）

下　乃美宮内少輔家平

可レ令三早領二知周防國熊毛郡立野保内捌拾石地一＊大塚掃部助跡事

右以二件人一所二充行一也者、早任二先例一可レ被レ全二領知一之状如レ件、

文明二年六月十七日

〔小早川家文書之二、浦家文書〕

〔注解〕跡、アト。もと大塚掃部助の所領であった土地の意。跡は元来、知行人がなくなって、あとに残された所領のことである。この所領を、旧知行人の子孫親類などの相続の対象として見る場合、つまり遺領・遺産と見る場合に、これを遺跡（ユイセキ）、一跡（イッセキ）、跡職（跡式アトシキ）、跡目（アトメ）などといい（一跡以下は戦国以後用いられるようである）、また、知行人の死亡・逃亡・謀叛その他の犯罪によって、所領が没収された場合、死亡跡、逃亡跡、謀叛人跡などといい、また旧知行人の名をつけて誰某跡といった。つまり、この種の跡は、旧知行人から没収したまま、再給与されない所領である。この文書の跡はこの例であって、おそらく敵方に走ったために没収された大塚掃部助跡を、今度乃美家平に充行う（給与する）のである。なお、跡は、あとにのこされた人、あとをついだ人の意にも用いる。あとつぎの人の名がわからない場合、なくなった人の名に跡をつけてよぶ（後出一五六頁の鎮西御教書にある某殿跡の例を参照）。

二　下知状（ゲチジョウ）

（A）鎌倉幕府の下知状

頼朝は前項の下文及び次項の御教書のほかに、ちょうどその中間的な様式の文書をも用いた。

(イ) 可下早守二仰旨一致中沙汰上備後國大田庄訴申兩條事、

一 可レ停下止爲二惣追捕使(1)一煩中庄民上事、

右寄二事於惣追捕使之沙汰一、猥云(2)二煩庄民一之由有二其訴一、所行之旨尤以不便、自今以後可レ停二止其煩一、

一 可レ令三庄官兼隆光家等勤二仕内裏大番(3)一事、

右依二件役一不レ可レ致二庄家煩一、守二次第月充(4)一可レ勤二其役一、然者此外更不レ可二云煩一、

以前兩條依二前右大將殿仰一下知如レ件、

建久六年六月五日　　平(5)（花押）

前右京進（花押）

前因幡守（花押）

〔高野山文書之一〕

〔注解〕(1)惣追捕使、ソウツイブシ。この当時はソウツイブクシといったらしい。警察、犯罪人の検挙などのために国衙や荘園に置かれた職。(2)云煩、イイワズラワスとよむのであろう。無理難題を言いかける、不当な命令をする意であろう。(3)内裏大番、ダイリオオバン。一二四頁の注解(1)を参照。(4)次第月充、シダイノツキアテ。順序立てて配列された月単位の割りあて表の意であろう。内裏大番は前に説明したように、御家人の負担として国単位に召集されて、上京服務した。それを指揮統率するのが国の守護（前の例では家人奉行人）であって、おそらく守護が何月は誰某、何月は誰某というふうに、月別の勤務割充を作成したのであろう。そこで、この条は、兼隆・光家らの義務として自身で服務すべき大番役を庄家に肩代りさせる（おそらく庄民を代役に出す）ことを禁じて、次第の月充通りに自身で服務せよ、と命じたものである。(5)連署の三人はいずれも頼朝側近の右筆で、平というのは平盛時、前右京進は中原仲業（ナカナリ）、前因幡守は大江広元である。いずれも吾妻鏡によく出る人物である。

これは書出し部分がちょうど下文の最初の一行（下、あるいは……政所下）を除いた形であり、書止めの「依二前

右大将殿仰」という奉書文言や日下に奉行が署判する形は御教書と同じである。これをその書止めが「下知如レ件」で結ばれる点に注目して下知状という。当時これを下文ともよんだ。ここに示したのは建久六年の文書であるが、早いところでは建久三年のものがある（市河文書）。しかし総じて頼朝の在世期には所見が少ない。そのためもあって頼朝のころの下知状の用途、及び下知状と下文・御教書との用途上の区別を明確にすることはきわめて困難で、おそらく下文と御教書との中間的な重要性をもつもの、すなわち後日の証とすべきものではあるが、とくに政所下文を出すほどでもないといったものに用いられたかと思われる。右とよく似た文書でさらにつぎの様式のものがある。

(ロ)　下　加賀國井家庄地頭代官所

　可下早且停二止自由(1)狼藉一、且致二撫民計一、従中領家使下知上事、

右當御庄者、重役(2)異レ他御庄也、而地頭代官以二新儀非法一爲(3)レ業之間、土民不レ安堵一、公物難(4)レ濟之由有二其訴一、早停二止自由之狼藉一、任二先例一可レ致二沙汰一之状、依二鎌倉殿仰一下知如レ件、

　元久二年六月五日

遠江守平（花押）

〔前田家所蔵文書〕

〔**注解**〕(1)自由、ジユウ。わがまま勝手の意。慣習、先例、法令など秩序を形づくっているものに逆らい、乱そうとする行為はすべて「自由の……」として非難された。(2)重役、ジュウヤク。厳重な課役。他と違った畏れ多い課役を負担する荘園。(3)以……為業、……をもって業（ワザ）となす、そのことをもっぱらにする意。(4)難済、ナシガタシ。あるいは音でナンセイとよむ。年貢その他貢租の納入を遅怠すること。

これは前のよりもさらに下文に近く、事実、当時はこれを下文ともよんだ。しかしやはり書止め文言や奉行の点で

御教書的性格が見られ、下文のように発給の主体が文書のうえにはっきり出ていない点で下文と区別され、やはり下文と御教書との中間的様式として前記建久六年の下知状と同じ範疇に入るべき文書である。下知状は頼朝時代はきわめて少なく、かつ(イ)の様式だけで(ロ)は見られないが、頼朝の死後次第に多く出されるようになり、とくに三代実朝の嗣立以後増加する。そしてその奉者も初めは(イ)の如く何人かの奉行の連署することが多かったが、だんだん北条時政だけになり、時政の失脚(一二〇五)後は子義時だけになり、彼が死んで(一二二四)、泰時が跡をついで執権となり、叔父時房を連署に任じて以後は、執権と連署との二人が連署する形に固定した。連署という職名も、もともとこの下知状や次項に説く将軍家御教書に、執権とならんで連署するというところから出たものである。右(イ)(ロ)両様式のうち、(ロ)式は時政時代比較的多く出されたが、義時以後目立って(ロ)式は衰えて(イ)式が多くなり、泰時執権時代になると、(イ)式が原則的となり、以後(ロ)式の使用は極めて限定されたもののようである(なお、一五一頁参照)。要するに、下知状の発生と盛行は全く北条氏執権政治の発生発展と照応するといってよい。

下知状の様式上の特徴についてまとめて記すと、(一)充所。下知状は下文から出たものであるから、(ロ)のように充所が最初にくるか、(イ)のように形式上の充所はなくて、事書の文中に含まれるかであって、書状・御教書のように日付の後に書くことは絶対にない。(二)差出書。すなわち奉者の署判は必ず日付の真下でなく日付と別行になるのでは連署の場合日付下にくることもあるが(例えば一三四頁、建久六年のもの)、承久以後は連署でも必ず別行になる。これもやはり下知状が下文から出たことによるものであろう。(三)書止文言は「依鎌倉殿仰、下知如件」となるのが原則的である。下知状の名称もここから出た。但し、宗尊親王の将軍在任期だけは「依将軍家仰、下知如件」となっている。注目される点である。

つぎに下知状の用途。もともとその用途は明確でなかったが、だんだんとその範囲が確定し、さらにその幅を次第に広げて逆に下文の用途を狭めるようになった。すなわち、だいたい幕府政務上の裁決文書であって永続的効力の期待されるものに用いられるようになった。具体的にいえば、諸種の特権免許状、一般に周知させるための制札、禁制、訴訟の判決などがその主なものである。とくに判決は今日残存する下知状の大半を占めるほどである。当時、判決を与えることを裁許といい、判決文を裁許状といった。すなわち裁許状は様式的にはことごとく下知状であるといってよく、終局的な判決だけでなく、中間判決や、和与の裁許といって判決までゆかずに和解した場合の幕府側の承認など、すべて下知状が用いられた。また譲与安堵には前述の如く政所下文が用いられたが、これも一部には下知状が用いられた。その点も実例を挙げて説明を加え、さらにその制規の変遷にも言及したい。まず裁許状の実例（図版27）を示して、説明しよう。

鹿嶋(1)大禰宜朝親與野本四郎左衛門尉　(2)法師（法名行心）(3)相論當社領大枝郷事
右(4)訴陳之趣、子細雖多、所詮、當郷(5)下地者、嘉禎三年以(6)和與之儀、令(7)中分之由(8)所見也、而相語不(9)知案内代官、令和與之間、辨所當於社家、於下地者、(10)一圓可令領知之旨、行心雖申之、就和與狀自嘉禎年中相互知行、經年序之上者、今更難及違亂、然則任彼狀可致沙汰也、次(11)狼籍（藉）事、於守護方有其沙汰云々、其上者、不及異儀者、依鎌倉殿仰下知如件、

永仁六年二月三日

陸奥守平朝臣（花押）

相模守平朝臣（花押）

（鹿島神宮大禰宜家文書）

〔読下し〕

鹿島の大禰宜（オオネギ）朝親と野本四郎左衛門尉　法師（法名行心）相論する当社領大枝郷の事

右、訴陳（ソチン）の趣き子細多しといへども、所詮当郷の下地（シタジ）は、嘉禎三年和与（ワヨ）の儀を以て中分せしむるのよ

し所見也、しかるに不知案内（フチアンナイ）の代官を相語らひ、和与せしむるの間、所当を社家に弁じ、下地に於ては、一円領知せしむべきのむね行心これを申すといへども、和与状に就き嘉禎年中より相互に知行し年序を経るのうへは、今更違乱に及び難し。然れば則ち彼の状に任せて沙汰致すべき也、次に狼藉のことは守護方に於てその沙汰ありと云々（ウンヌン）、その上は異議に及ばずてへれば、鎌倉殿の仰せに依つて下知くだんの如し（下略）

〔注解〕（1）鹿島神宮の神官。（2）法師の上の空白は、本来実名を入れるべきところを、何かの理由によって入れないで、その分を空けたのである。おそらく当事者側から提出した関係文書に書いてなかったためであろう。（3）相論、ソウロン。九四頁注解（5）参照。（4）訴陳、ソチン。原告を訴人、訴えの文書を訴状といい、被告を論人（ロンニン）、被告が訴人に対して弁駁することを「陳ずる」といい（論ずるともいう）、弁駁書を陳状（チンジョウ）という。訴状陳状を以て相互に論弁しあうことを「訴陳に番（ツガ）ふ」という。なお、訴訟手続については一三九頁及び一九四頁を参照。（5）下地、シタジ。土地から上がる収益を上分（ジョウブン）といい、それに対して土地そのものを下地という。中世では所領＝土地財産といっても単なる収益（＝上分）取得権と土地そのもの（＝下地）の領有権とがあった。（6）和与、ワヨ。和解。もともとは和して与えるという意味。（7）中分、チュウブン。分割すること。下地を分割することを下地中分といい、双方和解のうえで分割契約の行なわれる場合は和与中分という。中分といっても半々のこともあり、三分の一と三分の二のこともあり、その時々の条件で異なる。（8）所見、ショケン。文字通りの意味で、関係文書にかくかくに見えているという意。（9）不知案内、フチアンナイ。事情を知らない。土地の実情にうとい代官にいい加減に話をつけて、和与の契約を結んだというのである。（10）一円、イチエン。まとめて、完全に、という意味で、そうした土地の支配を一円支配、一円領知、一円知行といい、そうした土地を一円地という。しかし一歩つっこんで考えると、これには二様の意味があって、(イ)地域的に分割せずに支配するのと、(ロ)権利的に同一地域における他人の権利の共在を排除するのとにわけて考えられる。この場合は(イ)の意味。（11）狼藉。乱暴狼藉の狼藉で、実力行使による不法行為。

〔要旨〕　源頼朝によって諸国の荘園郷保に地頭が設置されると、たちまち在来の領主や本所領家の荘官たちとの間に所領支配上の争いが起こり、とくに承久乱後地頭設置が徹底されてからはいっそうそれが甚だしくなり、結局これが鎌倉時代を通じて地頭の進出、旧来の領主、本所領家勢力の衰退すなわち荘園制の崩壊という大勢を導き出した。そうして地頭と領主荘官との争いを解決する方法として、この時代によく用いられたのが下地中分であった。すなわち係争地を二分して、相互に自分の持ち分について他の干渉支配を排除して、権利的な一円支配を確立する。そうすれば互いに支配地域は半減するけれども、他の侵害の足がかりをなくすることができるわけである。この相論ではすでに六十年も前の嘉禎三年（一二三七）に両方和与のうえで下地中分を行なった（これは下地中分の初見とされる）のであるが、地頭はこの契約に違反して大禰宜分の地を侵害したので、大禰宜が地頭を訴えたわけである。ところが、地頭の方はこれを弁駁して「地頭の方としては、嘉禎三年の和与は、大禰宜が事情を知らない地頭代官を語らって定めたこと

（いわば謀略的なとりきめだという意味が言外にある）で、これは認め難い。地頭はあくまで全地域の下地を支配し、年貢だけを大禰宜に進納する」と主張した。しかし幕府は和与状にもとづいて嘉禎以来相互に分割知行してきているのだから、いまさら変更し難い。嘉禎の和与状の通りにせよと判決した。この場合「嘉禎以来序を経た」といっているのは、御成敗式目第八条に、知行二十カ年に及べば理非にかかわらずこれを認めると規定した、いわゆる知行年紀の法を意識して、これを適用したものであろう。終りの狼藉の事云々は、おそらく大禰宜の訴状に、地頭が狼藉を働いたという一項があったのであろうが、これは別に守護の所管事項として、守護側で裁判進行中だということであるので、幕府ではとりあげないと判示したのである。

この例のように、裁許状では最初の事書に相論の要旨が述べられるが、その書き方は、この例の如く「何某与何某相論某地事」か、「何某訴申何某何々事」か、大体この二様である。後の場合はもちろん、前の場合も原告が先、被告が後に記される。そして本文では、原告の主張、被告の弁駁の要旨を記して、しかるのち、これに対する裁判所側＝幕府の判示を記す。その場合も、幕府の判断の結論だけ述べることをせず、両者の主張に対する取捨の理由、適用法規を簡単にでも記すことが多い。この例はその点ではきわめて簡単な方である。原告・被告＝訴論人の弁駁応酬は、三問三答といって互いに三回まで訴状・陳状の交換が認められ、しかるのちに対決といって、法廷（引付方（ヒキツケカタ））に両者出頭して口頭弁論が行なわれる規定であったから、両者の主張もしぜん多岐にわたることが多く、裁許状はそれらの細かい主張を逐一引用したうえ、これに理由を付して判示を与えるため、きわめて長文になる傾向があり、鎌倉時代も末期ほどその傾向が強かった。前述のように判決に至らないで和与に落ちつく場合でも、両者合意のうえで作成した和与状＝和解契約書を幕府に提出させて、これに幕府の確認証というべきものを交付した。これも判決の裁許状と同じ形式をとって、まず裁決前に和与した経過を略記し、つぎに和与状の内容を引用したうえで、両方異議なきうえは和与状にまかせて沙汰すべしと結ぶのである。和与状の内容を記すにも、前期はその要旨を挙げるだけのものが多かったが、だんだんと和与状の本文をそのまま載せるようになった。これは内容の正確を期する方針が強まった結果であろう。そして当事者が提出した和与状にも担当奉行が裏書を加えて証明するという慎重さを示した。こうして和与状に対して交付される下知状を和与の裁許といい、これのない和与は「私和与」といって爾後訴訟法上不利益を蒙った。さらに下地中分の場合には、係争地の絵図を作成し、これに朱線をもって中分の界線を記入して幕府に提出した。これを中分絵図という。幕府はこれに対して、裁許状に署判した執権連署が朱線部分に花押を記入して返付した（中分絵図の代表的なものとしては、松尾神社の神官、東氏所蔵の伯耆国東郷庄の下地中分図や、島津家文書の薩摩国伊作庄の下地中分図などがある）。以上、鎌倉時代の下地中分については、平山行三『和与の研究』（吉川弘文館）、安田元久『地頭及び地頭領主制の研究』（山川出版社）を参照。また鎌倉幕府の訴訟制度については、石井良助『中世武家不動産訴訟法の研究』（弘文堂）及び拙著『鎌倉幕府訴訟制度の研究』（畝傍書房、復刊岩波書店）を参照。

つぎに、もう一通、遺領相続についての相論を裁決した裁許状を挙げよう。

可丁早停コ止熊谷平内左衞門次郎時直濫妨(1)一、令丙同三郎資直爲乙武藏國西熊谷郷幷安藝國三入庄三分一地頭職甲事、

右、訴陳之趣參差(2)之間、召コ決兩方(3)一之處、如二資直申一者、熊谷郷者、亡父直國相傳之屋敷也、三入庄者勳功(4)之勸賞也、而時直一向領知之間、去年秋比訴申之刻、可レ去コ與當郷內田三町在家三宇於資直一之由、依レ被二仰下一、雖レ分コ給之一、閣(5)二十餘町餘田一、可レ勤コ仕公事一之由、令レ申之間、依レ爲二若宮神領(6)一、社使亂入之條、無レ術(7)事也、且如二直國書狀一者、千虎（時直童名）者早令二出家一、可レ知コ行所領一、彌虎（資直童名）者可レ爲二養子一也、屋敷者少々分給之由載レ之、而背二彼命一元服之條、無二其謂一之上、申コ與(8)兩所御下文於時直一事者、外祖父恩田太郎入道蓮阿之沙汰也、其間事非レ無二子細一、可レ被レ召コ問蓮阿一云々、如二時直申一者、熊谷郷者神役(9)異レ他之上、餘田不(10)レ幾之間、雖二少々一可レ勤コ仕公事一之旨、令レ申之時、社家使令二入部一歟、所詮於二當郷一者、時直一向充コ給之一、至二三入庄一者、可レ分コ給資直一歟、給コ預兩所御下文一之時者、幼少之間、不レ知二是非一者也、但證文(11)顯然之上、不レ可レ被レ問二證人一之由、有下被二定置一之旨上歟云々、如二母尼申狀一者、於二所領一者、爲二尼之計一、可レ分コ與子息一之由、直國存生之時、所二

申置一也、而時直違コ背老母之命一、令レ侘[12]コ傺資直一之條、非[13]據之至也云々[14]（起請之詞略レ之）、如二蓮阿請[15]文一者、吉見尼（蓮阿継母）申二
蓮阿一云、千虎彌虎者、自二幼稚之時一、令二收[16]養一之間、鍾[17]愛之處、直國夭[18]亡畢、早[19]云二熊谷之屋敷一、云二勳功之勸
賞一、可レ申コ與御下文於千虎一也、其後爲二尼之計一、三分之二者充コ給千虎一、三分之一者可レ分コ與彌虎一也、孝[20]養之
志只可レ有二斯事一之由、懇望之間、申沙汰之處、時直背二彼尼幷蓮阿之教訓一、一向押領之條、頗爲二無道一歟、但
云二時直一云二資直一、共以爲二孫子一之間、更雖レ不レ存二親疎一、今就二御尋一所二注申一也云々（起請之詞略レ之）者、以二胸[21]臆之詞一
難レ破二證文一之由、時直所レ陳聊雖レ似レ有二其謂一、於下充コ給御下文一事上者、幼少之間、不レ知給之旨令レ申之上、母
尼幷蓮阿起請文炳[22]焉也、然則任二吉見尼之計一、於二西熊谷鄕及三入庄三分之一一者、可レ令三資直爲二地頭職一之狀、
依二鎌倉殿仰一下知如レ件、

文暦二年七月六日

武[23]藏守平（花押）

相模守平（花押）

〔熊谷家文書〕

〔注解〕（1）濫妨、ランボウ。正当な理由なくして他人の所領知行を妨害すること。（2）参差、シンシ。もと、長短ふぞろいの意。くいちがう、矛盾する意味に用いる。（3）召決、ショウケツ。裁判所に原告・被告を召喚して対決させること。鎌倉幕府の制度では引付（ヒキツケ）と称する訴訟審理機関で訴論人の対決が行なわれた。（4）勲功之勧賞（ケンジョウ）、戦功の賞。（5）閣、サシオク。除外する。（6）若宮、ワカミヤ。鶴岡八幡宮の下宮。上宮を本宮といい、下宮を若宮という。（7）無術事、ジュツナキコト。せん方なし、困ったなどの意味に用いる。（8）両所御下文、両所とはこの訴訟で問題になっている武蔵国西熊谷郷と安芸国三入庄の二カ所をさす。つまりこの二カ所を時直に安堵する旨の下文を賜ったという意味である。（9）神役異他、シンヤクタニコトナル。有難い、勿体ない神社の課役を負うている。（10）不幾、イクバクナラズ。いくらもない。（11）証文顕然之上云々、証文がはっきりしている時は、それ以外に証人を用いてはいけないという規定が前々から定めてある。これの関係法規としては、この下知状の文暦元年より四年後にあたる嘉禎四年の立法が今日残っている（池内義資・佐藤進一編『中世法制史料集』第一巻、「鎌倉幕府法」を参照）。それは証文顕然の時は証人を用いることを得ず、証文不分明のとき証人に証状を提出させる。証文・証人ともに不分明のときは起請文による。この下

知状によって証文・証人の順序は古くから規定されていたことがわかる。(12)侘傺、タテイ。正しくは侘傺。日本では多くタクサイとよんでいる。もと、失意の意味で、困窮する、困却する意に用いる。(13)非拠、ヒキョ。不当、曲事。(14)起請之詞、キショウノコトバ。事柄の偽りなき旨を神かけて誓うことを起請といい、その誓いの文言を起請之詞という。請文には起請の詞を記入することがあり、鎌倉時代末期から、土地に関する相論について幕府に提出する請文には、起請の詞を入れるべきことが規定された。この文書についていえば、母尼の申状にも、つぎの蓮阿の請文にも起請之詞が記入されていたのだが、いま裁許状に母尼の申状、蓮阿の請文を引用するにあたって、起請之詞は省略する、という意味である。なお、二一五頁以下参照。(15)請文、ウケブミ。二〇九頁参照。蓮阿は幕府からこの訴訟について問い質されたので、それにこたえて請文を出したのである。(16)収養、シュウヨウ。引き取って養育する。(17)鍾愛、ショウアイ。可愛がる。鍾はアツメル。(18)夭亡、ヨウボウ。若死。(19)云……云……。「――といい、――といい」、「――も、――も」という意味でよく用いられる言い方。(20)孝養の志ただこの事にあり。「これが一番の孝行だ」という意味。(21)胸臆、クオク。推量、転じてあいまい。いい加減な不確かな詞（＝証言）では証文を否定する力はないという意味。(22)炳焉、ヘイエン。九八頁（11）の掲焉と同じ。顕然。(23)武蔵守は執権泰時、相模守は連署時房。幕府における地位は泰時が上だが、位階は時房が上なので上位に署判する。但し二人ともまだ五位にならないときであるから、平とだけ書いて、その下に朝臣をつけない。

この文書は有名な熊谷直実の子孫熊谷家に伝わる文書で、この文書に見える直国が直実の孫にあたる。なお、この裁許状は長文で紙を数枚貼り継いで用いているが、その継目裏毎に担当奉行と思われる人の花押が記されている。内容についてはいろいろの角度から多くの問題が指摘されるが、被告時直が「証文顕然の時」云々と法規を引いて主張した点が一応認められながら、結局、彼が敗訴になったのは何によるのか、吉見尼の計らいが最後の決め手になったのは何故かなどの点は、当時の武家社会を考えるうえにとくに注意すべき点であろう。

以上、裁許状の実例を挙げたが、つぎには譲与安堵の下知状を示そう（図版28）。

〔読下し〕

早く平氏(1)字摩尼をもって越後国白河庄内米王丸名田母(2)一期の後と云々并びに同紀宗追名田を領知すべき事（右以下は一二六頁の下文を参照）

〔注解〕（1）平氏、女子を正式に指称する場合はその生家の姓でよぶ。例、平氏・藤原氏・源氏。八九頁、治承三年の官宣旨に「養母源氏」とあるのはその一例。結婚したのちも、夫の姓ではなく実家の姓を称する。字はアザナで呼び名、通称である。この女性の名は摩尼（マニ。仏教語に由来する名）。それで平氏と書き、その下に呼び名を注記したのである。（2）一期（イチゴ）とは一生の意、したがって母一期之後とは、母が一生を終えて後という意。これは当時の財産相続法で、被相続人が、相続人の生存中だけという条件をつけて財産を譲与することが行なわれ、かくて譲られた財産を一期分（イチゴブン）といった。だから相続人は一期分については処分権はなかった。そして通常被相続人は一期分を設定する際、相続人の死後の処分をも予め指定する習わしで、その地は一期分として甲に与えるが、甲一期の後（甲の死後）は本家に返せとか、乙に与えるとか定めるのである。この場合はちょうどそれにあたるわけで、平氏（摩尼）の母は当然亡父大見行定の妻にあたるから、行定は米王丸名田を一期分として妻に譲与し、妻一期の後は娘の平氏（摩尼）に譲与することにしたのである。そして、ここに「云々」とあるのは行定の譲状にそう書いてあるという意味である。

右の文書は大見行定が弘安六年四月五日付の譲状で娘の摩尼に越後白河庄内米王丸名田（但しこれは母の死後）及び紀宗追名田を譲与したので、幕府は摩尼の申請に基づいて右譲状の趣旨を確認したのである。これが譲与安堵である。ところで図版23に挙げた将軍家政所下文とこの文書をくらべてみると、日付も署判も同じく、事書だけはちがうが本文もほとんど同じであるばかりでなく、筆蹟が全く同一であることに気づくであろう。これは要するに、大見行定が子の家政・摩尼らに所領を分譲し、それにもとづいて子供たちは父の死後幕府に安堵を申請した結果、同日付で家政には下文で、摩尼には下知状で安堵が下されたのである。してみると、下文のほうで白河庄内山浦四箇条の下に註記された但書（女子等分……は除く）は多分この摩尼の分（このほかにもあるかもしれないが）を指していると思われる。では、どうして家政の分は下文になり、摩尼の分は下知状になったかというと、こうした安堵状の類をいくつか集めてみた結果では、嫡子は下文をもらい、それ以外の者は下知状をもらったと推定されるのである。つまり下知状は嫡子以外の者に対する譲与安堵に用いられたということができる。しかるに嘉元元年（一三〇三）、幕府は法規を改めて、今後は譲与安堵にはすべて申請者の提出した譲状の袖（右余白）に、これを安堵する旨を書きこんで渡す、ということにした。これを安堵の外題（ゲダイ）という。その文言は大体、図版29に示したように、

任二此状一可レ令二領掌一之由、依レ仰下知如レ件

元亨二年十一月廿日

相模守 (花押)

修理権大夫 (花押)

というものであって、下知状を簡略にした形である。日付の後に執権・連署が署判することも下知状と全く同じである（ただ譲状の余白に書きこむ関係か、署判は必ずしも下知状日付と別行にならず、日付下にくることが多い。また官途、受領名だけで、「平朝臣」を書かない点に注意）。独立した一通の文書として交付されていた安堵の下文・下知状がこれだけの文言に圧縮され、譲状に記入されて、下文・下知状に代わる働きをすることとなった。それだけではなく、安堵の外題をもらった譲状は、その内容について他からの侵害に対して特別有利に保護されるという特殊な法律的効力をすら備えるに至ったのである（一四〇頁所引、石井良助著書参照）。

以上、鎌倉幕府の中央官庁から発給される下知状を例示して説明したが、幕府の地方庁ともいうべき六波羅探題・鎮西探題でも、中央にならって裁判の判決や禁制などに下知状を出した。幕府中央からのものは関東下知状（内容が裁許ならば関東裁許状）とよばれ、六波羅・鎮西のものはそれぞれ六波羅下知状（六波羅裁許状）・鎮西下知状（鎮西裁許状）とよばれた。瀬野精一郎編『鎌倉幕府裁許状集』（増訂版、上下二冊、吉川弘文館）は、上に関東裁許状を、下に六波羅・鎮西裁許状を収めて、鎌倉幕府の裁判及び裁許状の研究に甚だ便利である。つぎに、幕府から下した命令を六波羅・鎮西が下知状の形で取り次ぎ伝達する場合には、それぞれ六波羅施行状（シギョウジョウ）・鎮西施行状とよんだ。但し所領の充行はもちろん、譲与安堵は全く鎌倉で扱うべき事柄であって、六波羅・鎮西でこれを扱うことはなく、したがってこれに関して下知状を発給することはなかった（鎮西裁許状の一例を図版30に示し、解読は二九五頁に収めた）。

（B） 室町幕府の下知状

室町幕府になると、将軍足利氏が鎌倉将軍とちがって著しく将軍独裁制的色彩の濃厚な体制をとったことと、一般的に文書の様式が私状化する傾向が進んだため、幕府文書は全体として私状ないしそれから転化した書下の影響を強く受けることとなった。その次第はつぎの御教書の項で説くこととして、下知状についてだけいえば、㈠私状、書下の影響を受けた新しい形の下知状が現われたこと（つぎに述べる(イ)）、㈡全体的に下知状の用途が狭められ、局限されたこと、の二点を指摘することができる。室町幕府の下知状は、つぎの三種になる。

(イ) **足利直義の下知状**　室町幕府草創の約十五年間は、尊氏・直義兄弟の二頭政治であったことは前述したが、その二頭政治とは、簡単にいえば、武士の統率は尊氏、裁判その他の政務は直義が担当した。幕府の文書についていえば、武士に恩賞を与えるときの充行の下文は尊氏が発給し、訴訟裁決の下知状は直義が発給したのである（拙著『日本中世史論集』所収「室町幕府開創期の官制体系」参照）。そしてこの時代には、建武新政府を打ち倒して、武士の輿望に応えた武家政治を再現するという意図が強く前に押し出されたこともあり、また政務運営のための事務担当者として、鎌倉幕府の生き残りの奉行や評定衆を続々採用したこともあって、鎌倉幕府の諸制度をそのまま踏襲する傾向が強かったため、直義の裁許状（訴訟の判決）などは、書出しから終りまで全く鎌倉時代のものそのままといった観がある。ただ書止め文言と署判に前記の直義の政治的地位がはっきり現われていて、その点、鎌倉時代のものと明瞭に異なるものであった。つぎに一例を挙げよう。

　尊勝寺法華堂領美作國英多保河北[1]雜掌良成申年貢事、

右、地頭安東千代一丸分毎年貳拾八貫文、康永二年以來[2]對捍之由依㆓訴申㆒、仰㆓守護[3]人佐々木美作前司秀貞㆒、今年三月廿六日以後兩度[4]封㆓下訴状㆒之處、如[5]㆓秀貞[6]執進代官高泰八月十三日[7]請文㆒者、任㆘被㆓仰下㆒之旨㆖雖㆑加㆓催促㆒、不㆑及㆓[8]散状㆒云々[9]（起請之詞略㆑之）者、以㆓[10]難澁之篇㆒可㆑預㆓裁許㆒之由、雜掌所㆑申非㆑無㆓其謂㆒、然則於㆓彼年貢㆒者、任㆓

員數一可二辨濟一之狀、下知如レ件

貞和元年十二月十七日

左兵衛督源朝臣（花押）

〔岩田佐平所蔵文書〕

〔読下し〕

尊勝寺法華堂領美作国英多（アイタ）保河北の雑掌良成申す年貢の事

右、地頭安東千代一丸分毎年弐拾八貫文、康永二年以来対捍のよし訴へ申すに依り、守護人佐々木美作前司秀貞に仰せて、今年三月二十六日以後両度訴状を封じ下（クダ）すのところ、秀貞の執り進むる代官高泰八月十三日の請文の如くんば、仰せ下さるるの旨に任せて催促を加ふると雖も散状に及ばずと云々（起請の詞これを略す）、てへれば難渋の篇（ヘン）を以て裁許に預かるべきのよし、雑掌の申すところ其のいはれなきに非ず、然れば則ちかの年貢においては員数に任せて弁済すべきの状、下知件の如し（下略）

〔注解〕　(1)雑掌、ザッショウ。荘園の領家・領主の代官。領家・領主の委任を受けて農業経営にあたる雑掌と、かかる訴訟の場合に代理人となって訴訟に専念する雑掌と別々のこともあり、同一人が両方をやることもある。各荘園の事情により異なる。(2)対捍、タイカン。八三頁注解(23)参照。(3)守護人、守護に同じ。鎌倉時代以来正式の職名としては守護人の称呼が用いられた。(4)訴状を封じ下す。訴人が訴状を幕府に出すと、担当の部局及び奉行人が定められて、奉行は訴状の裏に花押を記入して（これを裏判・裏封という。訴状が長文で用紙を二枚以上貼り継いである場合は、その紙継目の裏に花押を記す）、たしかにその訴状が担当奉行の確認を経たことを明らかにした上で、論人（被告）に交付する、これを「訴状を封じ下す」という。封は裏封・裏判の意味の封である。もちろんこの際、問状（トイジョウ）といって、担当部局長（引付頭人など）の署判した答弁催促状も一緒に送られる。(5)如……者、……の如くんば。他の文書を引用する時の語法である。……によれば、という意。そして下の者（テエリ）と照応する。その意味で「如……者……者」は古代の「得（被）……偁……者」と全く同じである。(6)執進、シッシン、トリススム。下から提出した文書を上に取り次ぐ。(7)請文、ウケブミ。上から命令または質問された場合にこれに応えて出す返答書・報告。また物事を請負った場合に作成される請負契約状をもいう。むしろこのほうが発生的には早い。二〇九頁参照。(8)散状、サンジョウ。請文散状などといい、略式の返答書をいう。(9)起請之詞、一四二頁注解(14)参照。(10)難渋、ナンジュウ。訴訟当事者が一方的に手続きを遅怠することをいい、かかる手続きを渋滞させること自体が敗訴の原因となった。すなわち相手は敵方の難渋のかどを理由として、その敗訴すなわち自分の勝訴を請求し得た。

この訴訟は荘園における地頭の年貢対捍の訴で、この時代よく見られるところである。地頭安東千代一丸は年額二八貫文の年貢を康永二年以来連年未納に及んだので、領家側から訴え出た。そこで幕府は、この国の守護佐々木秀貞に命じて両度にわたって訴状を被告安東に伝達せしめた。守護はさらにこの伝達を守護代に命じたのであろう。守護代からは守護を経てつぎのような請文を提出してきた。「御命令通りに催促をしたけれども、地頭はなんらの返答も致しません」と。そこで領家側雑掌は、相手方の手続き遅怠のかどによって自分の方に勝訴の判決を与えられたいと主張したが、この主張は理にかなったことであるから、地頭は問題の年貢を算定の額通り領家に支払え、というのがこの裁許状の大意である。直義下知状のもう一例を図版31に示す。

直義の下知状は、右のように本文の終りを「状下知如件」で結ぶ。つまり鎌倉幕府の下知状のように執権・連署がかかる地位に対応して奥上署判となっている。鎌倉幕府の下知状が下方に署判せられたのとよい対照である。そして署判も「依㆓鎌倉殿仰㆒下知如件」と将軍の命を奉じて下知する形ではなく、自ら命令者として臨むのである。そして直義のかかる政治的地位と、それへの確信は一年一年と上昇していったと見えて、のちになると「左兵衛督源朝臣」などの官名を書かずに、ただ花押だけ書くようになり、さらに年代が下ると、その花押を文書の袖に書くようになる。つまり袖判の下知状である。直義の専権と尊氏の執事高師直（コウノモロナオ）との確執、そして直義は結局失脚し謀殺される運命をたどることが、これらの文書の様式変化のうちに予見されるようである。もっとも直義の署判が時期の下るに従って奥上署判→奥上判→袖判と変わるといったが、これは必ずしもある時期を劃して次第に変ってゆき、AからBに移れば、それ以後はAを用いないといったものではなく、その間に若干の併用期間がある。すなわち一般にまだ奥上署判を用いている貞和元年（一三四五）当時、一部では袖判を用いていた。事例が少ないため正確なことはわからないが、御家人同士の相論とか、幕府支配権の直接及ぶところの相論について、右の如く早くから袖判が用いられはじめたようである。これは署判の位置が相手に対する尊敬・儀礼のうえから定められることを考えれば、けだし当然のことであろう。

(ロ) **執事・管領署判下知状**　尊氏・直義の二頭政治期に、尊氏の執事高師直が尊氏の仰せを奉じて下知状を出した。これは鎌倉幕府のものと全く同じ形式といってよい。下って三代将軍義満の時代になると、将軍に何かの事故があって御判の下文や御教書を出せない場合に、管領（管領ははじめ執事といい、義満のころから管領という職名に変わる）が将軍の仰せを奉じて下知状を出した。つまり将軍じきじきの下文・下知状の代用である。この用法はその後も受け継がれて、例えば四代将軍義持（正確には、義持は応永三十年（一四二三）将軍職をいったん辞したが、つぎの将軍義量が応永三十二年に病死したので、それから後継者を決めないで前将軍として再び幕政をみていた）が正長元年（一四二八）正月に病死した後、義持の弟ですでに僧となっていた青蓮院門主義円が後嗣と定まったが、彼が還俗（ゲンゾク）して将軍に任ぜられる翌年三月までの間、ちょうど一年二カ月ばかりの期間は正式の将軍がいなかったので、管領の下知状が出された（例、和泉松尾寺文書）。さらに、このいわゆる還俗将軍義教が守護大名弾圧政策を強行した結果、播磨の守護赤松満祐の恨みをかい、満祐が嘉吉元年（一四四一）六月義教を京都の自邸に招待して、その宴席で殺害して郷国播磨に逃げ帰るという事件が起こった。そして管領以下諸将赤松征伐に赴き、攻戦月余ののち満祐を滅ぼした。これが嘉吉の乱であるが、この間やはり管領がこの種の下知状を出している（播磨松原八幡宮文書）。しかしこの種の下知状も八代将軍義政の時までで、この後は出されていない。なお法令を周知せしめるための制札類はつぎの奉行人下知状が用いられたが、対象の特定される、例えば幕府政所の所管に属する御倉の納銭方に対する法令の如きは、管領の下知状が用いられた。政所執事伊勢氏の家来で政所代として執事の仕事を代行した蜷川（ニナガワ）氏の記録文書のなかに、明徳四年の「洛中辺土散在土倉幷酒屋役条々」と題する法令があるが、これが管領署判の下知状になっていて、しかもその後に、応永十五・永享四・長禄四年の三回にわたって同文の管領署判下知状形式のものが出たと注記されている（『中世法制史料集』岩波書店、第二巻、室町幕府法、追加法一四六—一五〇条）。

(ハ) **複数の奉行人連判の下知状**　奉行人というのは、政所とか侍所とか地方(ジカタ)とか各部局に属して、政所執事・侍所所司・地方頭人等、各部局の長官の指揮に従って幕府事務を分担する下級役人で、いわば事務官である。そこで、その奉行衆の名で将軍の仰せを奉(ウケタマワ)って出す形式の下知状や奉書が出されたのである（事柄と場合により、各部局の長官と奉行の連署になることもある）。奉書については次項で説明することとして、奉行人連署の下知状はどういう場合に出されるかというと、禁制・制札と過所(カショ)と一部の裁許・安堵・所役免除などである。まず一般に神社仏寺などに下した禁制（例えば竹木伐採すべからずとか、境内で諸商売すべからずとか）は、すべてこの奉行人下知状で出されたし、衆庶に告知する法令もこの形で出された。一例を挙げよう。

定　徳政事

一、ケンフノタクイ、ヱサンノ物、諸藉ノタクヒ、カツキノ具足、カク、サウク等、置月ノ外十二ケ月タルヘキ事
一、ホン、カウハコ、茶ワン、花ヒン、カウロ、カナ物已下、廿ケ月タルヘキ事、付、フクノタクヒ廿四ケ月事
一、米コク幷サコク等、七ケ月タルヘキ事
右條々、任二先例一サタメヲカルヽトコロナリ、シヨセン十分壹ヲサタセシメ、以レ女白晝トルヘシ、若コノヤク月ヲハセスキハ、ナカレ質タルヘキ上者、徳政ノサタニヲヨフヘカラス、萬一寄二事於左右一、カウ〱ノ儀ニヲヨハヽ、ヲキテトイヒ、トリテトイヒ、共ニ以サイクワニシヨセラルヘシ、此外ノ借錢以下事、相互令二注進一、御下知ヲモツテ、其沙汰アルヘキノ由、所レ被二仰下一也、仍下知如レ件、

永正十七年二月十二日

丹後守平朝臣
上野介藤原朝臣

〔建武以来追加（『中世法制史料集』第二巻、「室町幕府法」、追加法三九七—三九九条）〕

この法令は、室町幕府が頻々と発布した徳政令すなわち負債の全免＝借金棒引、質物の無償取戻令の一つであって、幾種かの品物を類別して、それぞれ徳政令を適用すべき質入期間を法定したものである。建武以来追加は、第二章（二一頁）で説明したように室町幕府の法令集である。なお、第一行の「定　徳政事」の下に「政所方、徳政時制札案文」と小さく注記されていて、この法令が政所から出されたこと、及びこれが一般に知らせるための制札の案文であることが知られる。おそらく他の例に見られるように、木の札に記して各所に立てられたものであろう。日付のつぎに連署しているのは政所の奉行であって、上野介藤原朝臣は斎藤時基、丹後守平朝臣は松田秀俊である。下知状は下文から変った文書であるから、署名はこのように官氏姓を書くのである（鎌倉時代の関東下知状などと同じである）。

全文ほとんど仮名文で、それは畢竟庶民に理解しやすくするためだが、このように法令を仮名文（漢字まじり）で出すのは室町幕府になってからで、応安二年（一三六九）二月廿七日侍所の禁制あたりが最も早い例である。これは法令を一般に徹底せしめる政府の意欲が前代より強くなったと見るよりは、やはり法令の対象が拡大されたと見るべきで、その背後には民衆の社会的地位の全般的向上が考えられる。他面、当時仮名文には濁点をつけないこともあり、仮名文であるためかえって文意不明瞭な点もなしとしない。いま必要な箇所に漢字をあてて本文だけ再録すると、

一　絹布の類、繪衫[1]の物、書籍の類、樂器の具足、家具、雑具等、置月[2]の外十二ケ月たる可き事

一　盆、香筥、茶碗、花瓶、香爐、金物以下、廿ケ月たる可き事、付、武具の類廿四ケ月事

一　米穀并雑穀等、七ケ月たる可き事

右條々、先例に任せて定置かるゝ所也、所詮十分一[3]を沙汰せしめ、女[4]を以て白書に取る可し、もし此約月[5]を馳過

ぎば、流質たる可き上は、徳政の沙汰に及ぶべからず、萬一事を左右に寄せ、嗷々の儀に及ばゞ、(6)置手と云ひ取手といひ、共に以て罪科に処せらる可し、(7)此外の借銭以下事、相互に注進せしめ、御下知を以て、其沙汰ある可きの由、所レ被二仰下一也、仍下知如レ件、

〔注解〕（1）絵衫、模様のついた短衣。（2）置月、質においたその月。だから置月の外十二カ月ならば、質においた翌月から数えて十二カ月間となる。（3）「十分の一を沙汰せしめ」とは、質の置手（質置人）が質金額の十分の一を取手（質取人、土倉や質屋）に支払う意（この解釈、小早川欣吾『日本担保法史序説』元版（宝文館）一四三頁、復刊（法政大学出版局）八二頁、及び『史学雑誌』一〇四—一号所載、前川祐一郎「壁書・高札と室町幕府徳政令」二六頁による）。（4）徳政令によって、質置人が質取人から質物を取り戻す場合、往々にして渡せ渡さぬという争いが起こったから、幕府はこれに鑑みて、質物取戻しには女をやって昼の間におだやかに取り戻せと規定したわけである。（5）約月、本来は貸借などの場合の約束期限をいう。ここでは右に規定した期間を経過したものは、質流れとして徳政を適用しないという意味である。（6）嗷々の儀、嗷は嗷訴などと用いる文字。喧嘩その他実力行使による紛擾をいう。（7）右に規定した以外の借銭その他はいちいち幕府（政所）に届け出て、その下知によって徳政の適用をうけよ。

室町時代の徳政については、中村吉治の戦前の論文を集成した『土一揆研究』（校倉書房）、戦後研究の一応の帰結を示した『講座一揆』全五巻（東京大学出版会）、徳政を政治改革ととらえることによって、徳政研究に一期を画した笠松宏至『徳政令』（岩波新書）等を参照。

つぎに奉行人連署の下知状は過所（カショ）に用いられた。もともと養老公式令（七一八年制定）に、過所式といって、国家的施設としての関津（関所や渡船場）の通過免許証の様式が規定されたが（五五頁参照）、その様式にあてはまる文書は今日伝わっていない。近年平城宮跡から出土する多量の木簡の中から、過所が二点発見された。いずれも養老令制定を溯る霊亀元年（七一五）以前のもので、完全な形で出土した一点は、長さ六五・六センチ、幅三・六センチあり、その書式は養老公式令と若干異なっている。下って鎌倉幕府では、過所は過書とよばれ、上記(ロ)式下知状に執権・連署署判の様式が用いられた（金剛三昧院文書に案文がある）。この様式が、室町幕府ではまず足利直義署判、ついで将

軍・管領・奉行各署判へと受け継がれた（なお、『名古屋大学日本史論集』上、吉川弘文館、所収、小林保夫「南北朝・室町期の過所発給について」参照）。この時代の関所は軍事警察的な意味だけではなく、経済的意味から関所料（関賃、関銭）の徴収を目的としても設置されたから、過所はこの関銭を払わずに通過できるという関所料免許証書を意味した。

つぎに奉行人連署の下知状は、商人や職人すなわち当時庶民のなかでも卑賤とみなされた商工業者階級に対する裁許や安堵その他に用いられた。その一例を図版32に示し、その解読をつぎに掲げる。

佐子上臈局(1)被官人(2)鳥羽中村五郎左衛門入道々喜居屋敷地子(3)幷諸商賣諸公事役(4)、同關兵士見入役(5)以下事、被二免除一畢、向後(6)不レ可レ有二相違一、若違犯(7)之族在レ之者、可レ被レ處二嚴科一之條、宜二存知一之由、所レ被二仰下一也、仍下知如レ件

元龜三年八月三日

散位平朝臣（花押）

左兵衛尉神（花押）

〔川端道喜文書〕

〔注解〕（1）佐子上臈局、サコジョウロウノツボネ。正親町天皇の側近に侍した女房である。上臈は序列の上位を意味する。（2）被官人、ヒカンニン。被官はもと被管（管轄される）より起こり、家来の意味になる。（3）居屋敷地子、イヤシキジシ。家屋敷に課せられる地代。（4）公事（クジ）は、年貢が土地を対象として課せられる税であるのに対して、人を対象として課せられる税であって、諸商売諸公事役といえば営業税ということになる。（5）関兵士見入役、見入役の意味は詳しくわからないが、兵士は荷物を運搬する人夫であるから、商売について各地の関所を通過するとき、荷物に対して課せられる関所料の意味であろう。（6）向後、キョウコウ。今後。（7）違犯、イボン。語意は文字通り。

この文書は川端家伝来のものであって、家伝によると、中村道喜というのは、室町末・戦国の頃、京都御所の近傍

の溝川のほとりに居をしめて餅を商売していた人で、川端を姓にしたのもその居所の位置による。そして当時の御所の荒廃ということもあって、天皇に供御を献ずるようになり、自然皇室に近づいたわけで、この頃は俗に上臈局という女房の被官になっていたわけである。そういう関係から、商売についての種々の特権を与えられるようになった。この文書は室町幕府の最後の将軍足利義昭が信長に擁せられて、形ばかりの幕府の命脈を保っていたときで、義昭の命によって幕府の奉行が出したものである。これによって道喜は地代・営業税・関所通行税等をいっさい免除されたのである。終りの「違犯之族云々」は「もしこの免許状に違犯して道喜に諸税を課する者があれば処罰する」という意味である。この免許状が奉行人署判の下知状という形で出されたのは、やはり対手の道喜が商人であったからである。そのほか、この種の下知状を集めてみると、問丸（トイマル）の問職の安堵であるとか（古文書集）、大工職の安堵あるいは裁許（大徳寺文書）など、商人・職人に対して出されている。つぎに示すのはその大工職の例である。

(1)棟梁幷大工職事、到二(2)惠林院殿・(3)萬松院殿兩御代一可レ爲二本所(4)進止一之旨、被レ定之段、勿論者哉、然今度諸大工等歎申之趣者、近年本所恣被レ申二給御下知一、(5)理不盡(6)改易(7)太無レ謂云々、彼等訴訟之段、有二(8)其廉一者哉、(9)所詮向後者、本所與二(10)番匠一言上之子細在レ之者、相互可レ被レ尋二下之一、次此以前之儀者、依二(11)事躰一可レ被レ遂二御糺明一之由、所レ被二仰下一也、仍下知如レ件、

天文廿一年七月十七日

對馬守平朝臣（松田盛秀）在判
掃部助源（中沢光俊）在判

〔大徳寺文書〕

〔注解〕（1）当時の大工などの職人は、まだ社寺か宮廷に従属して、その庇護のもとに座を結成して排他独占の組合をつくっていた。

だから彼らが大工であり、棟梁であることは一つの権利であって、それは職（シキ）と考えられ、支配者、抱主である本所から職に任命されることによって、これを取得することができた。(2)恵林院、エリンイン。足利十代将軍義稙の法号（死後のおくり名）。(3)万松院、バンショウイン。同十二代将軍義晴の法号。(4)進止、シンシ。支配。(5)理不尽、リフジン。(6)改易、カイエキ。改替（カイタイ）ともいい、職を召し放ち、取り上げて、他の者と交替させる。奪う。(7)太、ハナハダ。(8)有其廉、ソノカドアリ。理由がある。謂われあり。もっともなこと。(9)哉、カとよむ。(10)番匠、バンジョウ。木工。今の大工。(11)依事体、コトノテイニヨリ。事情によって。本所の支配に任せるという一律の規定を改めて、本所と番匠の争い（訴訟）も、個々の事情によって、理由あるものは取り上げて幕府が糺明するという意。

三　御教書・奉書

公式様文書における状・啓の流れをひく奉書式文書が次第に公的な文書として用いられ、綸旨・院宣・令旨・御教書などが現われたことは前節で述べたが、この奉書式文書が武家にも襲用されて、下文・下知状とならぶ武家公文書の主柱となる。

(A)　鎌倉幕府の御教書・奉書

源頼朝は早くから平盛時・大江広元らの右筆の奉じた奉書式文書を発給している。間々、頼朝が袖判（ソデハン）を加えたものもある。これらのうち、頼朝が従二位に叙せられて公卿の列に加わって以後の分は当然、御教書（鎌倉殿の御教書）とよばれた。

執権北条氏の時代になると、一般の政務や裁判などに関する伝達文書は、執権と連署の両人（連署の置かれない時期は執権だけ）が連署して、本文の終り、すなわち書止め文言を「依仰執達如件」「仍執達如件」で結ぶ奉書式文書を用いた。これを関東御教書・鎌倉殿御教書などとよんだ。例えば、訴人が訴状を提出すると、これを論人（ロンニン）（被告）に伝えて、弁明を求めるために出される問状（トイジョウ）とか、訴人か論人に出頭を求めるために出される召文（メシブミ）など、これらはそれぞれ問状御教書、召文御教書とよばれた。この例でも明らかなように、御教書は幕府の意思を伝えるための文書であって、下文・下知状が権利の付与もしくは認定を目的とするのと全くちがった機能をもつ。したがって文書の時間的効力からいえば、下文・下知状は永続的効力をもつのに対して、御教書（一般的にいえば奉書式文書）は限時的効力をもつにすぎない。すなわち後者は、発給者の意思が相手（名充人（ナアテニン））に伝達されれば、その文書本来の機能はなくなるのである。図版33は関東御教書の一例である。その解読をつぎに示す。

爲二異賊警固一、所レ下二遣兼時々家於鎭西一也、防戰事加二評定一、一味同心可レ運二籌策一、且合戰之進退、宜レ隨二兼時之計一、次地頭御家人幷寺社領本所一円地輩事、背二守護人之催促一不二一揆一者、可二注申一、殊可レ有二其沙汰一之由、可レ相二觸薩摩國中一之状、依レ仰執達如レ件、

正應六年三月廿一日

陸奥守（北條宣時）（花押）

相模守（北條貞時）（花押）

嶋津下野三郎左衞門尉（忠宗）殿

〔島津家文書之一、三四号〕

充名は薩摩国の守護島津忠宗である。正応六年（一二九三）といえば、蒙古の第二回の襲来（弘安四年）から十二年後にあたるが、実はこの前年正応五年十月高麗の使者が大宰府に来り、元への朝貢を勧める国書を呈して、日本の朝幕首脳部に新たな緊張を与える事件があった。幕府は異賊（蒙古）防衛を一段と強化する必要に迫られたのである。この御教書は、新たに北条氏の一族、兼時・時家の二人を九州に派遣して防戦の策を講ぜしめようとして、九州の守護に与えた指令である。後段に、地頭御家人、寺社領本所一円地の輩（いわゆる非御家人）が守護の指揮統率にそむいて、一致協力しないときは鎌倉に注進せよ云々とあるのは注目すべき点である。

六波羅探題・鎮西探題も幕府にならって、関東御教書と同じ様式の文書を出した。これらをそれぞれ六波羅御教書、鎮西御教書（博多御教書ともいう）とよんだ。とくに両探題が幕府の命令を取り次ぐ場合の御教書は、六波羅（鎮西）施行状（シギョウジョウ）とよばれた。

つぎに六波羅御教書、鎮西御教書各一例をあげ、また図版34に六波羅御教書の他の例を掲げた。左記の六波羅御教書は和泉国御家人淡輪（タンナワ）氏に対して、鴨川堤防の修築費用の割充て分二貫文の納入を命じたもの。また鎮西御教書は二階堂氏に対して、鮫島蓮覚の再度の訴状に対する答弁書すなわち陳状の提出を命じたもので、問状御教書である。また図版34は、瀬戸内海の海上警固について、勤務割充てと勤務規則の送達を伝えるもので、珍しい史料である。

鴨河堤及二大破一之間、爲二修固一、任二先例一所レ被レ支(1)二配用途於近國御家人等一也、彼錢內貳貫文、來月十日以前、可レ被二沙汰進一也、仍執達如レ件、

元亨四年八月廿五日　　左近將監（北條範貞）（花押）

淡輪右衞門五郎殿

〔淡輪文書〕

薩摩國阿多郡南方地頭鮫嶋太郎入道蓮覺申、令レ押二領南方內田畠在家以下所々一由事、重訴狀(2)副二具書一如レ此、來月五日以前可レ被(3)二明申一、令二違期(4)一者、殊可レ有二其沙汰一也、仍執達如レ件、

嘉元三年九月十二日　　上總介（北條政顯）（花押）

隱岐三郎左衞門入道殿跡(5)

〔二階堂文書〕

〔注解〕（1）支配、シハイ。配分する意。また用途（ヨウド）は費用の意。したがって、ここでは堤防修理の費用を近国の御家人に

割りあてる意。(2)副二具書一、グショヲソウ。関係書類を添付する意。訴人鮫島蓮覚から提出された重訴状には、関係書類が添付してある。それをそっくり貴殿のところへ送るという意。(3)明申、アキラメモウス。弁明する意。(4)違期、イゴ。期限をたがえる。(5)跡、アト。後継者の意。一三三頁注解参照。

なお、寛元元年（一二四三）八月二十二日将軍藤原頼経の執事藤原定員が奉じて執権北条経時にあてた文書があって（金剛三昧院文書）、書止めは「……之旨御気色候也、仍言上如件」とあり、将軍家御教書と称すべきものであるが、この様式の御教書がその後どの程度出されたか明らかでない。

以上のほかに、政所・問注所（モンジュウショ）・引付方（ヒキツケカタ）などの諸機関からも奉書式文書が出されたが、これらは御教書とよばず、奉書とよんだ。例えば、政所では執事と奉行が連署した奉書を出し、引付方では頭人（トウニン）署判の奉書と、奉行二名が連署した奉書を出した。六波羅・鎮西両探題からも奉行奉書を出した。

以上は鎌倉幕府の中央・地方諸機関から発給された御教書・奉書の大要であるが、守護以下の発給文書は、幕府の職制上の地位によって様式が定まっていたわけではなく、彼ら武士の家務文書（家領支配の必要上発給される文書）とだいたい同じ様式が用いられた。その様式には、幕府の御教書・奉書の系統に属するもの（奉書形式）と、発給者自身が差出者の形をとるもの（直状（ジキジョウ）形式）との二種があった。後者の直状形式については、次項でまとめて述べることとして、前者の奉書形式についていえば、これにも日下（ニッカ）（日付の下）に右筆が署判を加えるだけのものと、さらに発給者が袖判を加えるものとの二種があった。頼朝の発給した奉書形式の文書にこの二種があったことは、すでに述べた通りである。総じて、袖判を加えると否とにかかわらず、奉書形式の文書は、ごく限られた有力武士にしか用いられなかったようで、現存史料によれば、北条氏、足利氏、島津氏などがこれを用いている。つぎに北条氏の例として北条時頼袖判、盛阿（北条氏の家令）奉書を、また足利氏の例として足利家時袖判、重円奉書を挙げておく。

（陸奥）平賀郡内大平賀村々事、任$_{二}$故（泰時）入道殿御時之例$_{一}$、如$_{レ}$元可$_{下}$令$_{レ}$致$_{二}$沙汰$_{一}$給$_{上}$之由所$_{レ}$候也、仍執達如$_{レ}$件、（北條時頼）（花押）

仁治三年十月一日　沙彌盛阿奉

曾我五郎二郎殿

〔曾我文書〕

（三河）秦梨子郷者、爲$_{二}$不輸之地$_{一}$、當給主所$_{レ}$充$_{二}$賜之$_{一}$也、早可$_{レ}$令$_{レ}$存$_{二}$其旨$_{一}$之由、所$_{レ}$被$_{二}$仰下$_{一}$也、仍執達如$_{レ}$件、（足利家時）（花押）

弘安四年十一月五日　沙彌重圓奉

額田郡公文所

〔前田家尊経閣所蔵武家手鑑一〕

（B）室町幕府の御教書・奉書及び伝奏（テンソウ）奉書

（イ）御教書　執事（シツジ）もしくは管領（カンレイ）が、将軍の意を奉じて出す文書であって、執事（もしくは管領）が、日下に署判（官名と花押）を書いた。これを当時、将軍家御教書とよんだ。鎌倉幕府の場合は執権・連署の二人が署判を加え、室町幕府の場合は執事（もしくは管領）一人が署判を加えるという相違点があるほかは、様式的には全く同じである。なお、将軍の下文・寄進状が先に出て、執事（もしくは管領）がそれを充名の人に取り次ぐために出す文書も将軍家御教書と全く同じ様式であるが、この場合には、これを執事（もしくは管領）施行状（シギョウジョウ）とよんだ。施行とは命令を伝達する（取り次ぐ）意である（物品を施す、例えば飢人・乞食に食物を施与する場合には施行（セギョウ）という）。図版35に示したのは、足利尊氏の執事高師直の奉じた将軍家御教書である。つぎに解読を示す。

依二三條殿（足利直義）御違例（1）事一、諸人不レ可二馳參一、其上既御減氣（2）之間、所二御心安一也、存二其旨一、可レ被レ相二觸大隅薩摩兩國地頭御家人等一之狀、依レ仰執達如レ件、

曆應五年二月五日　　　　武藏守（高師直）（花押）

嶋津上總入道（貞久）殿

〔島津家文書之一、五二号〕

〔注解〕（1）違例、イレイ。病気。（2）減気、ゲンキ。病気が軽くなる、快方に向う。反対に悪化し、重くなるのを増気。直義が病気と聞いて、地方から京都に馳せ参ずる者が多かったので、これを禁じた指令である。充名の島津貞久は大隅・薩摩の守護。この文書は、尊氏と直義の確執の兆しを示す比較的早い史料とされる（田中義成『南北朝時代史』明治書院、講談社学術文庫）。

一般に室町幕府の制度史では、初め執事とよばれた者が、南北朝後期ごろから管領とよばれるようになったと説かれているけれども、職務権限の内容を考えると、この理解は正確ではない。むしろ南北朝後期に置かれた管領は、それ以前の執事と引付頭人の職権を吸収統合したというべきであろう。したがって管領の奉ずる将軍家御教書を説明するには、前もって右に挙げた執事の奉ずる将軍家御教書のほかに、引付頭人の奉ずる文書を説明しておかねばならない。引付方は鎌倉幕府以来の裁判機関であって、主として所領相論を取り扱う。そして南北朝時代になると、このような所領相論において、しばしば引付頭人（引付方の長官）は、下地・所務の押領を排除し、押妨を停止せよという命令を、係争地の国の守護に命ずる文書を発給した。もちろん引付頭人自身が命令するのではなく、将軍の仰せによって伝えるという形式、すなわち奉書形式の文書であって、当時これを引付奉書と称した（正しくは引付頭人奉書）。三代将軍義満の時代になって、執事に代わって管領が置かれると、管領は引付頭人に代わって押領（押妨・濫妨）停止命令を出すようになった。したがって引付頭人奉書は、名は奉書であるが、文書の系譜を考えれば、管領の奉ずる将軍家御教書の前身であるから、ここに便宜合わせて説明するわけである。

ところで、引付頭人ついで管領の発給した押領（押妨・濫妨）停止命令は、その命令の骨子を「停コ止某甲押領（押妨・濫妨）一、可レ沙コ汰一付某乙於下地二」という文言で表現することが多く、このような「沙汰付（サタシツケ）」命令を当時遵行（ジュンギョウ）とか打渡（ウチワタシ）とよんだ。遵行は南北朝時代以降、守護の基本的職権の一つに数えられた。そして守護は、遵行を命ずる引付奉書もしくは御教書を受け取ると、これを守護代に下達し、守護代はさらにこれを現地の守護使に下達する。その際、守護・守護代は上の命令を取り次ぐ意味の伝達命令を出す。これらをいずれも遵行状とよんだ（南北朝期には守護の伝達命令を施行状とよんだ例が多い）。これらの命令を受けて現地で執行に当る守護使は遵行使ともよばれたが、遵行使は命令を執行したうえで、その旨すなわち押領を排除して下地・所務を正当な知行人に交付した旨を記した証状を、正当な知行人に交付する一方、報告を守護代に提出する。守護代はこれを守護に、守護はこれを幕府に上申する。こうして遵行手続きは完結するのである。遵行使が正当な知行人に交付する証状を打渡状といい、報告書を請文（ウケブミ）という。図版36は南北朝時代の引付頭人奉書、図版37は管領の奉じた将軍家御教書（伊勢守護充て）、図版38は上記を受けて伊勢守護が守護代あてに出した遵行状である。三点とも解読をつぎに掲げる。なお、請文については、第四節（二〇九頁）で詳しく説明する。

院林六郎左衛門入道了法申、越中國院林・大海兩郷地頭職事、訴状副二具書一如レ此、子細見レ状、不日[1]停コ止今村十郎濫妨一、任二延慶元年十一月廿三日關東下知状并度々施行之旨一、沙コ汰一付了法於下地一、可レ被レ執コ進請取状一也、[2]使節緩怠咎事、已被レ定二其法一畢、更不レ可レ有二遅引之儀一之状、依レ仰執達如レ件、

康永三年十一月廿八日　散位（上杉朝定）（花押）

桃井駿河前司（直常）殿

〔醍醐寺文書之一〕

伊勢國棚橋法樂寺領同國末吉・末正兩名、泊浦(3)、小濱郷等事、帶(4)二先守護一度々雖レ被レ仰、未二遵行一云々、不日退二押領人一、可レ被レ沙二汰-付雜掌一、若又有二子細一者、可レ被二注申一之由、所レ被二仰下一也、仍執達如レ件、

應永七年三月九日　　沙弥(畠山基國)(5)（花押）

土岐大膳大夫(康行)入道殿

〔醍醐寺文書之一〕

伊勢國棚橋法樂寺領安濃郡末吉・末正兩名、幷泊浦、小濱郷等事、任二今月九日御教書之旨一、可レ沙二汰-付下地(6)於彼雜掌一狀如レ件、

應永七年三月十六日　　沙弥(土岐康行)（花押）

安藝彈正入道殿

〔醍醐寺文書之一〕

〔注解〕　(1)不日、フジツ。日ならず、速かに、遅怠なく。(2)使節緩怠（カンタイ）……、この御教書の如く、守護に対して遵行命令を出しても、守護が怠慢で命令を履行せず、ときには押領（押妨）人と気脈を通じて、故意にサボタージュする場合も少なくなかった。そこで幕府は守護・守護使の遵行サボを禁じ、処罰する法を定めたのである。(3)泊浦、トマリノウラ。今の三重県鳥羽市にあたる。(4)帯は対の誤り。先守護に対してたびたび遵行を命じたけれども、これに従わないという意。但し「云々」というのは、訴人側（法楽寺）の主張を一応認めて引用したことを示し、先守護未遵行の事実を幕府が確認したわけではない。この前年応永六年六月二十日に同じ問題について、伊勢守護仁木義員に遵行を命ずる将軍家御教書（管領の奉じた）が出されている（醍醐寺文書之一）ことから考えれば、ここにいう先守護は仁木義員をさし、応永六年六月から同七年三月までの間に、仁木義員がなんらかの理由で罷免され、土岐康行が守護に新任されたわけである。(5)沙弥、シャミ。仏門に入り剃髪したばかりのもの。また剃髪・出家しても、依然として俗事に携わる者を沙弥といった。この沙弥は管領畠山基国（出家して徳元トクゲンという）であり、つぎの文書の沙弥は伊勢の守護土岐康行（出家して善喜という）である。どちらも出家しても管領や守護の職に携わっているのである。(6)下地於、下地ヲの意。テニヲハを小さく右よせに漢字で書く例がときどきある。

なお、関東管領が関東公方（鎌倉御所）の意を奉じて出した奉書形式文書は、鎌倉殿御教書とか鎌倉御教書とよばれた。現在、古文書学上の様式名としては鎌倉府御教書と称することが多い。また、九州探題が将軍の意を奉じて出した奉書形式文書は九州探題御教書と称する。

（ロ）**奉書** 大体つぎの三種がある。

(1) 幕府諸機関の長官が単独で署判を加えるもの（引付頭人、侍所頭人）

(2) 諸機関所属の奉行二名が連署するもの（引付奉行、政所奉行など）

(3) 諸機関の長官と奉行二名、計三名が連署するもの（政所執事と奉行、地方(ジカタ)頭人と奉行）

このうち、(1)の引付頭人奉書は前項の将軍家御教書に合わせて説明した。ここでは最も実例の多い(2)について述べよう（今谷明・高橋康夫編『室町幕府文書集成、奉行人奉書篇』上下二冊、思文閣出版は(2)の奉書を集成、また二三頁所引桑山編著は(3)の奉書多数を収録）。

奉行の奉書は、大体二名の奉行の連署であって、これに竪紙(タテガミ)奉書と折紙奉書の二種がある。前者は一枚の紙をそのまま用いたもので、この場合には、日付は「文明三年五月廿日」というように、年月日を一行に書き（これを書下(カキクダ)シ年号という）、署名は「豊前守」というように、奉行の官名を書く（これを官途書(カントガキ)という）。出家の場合は「沙弥」と書く。後者は一枚の紙を横に二つ折にして用いるもので、この場合の日付は、月日（何月何日）の右肩に、例えば「文明三」と、年を細字で書き（これを付年号(ツケネンゴウ)という。文明三と書き、文明三年とは書かないことに注意）、署名は「頼亮」の如く奉行の実名を書く（これを実名書(ジツミョウガキ)という）。出家の場合は「宗祥」の如く法名を書く。すなわち、

竪紙奉書は　書下年号、官途書（もしくは「沙弥」）

折紙奉書は　付年号、実名書（もしくは法名）

これが両者の様式上の特徴である。折紙はもともと、紙の用法としては略式の用法であって、本来は正式の文書と

してではなく、自分の備忘（メモ）として用い始められたらしい。したがって、折紙奉書が竪紙奉書に比して略式、薄礼であることは疑いなく、だいたい充名の地位の高下と、内容の軽重によって竪紙・折紙の使いわけがなされたと解されている。なお折紙奉書は単に折紙ともよばれ、後にはこのように紙を横に二つ折にして書かれた命令文書を広く折紙とよぶようになった。つぎに、幕府奉行奉書の竪紙・折紙各一例を図版39と40に示し、解読を記す。

當寺領山城國柳原一橋（最勝光院敷地）事、今度爲㆓東福寺㆒雖㆑相㆓懸　御山荘御普請料(1)㆒、依㆑爲㆓各別寺領㆒、不㆑致㆓其沙汰㆒之處、令㆑撿(2)㆓封當所民屋㆒之条太無(3)㆑謂、然間於㆓子細㆒者可㆑被㆑糺㆓明之㆒、先可㆑開㆓門戸㆒之旨、度々雖㆑被㆑成㆓奉書㆒、不㆑能㆓承引㆒之条、難㆑遁㆓違背咎㆒上者、所詮向後停㆓止彼綺(4)㆒、諸役以下一圓可㆑爲㆓當寺進止㆒之由、所㆑被㆓仰下㆒也、仍執達如㆑件、

文明十四年十二月廿九日　　對馬守（松田數秀）（花押）
下野守（布施英基）（花押）

東寺雜掌

〔東寺百合文書ホ〕

〔**注解**〕（1）御山荘御普請料、前将軍足利義政の東山の山荘の造営費をいう。義政はこの年の二月から造営を始めている。（2）撿封、ケンプウ。犯罪人の財産差押えのため、もしくは指示、命令などに従わない場合に、それに従うまで、家屋を封鎖して出入できないようにすること。神社が撿封する場合には、門戸に神木を立てたり、注連（シメ）を張ったりする方法がとられた。（3）太無謂、ハナハダイワレナシ。（4）綺、イロイ。綺と同じ。干渉、介入、手出し。動詞としてイロウ。現在でも方言として残っている（イロウ、ヨロウ）。

〔**要旨**〕東山山荘の造営費や人夫は、寺社本所領に例外なく賦課された。東福寺はこの柳原一橋の地を自分の寺領と見て、幕府から命ぜられた造営費を掛けたところ、この地の住民は、ここは東寺最勝光院の敷地であって、東寺の所領だと主張し、東福寺からの賦課に応じなかった。そこで東福寺がいきなり住民の家屋を撿封するという強硬手段に出た。幕府はおそらく東寺からの訴えに基づい

て、東福寺の主張と東寺の主張との対立について、詳しく調べて裁定するゆえ、まず撿封を解けと東福寺に命じたけれども、東福寺はこれを肯んじない。そこで東福寺は上意違背咎（将軍の命令違犯）によって、係争の地は東寺の一円支配と認める、という裁定が下ったわけである。

黒石申伯父宗音一跡(1)事、先年田舎下國刻、令レ譲二与之一、其以後伯父死去之条、任二譲状之旨一相續之處、宗音弟次郎兵衛息千代石譲置候段依レ申レ之、醍醐十保長并兄部(2)等致二中分一、彼跡半分充与二千世(代)石一知行候訖、其内上醍醐屋敷壹所、双方両年充當知行之處違乱云々、太不レ可レ然、早可レ被レ止二競望(3)一、若又有二子細一者、可レ被二明申一由、被二仰出一候也、仍執達如レ件、

天文十七
五月十九日　（中澤）光俊（花押）
　　　　　　（松田）盛秀（花押）
（深應）中坊

〔醍醐寺文書之四〕

〔注解〕（1）一跡、イッセキ。遺領のこと。遺跡と同じ。一三三頁注解参照。（2）十保長・兄部、天文十七年五月の黒石の申状（醍醐寺文書之四、七三八号）によれば「たいこ十保の長衆廿人并このかうへ種々中分いたす条」とあり、長はオトナとよんだのであろう。醍醐寺領内の地下人組織の一端をうかがうことができる。（3）競望、ケイボウ、ケイモウ。一つのものを取得しようとして、他人と競り合うこと。希望や権利主張の競合関係をつくりだすこと。

斯波・畠山・細川のいわゆる三管領家をはじめとして、関東管領の上杉、近江の守護佐々木（六角）、播磨の守護赤松、山陰数カ国の守護山名、長門・周防の守護大内、豊後の守護大友、薩摩の守護島津、越後の長尾、越前の朝倉、安芸の毛利ら、室町・戦国時代に活躍する守護や大名も、それぞれの家の年寄（家老）や奉行の奉ずる奉書を発給した。なかには幕府の奉行奉書と酷似していて、簡単に見わけ難いものもある。下って豊臣氏の奉行奉書、大老奉書、徳川氏の年寄衆奉書もこの系列に属する。つぎに一例として大内氏奉行奉書を挙げておく。

對㆓松崎坊中㆒、諸篇御尋之處、御神事方其外坊領以下沽却子細等言上畢、仍寺社領買得事者、爲㆓御代々御法度㆒、堅被㆓停止㆒者也、然者急度對㆓賣主㆒可㆑返㆓付之㆒、若於㆘背㆓此旨㆒輩㆖者、一途可㆑被㆓仰付㆒之由、依㆑仰執達如㆑件、

大永四年六月七日　　備中守（花押）

兵部少輔（花押）

大専坊

〔松崎神社文書〕

（八）伝奏奉書

伝奏奉書（テンソウホウショ）は室町幕府の文書体系の上で特異な存在である。これは武家様文書の展開過程に発生した様式ではなくして、前節で述べた公家様文書の綸旨・院宣の系統に属する朝廷の伝奏奉書を、幕府がそのまま転用したものである。文書の奉者と幕府の主権者たる室町殿との関係からいえば、管領の奉じた御教書と同列とも見なされるけれども、その成立の特異性に鑑みて、上記御教書・奉書とは別個の存在として位置づけたいと思う。

伝奏はもと、十三世紀中頃の後嵯峨上皇の院政下で制度化された院の重職（複数）であって、政務を院に執奏（とりつぎ）し、また院旨（院の裁定）を下達するを職とした。伝奏の下に奉行が置かれて、伝奏の下達を受けて院宣の発給に当ったから、伝奏が院宣の奉者となることはなかった。鎌倉時代の末、後醍醐天皇が院政をやめ親政を行なった時も、院政下と同様に伝奏が置かれた。しかるに南北朝期に入って、伝奏自身が奉者となって、綸旨・院宣を発給するケースが出てきた。実質的に綸旨・院宣と変わらぬこの文書を伝奏奉書と称した。

他方、室町将軍義満は、国家支配権の完成をめざして朝廷の政治的諸権能（最終的には国家的祈禱の主宰権、南都以下旧仏教寺院の僧官叙任権等）をつぎつぎと奪取、吸収し、その過程で特定の廷臣公卿を義満自身の家司（ケイシ）となし、これを奉者として御教書を発給せしめた。ついで義満は応永元年（一三九四）暮、将軍職を子の義持に譲り、翌年出家し

たのち、はじめて朝廷の伝奏をして自身の命令（「仰（オオセ）」）を奉ずる文書を発給せしめた。ここに室町幕府文書としての伝奏奉書が生れた。

つぎに伝奏奉書を二例挙げる。前者は室町殿義満が、興福寺別当、大乗院孝円に命じて、同寺衆徒の多武峯（トウノミネ）に対する武力行使を制止せしめたもの。また後者は、古来炎旱に際して祈雨の祈禱を行う場として知られる神泉苑池辺の掃除を東寺の長者に命じたもので、充所の俊尊は東寺長者義昭の侍者である。前者の奉者曇寂（広橋仲光）、後者の奉者常寂（広橋兼宣）はいずれも当時の伝奏である。

寺門若輩等、為レ發ニ向多武峰一、已及ニ進発一云々、事実者太不レ可レ然、先止ニ楚忽合戦一、穏可レ經ニ訴訟一也、若不レ拘ニ御下知一者、可レ被レ處ニ嚴科一之由、可レ有ニ御下知一之旨、被ニ仰下一候也、恐惶謹言、

（応永十年）十月三日戌刻　（広橋仲光）曇寂

（孝円）大乗院殿

〔寺門事条々聞書〕

神泉苑掃除事、明後日七日可レ有ニ其沙汰一由、被ニ仰下一候、可ニ存知一旨、可レ有レ御ニ下ー知東寺一候、於ニ人夫一者、被レ仰ニ付侍所一候了、可下令レ得ニ此御意一給上候也、謹言、

（応永三十四年）五月五日　（付箋）「広橋儀同三司」常寂（兼宣）

金剛乗院僧正御房（俊尊）

〔東寺文書、楽〕

伝奏奉書については、室町殿と伝奏との支配・服属関係、伝奏の選定方法（選定規準の有無を含め）、伝奏奉書の用途・機能等、なお今後の研究にまつところが大きい。

この項、伊藤喜良「応永初期における王朝勢力の動向」（伊藤『日本中世の王権と権威』思文閣出版に収む）、富田正弘「中世公家政治文書の再検討③「奉書」――伝奏奉書」（『歴史公論』一九五三年一二月号、のち日本古文書学会編『日本古文書学論集』7、中世Ⅲにも収む）、家永遵嗣「足利義満と伝奏との関係の再検討」（『古文書研究』第四一・四二合併号所収）を参照。

四　直状（ジキジョウ）・書下（カキクダシ）

鎌倉時代、守護以下の武士が発給する文書に奉書形式のものと、直状形式のものとがあったことは前に述べた。奉書が、真の発給者は文面に現われず、彼の侍臣（右筆）が主人の意を奉じて形式上の差出者となる文書様式であるのに対して、直状は真の発給者が差出者として文書にその姿を表わす様式であって、普通の書状の系統に属するものである。普通の書状は書止めが「……候、恐々謹言（恐惶謹言）」のようになるのに対して、直状は「……也、仍状如件」とか「……之状如件」となり、普通の書状では年付（トシヅケ）を加えず月日（もしくは日）だけであるのに対して、直状は年月日を書くのが書状と異なる点である。以上のように見れば、直状は書状に下知状様式が加味されたものということができよう。もっとも、書状でも高い地位の差出者が低い地位の者に出す場合（例えば大臣から参議に、中納言から五位の殿上人に）には、書止めを「状如件」とすることになっていた（弘安礼節）から、「状如件」が書状と直状を区別する決定的なメルクマールというわけにはゆかないであろう。内容的に見れば、書状が純私用の限時的文書であるのに対して、直状は差出者側（差出者本人もしくはその上級者）の命令の下達、権利の付与・認定その他家務の執行の機能をもつ。この種の直状は鎌倉時代以来書下（カキクダシ）とよばれた。けだし下達文書の意である。

直状形式の文書のなかで最も注目すべきものは、室町幕府の将軍が出した御判御教書（ゴハンノ）である。これは御教書といっても、前項で説明した奉書形式の御教書とはちがって、将軍自ら花押もしくは署判を加えて、彼自身が差出者たることを明示する文言（書止めに「状如件」）を含むものであって、様式からいえば直状に属するといわなければならない。当時、これを将軍家御判御教書と称したのは、御教書が本来、奉書形式文書の一種であったという歴史が閑却されて、将軍の発給文書に対する敬称の意味に転用されたからと考えられる。古文書学のうえでは、前項で説いた室町幕府御教書と区別するため、これを将軍家御判御教書、もしくは将軍足利某御判御教書とよび、前者を室町幕府御教書もしくは室町幕府管領（もしくは執事）奉御教書とよんでいる。

将軍家御判御教書も、細かく観察すれば五種に区別される。

(a)

（本文）……………………………
……………………状如件

年月日　（花押）

某殿

(b)

（花押）

（本文）……………………………
……………………………………
……………………状如件

年月日

某殿

(c)

（本文）……………………
……………………状如件
年月日　（花押）

(d)

（本文）……………………
……………………
……………状如件
年月日
官途（花押）

(e)

（花押）
（本文）……………………
……………………
……………状如件
年月日

以上五種のうち(a)(b)は日付のつぎに某殿と充所を記す式であり、(c)(d)(e)は充所がなく、文書の受取者は本文の中に織りこまれる形式である。相手に対する敬意の表わし方、すなわち書礼の厚薄からいえば、(a)(b)群が(c)(d)(e)群より厚礼であり、(a)(b)のなかでは(a)が厚礼、(c)(d)(e)の間では(c)が最も厚く、次第に薄礼となる。つまり(e)式が最も尊大な形式ということになる。また、文書様式の系譜関係からいえば、(a)(b)は書状様式から発展した直状の純粋型であり、(c)(d)(e)はむしろ下文・下知状が変形して一歩直状に近づいた形、いいかえれば下文・下知状の直状化した形である。室町幕府の将軍は尊氏以来、袖判下文と御判御教書を併用したが、次第に後者が前者の機能を代行するようになり、義満時代の応永九年以後は全く袖判下文を出さなくなるのである。図版41は将軍家御判御教書の一例であって、上記の分類でいえば(e)式にあたる。

室町幕府の将軍の出した文書で、もうひとつ直状形式の文書と見るべきものに御内書(ゴナイショ)がある。これは御判御教書よりも一層書状に近い様式の文書であって、書状の部類に入れて、書状の変形と見た方がよいかもしれない。まず文型を示すと、これも二種あって、

(a)

(本文)……………………………………
……………………………………………
………也

月日　(花押)

某とのへ

(b)

(本文)……………………………………
……………………………………………
……也、状如件、

月日　　　（花押）
某殿

右のように、日付・差出書・充所は全く書状と同一様式であるが、本文の書止めに書状ならば「謹言」「恐々謹言」「恐惶謹言」などの文言を記すべきところを、御内書は「也」で切るか、その後に「状如件」をつけるのである。これは書礼からいえば、書状よりは遥かに相手を見下した様式であって、すでに尊氏が九州探題一色範氏・直氏父子にあてて(a)式（但し、充所の敬語は殿）の文書を各一通出しており（醍醐寺文書之一）、将軍の公家・武家に対する地位と権威の高まった三代義満の頃から割合よく用いられるようになった。その用途は、最初は将軍自身の私用を弁ずる文書として用いられることが多く、幕府政治に関係する内容のものも、非制度的、臨時の連絡文書に用いられたが、やがて次第に将軍の公用文書となり、戦国時代に入って、とくに将軍義晴・義輝・義昭の代には、管領の奉ずる将軍家御教書が出されなくなったのと反比例して、盛んに出されるようになる。最後の将軍義昭の御内書には、政治史に関する重要史料が少なくない。前掲(a)(b)二型の間では、もちろん(a)型が薄礼、(b)型が厚礼であって、書止め文言の有無、充所の敬語の書様（「とのへ」と「殿」）にそれが表わされるのである。つぎに義昭の御内書を二通掲げておく。前のは天正元年七月十九日織田信長のために将軍の地位を追われた直後のもので、折紙を用いている。後の方は本能寺の変で信長が斃れたときのもので、帰洛できるよう協力を求めている（図版42参照）。

就二今度城都安座信長牛（1）之儀一、始二大（2）坂一味方中不審不二相晴一之由、言上之條、至二眞（3）木城一相移候、然者諸侯之者共、織田かたより依レ令二調（4）略一、企二逆意一、剰（5）小（6）童事押取之段、絶二言語一候、就（7）レ其、只今於二若（8）江要害一逗留候、様躰不レ可レ存之間、先爲二案内一如レ此候、自（9）然上野佐渡守恣之儀雖レ申レ之、不レ可二許容一、則可レ加二成敗一候、何

も差ニ下柳澤（元政）一具可ニ申聞一候、猶藤長可レ申候也、
（天正元年）七月廿四日　（花押）
吉川駿河守（元春）とのへ
小早川左衛門佐（隆景）とのへ
毛利右馬頭（輝元）とのへ

〔柳沢文書〕

今度織田事、依レ難レ遁ニ天命一令ニ自滅一候、就レ其相殘輩歸洛儀切々申条、示合、急度(10)可ニ入洛一候、此節別而馳走可ニ悦喜一、仍太刀一腰、黄金拾兩到來、喜入候、猶昭光・昭秀可レ申候也、
（天正十年）十一月二日　（花押）
島津修理大夫とのへ

〔島津家文書之一、九〇号〕

〔注解〕 (1)半、ナカ、ナカバとよむのであろう。二者の間が対立抗争の関係にあること。……の間、……の最中の意にも用いる。(2)大坂、石山の本願寺（顕如光佐）をさす。(3)至、イタッテ。到達する意味ではなく、方向、目的地を示す。(4)調略、チョウリャク。策略（邦訳日葡辞書）、謀略・策謀を用いて人を陥れること。(5)剰、アマツサエ。(6)小童……、義昭の子供の身柄を押えて人質にする。(7)就其、ソレニツキ。(8)若江要害、河内の若江城。当時、三好義継の居城。(9)自然、シゼン。もしも、万が一。(10)急度、キット。速やかに（邦訳日葡辞書）。

御内書には通例将軍の侍臣が副状（ソエジョウ）をつける。そして、そのことは御内書の末尾に「猶何某可申候也」という文章で示される。右の例でいえば、天正元年の御内書には一色藤長の副状がつけられ、天正十年の御内書には真木島昭光・一色昭秀連署の副状がつけられたはずである。副状は御内書の内容を反復するか、さらに詳細な説明を加えて、御内書の趣意を相手に徹底させようとするものである。下って徳川将軍（家康以下）も足利将軍御内書と同じ様式の

文書を用いて御内書と称した。

つぎに守護以下一般武士の直状について簡単に述べる。さきに一言したように、鎌倉時代からすでにこの様式の文書が出されているが、南北朝時代に入ると、守護が発給する預ケ状にこの直状様式が用いられるようになる。預ケ状というのは、所領を預け置くときのもので、この時代の守護は闕所（没収地）を配下の武士に預けることが多かったのである。その一例を挙げる。

阿波國牛牧庄地頭闕所分事、爲㆓立江中庄地頭職替㆒、御沙汰落居之間、所㆓預置㆒也、任㆓先例㆒可㆑致㆓沙汰㆒之状如㆑件、

観應二年九月五日　　散位（細川頼春）（花押）

安宅備後権守殿（頼藤）

〔安宅文書〕

これは阿波の守護細川頼春の出した預ケ状である。「御沙汰落居之間」とは、幕府の裁判の決着がつくまでの間という意味で、それまでの間、立江中庄の地頭職のかわりとして、牛牧庄の地頭職を預け置くというわけである。おそらく当時、安宅頼藤は立江中庄地頭職を失って、幕府に訴訟を起こしていたのであろう。

やがて南北朝後期から室町時代にかけて守護クラスの武士がこの直状様式の文書を発給する事例が急速に増加する。紀伊の守護で明徳の乱で滅ぼされた山名氏、その後をうけて紀伊の守護となり応永の乱で討たれた大内氏などは比較的その早い例であって、守護として領国内の武士に対する所領給与や安堵などに直状を用いた。これは守護が単に幕府の命令を伝達するだけでなく、守護に与えられた（あるいは守護が自ら保持すると称する）領国支配権に基づいて、土地の給与・安堵、特権の付与・承認などを次第に広汎に行なうようになった事情と対応していると考えられる。そ

して守護の領国支配権が解体して、小領主が独立して小領域支配権を打ち立て、あるいは守護に代わって一国ないし数国を支配するような大名が現われると、彼らの領域（分国）支配文書としても、直状が盛んに用いられる。これらの守護・領主・大名らの発給した直状は、戦国時代には直書（ジキショ）とか判物（ハンモツ）とよばれた。判物とは、発給者である守護・領主・大名が自ら判（花押）を居（ス）えた文書という意味である（この文書名は江戸時代にも用いられた）。

さきに奉書のところで述べたように、守護・大名らの多くは一方に奉行か年寄が署判を加えた奉書も発給していて、この直状（判物）とどのように用途を区分したかが問題となる。時代が下るに従って、守護・大名諸家の文書体系が個別化する傾向が進むので、一概にいうことは困難であるが、だいたい直状（判物）は感状、所領給与、安堵、特権の付与または承認など、永続的効力を付与すべき文書に用い、奉書は単なる伝達、連絡、例えば家中の統制や、領民支配のための下達文書や、他の大名との政治軍事上の連絡交渉文書などに用いたようである。つぎに室町・戦国時代の書下状・判物の数例を挙げておく。

(a)　吉川経基書下状（図版43）

於二播州坂本一合戰之時、令三浦上紀三郎同道二而、致二先懸討太刀一被レ疵之條、彼浦上美作守（則宗）眼前明鏡之間、當家本訴福井庄廿八箇村（分錢一萬餘貫）之在所、從二赤松方一被二返付一、無二比類一忠節之至候處、重而於二寺原和田固屋一、敵數輩討取、悉皆以二一人武略一、和田城切執候、度々大功之上者、任二望之旨一、相二添麻枝次郎分一、桑原名之事、永代爲二本領一、可レ被レ全二領知一之状如レ件、

延德貳年二月九日　經基（花押）

境孫右衛門尉殿

〔吉川家文書之一〕

〔要旨〕　吉川経基が家来の境孫右衛門尉に与えた恩賞充行状である。境孫右衛門尉は、播磨の坂本の戦いで先懸（サキガケ）をして負傷するという戦功を立てた。守護赤松氏はその賞として境の主家吉川氏の本領福井庄を吉川氏に返してやった。さらに今度、境一人の戦功によって和田城を攻略した。よって吉川経基は恩賞として桑原名に麻枝次郎分の地を添えて境に与える、というのである。なお、吉川氏は鎌倉時代以来安芸の大朝本庄と播磨の福井庄を領有する有力な武士であったが、室町時代になって、福井庄は守護の赤松氏に押えられ、それの回復に苦心していた。また、この文書は全文吉川経基の自筆である。

(b)　上杉房能書下状（図版44）

父又三郎景家、去九月十九日於㆓越中國般若野合戰㆒討死、神妙之至候、雖㆑爲㆓女子㆒、遺跡事相計、以㆓代官㆒軍役奉公勤㆑之、當知行領掌不㆑可㆑有㆓相違㆒之狀如㆑件、

永正參年閏十一月廿六日　　房能（花押）

水原祢々松女

〔大見水原文書〕

〔要旨〕　越後の守護上杉房能が水原景家の娘祢々松（ネネマツ）に与えた遺跡安堵である。この時代になると、所領の分割相続はほとんど姿を消し、単独相続、それも家督を相続する男子が所領も全部相続するという形が一般原則になった。したがって、遺跡（ユイセキ、一三三頁注解、跡の項参照）相続は現実に家督プラス所領の相続を意味した。この文書は、父親が戦死を遂げるという忠節によって、とくに女子の相続を例外的に認めたのである。

(c)　今川義元判物（図版45）

（今川義元）
（花押）

清水湊ニ繫置新船壹艘之事、

右今度遂㆓訴訟㆒之条、清水湊・沼津・内浦・吉原・小河・石津湊・懸塚、此外分國中所々、如何樣之荷物・俵物以下相積雖㆑令㆓商買㆒、於㆓彼舟之儀㆒者、帆役湊役幷出入之役、櫓手立使共免除畢、縱自餘免許之判形相破、至㆓

于其時一、爲二一返雇・臨時之役等一雖レ申二懸之一、不レ限二時分一、他國之使已下別而可レ令二奉公一之旨申之条、爲二新給恩一令二扶助一之上者、不レ可レ及二其沙汰一、然者以二自力一五拾貫文之買得有レ之云々、分限役是又一返之役・臨時役等免許畢、年來爲二無足一令二奉公一之条、永不レ可レ有二相違一、雖レ然以二判形一於二諸役仕來湊一者、可レ勤二其役一者也、

仍如レ件、

永祿參庚申年

三月十二日

中間藤次郎

〔寺尾文書〕

〔要旨〕 これは諸役免許の判物である。今川氏は領内の社寺、家中の武士に対して、所領充行、安堵、訴訟の裁許、課役免除等の判物を多数発給している。しかし、そのほとんどは竪紙（タテガミ）つまり規格の紙一枚をそのままに使用する形であって、この例のような折紙は少ない。この判物が折紙の形式をとったのは、受取者（充名の人物）の身分が中間であり船商人であったからであろう。今川氏は普通の判物では竪紙を用い、花押は日下にすえているのに、この文書では折紙、袖判になっており、さらに充名を日付よりも下方に書いて「殿」のような敬語もつけない。それらの書礼が相互に照応しているわけである。

(d) 加藤清正判物（図版46）

抑當社退点[(1)(轉)]之儀、先年大閤[(ママ)(秀吉)]御所御下向之砌、郡中之者共邪心を相構儀、神主一人之科ニ究、御成敗候、其付而當社も破滅候、彼邪心之者御成敗之上者、阿蘇大明神破滅不レ仕様ニ、可レ被二仰付一哉と達二上聞一、當社造宮等幷坊中をも取立、社領等可二申付一と雖二念願候一、高麗在陣に付而押移候、然處大閤[(ママ)]様御他界ニ依而、其志も無レ詮候、然者爲二冥加一、豊國大明神を當分領中へ灌頂[(勧請)]可レ申覺悟候、令二灌頂一事成就之上にて受二神明一、其上を以、神領等をも可二申付一之條、各相集、阿蘇大明神之行[(2)]等、先規之姿を可レ有二勤行一事尤候、然時者、寺社居屋敷幷沙弥一人充之[(3)]堪忍分、黑川村内を以、可二申付一候間、各令二還[(4)]住一、少庵をも可レ被レ結事肝要候也、

慶長四年十一月廿九日　　　　清正（花押）

阿蘇大明神　長善房　寺社中

〔阿蘇文書〕

〔注解〕（1）退点、タイテン。退転の誤記。転落、衰退の意。（2）行、テダテ。方策、算段。行に及ぶ、行を成す、なども用いる。実際の行動（軍事行動の如き）を意味する場合も少なくない。平安末期から見えるが、戦国時代最もよく使われた語。（3）堪忍分、カンニンブン。生活を支えるに足るだけの物的給与、生計の資。（4）還住、ゲンジュウ。逃散（チョウサン）その他、元の居住地をすてた者が、再びそこに帰住すること。

五　印判状（インバンジョウ）

武家文書の主要様式として、最後に挙げられるのは印判状である。これは簡単にいえば、判すなわち花押のかわりに印章を捺した文書であって、室町時代に起こり、戦国時代に入って急速に広まり、江戸時代に及んだ。当時、印章を印判とよんだのでこの称がある。

印判状を説明するには、印判すなわち印章についてまず述べなければならぬ。公式令に規定された公文書はすべて官印を捺すことになっていたが、これが個人の私印使用の風潮をよびおこした。しかし公式様文書が衰えると、官印の使用もこれにともなって廃れ、私印もまたほとんど見られなくなった。鎌倉時代初期に属する石清水八幡宮別当田中宗清（ソウセイ）の㊪印（菱形に宗の字）などはきわめてまれな例である。

しかるに宋・元との通交が盛んとなり、宋元禅僧の渡来やわが国の僧侶らの入宋・入元によって、宋元の文化がもたらされるに及んで、当時中国で行なわれた印章使用の習慣が伝えられて、まず禅僧が鎌倉時代中期からこれを用い、ついで禅宗に帰依した武士がこれを用いるようになった。しかし、その用法に二つあって、一つは禅僧の白雲慧暁（エギョウ）、天岸慧廣（エコウ）、夢窓疎石、武士では足利尊氏（道号「仁山」の印）・直義（道号「古山」の印）・義満（法諱「道有」、道号「天山」の印）らのように、画像の賛に捺すとか、蔵書印・鑑蔵印として用いるもの、他は禅僧の東巌慧安（エアン）・無夢一清のように、文書に捺すにしても、字面（文字部分）の確実性（改竄を加えてないこと）を保証するために用いるものであった。後者についていえば、東巌慧安は文永七年（一二七〇）・八年の文書に数種の個人印を捺しているが、その捺し方は自署の部分その他文書の要所要所に捺してあって、いまだ自署・花押の代用という意味は見られない。無夢一清の場合も同じであって、これは延文六年（一三六一）三月廿三日の備中宝福寺の規式に捺したものである。この規式は全八カ条から成り、日付のあとに住山すなわち宝福寺の住持の無夢一清以下全二十二名の禅僧が上下二段に連署して、各花押を署しているが、まず規式の書出部分の二行と、全八カ条の各条首部の字面に「乾坤清氣」の朱印十顆を捺し、日付次行の上部に加えた「住山（花押）」の字面に住持無夢一清の朱印と見るべきもの二顆（印文明確でないが、一つは「無夢」、他は「一清」であろう）を捺し、さらに日付の字面と、下段に連署した両班（リョウハン）五名、耆旧（キキュウ）六名の連署の字面に「吉備里人」の朱印十四顆を捺してある。つまり、住持無夢一清の印章二種、本文に捺した印章一種、及び日付と連署部位に捺した印章一種、計四種の印がある。ついで応安元年（一三六八）三月十八日付の同じ宝福寺天得庵の規式にも本文、日付、署判部位及び紙継目の表に「無夢」の朱印六顆、連署芝丘の字面に「高菴」の朱印一顆を捺し、同日付、寺領上津江庄内三別所について定めた置文にも、日付次行の上方に署判を加えた「一清」の字面に「弌清」の朱印一顆を捺している（以上宝福寺文書。『大日本史料』六之二十九、三三八頁以下参照）。ついで、尾張の妙興寺の開、山滅宗宗興（永徳二年（一三八二）死）が、観応・応安年間の同寺関係文書の案文二十三通を貼り継いだものの端裏書と中書（もと奥書か）の字面に「滅宗」の朱印を捺し、また紙継目裏二十カ所に同じ朱印を捺し花押をすえている（妙興寺文書）のも同じであって、文書の確実性を保証するための捺印である。下って、永享の乱で活躍した上杉憲実（法名長棟（チョウトウ）、文正元年（一四六六）死）の置文（年代未詳、上杉家文書之一）の継目裏に「長棟」の黒印を捺した（図版

47)。俗人が印章を文書に用いた初見とされるが、その用法は滅宗宗興の場合と同じである。

それでは、印章を花押のかわりに捺すのはいつからかというと、至徳四年（一三八七）円覚寺黄梅(オウバイ)院華厳(ケゴン)塔の勧縁(カンエン)疏(ソ)（奉加帳）に、禅僧春屋妙葩(シュンオクミョウハ)が「春屋」の印を、同じく義堂周信が「義堂」の印を捺した（黄梅院文書）のが初見であり、俗界では、応永二十九年（一四二二）の幕府下知状に、遠江国蒲御厨より上洛人馬の過所に、同御厨雑掌の押印を認める旨が見えて（東大文学部所蔵文書）、印章使用の普及度が推測され、下って長享元年（一四七六）には、駿河守護今川竜王丸（のち元服して氏親）が発給文書に黒印を用いている（東光寺文書、印文は難読）。このように印章を花押の代わりに用いる方法は、おそらく板刻の花押の使用と関係があろう。板刻の花押は、永仁三年（一二九五）を初見として、いくつか実例が残っている（荻野三七彦『印章』参照）。

さて、今川氏親はのちには前記の黒印と同じ印を朱印として用い、また「氏親」という印文の朱印も用い（永正十八年（一五二一）の文書あり）、晩年「紹僖」の印を用いた。氏親の死後、その後室（未亡人）寿桂尼が子氏輝の後見役として家政を執った時期に発給した文書に「歸」の朱印を用いた。〔補注七〕当時、女性は通例花押を使用しなかったから、これは花押の代わりに印章を用いたものであろう。氏輝の死後、今川氏には家督争いが起こり、氏輝の弟の僧承芳は家督争いの最中、「承芳」の黒印を用い、やがて家督を継ぎ、還俗して義元と称すると、「義元」の印を用い、のち「如律令」の三字を正円の中に配した朱印を用いた。義元の子氏真はやはり「如律令」を方形に配した朱印を用いた。今川氏歴代の印は概して、花押の代用、したがって個人印の傾向が強い。

〔補注七〕最近、女性の印章使用早期の例として、洞松院尼の永正三年以降黒印状が紹介された（『横浜市立大学論叢』人文科学四六巻一・二・三合併号、今谷明「赤松政則後室洞松院尼細川氏の研究」）。

つぎに小田原の北条氏では、永正十六年（一五一九）早雲庵宗瑞の知行充行状の継目裏に「纓」の方形黒印を捺したのが（箱根神社文書）、宗瑞の印判使用の唯一の例である。その子氏綱の代になって、「祿壽應穩」の四字を方形に配し、その上に虎を配した、有名な北条氏の「虎の印」が初めて用いられる。これは朱印であって、最古の使用例は永正十五年（一五一八）の文書である（図版48。解読は一八三頁）。これが氏綱・氏康・氏政・氏直の四代にわたり使用され、北条氏の家印としての性格をもつ。また北条氏は関所手形用に「調」の方形朱印を、伝馬手形用に「常調」の二字に馬の絵を刻した方形朱印を数代にわたって用いた。このほか、氏康、氏政は隠居後、「武榮」の朱印を用い、別に氏綱は「靜意」の朱印を、氏康は「嚴」、「機」の朱印を、氏政は「有效」の朱印を、氏直は「氏直」の朱印を用い、北条氏一族の氏照、氏邦、氏忠、氏規らもそれぞれ印を用いた。以上のように、北条氏は家印・個人印・特殊文書専用印（「調」、「常調」の如く）を備えて、用途を区別した。

今川・北条両氏のほか、甲斐の武田氏では信虎が「信」の下に二頭の虎を配した朱印、「信虎」の黒印、唐獅子の図様の朱印を、晴信（信玄）が「晴信」の朱印を用い、勝頼がはじめ父の印を襲用し、天正四年（一五七六）頃から「勝頼」印を用いたが、最も有名なのは晴信・勝頼二代にわたって用いた丸竜の朱印、すなわち円形に竜の形を刻した朱印である（図版49）。なお武田氏は伝馬用の印、船手形用の印も用いた。越後の上杉氏（謙信・景勝）は仏神の名号を刻した朱印を数種用いた（図版50は印文「立願勝軍地蔵・摩利支天・飯縄明神」の朱印）。武田氏の丸竜の印や上杉氏の印は北条氏の虎の印、今川氏の「如律令」印と同様に家印的性格をもつといってよい（戦国大名北条・武田・上杉諸氏の印章、印判状については、相田二郎著作集2『戦国大名の印章』が精細を極めている）。以上のほか、安房の里見氏、奥州の伊達氏（稙宗・晴宗・輝宗・政宗）、葦名盛氏・盛隆父子、出羽の最上義光なども印章を用いた。

印章が花押の代用として文書に用いられるのは、花押のように本人でなければ書けないという性質をもたないことと簡便さが注目されたからであろう。当主が幼少で花押が書けない場合、手に負傷して花押が書けない場合などに印章を捺した例があり、北条氏康が越後の上杉氏あての書状に「機」の朱印を捺して、本人病気中のためであることを断わっている例もある。北条氏康の例からわかるように、戦国諸大名相互に取り交わされる文書、つまり対等の礼をとる必要のある文書には通例印章を用いない。ましてや守護や大名が将軍に充てる文書に用いないのは当然であった。また、家臣充て所領充行状、安堵状の如く、武家社会の中核をなす主従制の具体的表現という意味をもつ恩給文書においては、主人の人格を直接的に表現する花押（個人性、非代替性をもつ花押といいかえてもよい）を尊重する伝統があって、これらにも通例主人の花押をすえて（前項の判物）、印章は用いない。印章が領内民政関係文書に主として用いられたのは、厚礼を要しないこと、及び同文の文書を一時に多数発給する必要のあることなどが、初期の使用理由であったと考えられる。だが、民政文書は発給者である領主・国主の政治的権威が背景になければ有効に機能しないわけであって、ここに民政文書に捺される印章が領主・国主の権威の象徴という性質を帯びざるを得ない理由がある。上記の諸大名がいずれも大型の印章を用い、印文や図柄、印の形に特殊性を競い、しばしば家印的性格の印章を作り、奉行や年寄の奉書に印章を捺したことは、権威の象徴の意を含んでいると見るべきであろう。

さて、織田信長は初め楕円形の「天下布武」の朱印を、ついで馬蹄形の同文の朱黒両印を用い、終りに上記四字を二疋の竜でかこんだ円形の朱印を用いた。信長も初めは朱印を民政文書に用いたが、勢威のあがるにしたがって、他の大名との通交文書にも用いるようになり、天正以降はほとんどの場合印章を用いて、花押を用いなかったようである（織田信長の印章及び印判状については、奥野高広『織田信長文書の研究』上下、吉川弘文館、を参照）。信長の次男信雄は「威加海内」の印を、三男信孝は「弌劔平天下」の印を用いた。織田父子の印文は彼らの理想を示したものというべきであろう。秀吉は印文不明の円形朱印を用い（図版51・52）、のち外国に出す文書に「豊臣」の朱印を用いた。徳川家康には「福徳」印、「忠恕」印、「源家康忠恕」印など数種があり、前田利家は「利家」の印、加藤清正は「履道應乾」の印、浅野忠吉は「忠吉」の下に花押を刻した印をそれぞれ用いた。

印章の使用は東国に圧倒的に多く、西国に少ない。大内氏・毛利氏は使用しなかったらしく、大内氏の印と伝える

「大宰大貳」印が毛利家に伝わっているが、この印を捺した文書は今までのところ発見されていない。九州では島津義久・大友義鎮（宗麟）が印章を使用しているが、その用途は花押の代用と見てよく、民政文書には用いていない。なお大友義鎮は「非」（三非斎の非であろう）の朱印のほか、「FRCO」（義鎮の洗礼名 Francisco の略）四字を刻した円形朱印、いわゆるローマ字印を用いた。このほか、ローマ字印には黒田孝高（如水（ジョスイ））の「Simeon Josui」印、その子長政の「CURO NGMS」印、細川ガラシャの夫細川忠興（タダオキ）の「tada uoqui」印などがある。

つぎに印章を捺す位置は、家によって異なり、北条氏は虎の印、「常調」印はじめ、多くは日付にかけて上方に捺し、今川氏は書出し部分の上方に捺し、武田氏は日付にかけて下方に捺すか、文書の袖すなわち右の余白に捺す。上杉・織田・豊臣・徳川・島津・大友諸氏は日付の下すなわち本来当主が花押をすえるべき位置に捺した。これらはその位置からみて、だいたい印章を花押の代わりに用いたものと見ることができる。

以上のように、印判の性質、用法は地方によって異なり、家々によってもちがうが、ときには一人で数種の印を同時に併用した例もある。この場合には、それらの印を用途によって使い分けているのであって、永禄九年弐月廿一日の上杉謙信の印判用途覚書（吉江文書）に、「おんミつのはん、いんはん、おもてむきのようしよのときのはん、所帯かた又萬調かたの時」と記して、印判の使用区分を明らかにした例もある。

終りに、印肉の色についていえば、まれに紫色、青色の例があるが、大部分は朱か黒である。しばしば同じ印を朱黒両様に用いているが、この場合、朱印は厚礼、黒印は薄礼であるから、私事や軽微な用途に黒印を用い、一般に民政には朱印を用いた。信長はこうした区別にとらわれず、「天下布武」の印を民政文書に朱黒両様に用いた。

以上、印判状に捺す印判について、種類・用法などを略述したが（なお一〇頁に掲げた石井良助、荻野三七彦著を参照）、印判状の様式は、印判が捺される点を別にすれば、すでに述べた奉書と直状（判物）と書状の三種につきるといってよい。問題は、印章を捺すことによって、その文書にいかなる機能上の特性が付与されるかという点であって、前に紹介した相田二郎の北条氏の印判に関する研究によって、このような問題の所在と、解決へのいとぐちが示されたということができる。ここでは、印判状の研究が古文書学の今後の課題であることを指摘して、いちおう武家様文書の概観を終ることとする。

つぎに印判状の例若干を挙げておく（図版52の解読は二九七頁）。

(a)　北条氏綱朱印状（図版48）

永正十五年戊寅(1)九月被二仰出一御法之事

一　竹木等之御用之事者、其多少を定、以二御印判一、郡代へ被二仰出一者、従二郡代一地下へ可二申付一、

一　(2)りうし御用之時者、以二御印判一自二代官一可二申付一、

一　(3)美物等之事者、毎日御菜御年貢外者、御印判ニ員數をのせられ、以二代物一可レ被レ召、

一　人足之事、年中定大普請外者、若御用あらは、以二此御印判一可レ被二仰出一、

右此虎之御印判ニ代官之判形を添、(4)少事をも可レ被二仰出一、(5)虎之御印判なくハ、(6)郡代同雖レ有二代官之判形一、不レ可レ用レ之、於二此上一はうひを申懸者あらハ、交名をしるし、庭中ニ可レ申者也、仍如レ件、

永正十五年戊寅十月八日

長濱

木負御百性中

代官　山角

伊東

〔木負大川文書〕

〔注解〕(1)刁、トラ。寅の異体字。誤って刀と書いた文書もある。(2)りうし、漁師。この種の例は戦国時代の関東・東北地方の史料に多い。「くわりう」(過料)、「りうち」(聊爾)、「しうもん」(証文、以上結城家新法度)、「りう舟」(漁舟)、「ほうくう」(奉公)、「ゆうしや」(用捨、以上伊達家文書)など。(3)美物、ビモツ。おいしい物、とくに魚をさす場合が多い。ここでも魚の意であろう。(4)はうひ、謗非(誹謗、そしる)か。(5)交名、キョウミョウ。七五頁の注解(5)参照。(6)庭中、テイチュウ。鎌倉時代から、特別の訴訟手続として設けられた一種の直訴制度を庭中といった。一九七頁参照。ここでもその意で、代官・郡代の手を経ないで、直接に北条氏の本城である小田原に訴え出ること。

(b)　織田信長朱印状

(黒印、印文「義昭寶」)

條々

一　諸國へ以二御内書一被二仰出一子細有レ之者、信長ニ被二仰聞一、書狀を可二添申一事、

一　御下知之儀皆以有二御棄破一、其上ニ被レ成二御思案一、可レ被二相定一事、

一　奉レ對二公儀一忠節之輩ニ、雖下被レ加二御恩賞御褒美一度候上、領中等於レ無レ之ハ、信長分領之内を以ても、上意次第ニ可二申付一事、

一　天下之儀、何樣ニも信長ニ被二任置一之上者、不レ寄二誰々一、不レ及レ得二上意一、分別次第可レ爲二成敗一之事、

一　天下御靜謐之條　禁中之儀、毎事不レ可レ有二御油斷一之事、

已上

永祿十參

正月廿三日　（信長朱印）

日乗上人

明智十兵衛尉殿

〔成簣堂古文書〕

〔要旨〕　これは織田信長が将軍足利義昭に提出した五カ条の申入書である。当時、信長は岐阜城に在り、義昭は京の二条城に在った。充名の朝山日乗と明智光秀は京都の市政を担当する奉行であって、信長はこの二人を通じて義昭に申入れを行なった。文書の袖に義昭の黒印が捺してあるのは、義昭がこの申入れを承認したことを示す。したがって、この文書は差出者の意思内容だけでなく、相手方の対応（義昭の承認）までが盛りこまれているわけで、外題・証判付きの文書や勘返付き書状（書状の名充人がその書状に返事を書きこんで返送したもの）などと同じく、複合文書の一種といってよい。

義昭は永禄十一年九月信長に擁せられて入京し、将軍となったが、それから一年数カ月後には、早くも信長との間が不和となり、信長の申入れとなったのである。五カ条の要旨は、

(1) 義昭が諸国の大名に御内書を出す場合には、必ず信長の書状を添えること。つまり信長の同意なしに勝手に諸大名と文通してはならぬ。

(2) 義昭が今まで出した下知はいったん破棄すること。

(3) 義昭が自身の所領がなくて、忠節の家来に恩賞を与えることもできないというのであれば、信長の所領を割いて義昭の希望に応じてもよい。

(4) 信長は将軍から天下の政治一切をまかされたからには、何人によらず信長の一存で成敗してよい、いちいち義昭の許可を必要としない。

(5) 天下静謐に帰したからには（具体的には京都周辺の鎮定）、将軍は朝廷のことをおろそかに扱ってはならぬ。

(c)　豊臣秀吉朱印状（図版51）

京中地子被レ成二御免許一之訖、永代不レ可レ有二相違一候之條、可レ令レ存二其旨一候也、

天正十九

六丁町

九月廿二日 ◯ （秀吉朱印）

〔川端道喜文書〕

〔要旨〕 六丁町に対する地子免許状である。六丁町とは、禁裏御所の西に接して一条から南にかけての地区にあった六つの町、すなわち一条二町・正親町二町・烏丸・橘辻子の総称と考えられている。六丁町は禁裏に近接するところから、早くから禁裏の警衛、築地の修理等を勤め、その代償として公事免除の特典を受けていたらしいが、ここに至って地子免除の特権も与えられたわけである。もっとも秀吉はこの前年の天正十八年までに、京中の検地を完了し、十九年九月になると、京中に地子収取権をもつ寺社や廷臣らに対して洛外の地を替地として与えたうえで、洛中全体に地子免除の特権を与えたのであって、六丁町の地子免許はその一例と解される（『京都の歴史』平凡社、第四巻「桃山の開花」参照）。

第四節　上申文書

個人が、政府や、彼の所属官司や、支配者などに提出する文書、例えば官位の授与を請願する文書、訴訟文書、命令に対する報告書、物品の請取書、さらに武家時代に特徴的な戦闘や事件に際して主人の許に馳せ参じたことを証明してもらうための着到状、同じく戦闘に参加したことを証明してもらうための軍忠状など、この種の文書を上申文書と称する。本節では上申文書のうちの主なものについて説明する。

一　解状（ゲジョウ）・訴陳状（ソチンジョウ）

公式様文書のところで説明したように、公式令に規定された文書様式の一つに解（ゲ）があった。公式令の規定では、解は被管から所管へ、つまり管轄関係にある下級の役所から上級の役所へ提出する文書であったが、これを拡張して、個人からその所属官司や一般の上位者に提出する場合にも用いた。これよりして解が後世広く個人の請願・訴訟・請求などに用いる文書様式のもととなったのである。なお、令制では、土地の売買について届出公許主義をとった関係から、土地売買証文も解の様式に拠ったが、この点は別に売買証文の箇所で説明する。

さて、令制の解については前に実例を示したので省略する。平安時代のおよそ十世紀末頃になると、解に、官奏（五五頁参照）の一種である請奏（ショウソウ）の様式を部分的に取り入れて、「何某解申請何々事」（何某解し申し請う何々の事）という本来の解の書出しのつぎ（書出しと本文の間）に、本文の要旨を略記した「請……状」という短文を加えた様式が現われる。これが解文（ゲブミ）・解状（ゲジョウ）とよばれるものであって、広く国衙・社寺・荘園関係に用いられるようになった。解文で史上最も著名なものは、平安時代中期、永延二年（九八八）の尾張国郡司百姓解文*であろう。これは書出しと要旨に、

尾張國郡司百姓等解申請官裁事
請レ被レ裁下斷當國守藤原朝臣元命三箇年内責二取非法官物一、幷濫行横法卅一箇條上愁狀

とあるように、尾張国守藤原元命（モトナガ）の非法三十一箇条を列挙して、国守の交迭を中央政府に迫ったものであって、この時代に広く諸国で行なわれた国司の苛斂誅求の状と、これに対する郡司・百姓らの積極的な抵抗を最もよく示す事例である（全文は『平安遺文』二巻三三九号に収める。阿部猛『尾張国解文の研究』はこの文書に訓読、解説を施した好著であり、弥永貞三『日本古代の政治と史料』所収「尾張国解文——一〇世紀末地方行政の様相」の解説も詳細、剴切である）。このようなものを解文とか解状といい、また右に引用した書出しに見えるように愁状（ウレイジョウ）とか愁文（ウレイブミ）とかいった。愁は愁訴

の意である。

＊　尾張国郡司百姓解文は従前正確な作成年時が明らかでなかった。それは正中二年（一三二五）書写の奥書をもつ名古屋の真福寺本が巻首すなわち書出しを欠いているうえに、肝心の末尾の日付部分をも欠いていたからであって、わずかに日本紀略に「永祚元年二月五日定下尾張国百姓愁申守藤原元命可レ被レ替二他人一之由上」とある記事、すなわち尾張国百姓の愁訴にかかる国守元命交迭の事を朝廷で議定したという記事によって、永祚元年（九八九）頃のものであろうと考えられていた。ところが、昭和十八年頃、弘安四年（一二八一）八月五日書与の奥書のある古写本が世に出た（現、早稲田大学所蔵）。それには前に引用したような書出しがあるばかりでなく、末尾に「永延二年十一月八日郡司百姓等」とあって、この解文の提出者及び作成提出の年時が明記されているのである。永延二年は永祚元年の前年にあたる。

解状・解文の実例は、尾張国郡司百姓解文をはじめとして数多く伝わっているが、大体の様式上の特徴を知るために、雑筆要集の解状の項に挙げられている三種の例文を左に示そう。雑筆要集は鎌倉時代初期の頃に作られた本であって、各種の文書の雛形を集めた文例集である。続群書類従の公事部に収められている。

(a)　官位姓名解　申進申文事

請レ被下特蒙二鴻恩一任二解状旨一裁定上某申愁状

右謹検二案内一、某申事極愁也、望請　鴻恩、早任二道理一、将レ被二裁許一、仍勒二在状一以解、

年號――――

官位姓名上

(b)　某御庄官百姓等解　申請寺家政所裁事

言上三箇條

一　請レ被二殊裁斷一某申子細事

右謹検㆓案内㆒、某申事極訴也、早任㆓道理㆒、欲㆑被㆓裁免㆒耳、

一　請㆑被㆓同裁定㆒某申愁事

右倩案㆓政事㆒、彼條諸非例也者、任㆓先例㆒、早欲㆑被㆓裁免㆒矣、

一　請㆑被㆓同裁許㆒某申事

右伏惟㆓舊記㆒、於㆓彼事㆒者至愁也、且垂㆓遏迹㆒將㆑被㆓優免㆒而已、

以前三箇條、一々爲㆑蒙㆓裁定㆒、依言上如㆑件、以解、

　　年號月日　　　　御庄公文姓名判

　　　　　　　　　　　下司姓名判

(c)

某御庄住人姓某解　申請本家政所裁事

請㆑被㆘殊（任カ）同㆓先例㆒裁許㆖某申子細事

　副進證文等

右某謹考㆓舊貫㆒、某申愁中大愁也、望請早垂㆓慈恩㆒被㆓裁免㆒者、將仰㆓憲法之不㆑空、彌念㆓官仕之有㆑勇矣、以解、

　　年號某月某日　　　———

以上によって、解状・解文にもいろいろの書き方はあるが、しかし書出しに「何某（差出者）解　申何々事」と記し、書止めに「以解」（以は謹となることもある）と記す点において一致していることがわかる。この文書の様式が公式令所定の解の様式を継承していることはこの点によって明らかであり、その故にまた、この文書は解状とか解文とかよばれたのである。なお、年月日の下に差出者の名を署することは、公式令の解の規定には見えないが、実際にはすでに奈良時代の文書に現われている（七七頁参照）。

つぎに平安時代の解状の実例を二つ挙げておく。第一の長徳三年（九九七）のものは、検非違使庁に訴え出た女性の訴状である（図版53と対照せよ）。第二の保安三年（一一二二）の方は荘官から荘園の本所に出された訴状の案文である。このころの解状には相当下がった位置に日付を書いたものが多い。

内藏貴子解(1)　　申請検非違使廳　裁事

請レ被下任二問狀(2)幷國判等定一返給上、爲下住二山城國紀伊郡深草郷一丹後掾秦兼信上、强被レ奪コ取屋幷私地等券文一狀、

右件地等、爲二祖時財物一傳領之間、件兼信乱コ入於貴子之衰老母幷弟僧覺玠私宅一、勘責云、貴子之夫故物部茂興存生之間、借コ用米二斛五斗一、未二弁返一之程、其身死去、汝等早加二年々息利(3)一、件米廿五石可レ弁者、爰覺玠陳云、件米彼時借否之由所レ不レ知也、若有二其借書一者、案コ(4)内件妻貴子一左右者、然而不レ出二其文書一、暗以勘責、縱雖レ有二彼文書一、何及二數年息利一而件米之代强勘責、奪コ取地幷屋等文書一、須レ成二隨近刀祢署判(5)一、而件兼信爲二刀祢長之内一、爲二造意首一難レ成二件署判(6)一、因レ之且觸コ愁在地國宰一、且請二法家明判一、即件文書雖レ令二見知一、專无二承引一、仍相コ副件文書等一言上、望請　裁定、被レ召コ問件兼信一、任二道理一被レ糺下返ー給所二奪取一文書等上、將(7)レ慰二後代永愁一、仍注(8)二事狀一以解、

長徳三年五月廿日　　　内藏「貴子」（自署）

〔三条家本北山抄裏文書、『平安遺文』二巻三七一号〕

〔注解〕（1）解……、解シ申シ請ウ検非違使庁ノ裁ノ事、とよむ。（2）問状幷国判、本文の後半部に「且触愁在地国宰、且請法家明判」とあるのと照応する。すなわち、国衙に愁状を提出して、その愁状に国司から証判を記入してもらう、それが国判であり、当時の法律専門家である明法道の人たちに質問書を提出して、それに法家としての専門的な回答を記入してもらう、それが問状明判なのであろう。（3）息利、ソクリ。利息と同じ。（4）案内……、件ノ妻貴子ニ案内（アナイ）シテ左右（ソウ、トコウ）セン者（テエ

リ）、とよむのであろう。借主の妻貴子にその借書（借用証文）を知らせて、確答しましょう、の意。(5)刀禰、トネ。九八頁注解(2)参照。この「須成……」は、債権者の執行に近隣の刀禰の承認が必要であったことを示すものではないか。(6)望請……、望請（モウショウ）セラク裁定（サイジョウ）とよむ。(7)将、マサニ……トオモウ。以上(6)と(7)のよみは、身延本本朝文粋の傍訓参照。(8)注事状、コトノサマヲシルシテ。

(1)大國御庄専當菅原武道解　申重請　司裁(2)事

請レ被下殊任二道理一裁下上、爲二稲木村刀禰住人等一、乍レ置二往古溝口一、巧二無實一、爲二去年八月洪水一、稱二破損由一、掠(3)一レ成御外題(4)一、從二當御庄田字八段一、長中心五町許廣深七八尺大溝押掘(5)間、庄領田一町三段、永令二荒廢一不安

愁狀、

右謹檢二案内一、件大溝破損之實否令レ見之處、專不二損亡一者也、因レ茲、遣二實檢使一、任二道理一可レ被レ令二掘直一之由、度々雖レ奉レ送二申文幷書狀一、于レ今未レ被レ裁一レ下左右一之條、爲レ愁不レ少、其故何者、雖二先判畢一、有二論人訴一之時、令レ糺一レ定彼此等理非一者、古今不易之例也、然而偏就二上件刀禰延明神主之訴一、不レ尋一レ捜左右之理非一、若(6)干御庄田被レ令二損失一之旨、愁吟之難レ堪、何事如レ之哉、望請　司裁、任二道理一被レ令レ掘一レ直彼押掘溝一者、將三以知二明政之貴一矣、仍注二子細一、重言上如レ件、以解、

保安三年三月十一日　菅原武道

〔東寺文書之四、東寺百合文書り、『平安遺文』五巻一九六〇号〕

〔注解〕(1)大国庄は伊勢国にある荘園。(2)司裁、司は伊勢の大神宮司、裁は裁下、裁断。(3)掠成、カスメナス、虚偽の申立によって獲得する。(4)外題、ゲダイ。解状などの余白（袖または奥）に、解状の趣意を認可する旨の文言を記入したもの。免判、証判ともいう。(5)押掘、「押」には他の抵抗を排する、すなわち暴力を行使する意味がある。武道らの抵抗を押し切って無理に掘った意味であろう。(6)若干、ソコバク。不定量を示すが、少ないよりは、むしろ多い意を含む。相当の数量を意味する。

解状はまた、事柄を申上る文書という意味で申状（モウシジョウ）とも申文（モウシブミ）ともよばれた。さきに引用した雑筆要集の解状のa様式には「解　申進申文事」とあるから、この差出者自身はこの文書を申文と称していることがわかる。鎌倉時代の中期以降になると、解状・解文・愁状・愁文の称はあまり用いられなくなり、また申文という名称も次第に貴族の官位*申請文書だけに用いられるようになって、一般には、申状という名称だけが残った。かかる文書の名称の変化は、解・解状の特徴である書出しの「何某解申何々事」が単に「何某申何々事」または「何某言上何々事」と変わり、書止めの「以解（または謹解）」が「仍（依）申状如レ件」または「仍（依）言上如レ件」と変わったことと密接に関連するものである。文書の書出し・書止めに「言上」と記すところから、申状はまた言上状ともよばれた。但し、これは平安時代には見えないようである。

＊　朝廷に対して、官司がその所属官人のために官位の叙任・昇進を申請し、また官人が自らかかる申請を行なう場合に提出する文書は、公式令の様式では奏の系統に属するものであるが、こうしたものも初めは一般の申請訴願文書と同じく申状・申文といい、また款状（カジョウ）ともいったが、鎌倉時代以降はだいたい申文とよぶようになり、他面、申文の称は一般の申状の意味には次第に用いられなくなった。

つぎに、官位申請文書としての申文の一例を挙げると、東京国立博物館保管の藤原定家自筆申文案がある。

轉任所望事

少將之中任日位階第一

出仕舊勞四代

就レ中壽永二年秋忝(1)列二仙籍一以來奉公勞二十年、

當時中將之中、(2)舍兄一人之外、皆多年之下﨟數代之後進也、今雖レ相二兼此理一、若依二兄弟之並一可レ爲二昇進之妨一候歟、然者自二齊信道信朝臣一以來、中將常爲二兄弟相並之官一、自二侍從少將當初一定家常黥（驥）二兄弟同官之名一、安元之昔拜二侍從一、文治之比無二其闕一、剰加二次將一、此兩度奉公日淺、競望人多、若被レ嫌二此事一者、尤可レ有二其沙汰一候歟、而先遂二此望一、重預二敍留（3）一、今及二衰暮之齡一、始被レ妨二此望一候者、兄仕二朝廷一者誰勵二奉公一候乎、就レ中近年三品崇班經家顯家卿相並、

臺閣（4）七人之中長兼加任

夕郎（5）三人之中顯俊並補

是皆古今之例或希或無レ之、況又國通任二少將一、敦通任二侍從一、多無二奉公之舊勞一、各預二並レ兄之朝恩一、當時之德政大略如レ斯、況定家更無二一人之上﨟一、久蒙二多年之超越一、今遂二此望一、誰爲二非據一候乎、

但此事猶依二身不肖一、難レ被レ免候者、本望更不レ限二此一事一候、專顧二衰老凡卑之質一、不レ好二顯耀聲華之職一、爲二近衛次將一者、被レ遷二便宜要官一者、古今之恒例候歟、內藏頭、右馬頭、大藏卿之間、若自然其闕出來候者、枉被二遷任一候乎、是皆雖レ似二過分之望一、悉爲二後進之所帶一、今申二其闕一何無二其憐一候乎、此三ケ官之中、若被二遷任一候者、懇切所望超二過于轉任一候者也、所詮空疲二中郎之望一、猶列二近仗之末一候之條、心肝如レ摧、悲涙難レ乾候之間、重所二申入候一也、以二此趣一可下令二洩申一給上候、定家恐惶謹言、

〔注解〕　（1）仙籍（センセキ）ニ列ス、昇殿を許されること、殿上人の班に列すること。（2）舎兄、シャキョウ。当時、定家の兄成家が右近衛中将であった。（3）叙留、ジョリュウ。位階だけ上がって、官は元のまま変わらないこと。定家の場合、文治五年十一月十三日左近衛少将となったまま、建久元年正月従四位下、同六年正月従四位上、正治二年十月正四位下と位階が上がっても、官はすえおかれた。（4）太政官の唐名（中国風の呼称）を尚書省というが、台閣は尚書省の異称である。転じて弁官の意。（5）蔵人の唐名。

〔要旨〕　これは藤原定家が、左近衛少将から近衛中将に転任することを希望した申文（おそらく草案）である。後半で、もし中将転任がだめならば、内蔵頭・右馬頭・大蔵卿のうちのどれかに遷任させて頂いてもよいと述べている。定家は建仁二年閏十月二十四日望み通り左中将に転任しているから、この申文は当然その以前であり、この文中の種々の徴証からみて、建仁元年十二月以後、おそ

らく建仁二年に入って（定家四十一歳）からのものであろう。なお、この申文で定家が自身の奉公の経歴、兄弟との関係、同僚との比較などを述べて、自分の転任の希望に十分な理由があることを説明しているところは、奈良時代の他田日奉部神護の解（図版11、本文七五頁）と一脈通ずるものがある。

さて申状のうちで、歴史的にとくに重要な意味をもち、また今日とくに多量に伝わっているのは訴訟関係の文書である。ここに、歴史的にとくに重要といったのは、それが当時の人々の社会生活のうえに、及び当時の政府（朝廷・幕府）や荘園領主（本所）に対して重要な働きをなした、古文書学的にいえば大きな効力を発揮したという意味と、今日われわれが当時の政治なり、経済なり、社会なりの歴史を考えるうえに、とくに有効な史料（素材）であるという意味との両方を含んでいる。訴人（原告）が朝廷・幕府・本所などの裁判所に提出する申状をとくに訴状といい、これに対して被告（中世これを論人（ロンニン）といった）が提出する弁駁の申状をとくに陳状といい、訴状・陳状を併せて訴陳状といった。陳状とは陳弁する文書の意である。再び雑筆要集を引用すれば、さきに掲げた解状は(a)(b)(c)三例とも事実上は訴状であるが、その解状の後に、同書は陳状の一項を設けて、つぎの二つの陳状の雛形を掲げている。

(a)

源爲光謹陳申

弁下申紀吉安構二謀計一、訴申人賣子細上事、

右去何日吉安解状今日到來、就二被レ裁状一、謹考二案内一、件人賣事諸虚誕也、被二召-對-問一、無二其隱一歟、依任二實正一陳申如レ件、以陳、

年月日　　　　源爲光状

(b)

姓某陳申

紀吉安無道申狀事

右就二被レ裁状一、謹考二案内一、件事極無實也、奏事不實之罪處二盜犯一、還何無二其禁誡一哉、望請早被レ行二問注一、將レ決二眞僞一、仍陳コ申之一如レ件、

年號月日　　　　某上

(a)(b)ともに、人身売買のかどで訴えられた被告の提出する陳状になぞらえたものである。雑筆要集は鎌倉初期の文例集であるが、下って鎌倉末期一三二〇年頃作成された沙汰未練書（サタミレンショ）という鎌倉幕府の訴訟制度の解説書のなかに、当時の訴状・陳状の雛形が載っているから、これも紹介しておこう。まず訴状の例文を示す。

(a)　何國何所地頭某代某謹言上

欲下早任二傍例一急速被上レ經二御沙汰一、同國トモ何所トモ某人令レ押コ領所領田畠等一罪科難レ遁候子細事、

副進

一通　證文等案

右所領田畠等者、某重代相傳之地也、而某人恣令二押領一條、無レ謂之次第也、早被レ召コ上某一、被レ糺コ明眞僞一、任二相傳道理一、爲レ蒙二御成敗一矣、仍粗言上如レ件、

つぎに陳状の例文として、

(b)　何國何所地頭某代某謹陳申トモ又弁申トモ、

欲下早被レ棄コ捐無窮濫訴一、任二御下文手繼證文等旨一、預中裁許上、當國何所々領田畠等事、

副進
一通　御下文案
一巻　手繼證文等案
右如二某僞訴狀一者、件所領田畠等者、某重代相傳之所領也、而某恣令二押領一之條無レ謂云々、所詮此條無二跡形一不實也、於二彼所領田畠等一者、任二御下文手繼證文等旨一、代々相傳知行無二相違一之處、押領之由掠申候條奸謀也、
以前條々、雖レ多二子細一、皆以爲二枝葉一之間、取レ要大概支謹言上、

これは末尾を「言上」で切ってあるが、普通は訴状の例と同じく「言上如件」と書く。おそらくここでは「如件」を省略したものであろう。陳状の文中、「掠申（カスメモウス）」は偽りの主張をする意。また最後の「支（ササエ）」は反対する、抵抗する意で、ここでは抗弁、反論の意に用いている。なお、訴状も陳状も本文の後に年月日のあるのが普通である。右の例文はこれを省略したものであろう。

右の例文のように、訴状は書出しに「何某謹言上」とか、「何某謹訴申」とか「何某謹申」とか記し、書止めに「言上如件」、「申状如件」、「訴申如件」などと記す。陳状は「何某謹陳申」、「何某謹弁申（ベンジモウス、ワキマエモウス）」「何某支言上」などと書き出し、「陳申如件」、「弁申如件」、「支言上如件」などの書止めを用いる。書出しに差出者名を何某と明記するから、最後の日付の下に差出者を記さないのが普通であるが、前掲雑筆要集の例文のように、これを記した場合もまれではない。訴人の訴状提出、これに対する論人の陳状提出、つまり訴人と論人が裁判所を介して訴状、陳状を交換して相手の主張を論難攻撃し、自己の立場を弁護主張することを、「番二訴陳一」（訴陳ニツガウ）といい、訴訟手続の最も発達した鎌倉幕府の制度では、訴状・陳状の交換すなわち訴陳に番えることが三度まで認められた。このように二回、三回と訴状・陳状を提出する場合、最初の訴状を本解（ホンゲ）・本解状・初問状などといい、

二回目の訴状を二問状、三回目の訴状を三問状といい、二問状・三問状を総じて重訴状とも重申状ともいい、最初の陳状を初答状、二回目の陳状を二答状、三回目の陳状を三答状といい、二答状・三答状を総じて重陳状ともいった。また、いったん下された判決（当時これを裁許といった。裁許状については一三七頁以下を参照）を不満として、再度訴を提起することを越訴（オッソ）といったが、かかる場合の訴状を越訴状といい、裁判手続き上の過誤、例えば事件担当の奉行の依怙贔屓な審理の仕方などを訴えることを庭中（テイチュウ）といい、かかる場合の訴状を庭中申状といった。

　これらの訴陳状の用紙は、通例竪紙（タテガミ）（矩形の用紙を横長にして使用するもの）であるが、ときに折紙にしてすなわち竪紙を横に二つ折にして使用する場合があった。折紙の場合には、日付を書かないのが様式上の特徴である。雑筆要集に見える文例も、実際に残っている文書もこの点は一致している（折紙の訴陳状に日付を書かないことの意味については、笠松宏至『日本中世法史論』所収「『日付のない訴陳状』考」を参照）。

　訴訟関係文書の最も多く残っているのは、幕府関係、荘園本所関係ともに鎌倉時代である。そして、その九割九分までが土地財産に関するものである。これは土地の権利が職（シキ）とよばれて文書によって保証される制度、すなわち荘園制的財産制度がほぼ鎌倉時代を転期として、その後、次第に衰滅にむかったことの現われと考えられ（もちろん、これだけではなく、他に訴訟制度の変化なども考え合わせなければならないけれど）、南北朝時代を経て室町時代に入ると、この種の文書は激減する。土地財産関係に比すればきわめて少ないが、刑事訴訟（当時これを検断沙汰といった）関係の文書はまだかなり残っている。しかし債権関係、動産関係の訴訟（当時これを雑務沙汰といった）に関する訴陳状は今日に残るものが数えるほどしかない。青方文書所収、永仁二年（一二九四）八月の船二艘船賃に関する肥前御家人の陳状案、薩藩旧記所収徳治三年（一三〇八）八月の下人拘惜の事に関する訴状、青方文書所収元亨五年（一三二五）正月の所従相論に関する重訴状、比志島文書所収嘉暦三年（一三二八）七月の負累米銭に関する訴状、金沢文庫文書所収年月日未詳の船借用銭に関する陳状などはその数少ない事例である。これらの事例のうち最後の一つを除くと、他はすべて九州地方の例である。鎌倉時代、九州地方では雑務沙汰は守護の管轄に属していたが、特別の場合には鎮西探題に訴え出ることになっていた。上記九州の数例は大体そのような特別の場合のものである。この点から考えると、文書による雑務沙汰の訴訟手続きは確かに幕府訴訟制度の一環として備わってはいても、実際にはさほど利用されなかったのではなかろうか。しかし雑務沙汰訴陳状の伝存が少ないことの最大の理由は、実際には作成されても、訴訟物件の性質上、土地のように権利に永続性がないために、自然その関係文書も永続的効力がなく、廃棄されることが多かったからではあるまいか。

但し室町時代に入ると、借金その他に関する幕府関係の訴訟文書が相当残っている。これは室町幕府においてこの種の訴訟を担当した政所の文書が、政所代を世襲した蜷川家に伝わった（現在、内閣文庫所蔵）ことに多くよるものであって、特殊事情というべきである。

なお、文書の様式上注意すべきことは、室町時代になると、訴状・陳状の日付の後に「御奉行所」などと充名を書いたものが出てくる点である。これは本来充名を書かない解の系統をひく訴状・陳状に、私人の書状の様式が混入した結果と認められる。公文書系統と私文書系統の融合の一例と見るべきである。

つぎに訴状の実例としては、図版3に示した山城国下久世庄名主百姓等申状がある。これは荘園の本所である東寺に提出したものであるが、最初に目安と書いている点は説明を要する。鎌倉時代から、訴状を理解しやすいように箇条書きにして「目安言上」と言った。目安は見やすい、わかりやすい意と解されている。それから転じて箇条書きにしなくとも訴状を目安というようになった。この文書はその早い例である。つぎには鎌倉幕府あての訴状を挙げよう。

薩摩國阿多郡南方地頭鮫嶋孫次郎光家法師（法名蓮覺）謹□（言上?）

欲下早被レ停コ止非分押領一、任二御下知以下證文一、蒙二御成敗一被上レ糺(1)コ返年ゝ得分物一、爲二同郡北方地頭隠岐三郎

左衛門入道〻忍今者死去跡輩等一、令レ押二領南方内田畠在家以下所〻一、無レ謂事、

副進

一通　高祖父宗家譲二与宗景一状建保六年十一月廿日

一通　関東御下知状貞永元年十一月廿八日

右、當郡者、高祖父鮫嶋四郎宗家建久三年八月廿五日令二拝領一之後、相二分于二一、於二南方一者譲二与宗景蓮覚曽祖父一、至二北方一者給二与家高宗家嫡子一畢、仍南方者自二宗景一迄二于蓮覚一代〻知行無二相違一、而北方者依二家高之咎一被レ収二公之一、充二給于隠岐常陸入道一畢、爰如下所レ給二本主時景家高等一之貞永元年十一月廿八日関東御下知上者、於二観音寺大門前之論所(2)一者、以二南路一可レ為レ堺、至二于其以西一者任二宗家法師譲状之堺一、各停二止相論一可レ致二其沙汰一云々取レ詮(3)、然者云二御下知状一云二宗家譲状一、堺顕然之処、隠岐三郎左衛門入道〻忍近年給分外令二押領一之間、擬(4)二訴申一之処、令二死去一之上者、被レ相(5)二懸彼跡一、任二御下知以下證文一、被レ止二件押領一、為レ被レ糺二返年〻得分物一、粗(6)言上如レ件、

嘉元三年六月　日(7)

〔二階堂文書〕

〔注解〕（1）糺返、一二三頁注解（5）参照。（2）ロンショ、訴訟の対象の土地。（3）センヲトル、要点を摘録するの意。文書その他を引用する場合、文章の忠実な引用ではなく、内容を要約摘記したことを示す語。引用の終りに「云々取詮」と書く。（4）ギスルノトコロ。擬、九四頁注解（8）を、之処、一五頁注解（4）を、それぞれ参照。（5）彼ノ跡ニ相懸ケラレ。跡は一三三頁注解で説明したように遺領継承者の意。懸は責任追及の相手として指定すること。つまり道忍が死んだので、その後継者を新たな責任者として追及する意である。（6）アラアラと読む。概略の意。（7）訴陳状の日付は、このように何年何月　日と書き、月と日の間に日数を記入すべき一字ないし数字分あけて、日数は明記しないのが普通である。

なお、この訴状の訴人鮫島蓮覚は、一五六頁に掲げた嘉元三年の鎮西御教書に見える鮫島蓮覚と同じ人物と思われるのに、字（アザナ、通称）がちがっている。このような齟齬がなぜ生じたのか、不審である。

つぎは前述した折紙の訴状の一例である。折紙であるから日付の記載がないけれども、内容から見て鎌倉時代後期のものである。なお、「重言上」とあるから重訴状というべきであろう。

若狭國御家人右衛門尉國茂重言上

欲下早任二相傳道理一充一レ給當國多良保内末武名ゝ主職一、致中有レ限御年貢沙汰上子細事

件末武名ゝ主職事、先ゝ言上事舊畢、當國御家人出羽房雲嚴相一レ傳當名ゝ主職一而讓二稲庭右衛門尉時國一、ゝゝ死去之時、國茂之親父左衛門尉國範爲二嫡子一、於二自餘所領等一者不レ殘二一所一雖レ令二傳領一、於二當名一者範繼依レ爲二時國之孫聟一、掠二子細一申一レ入本所一賜畢、件地爲二最狭少一之上、範繼依二繫屬一國茂不レ及二爭申一之處、範繼變二日來之芳志一令レ敵一レ對國茂一之刻、依レ爲二嫡ゝ一國茂可二拝領一旨訴申之境節、彼範繼現二(1)不調一歟之間、被レ改一レ易件名主職一之上者、弥國茂逢レ過之處、以二御家人相傳之所帯一、被レ充二非御家人一之間、非三(2)啻失二國茂之面目一、守護所已下粗及二其沙汰一云ゝ、定令レ注一レ進關東一歟、凡不レ論二當國他國一、近年之法、(3)於二御家人相傳之職一者、雖レ爲二本所御進止之地一、充一レ賜非御家人一之時者、御家人役闕怠之間、自二武家一被レ定二其仁一者也、然者若自二關東一被レ補二名主職一者、定(4)奉一レ爲本所一有レ煩歟、國茂爲二相傳之仁一、爲二御家人之身一、雖レ須下申二武家一蒙中御(5)吹噓上、依レ奉レ仰二本所一猶强所レ言一レ上子細一也、(6)枉任二相傳之理一充一レ賜件名主職一爲レ全二御年貢一、重言上如レ件

〔東寺百合文書ヵ〕

〔注解〕 (1)不調（フチョウ）ヲアラワス。不都合な行為をする。素行不良に近い意。(2)非啻…、タダニ…ノミニアラズ（ノミナラズ）。(3)「於御家人相伝之職者……自武家被定其仁者也」は、当時の鎌倉幕府と荘園本所との関係を考える上に重要な記事である。(4)奉為、オンタメ。定メテ本所ノオンタメ煩（ワズライ）アルカ。(5)吹嘘、スイキョ。正しくは吹挙。推薦、紹介、連絡などの意に用い、自己の権利の放棄を明らかにする一定の法律的効力をもつ場合もある。この場合は、訴人（国茂）は御家人ゆえ、当然幕

府に訴え、幕府の吹挙を得て、改めて本所と交渉する手続きをとるべきであるが云々と言っているのであって、吹挙は単なる紹介以上の申入れを予想しているようである。(6)枉、マゲテ。特別に。

つぎに陳状の一例を示す。これも「重弁申」(重ネテ弁ジ申ス)とあるから、重陳状である(但し、案文)。

和泉國大鳥庄上条地頭田代又次郎基綱代眞行重弁申

号(1)殿下大番領雑掌快乗一、令レ違コ背　院宣并關東六波羅殿御下知一、於二地頭一圓進止下地一、稱レ有二大番雑免地一、致二偽訴一上者、任下被二定置一法上、欲レ被レ處二御下知違背重科一子細事

副進

一通　院宣案 應長元年七月廿日 當庄下地悉可二中分一由事 (「當」字を抹消して「一」と改めている。次々行の「當」も同じ)

一通　西薗寺家御消息案 應長元年七月廿一日

一通　六波羅殿御下知案 應長元年八月十二日 當庄下地悉可二中分一事

右快乗奸訴狀云、令レ押コ領大番領雑免田并舎人等屋敷名田下地等一、抑コ留若干米錢一取レ詮云々、此条奸謀申狀也、於二當庄一者被レ成コ下永仁七年關東御下知一、應長元年七月廿日被レ成二于レ時御治世院(3)宣幷西薗寺家御消息於武家一、同八月十二日被レ成コ下六波羅殿御下知一早(2)、如二彼御下知一者、於二當庄一者、田畠在家以下悉可レ令レ中コ分一庄下地一云々、隨而任二彼院宣并御下知之旨一、令レ中コ分一庄下地一、一方者公家御領、一方者武家領(4)仁被レ定後、所務更無二相違一、仍於二地頭方一者、自二關東御公事一外者不レ可レ有二公家課役一者也、若有二所存一者、對二本所一可レ申二子細一歟、而快乗違コ背御治世　院宣并關東六波羅殿御下知一、及二濫訴一之上者、云二違　勅狼藉之段一、云二御下知違背之篇一、重疊罪科不レ可レ遁者也、次寛喜三年關東六波羅殿御下知御教書事、不レ被レ載二當

庄事一於、其上中分以前御下知也、更非二御沙汰之限一、雖レ然被レ召二出彼正文一、可レ加二一見一也、次号二雑免田一者在所何所哉、早可レ差二申里坪[5]一之由先度言上之處、曾以不レ差二申之一、号二正嘉目録一雖レ令二備進一、是又無二里坪支證一、將又如二彼目録案文一者、号二惣刀祢右衛門尉幷御使左衛門尉橋(ママ)一者何仁[6]事哉、不レ存二知之一、所詮如二先段言上一、被レ成二下御治世院宣於武家一、於二當庄下地一者、悉被二中分一之間、於二地頭方一者為二一円進止之地一、關東御公事之外更無二他綺一之處、号二大番雑掌快乗一、及二偽訴一之上者、云二違　勅之咎一、云二關東六波羅殿御下知違背之篇一、旁以罪科不レ可レ廻レ踵者也、然早被レ奇[7]二捐快乗奸訴一、任下被二定置一法上、為レ被レ處二重科一、仍披陳言上如レ件

嘉暦二年十月　日

〔田代文書〕

〔注解〕 (1)殿下は摂政・関白の尊称、大番領は、大番舎人（トネリ）といわれる摂関家の下級の従者の給与のための荘園であって、摂関の地位に付属したいわゆる殿下渡領（ワタシリヨウ）である。渡辺澄夫『増訂 畿内庄園の基礎構造』下（吉川弘文館）を参照。(2)これは畢の異体字。オワンヌ。(3)院宣は、第二節で説明したように、上皇の命を伝える文書であるが、この場合、特に院政の主権者（——治天の君と称せられる——）たる上皇の院宣であることを明示するために「干時御治世」という注記が加えられているのである。(4)武家領仁の「仁」はテニヲハのニであって、このように右よせに小さく書く。三行後の「当庄事於」の「於」（ヲ）も同じである。(5)里坪、リツボ。土地の所在を示すのに、何条何里何坪という表示法をとるのが里坪である。「可差申里坪」は、その雑免田なるものが一体どこにあるのか、里坪を指し示してみろ、という意である。(6)仁、ジン、人物の意、したがって「何仁事哉」は、「一体、誰のことをいうのか」の意。哉はカとよむ。(7)奇は棄の宛字、棄の異体字「弃」が奇と似ているために、誤って奇字を用いることが間々ある。棄捐—キエン、棄却、破棄の意。

訴陳状について述べたついでに、訴訟関係文書の一つとして、和与（ワヨ）状・分文（ワケブミ）について説明しておこう。これらは文書の分類からすれば、上申文書ではなく、後述の証文類に入るべきものであるが、作成手続き及び内容のうえで訴陳状と密接な関係があるのでここに併記する。和与とは自由意思による権利の移転すなわち贈与を意味する（これに対

して自由意思によらない場合を去与（サリアタウ）といった）が、また普通の和解の意味にも用いた。訴訟進行の途上で和解が成立すると、訴人・論人両方の和解の条件を記し、これに基づいて和解する旨を記した和与状を作成する。これは同文または同内容のものを訴人・論人別々に作成して相互に交換する場合と、同文のものを二通作成して、これに訴人・論人が連署して、各一通ずつ保存する場合とがある。鎌倉幕府では、主として地頭の荘園侵略（押領）に起因して、和与が次第に行なわれるようになり、とくに後期に盛行した。和与の条件を見ると、荘園の土地の分割、当時のいわゆる下地中分が少なくない。このような内容をもつ和与状を和与中分状、和与相分状などとよんだ。幕府法では、和与状はいちおう幕府に提出して、その訴訟を担当した奉行の証判（確認した旨を裏書する、これを奉行の裏封（ウラフウ）という）を受け、かつ幕府のその和与を認める旨の判決（これを和与の裁許状という）を受けて、初めてその和与状は公法上の効力を取得するものとされた。和与状と和与裁許状がそろって残っている例がこの時代には少なくない。（以上、訴訟関係文書については、石井良助『中世武家不動産訴訟法の研究』を参照）。つぎに和与状の一例を示す（図版54）。

和　与

越後國荒河保与二奥山庄一堺事

右件境者、於二一番御引付一、兩方番二訴陳一、雖レ申二子細一、所詮、云二國衙一云二地頭方一、以二和与之儀一、始所レ立之堺者、自二鳥屋岫一至二吉田入之兩方尾山中圓山之頂一、自二件円山頂一至二荒澤一、隨二件荒澤床流一至二彼澤流迪下北曲目一、自二件曲目一、至下村上山北麓与二蓮妙之非人所南垣根一之中間上、自二件中間之牓示一、至二荒河新呆源新大夫在家南堀口一、自二彼堀口一至二白崩一、自二件白崩一濱堺者、至二積石倉牓示一、（積石倉者、自二小鷹宮一去レ北所レ定二伍町一也、）件境之次第、引二朱於繪圖一畢、但向後若荒河之流、越二當時新立之牓示一、雖レ流二入庄内一、於レ河者可レ爲二呆領進退一、至二河以北境以南海陸一者、可レ爲二庄領進止一也、次於二荒澤流一者、兩方可レ爲二用水一之、仍相守二和与之旨一、永代不レ可レ有二違乱一

之状如レ件、

正應五年七月十八日

荒河保一分地頭河村余五秀通同新太郎藤原秀國等代

河口筑前僧明俊（花押）

奥山庄一分地頭和田四郎平茂長代殖野十郎教房（花押）

荒河保司彈正忠職直（花押）

（奉行裏封）「為二向後證文一各所レ加レ判也

沙　彌（花押）

左衛門尉（花押）」

この和与状は、越後国荒河保の一分地頭河村秀通・秀国等と奥山庄一分地頭和田茂長との境界相論に関するものである。但し、荒河保は国衙領であり、当時の越後の国務は北条氏の一族時村、そして、その家来の弾正忠職直が越後の目代と国衙領である荒河保の保司を勤めていた。そうした関係から荒河保の境界決定には保司も参加することになり、この文書に見るような三者連署の和与状が作成されたのだと解せられる（本文二行目の岫（クキ）には、山の洞穴と山頂、二様の解がある。また、最後の行の㸦という字は互の異体字である。牙と似ているため、誤って牙と書いた例もある）。この和与状については、実地調査、発掘を行ない、奥山庄の荘域を研究した井上鋭夫の「奥山庄における境界の研究」（『新潟大学法経論集』一三ノ四）をはじめとして、多数の研究が発表されているが、なかんずく田村裕・丸山浄子「『蓮妙非人所』考――越後国奥山荘・荒河保の研究（一）」（『新潟大学教育学部紀要、人文社会科学編』二六ノ二）が最も精細である。

二　紛失状

紛失状については、一八頁の案文作成の部分で略述しておいたが、多少の重複をいとわず取り上げることとする。紛失状は平安時代から現われる。元来、文書が火災盗難などによって紛失した場合、その文書の効力を否定して、その代わりに新たに文書を作成して、これに旧文書と同じ効力を付与しようとするものであるが、さらに、これに准じて左のような場合が見られる。

(1) 文書は存在するが、その効力を法的に否認するために新しく文書を作成する場合。

(2) 文書は存在するが、やはりその効力を法的に否認するために、すでに作成してあった案文に正文と同じ効力を付与するように処置を加える場合。以上の二つは、例えば現存する特定の人物のために、自己の意思に反して文書を奪取された場合などに起こる。

(3) 文書が確実に亡失した際に、その要旨を記述した新文書をもって旧文書に代えようとする場合。

(4) 文書が確実に亡失した際に、別に作成してあった案文に、旧文書に代わるべきものとするための処置を加える場合。

ところで、紛失状は、だいたい土地財産に関するものである。したがってこれは土地私有制すなわち墾田地私有制ひいては荘園制が発達してから現われるわけである。土地私有制はもとより一つの大きな社会制度であるから、この制度の存在を前提とする紛失状は、単に紛失者が紛失の事実を述べたてるだけでは意味がないわけであって、この制度を成立させ、またこの制度を含む全社会秩序を保持する権力によって承認されることが必要である。もっとも、権力といっても、必ずしも中枢的権力のみを意味しないのであって、権力の末端機構でも事足りる場合もある。ともかく、紛失状の成立にはなんらかの権力の承認が必要であって、このことが紛失状の様式を決定する。すなわち、紛失状は旧文書紛失の事由を記して、新文書に旧文書と同じ法的効力を付与することの確認を、ある種の権力に請願するという形をとるわけである。これによって、紛失状が上申文書であって、私人相互間の証文でも、また一個人の備忘記録でもないことが了解されよう。紛失状に加えられる権力の承認行為は、独立した承認状発行の形をとることもあるが（図版12の官宣旨はその一例）、通例は紛失状の余白に確認の旨を記入することによって行なわれる。つまり紛失状はいったん権力の側に提出されるが、確認文言を記入されて再び申請者に返されるのである。このような紛失確認文言を紛失証判とよぶ。したがって、この紛失証判に注目すれば、その土地の権利関係がいかなる権力によって保証されていたかを知ることができる。つぎに紛失証判に現われる権力について見てみよう。

(A) 朝廷の官司

(イ) 京職・検非違使庁　京都の行政はもと京職（シキ）の司るところであったが、検非違使庁が置かれるに及んで、京職の権限の多くは使庁に移った。そこで京都市中の土地に関する紛失状は、はじめ京職ついで使庁の証判を求めたのである。京職あてに出された紛失状として、朝野群載に二つの例が見えている。一つは藤原某の領左京四条三坊の地の公験が承暦年中（一〇七七―一〇八一）焼失したときのもので、その書出しは「四条令解申請　職判事」となっている。すなわち、当事者である藤原氏はまず四条令に解状を捧げ、四条令がこれを左京職に上申して、京職の証判を求めるという手続きをとっており、この四条令の解を紛失状とよんでいる。もう一つは長久五年（一〇四四）「権中納言家牒　左京職衙」という書出しの牒式を用いて、右（左？）京七条三坊・四坊にある家領の券文焼失により京職の証判を請うたものであって、これには左京大夫以下の左京職の諸官が証判を加えている（「与判如件」）。またやや特異な例であるが、京職が証判を加えた紛失状の実物がある。それは承暦二年（一〇七八）の大宰大弐家（藤原経平）の紛失状である（石清水文書之二）。これは左京土御門の宅の火災で美濃国可児郡にある家領の公験を焼失したので左京職の判を請うというもので、「大宰大貳宅解　申請　左京職裁事」という書出しの解状になっている。そして、解状（内容的には紛失状）の奥に左京職、国（美濃）、郡（可児郡）、四度使の証判が加えられている。これによって、文書が京地内で紛失（この例では焼失）した場合には、まず事実の証明を京職に求めたことが知られる。

つぎに検非違使庁であるが、鎌倉時代になると、京都の下級行政単位としての保には、検非違使庁の下級官吏が担当行政官に任命されて保官人（ホウノカンジン）とよばれた。そこで京地の紛失状にはまず当該保の官人が署判し、さらに上位の官人が署判する形式をとった。また、まず近隣在地の人々が紛失の事実を確認する旨の証判を加え、これに官人が証判を加えた場合もある。東寺百合文書キ所収延慶四年（一三一一）三月二日京都西七条住人観阿の田畠屋敷紛失状は、土倉に預けておいた旧文書が盗人の放火によって焼失した際のものであるが、これには在地人十人の証判がある。また勧修寺文書所収暦応二年（一三三九）九月比丘尼性覚の紛失状は、京都からやや離れた山城国宇治郡の山科小野西庄田畠に関するものであるが、これは勧修寺の三綱・所司の証判を得たうえに使庁官人の証判を受けている。

（ロ）**記録所**　建武新政の際に、政府が記録所を再興して、新設の雑訴決断所とともに訴訟を取り扱わせたことは周知の如くであるが、このとき、記録所は紛失状の証判の事も取り扱ったようである。それは金峯神社文書所収建武元年（一三三四）二月大和金峯山吉水院院主真遍なるものの紛失状の証判を、記録所の官人たちが行なっていることによってわかる。しかも面白いことには、この紛失状は大和・河内・紀伊三カ国に散在している同院の所領に関する紛失状であるが、この紛失状の審査に当って、大和・河内の所領については各知行国主（大和は興福寺一乗院、河内は楠木正成）に「当知行実否」、すなわちこれらの所領を確実に金峯山が知行しているかどうかを尋問・調査させている。これによって見ると、畿内の紛失状は記録所の証判を受ける規定だったと推測される。

（B）　荘園本所

荘園内における紛失状の証判は、個々の荘園村落の体制によって異なり、本所の支配の強いところすなわち村落自治体制の成立し難いところでは、本所の承認が必要であった。これは寺領荘園において明瞭に看取される。例えば大治元年（一一二六）四月十二日の紀姉子の紛失状（荻野三七彦氏所蔵文書）は、畠地一段に関するものであるが、これには東大寺の行政機関である所司及び五師が証判している。また金剛寺文書所収貞応三年（一二二四）十月の河内国金剛寺の紛失状（一部分は一八頁に引用説明した）には仁和寺宮庁使者と院主が連署して証判を加えている。しかし本所の支配の弱い場合には、荘園内部の荘官・在地領主の証判ですむことになる。開発領主が名目的な領主権を権門勢家に寄進して自ら荘官となった場合などは、このような処置をとったことと考えられる。鹿王院文書所収永和三年（一三七七）三月二十一日阿闍梨衡運の山城国葛野郡内の名田に関する紛失状には、その荘の下司と隣郡の下司とが連署しているだけである。おそらく下司の連署が事実上証判の意味を有したのであろう。つぎに村落制が成立してくると、その村落自治体の機関に証判を求めるようになる。また村落秩序が村落民の土地総有関係のうえに成立している場合には、近隣在庄の村落民（事柄の性質上複数になるのが通例）の承認によっても紛失状は有効とされた。そして、この点で注目されるのは、次頁に掲げる雑筆要集の紛失状の例文であって、それは、差出者がまさにこの「在地之証判」を申請し、在地の者がこれに応えて証判を記入する体裁をとっているのである。

(C) 守護

鎌倉時代に幕府・探題・守護などの幕府権力機関が証判を加えている例は見あたらない。下って南北朝時代になると、守護は前代に比して遥かに強大な権限を与えられ、有力なものから次第に守護権を領主権化していって、いわゆる守護領国制を形成するようになる。紛失状に守護の証判が現われるのは南北朝時代からであって、これはやはり守護の成長の過程と切り離しては考えられない現象であろう。一九頁にすでに引用し図版4に掲げた至徳元年（一三八四）七月二日周防国仁保庄地頭平子（タイラコ）重房の紛失状はその一例であって、これには同国の守護大内義弘が証判を加えている。

つぎに紛失状の様式について一言すれば、これも初めは解の様式であった。雑筆要集に挙げてある例文を左に示す。

姓某解　申請　在地諸人判形事

請下殊蒙二　廣恩一申コ請在地署判一備中證文上私領田畠公験紛失状

右謹考二案内一、去何日之夜、爲二强盜一被レ盜コ取調度文書等一畢、請コ賜在地之證判一、將レ備二後代之龜鏡一、而後若於下號レ有レ券契一致レ妨之者上、即於二盜犯一而不レ可レ用レ之、依立二紛失之状一如レ件、以解

年月日　　姓某謹判

今度紛失状其理明白也、依在地加コ判之一

姓――判

姓――判

この例文でわかるように、紛失状においては、紛失（火災・盗難・奪取等）の事実と、以後その文書と称するものが出現しても、それは全く無効であることの二点を明記することを要件とした。右の例文で日付の後に記された「今度云々」以下が証判である。紛失した旧文書の案文がある場合にはこれを添付した。ない場合でも旧文書の要旨を記して添えることもあったようである。

一般の解状・申状などにおいて解の様式が廃れてゆくのとほぼ軌を一にして、紛失状においても、後になると「某謹解申請……以解」という様式が廃れて、新たに「立申紛失状事」という書出しの様式が行なわれるようになった。

三　請文（ウケブミ）・請取状（ウケトリジョウ）

ある事柄を確実に履行したこと、あるいは将来これを確実に履行すべきことを相手方に伝える文書が請文である。すなわち請文とは、過去の行為の報告書、または将来の行為の予約承諾書であるということができる。ところで、請

文の請という字はもともと申請・請求などの熟語でわかるように、相手方に対してなんらかの事物を将来にむかって要求する意味をもつ。これを文書として表わすならば、それは当然前項に説いた解状・申状などの様式をもつ請求書・訴願文書となるわけである。事実、解状・申状の場合も請文の場合も、差出者の伝達すべき意思の核心を表現する文字は「請」の一字で表わされていて、それが申請・訴願を意味するのか、報告・約諾を意味するのか、一見判然しがたい場合が多い。

日本の最古の古文書群である奈良時代の古文書のなかには、解の様式をもつ請求書が多数見出される。例えば中央の下級官庁から出した仕丁（諸国の公民で徭役として京に召集されて雑役に服するもの）の公粮（米・塩・綿などの現物給与）下付請求書、写経所から出した写経生の筆墨や給与の請求書、あるいは官庁・個人の購入物資の対価（直銭）の請求書などである。一例を挙げると、天平二十年（七四八）十月十七日の写経所の解（『大日本古文書』三巻一二三頁）は、

寫經所解　申請布施事
合奉レ寫法花經九部千部内者
　題經二百卷
可レ賜二布卅八端一
　卅六端經師料以二四端一充二一部一
　二端題師料以二一端一充二百卷一
經師九人（人名省略）已上九人各寫經一部　充二布四端一
題師一人　三嶋宗万呂　題經二百卷　布二端

以前随二寫畢一、且請如レ前、以解

天平廿年十月十七日上馬甘

阿刀酒主

これが請求書であることは「可賜布」とあるところからわかる（本文最末行の且(カツガツ)は、完全でない、全体の一部の意。ここでは法花経千部のうち、写し終えた九部の分に相当する布を請求しているのである）。ところが、これとほとんど同じ様式の文書であって、文意上、報告書・承諾書と見るべきものが若干出てくる。例えば、

勇女所解　申請舎人上日事

舎人錦部大名　上日壹拾玖　夕十七

右人所レ請、自二今月六日一迄二廿四日一、上日顯注、申送如レ前、以解

天平廿年八月廿四日　少初位上秦浄足

（『大日本古文書』三巻一一二頁）

これは明らかに舎人の勤務日数の報告である。また天平十三年（七四一）十月十九日福寿寺写一切経所の解（『大日本古文書』二巻三〇七頁）は筆墨の対価として「合請銭弐千弐百文一（千二百文福寿造物所 千文従奈良官所請）」を計上しているが、この割注に「従二奈良官一所レ請」とあるを見れば、この請は請求ではなく請け取った意であり、この文書は受領証であることがわかる。受取証も一種の報告である。このほかにも請を請求ではなく受の意に用いた例を挙げることができる（『大日本古文書』六巻五九五頁、宝亀八年正月十八日備前国津高郡収税解）。もっとも、この時代の報告書・受領証がすべて請求書とまぎらわしい「解申請」という形を用いていたわけではなく、「解受」（『大日本古文書』二巻二九七頁、天平十

三年)、「納」(同上六巻二五〇頁、宝亀三年)、「返抄」(同上六巻八一頁、景雲四年)などの語を用いて、はっきり受取証であることを示している文書もあるのである。また「納」と受領の意味の「請」とを合わせて「請納」という語で受領証の意味に用いる例も現われ(前掲宝亀三年の文書の文中にこの語が見える)、つぎの平安時代に入ると、これが頻繁に用いられるようになる。また返抄は国衙や荘園の貢租の受取証として中世まで盛んに用いられるが、初めはやや広く公文書の受領報告書としても用いられた(東南院文書、承和九年七月廿日因幡国司返抄、『平安遺文』一巻七二号)。

以上のように、申請書・請求書と同じ「解申請」という様式が報告書、受領証に用いられたのは、申請・請求の結果に対する報告、または申請・請求の結果として下付された物資の受領にこれを用いたことに起因するのではなかろうか。ともかく、早くも奈良時代に現われたかかる様式の報告書・受領証は、つぎの平安時代に入ると、いっそう頻繁に用いられ、また使用の範囲も拡大したようである。とくに注目されるのは、符・宣旨など下達文書の受取者すなわち事実的には命令受領者の文書受領報告書として、この「解申請」という様式の請文が使用され、しかもその内容には、単に符・宣旨等を受け取ったという報告だけでなく、符・宣旨等の内容をなす命令そのものに対する報告を含む場合の少なくないことである。かかる下達文書受領報告書としての請文の早い例を挙げると、

(1) 承平二年(九三二年)九月十五日　丹波国符に対する請文(東寺古文零聚、『平安遺文』一巻二四一号)
(2) 承平二年(九三二年)十月廿五日　太政官符に対する請文(東寺文書甲、同上一巻二四二号)
(3) 康保元年(九六四年)九月廿三日　勘解由長官帖(牒)に対する請文(東大寺文書、同上一巻二七八号)
(4) 康保元年(九六四年)十一月廿三日　伊賀国名張郡符に対する請文(東大寺文書、同上一巻二八二号)
(5) 天延三年(九七五年)十一月廿四日　大宰府符に対する請文(内閣文庫所蔵文書、同上二巻三一〇号)
(6) 天喜二年(一〇五四)五月七日　官宣旨に対する請文(石崎直矢氏所蔵文書　同上三巻七一五号)

等がある。

さらに時代が下ると、下達文書の受領報告書の形をとりながら、事実上、先に説いた陳状の働きをなす請文が現われる。すなわち政府が訴人から提出された訴状（解状）に基づいて、訴人の主張に対する答弁をなすべき旨の命令書（官宣旨）を被告に下付した場合、被告はその命令書を受け取った旨の報告に加えて、その命令内容に対する報告として、訴人の主張に対する答弁をも記載した請文を提出するのである。例えば寛治五年（一〇九一）七月の東寺別当時円請文（東寺百合文書こ、『平安遺文』四巻一二九七号）や天仁二年（一一〇九）七月十日の丹波国在庁官人請文（これは庁宣に対する陳状、東寺百合文書こ、『平安遺文』四巻一七〇七号）などがそれである。この当時の訴状は原則として「何某解申請官裁（国裁・上裁等）事」という書出しの解の様式を用いており、これに対する陳状は右のように「何某解申請官宣旨事」という書出しで、やはり解の様式を用いている。これを対比すると、両者とも解の様式によっている点では一致し、さらに差出者の意思を示す核心的な語を表わすのに「請」という文字を用いている点も一致するけれど、「請」の意義は両者全く異なるわけである。前者は請求・請願であって求めるのであり、後者は報告・応答であって答えるのである。ともかく平安時代中期の陳状は以上のように、下達文書受領報告書の形をとったのであるが、この時代の後期から中世に入ると、先に説明したように、「何某謹陳申（弁申）」という書出しになり、直接相手方の主張に反駁を加える形になる。これは訴訟・裁判という法制度に対する意識、すなわち法意識の問題として重要な意味をもつものである。

さて、下達文書受領報告書としての請文は、中世に入り鎌倉幕府ができると、武家文書に取り入れられて、守護・地頭・御家人が、御教書の様式をもって随時下付される幕府の命令文書にこたえて進達する報告書となる。この場合には単なる命令文書受領報告ではなく、むしろ命令内容の履行報告もしくは不履行の事由報告であって、概していえば復命書と規定することができる。その適例は一六〇頁で説明した室町幕府の遵行（ジュンギョウ）手続きの一部をなす守護その他使節の請文である。また、この頃になると、請文の用途は拡大して、守護・地頭が幕府に対して、荘官が荘園領主

（本所領家）に対して、それぞれの職務に基づいて自発的に行なう種々の報告、荘官が荘園領主（本所領家）から課された荘官職務の内容を、確実に遅怠なく履行する旨を約諾する意味をもつ荘官の請文とか、地頭請所（ウケショ）となった荘園において、地頭から荘園領主に対して、請所としての諸条件の履行を確約する意味をもつ地頭の請文などに用いられるようになる。後の二つは荘官対荘園領主・地頭対荘園領主の事実上の関係について見ると、契約文書的色彩を帯びる場合も少なくないが、基本的にはやはり対等契約的なものではなく、命令に対する承諾書と規定されるべきであろう。

また中世に入って現われる文書で、請文と類似したものに注進状がある。両者の相違はまだはっきりわからないが、請文が命令に対する報告である（職務に基づく自発的報告も、一般的な命令に対する報告と見ることができる）のに対して、注進状は命令をまたないで行なう報告ではなかろうか。注進状の一種で明細書きにしたもの、例えば人名・人数や物品の数量・種類などを列挙したものは注文（チュウモン）とよばれた。

以上、請文の用途・機能の発展を見てきたが、他面、物品の受領証としての請文はどうなったかといえば、早くから現われる返抄がのちにはほとんど貢租受領証のみに用いられ、また単なる「解申請」や「解受」などの書出しは消えて、「請取申」という書出しをもつ文書が受領証一般の様式となり、文書名も請取状とよばれるようになる。

つぎに、もう一度様式に立ち戻って考察すると、請文の最も早く現われ、かつ基本的な様式として平安時代まで行なわれたのは解の様式であるが、これとは別の系統の文書の様式も現われる。それは「謹啓　請雑物事」という書出しの延喜四年（九〇四）十二月十一日の請文（内容的には請取状、正親町家旧蔵文書、『平安遺文』一巻一九一号）や、「謹言　請家地直稲事」という書出しの天元三年（九八〇）二月十五日の請文（内容的には請取状、関戸守彦氏所蔵文書、『平安遺文』二巻三一七号）や、「請　御教書」と書き出し、「公則誠恐謹言」と書き止めた永承四年（一〇四九）九月十日の藤原公則の請文（東大寺文書四ノ六、『平安遺文』三巻六七三号）などに見られるような、私文書系統の状・啓様式の請文である。雑筆要集には、宣旨・院旨・院庁下文・官符・令旨・殿下政所下文・口宣・御教書等十数種の下達文書のいちいちについて、その請文の様式を示しているが、それらは「官位姓名某誠惶誠恐謹言　跪請　官符事」、「謹請　御教書事」など、礼（相手に対する敬意の表現形式）の厚薄による若干の相違はあるが、基本的にはいずれもやはり状・啓様式である。中世に入って解様式が一般的に廃れるにつれて、請文も単に「謹請申何々」または「請申何々事」と書き出し、「所請如件」と書き止める様式が一般化した。系統からいえば、解様式が崩れて状・啓様式が混入した結果と見るべきであろう。

なお、雑筆要集に見えているが、請文の差出書の下に「請文」という二字を付することが中世にわたって行なわれ（これを下付(シタヅケ)という）、また鎌倉時代以降の武家の請文では、差出者の花押を用紙の裏（本来花押を署すべき位置の裏）に居(ス)える場合が少なくなかった。いわゆる裏判（裏花押）である。かかる請文における下付や裏花押は、いずれも受取者に対する敬意を表わすものであって、私文書における書札礼の影響によるものというべきであろう。また鎌倉時代の末頃から幕府に提出する使節請文には、報告内容に虚偽のある場合は処罰をいとわない旨の文言、いわゆる起(キ)請之詞(ショウノコトバ)を記入すべきことが法制化されて、室町時代まで行なわれた。

つぎに請文の実例を掲げておく。

(a)　官宣旨に対する請文

山城國司解　申請　官宣旨事
　壹紙　被レ載下可レ免二除-進東大寺領玉井庄造門材木幷臨時雑役一事上
右、去二月廿三日宣旨四月廿七日到來、謹所レ請如レ件、抑所レ被二　仰下一玉井庄臨時雑役等、任二宣旨之(旨脱カ)一免除進
已了、但至二于造宮事(1)一者、前例所二勤仕一云々、雖レ然於二今度造門材木一者、所レ未二充申一也、而兼不二盛充一以前、
宣旨被二申下一事、所二奇申一也者、仍注二事状一、謹解

天喜二年五月七日
正五位下行大藏大輔兼大介藤原朝臣「爲資」(自署)

〔石崎直矢氏所蔵文書、『平安遺文』三巻七一五号〕

〔注解〕(1)奇申、アヤシミモウス。

(b) 土地売却代価の請取

謹解　申請納家地直絹事(1)
合肆疋者(米八斛)(2)　在左京八條四坊七坪巽角(3)
右、件家地直絹、依レ(4)員所ニ請納一如レ件、注ニ事狀一以解
天喜貳年四月九日　賣人秦(草名)
買人僧
「件畠賣買事明白也、仍在地刀禰幷御庄(異筆)
司(加)署名
藤原　末行
藤原(草名)
權都那(花押)
御庄司寺主大法師」

〔東大寺文書之九、東大寺図書館架蔵文書之四。八八五号、『平安遺文』三巻七一三号〕

〔注解〕(1)直、ジキ、アタイ。代価。(2)斛=石。(3)巽、タツミ。東南。(4)依レ員、員ニヨリテ、所定の数量通りに。

(c) 鎌倉幕府の命令に対する請文

為二(1)異國征伐一、可レ注二申(2)勢幷兵具乗馬等一之由事、今月廿五日當所御施行、同廿九日到來、謹以令二拜見一候畢、
(3)抑任下被二先度仰下一候旨上、(4)愚身勢幷兵具員數、去十日既雖下令レ付二于押領使河□□(尻兵)衛尉一之候上、今重任下被二仰下一
候旨上、所下令レ注二進之一候上也、以二此旨一可レ有二御披露一候(5)哉、定愉恐惶謹言、

建治二年三月卅日

窪田庄預所僧定愉□□(請文)（裏花押）

〔石清水文書之二。四三五号、八幡宮崎宮御神宝記裏文書〕

〔注解〕(1)異国征伐、鎌倉幕府の企図した高麗への反攻。実現しなかった。(2)勢、ゼイ。軍勢、兵力。(3)ソモソモ、抑で改行する習慣がある。(4)愚身、グシン。自分のこと。一人称の謙語。(5)哉、一五四頁注解(9)参照。

(d)

鎌倉幕府に対する職権活動の請文

和泉國久米多寺雜掌申、於二當寺寺邊一可レ停二止殺生一之旨、去弘安五年被レ成二下御下知一之處、同國御家人八木郷小西彦太郎・兵衛次郎・小輔房以下之輩、背二彼御下知一、去十月廿六日於二寺邊一致二殺生一之間、今日者相二當(1)最勝圓(園)寺殿御三廻御忌日一之間、加二制止一之處、不レ叙二用之一、剰令レ打二擲刃一傷於僧侶一之(2)由、就二觸申一、加二(3)實見一之處、打擲刃傷之段無二相違一之間、(4)懸二于在所地頭代一、可レ召二渡彼輩一之旨催促仕之處、彦太郎等號二御家人一不レ相二隨所勘一由歎申間、直雖レ加二度々催促一、不レ叙二用之一候、此條可レ為二何樣一候哉、仍催促狀案文三通謹進二覽之一、以二此之旨一可レ有二御披露一候、恐惶謹言

正和二年十一月廿七日　沙彌覺圓

進上　御奉行所

〔久米田寺文書〕

〔注解〕(1)最勝園寺殿、前代の執権北条貞時。(2)……之由。ここまでが「久米多寺雜掌申」の内容である。(3)実見ヲ加ウ、実地検証をすること。(4)在所の地頭代の責任として、犯人を逮捕して引き渡すよう要求したところ、小西彦太郎等は御家人と称して、

地頭代の意に従わないと、地頭代がいってきたので、覚円自らじきじきに度々催促したけれども、彦太郎らは依然これに従わない。なお、差出者覚円は信太三郎左衛門入道といい、和泉の守護代と考えられる（拙著『増訂鎌倉幕府守護制度の研究』東京大学出版会、和泉の項参照）。この文書に見えるような犯罪の検証、犯人の逮捕などは守護の権限であるから、守護（もしくは守護代）はいちいち幕府の命令なしに職権活動を行ない、これを幕府に報告するわけで、注進状とよんでもよい。なお、この請文には「進上　御奉行所」と充所が書かれているが、これのない場合もある。

(e)　室町幕府の遵行命令に対する請文

院林六郎左衛門入道了法申越中國院林・太海郷事、任二去年(建武三)十二月廿二日御教書之旨一、以二使者沼田太郎家秀・桑名伊與房快公一、沙(1)ヲ汰ｰ渡下地於了法一候訖、仍請取状進ヲ覧之一、此條偽(2)申候者、日本國中大小神祇冥衆、殊　八幡大菩薩可レ蒙二御罸一候、以二此旨一可レ有二御披露一候、恐惶謹言

建武四年四月九日　　　　大藏大輔頼隆（裏花押）

進上　御奉行所

〔醍醐寺文書之一、四号〕

〔注解〕（1）沙汰渡……、下地ヲ了法ニ沙汰シ渡シ候イオワンヌ。遵行を完了した意。（2）此条偽申候者……可蒙御罰候、これが二一五頁に述べた起請之詞である。神名の部分を改行すなわち平出（一〇七頁参照）にする。この請文は越中の守護吉見頼隆が幕府に提出したものである。

(f)　室町幕府の命令に対する請文（図版55）

三浦和田四郎兵衛尉茂実申、越後國奥山庄北条内章連跡高野郷内水無村等地頭職安堵事、御奉書(副二申状具書一)謹拝見仕候畢、抑茂実當知行無二相違一候之上、可二支申一之仁無レ之候、將又非二元弘收公之地一候、若此条偽申候者、八幡大菩薩御罰於可二罷蒙一候、以二此旨一可レ有二御披露一候、恐惶謹言、

貞和三年九月十五日　　　　左衛門尉景忠(請文)（裏花押）

〔三浦和田文書〕

〔要旨〕　これは越後の守護代長尾景忠の請文であって、内容は、三浦和田茂実が地頭職の安堵を賜わりたいという申請を幕府に提出し、幕府は安堵に必要な要件の調査を守護に命じた。要件は三つあって、㈠茂実が相違なく当該地頭職を当知行しているかどうか。㈡茂実の地頭職安堵の申請に異議を申し立てる者はないか。㈢当該地頭職が「元弘収公之地」でないかどうか。以上の三点は、茂実の申請や関係書類ではわからぬことであって、守護に命じて、現地に当って調査させる必要があった。当時の守護上杉憲顕は幕府の命令を守護代長尾に伝え、長尾はこれを調査して、報告書すなわち請文を提出した。すなわちこの文書である。長尾の請文は上杉の手を経由して幕府に送達されたはずである。ところで、上記要件のうち第三点は、元弘三年鎌倉幕府滅亡の際に、後醍醐天皇が没収した所領であって、この没収処置は、その後の所領争いの一因をなしたほど衝撃的であった。そこで室町幕府は元弘没収地の知行人確定にはとくに慎重たらざるを得なかったため、安堵に際して、この点を確認させたものと解される。ともあれ当時、安堵には、書面審査による権利の認定のほかに、現地に当って三要件を確認させる手続きを要したことが推測されるのである。

(g)　荘園領主に対する荘官の請文

請申
　東寺領攝津國垂水庄公文職事
一　爲㆓寺恩㆒被㆑補㆓當職㆒之上者、重㆓寺命㆒、不㆑可㆑有㆓不忠之儀㆒事
一　御年貢御公事以下、毎年存㆓公平(1)㆒、不㆑可㆑有㆓不法懈怠(2)㆒事
一　内検(3)等、任㆓實正㆒、可㆑至㆓其沙汰㆒、得㆓百姓等之語(4)㆒、不㆑可㆑存㆓私曲㆒事
一　敵方等若有㆓當庄違亂聞㆒之時者、御代官相共、爲㆓寺家㆒抽㆓忠節㆒、致㆓内外之祕計㆒、可㆑廻㆓無爲(5)之謀㆒事
一　闕所(6)名田畠等出來之時者、雖㆓段歩㆒無㆓隱密之儀㆒、可㆑注㆓申寺家㆒事
一　於㆓公文給參町田地㆒者、任㆓近例㆒、可㆑備㆓公平㆒事
右條々、守㆓此旨㆒、不㆑可㆓違越㆒、若背㆓請文之旨㆒者、且不日被㆑改㆓易公文職㆒、且可㆑罷㆓蒙大師八幡(7)之御罰㆒、仍請
文之狀如㆑件

貞治二年九月廿四日

左衛門尉橘能繼（花押）

〔東寺百合文書メ〕

〔注解〕（1）公平、クビョウ。ここでは文字通り公平の意であるが、第六条の場合は年貢を意味する。（2）懈怠、ケタイ。怠慢。（3）平安―室町時代には、土地の面積・年貢額・年貢負担者等の調査を検注（ケンチュウ）といい、定期に正式に行なうものを大検注または正検（ショウケン）、臨時に部分的に行なう場合を内検（ナイケン）といった。また、その年の豊凶についての調査を検見（ケミ）というが、これをも内検ということがある。ここでは、両方の意味を含めて使用されている。（4）語、カタライ。百姓等に語らわれ、勧誘に乗せられて、の意。（5）無為、ブイ。安泰、平和の意。すなわち、庄内安泰の策を講ずること。（6）犯罪・年貢滞納などによって没収され、無主となった土地。（7）弘法大師空海。ちなみに、東寺は真言宗の寺院である。

四　起請文（キショウモン）

起請文とは、手っとり早くいえば宣誓書の一種である。もう少し厳密にいうと、宣誓の内容は絶対に間違いない、もしそれが誤りであったら（すなわち宣誓が破られた場合には）、神仏などの呪術的な力によって自分は罰を受けるであろうという意味の文言を付記した宣誓書である。これは事の正邪・当否の判定を呪術的なものの力に委ねるという意味で、大化以前に行なわれたいわゆる盟神探湯（クカタチ）（熱湯中に手を入れて、手の焼損の有無によって罪を判定する）や、中世に行なわれた湯起請（ユギショウ）（大体クカタチと同様の方式）などと同じく神判の一種である。例によって雑筆要集によってその文例を示すと、つぎの通りである。

敬白　起請文事

右旨趣者、於㆓某身㆒、彼事全以不㆓過犯㆒、若令㆑申㆓虚言㆒者

日本大靈驗熊野權現、金峯、兩國鎮守、日前國懸、王城鎮守諸大明神、六十餘州大小神等之御罰、某身毛穴蒙者

也、仍起請文如レ件

年號月日　姓某　判

差出者の所属する地域・身分及び作成年代によって、神仏の名はいろいろ変化するが、中世における起請文の大体の形式は右のようなものである。そこで起請文の細かい説明に入るに先立って、かかる様式の文書の発生経路について述べておきたい。

起請文の発生については、訴訟制度（より厳密にいえば証拠法）上の宣誓の発達と神判思想の問題を考え合わせなければならないが、ここでは、もっぱら古文書学の、とくにその様式論の立場から考察することにする。起請文に先行して現われ、起請文の発生に大きな関係をもった古文書はおそらく祭文（サイモン）と起請の二つであろう。祭文は文字通り神を祭る文書であって、主として禍難災厄を除き、幸福を将来することを目的としたもので、その場合、祭壇を設けて、幣帛（ヘイハク）・穀物・酒・果物などの供物を供えるのが通例であるが、そうした供物を将来にわたって神に約し、あるいは祈願成就の場合の奉賽を約することがあり、かかる誓約を保障する手段として、もしそれを履行しない場合には、神罰を受けてもいとわないという意味の文言を付記するようになったと考えられる。このように誓約の保障を神罰に求めることは、己れの行為の正邪・当否の判定を神に委ねるものであるから、これを天判といい、天判を付記した祭文を天判祭文とよんだ。これより転じて、一般の宣誓文にも天判を付記するようになったものであろう。図版56に掲げた久安四年（一一四八）の文書はまさにそれであって、書出しに「(三春)是行謹解　申請天判事」とあり、書止めに「仍謹　請二天判一如レ右、敬白」とあり、本文の前半では、覚光得業の解状に記された犯行（馬・雑物の召取）の無実なることを確言し、後半では、右の確言もし不実ならば東大寺大仏以下の仏神の罰を我身に蒙るべしと誓言している。この後半は自己呪詛文言ともいうべきものであって、もし最初に述べたように、起請文の構成要件を確言（もしくは確約）プラス自己呪詛文言の二点に求めるとするならば、この文書は、起請文という文字こそ用いていないけれども、実質的には立派な起請文ということができる。この文書が現存最古の起請文といわれる所以である。つぎに解読を示そう。

（三春）
□□是行謹解　申請天判事
右事元者、東大寺覺光得業(1)解狀之文云、是行丸私宅竹前殿父馬一疋并雑物等ヲ召取御坐ト候、極タル無實也、只對二得業一テ申候事者、竹前殿仰云、得業ハ相傳文書有ト有ルカ若尓申以來見トオウ(2)候ト申シ候シカハ、得業其文書之有无左右不レ候、仍是行相傳文書不レ候ヌソト思食候テ、御地子代馬一疋戒行房取候ヲハ請申畢、其後得業□(ハ?)全以左右申不レ候者也、若實申テ候ヲ不レ申ト申テ候者、東大寺大佛、藥師如來、十二神將、鎮守八幡大菩薩、當所八所御靈、惣シテハ日本朝中大小神祇冥道神罰冥罰、蒙二是行丸身一候テ、現世貧窮無福シテ、後生断二三世佛種一、仍謹請二天判一如レ右、敬白

久安四年四月十五日　　三春是行（花押）

〔東大寺文書之六、東大寺図書館架蔵文書之一、二四四号。『平安遺文』六巻二六四四号〕

〔注解〕（1）トクゴウ、南都の三会（興福寺の維摩会及び法華会、薬師寺の最勝会）に竪義（リュウギ）の役を勤めた経験のある僧侶に与えられる称号。（2）『大日本古文書』では、この部分を「見トオウ候ト」とよんである。

では、起請文という名称は何に由来するのであろうか。それはつぎに述べる起請である。起請とは、もともと事を発起（企画）して、それを実行することの許可を上（支配者）に請うことであり、ひいては、そのために作成する文書をも起請とよんだのである。三代実録の貞観十二年（八七〇）二月二十三日の条に大宰大弐藤原冬緒が起請四事を

進めた記事があって、大宰府の企画した事項四カ条の実行の許可を中央政府に申請した事実を伝えており、同書、同年三月十六日の条にも対馬島守小野春風が起請二事を進めた記事があって、やはり同様の事実を伝えている。しかし、起請を進める、すなわち提出する目的が、単に官の許可を求めることだけにあるかといえば、おそらくそうではなくて、その事項を実行に移すために自ら管内に下令する際に、それが官の許可を経たものであることを明示して、その下令に特別の法的権威をそえることを考慮に入れたものであろう。すなわち起請を官に提出することは、起請の内容の妥当性について官の証明を得て、これを自ら下令した場合の遵守の保障に備えるため、換言すれば、遵守の保障を中央政府の権力に求めるためのものであったと考えられる。もっとも、これら三代実録の記事だけでは、そのとき官に提出された文書が、起請という文字を用いて、その文書の性質を示していたかどうかは明らかでない。また、かりに起請という文字を用いていたとしても、それが文書の様式の名称として用いられ、ないしは一般化していたかどうかはいっそう明らかでない。ともあれ、これらの記事は、起請という文書の本来の性質を考えるうえに貴重な資料である。

　起請の実物として今日に伝わる最古のものは、天禄元年（九七〇）七月十六日の天台座主良源（ロウゲン）（慈恵僧正（ジエ））の起請である（廬山寺文書、『平安遺文』二巻三〇三号、また、『大日本史料』一編之一三にも収める）。これは書出しに、

　　座主権少僧都法眼和尚位良源敬啓
　　　為㆓令法久住㆒立㆓雑制廿六箇條㆒事

とあって、「停㆘止舎利會別当會日被物前後所司供等㆒事」（第一條）、「停㆘止衆僧著㆓木履㆒上堂㆖事」（第六條）、「應㆔年分学生殊擇㆓法器㆒事」（第十二條）、「禁㆘制於㆓山院内㆒恣行㆗刑罰㆖事」（第二十條）、「應㆔大小綱維互守㆓礼義㆒事」（第二

十六條）など二十六カ条を掲げて、一条毎にその趣旨を述べて、最後に、

以前雑制趣如二條々一、或是如來之教門、或復先師之遺誡、而遵行之輩已少、乖戻之人更繁、爰舊風漸不レ扇二於寒谿之月一、前跡殆欲レ埋二暮嶺之雲一、若獨歎二於丹心一、徒老二台星之下一、恐長恨二於白骨一、更經二天使之前一、仍抽二小愚之蓄懷一、謹仰二大師之明鑒一、東西諸綱、大小共悉普示二山家之一衆一、令レ琢二松門之三輪一焉、敬啓、

とあり、そのつぎに日付、良源の署名及び上座・寺主・都維那、すなわちいわゆる三綱の連署があり、さらに「延暦寺印」という印文の朱印が全面に押捺してある。これは、書出しや本文に「雑制」と述べていることから見ても、また各条文の文言（「停止……事」・「應……事」・「禁制……事」）からみても、寺院内の制規、制誡というべきものであって、かかる内容からいえば、貞観十年（八六八）真紹の定めた禅林寺式（図書寮所蔵文書、『平安遺文』一巻一五六号）や、この良源の起請に引用してある「弘仁九年八月廿七日大師（最澄）所レ制八箇条式」や「天長元年五月廿三日廿三箇条制式」と同様のものである。ところで良源起請の表題に「廿六箇條起請慈恵大僧正延暦寺」とあるが、もちろん、この表題は当時のものではない。また本文中に起請という文字は全く用いてないから、この文書の作成者である良源自身ないしは当時の人々がこれを起請とよんだかどうかはわからない。ただ、ここに注意されるのは、この文書の書出しに「良源敬啓」とあり、終りの部分に「仍抽二小愚之蓄懐一謹仰二大師之明鑒一」とある点である。これによって、良源敬啓の対象、すなわち文書の充所は大師（最澄）であるとすべきであり（もちろん内容に即していえば、この文書は制誡・制式というべきものであるから、その対象は「山家之一衆」すなわち全寺院内の衆僧というべきであるが、少なくとも文書の形式上の充所は大師である）、良源は大師に「明鑒」を仰いでいるのである。明鑒は確実な見知の意味に解されるから、良源は大師の見知を請い、これを得ることによって、この制式を大師の認許を経たもの、すなわち大師の

証明ずみのものとして、山家の一衆に受けとられるように期待しているわけである。いいかえれば、良源自身の制式に大師の権威を添加しようというわけである。これは前記三代実録の起請の場合と、官の許可・証明を大師の許可・証明におきかえただけの違いと見ることができる。そう考えれば、この制式は起請とよばれて少しも不思議ではない。起請とよばれる十分な理由があるということができる。このような理解を裏づける意味で、もっと時代の下った文書で、確実に「起請」という文字を用いて、それ自身の性格を明示しているものを一、二引用しよう。まず仁平三年（一一五三）八月十九日の覚法法親王の起請（仁和寺文書）は、その書出しと末尾の部分がつぎのようになっている。

立起請
　門跡相承本尊大孔雀明王同經壇具等事（以上、書出し）
敬レ白眞言教主大毗盧遮那胎藏金剛兩部界會諸聖衆、殊大孔雀明王門跡守護々法諸天幷付法相承八大師等一而言、
（中略）門徒人且恐二佛界之知見一、且守二起請之遺文一、永無二違迭一、敬白、（以上、末尾）

また、文治三年（一一八七）五月一日の後白河法皇の起請の、本文を省略して、その書出し、末尾を示せば、つぎのようになっている（高野山文書之一、宝簡集四三三号）。

起請
　高野大塔長日不斷兩界供養法條々事（以上、書出し）
仰願二大師聖靈一、伏乞二護法天等一、知見證明、哀愍聽許、消レ滅罪障一、拂レ退魔緣一、必以二万歳一期之終一、速授二四身一性之位一、然則、三密薫修、共二二儀一而長久、五箇起請、雖二一事一無二失墜一、冥任二大師之照鑑一、顯盡二　叡慮

之慇懃㆒耳、仍起請如㆑件、（以上、末尾）

覚法法親王の起請は真言教主以下の仏神及び祖師に敬白して、その知見・証明を請い、かつこれを得たものとして、門徒はそれら仏界の知見を恐れて、本文に述べた掟に違背するなかれと誡めており、後白河法皇の起請は大師及び諸仏神の知見証明と聴許を仰ぎ請い、それがかなえられたという前提に立って、五箇条の起請が「雖㆓一事㆒無㆓失墜㆒」からんことの保障を「任㆓大師之照鑒㆒」すなわち大師の照鑒に求めているのである。良源の起請にある明鑒の意味は、後の二例に見える知見・証明・聴許によって説明されると考える。

このように制式・制誡を作成する場合に、仏神祖師の知見・証明を請うという意味の起請の形式をとるということは、仏神祖師という宗教的権威の力をかりて自己の強制力をより強化することにほかならないが、これをさらに一歩進めて、かかる宗教的権威をもって制式・制誡の遵守の保障、換言すれば自己の強制力を実現化するための保障としようとするものが現われた。すなわち制式・制誡に違背するものは、かかる宗教的権威の怒りを受け、罰を蒙らねばならないとするものである。例えば有名な元暦二年（一一八三）正月十九日の文覚四十五箇条の起請（神護寺文書、『平安遺文』九巻、四八九二号）は「寺僧等各守㆓此旨㆒、永不㆑可㆓違失㆒、若於㆘背㆓此旨㆒之輩㆖者、内鎮守八幡大菩薩并金剛天等、早令㆑加㆓治罰㆒」云々と述べ、また建久五年（一一九四）七月七日の高野山の鑁阿（バンナ）の起請（高野山文書之一、宝簡集四三四号）は、「如㆑此之一々事、令㆓違背㆒之輩出来者、（中略）然則金剛胎藏兩部諸尊、丹生（ニブ）高野大師御勸請諸神等、伽藍護法十八善神、滿山三宝護法天等、梵尺四生諸天善神、天照大神、正八幡宮、王城鎭守諸大明神、乃至日本國中三千一百三十二社、盡空法界一切神等罰ヲ、可㆑蒙㆔一々身ノ毎㆓毛穴㆒者也、現者忽受㆓白癩之病㆒、感㆓得不㆑交㆑人之果報㆒、当者入㆓阿鼻大城之中㆒、永無㆑有㆓出期㆒」と述べている。ここでは仏神は、本文の妥当性の認証者とか、強制力を助長する権威としての立場をはるかに越えて、違反の有無を判定する絶対者としての地位を与えられている。

その意味では、さきに説明した天判祭文や起請文と同じである。ただ違うところは、天判祭文や起請文では、違反の有無は文書差出者自身の問題として考えられているから、仏神は自己呪詛のために奉請されているのに対して、起請の場合は、違反の有無は、制式・制誡を遵守せしめようと予定している相手、すなわち例えば寺院の制式ならば、その寺院の僧侶全体（現在及び将来にわたる）、文書の形式からいえば第三者の問題として考えられているのであって、仏神は第三者呪詛のために奉請されているという点である。このように天判祭文や、先に例示した「解申請天判事」という形式の文書（起請文という文字を用いないが、後世の起請文と実質的に同じもの）と起請とが、仏神を違反の有無の判定者、違反した者に対する呪詛者として奉請して、この仏神を形式上の充所として文書を作成するという共通点をもつようになったことは、神判思想の発達もしくは復活という共通の地盤のうえに、両者の間に深い相互作用の行なわれたことを考えさせるものである。おそらく天判祭文や「解申請天判事」という形式の文書の影響を受けて、起請は第三者呪詛文書という性格のものに発展変化したものであり、他面このような起請の性格の発展変化の結果、従来の「解申請天判事」という形式の文書が起請文とよび慣わされるようになり、その形式も「敬白　起請文事」というふうなものに変化したものであろう。この変化の年代は、はっきりはわからないが、永万二年（一一六六）三月二十二日足羽友包起請文は「敬白　申起請文事」という書出しになっており（石山寺所蔵聖教目録裏文書、『平安遺文』七巻三三八七号）、雑筆要集にも起請文の例文としてこの形式が挙げられているところから見て、おそらく平安末期と見てよいであろう。そして、それがほぼ中世における定型となるのである。なお玉葉の寿永三年（一一八四）正月九日の条に「去年月迫之比、義仲鑄㆓一尺之鏡面㆒、奉㆑顯㆓八幡（或説熊野）御正体㆒、裏鑄㆓付起請文㆒（仮名云々）遣㆑之」と見えているが、これが果たして厳密な意味での起請文かどうかにわかに断定できない。天判祭文の如きものであったかもしれない。また、起請を起請文とよんだ例があり（前掲、文覚起請）、逆に起請文を起請と称する例も中世には少なくないが、古文書の様式名としては、両者を区別して用いるべきであろう。

以上、起請・祭文・起請文等相互の関係について述べたが、なお、起請の一般的性質について、簡単に説明を加えておきたい。三代実録に見えるような、官に許可・証明を求める意味の起請はその後廃れたと見えて行なわれず、良源のものを初見として、だいたい平安中期から鎌倉時代にかけて数多く伝わっている起請は、例外なく仏神祖師といった宗教的権威の知見・証明を請い、ないしは内容に違背したものはかかる宗教的権威の罰を蒙るであろうと述べたものばかりである。本文の内容は総じて今まで例示したような制式・制誡・掟とくに寺院内部の制規が多く、歴史的にもそういう種類のものを起請とよび慣わしている。かかる制規のほかに、寺領荘園等に対する特権（不輸）付与状に起請の文言を記したものがあるが、それは単に起請とよばず、起請符などとよんでいる。

なお、起請には手印（テイン）を押したものが多く、上に挙げた覚法法親王・後白河法皇・文覚・鑁阿らの起請はいずれも手印を押している。手印とは、掌に朱もしくは墨を塗って、それを文書の字面に押したものであって、強烈な信念の吐露を表わすとされるが、強い意志または願望（制規の遵守に対する）の表白と見ることもできる。

さて、話を起請文にもどそう。起請文は、後日の証文として、永続的効果を有するものとして作成されるのであって、また、罰文（バツブン）・告文（コウモン）（剛文・強文というあて字を用いた例があるから、ゴウモンとにごったものであろう）・神判（シンパン）・誓紙（セイシ）（誓詞）などともよばれた。その書出しに「敬白　起請文事」と書くのがほぼ定型となったが、より重要なことは、ある事柄について偽りない旨を宣誓し、つぎに、もし偽りがあれば神仏の罰を蒙るべきことの二点を記述することであった。この前半の遵守すべき誓約を述べた部分を起請文前書（マエガキ）、そして後半の神仏の勧請及び呪詛文言を神文（シンモン）という。

神文には、誓約した場合にその罰を蒙るべき神仏の名を記載する。神仏の名は時代が下るにつれて増加する傾向があり、戦国時代にはきわめて多い。いかなる神仏が勧請されるかは、場合によって異なるが、梵天（ボンテン）・帝釈（タイシャク）・四大天王にはじまり、「日本国中大小神祇冥道」といったような包括的な表現をした後に、個別の神名を列挙するのが通例である。なかに伊勢の天照大神が見えるようになるのは、鎌倉時代以降であり、また、伊豆・筥根（ハコネ）（箱根）の大権現（ゴンゲン）・

三島大明神が現われるのは、御成敗式目に付いている起請文の影響であろう。そのほか、賀茂社・石清水（イワシミズ）八幡・春日大明神・熊野権現などが多い。そして神名の結びは、起請文を記した当事者の居住する地方、ことにその国の一宮（イチノミヤ）などの大社、あるいはさらに小地域の神名があげられるのが普通である。これらは当事者の実際の信仰と結びついたものであるから、その点に注目すれば、起請文の神名を手がかりにして、当時の信仰の実情を知ることができる。とくに武士団関係の史料のなかに起請文が見出される場合には、その武士団の結合の中心となった神社の存在を知ることができるわけである。このように神仏を勧請するのは、自己または第三者呪詛の意味をもつものであるが、同時に、神を招請して証人とするという思想もあったようである。「八幡大菩薩（ボサツ）厳嶋（イツクシマ）大明神可レ有二御照覧一候」（毛利家文書之一、二二五号）などの文言によって、それを知ることができる（中田薫『法制史論集』三所収「起請文雑考」を参照）。

起請文のうち、とくに神文の部分を牛玉宝印（ゴオウホウイン）の裏に書くことが行なわれ、十三世紀後半の文永頃から実例がある。また、前書をも含めて、全文を牛玉宝印の裏に書くこともある。起請文は、神文に神仏を勧請し奉るわけであるから、これら神仏を紙面に表現する手段として、牛玉宝印を料紙として用いたものであろう。その場合、牛玉宝印を裏返して用いるのが通例であったから、起請文を認（シタタ）めることを「宝印を飜（ヒルガエ）す」ともいうのである。牛玉宝印とはもともと宝物の一種であって、これに神仏の種字（シュジ）を刻んで印としたものであろう。実例としては、熊野三山、すなわち本宮・新宮・那智の宝印が最も著名で、現在でも発行されている。那智の場合は、「那智瀧寶印」という文字を烏点（ウテン）と宝珠とをもって表わし、版木に彫って摺ったものである。その一例を図版57ABに示す。Aは「那智瀧寶印」、Bはその裏に書いた起請文である。もっとも烏点・宝珠をもって表わすのは室町時代中期からで、それ以前は、通例の字体を少しく形象化したものであった。本宮・新宮のものは、「熊野山寶印」の五字の字面に宝印を押したものであったが、江戸時代になると、那智にならって烏点・宝珠を用いるようになった。烏が用いられたのは、それが熊野の神鳥だったからであろう。牛玉宝印は熊野に特有のものではない。例えば、石清水八幡宮のものは、「八幡宮」と中央に書き、右に「牛玉」左に「寳印」と書き添えている。牛玉宝印には、図版にあげた那智の型と、この八幡宮式との両様がある。京都の東寺（教王護国寺）のものは、印刷の「御影堂牛玉寶印」、墨書の「教王護國寺牛玉寶印」などである。図版58はこの二種の牛玉宝印を貼り継いで（A）、その裏に起請文を書いている（B）。また東大寺二月堂のものは、縦横十センチくらいの小型のものである。これを用いるときは、普通の料紙に前書を記した後、末尾に宝印を裏返して貼り継ぎ、その部分に神文がくるように認めるのである。この二月堂の牛玉宝印は熊野についで古いものであるが、使用された地域は奈良中心の小範囲にすぎない。熊野山のように全国的に用いられたものがあるのにくらべると、当時の、それぞれの神仏に対する、信仰の伝播状況を知ることができる。このほか、奈良の東大寺三月堂・大仏殿・戒壇院、手向山八幡宮、加賀の白山（ハクサン）、豊前の彦山（ヒコサン）、肥後の阿蘇宮、日向の鵜殿宮（ウドノグウ）、近江の多賀大社、大和の金峯山（キンプセン）、信濃の戸隠山（トガクシサン）などからも、牛玉宝印を出している。金峯山のものは版刻ではなく、すべて筆書したものである。また会津の熊野山新宮には、文保二年（一三一八）の銘のある、牛玉宝印の版木が伝えられている。もっとも、起請文は必ず牛玉宝印を用いるというわけではなく、普通の料紙を用いているものもある（牛玉宝印については、『相田二郎著作集1』所収「起請文の料紙牛王宝印について」、中村直勝『起請の心』を参照、また町田市立博物館図録『牛玉宝印――祈りと誓いの呪符』は鮮明な図版を豊富に収めて有益である）。

起請文が長文の場合に、前書は通常の料紙を用い、神文の部分だけを牛玉宝印の裏に書くことがあり、戦国時代の永禄頃から一般化している。また勧請する神仏の名が増えて神文が長大になると、牛玉宝印を何枚も貼り継いで用いるようになった。文禄四年（一五九五）の石田三成・増田長盛が連署して豊臣家に叛かぬことを誓った起請文は、牛玉宝印三枚を継いで神文を記し、同日付の織田常真（ジョウシン）（信雄）以下諸大名三十人連署のものは同じく五枚を貼り継いでいる（いずれも木下文書）。また慶長六年（一六〇一）の本田元親の起請文（島津家文書）は七枚を継いでいる。このように宝印を貼り継ぐ場合は、右紙を上、左紙を下にする通常の貼り継ぎ方とは反対に、左紙を上、右紙を下に貼り継いでいる。また、こうした長文の起請文、例えば前掲の石田・増田のものは、「敬白　天罰靈社上巻起請文前書事」で始まり、前書の末尾を「仍上巻起請文如ㇾ件」でいったん書き止めた後、牛玉宝印を裏返し貼り継いで、再び「敬白　天罰靈社上巻起請文之事」として神文を書き始めている。この形態をとる長文の起請文を、とくに天罰霊社上巻の起請文とよんでいる。

　このように、起請文は宣誓の意思表示であるから、差出者の誠意を強調するために、差出書に血判が捺されることがあった。血判とは、花押を署したうえに身血を出して塗るのである。延元三年（暦応元年（一三三八））の菊池武重の起請文（肥後の広福寺文書）が、その初見である。血判が多く現われるのは戦国時代のことで、武士相互に取り交わされたものにことに多い。血判の意図がさらに強調されると、花押自体を身血をもって署するものが現われる。元亀四年（一五七三）の米良重直の起請文（島津家文書）は、島津家に対して野心なく奉公すべきことを誓約したもので、花押を血書している。このような花押の署式は、応永二十六年（一四一九）の文書が初見であるが、戦国時代になると数多く見られる。また署判に血を用いる風潮は花押の書けない階層の人々にも及んで、略押・筆軸印などに血を用いているものがある。さらに署判ばかりでなく本文全体を血書しているものもあるが、長文の文書をすべて身血をもって記すのは困難なためであろう、血を墨に混じて書いたものがある。永享五年（一四三三）、安芸の小早川氏の一族で、後に東福寺の長老となった琴江令薫が、一族の所領相続のことに関して記した起請文には、差出書にわざわざ「令薫滴ㇾ血和ㇾ墨書ㇾ之」と記している（小早川家文書之一、三四号）。前述の花押を血書したもののなかにも、血を朱に混じて書いたものがある。このように、自己の身血を文書のうえに止めることは、起請における手印などとともに、すべて誓約者つまり差出者の強烈な意思を表現する手段なのである（血判・血書については荻野三七彦『日本中世古文書の研究』所収「古文書に現われた血の慣習」参照）。

　ところで、かかる誓約は本来、誓約者自身が一方的に行なって神仏に捧げる性質のものであるから、実際に文書を受け取る相手方は文書のうえには現われないのであって、形式的には神仏が受取者と考えられる。したがって、一種の願文の如くに書かれるのであって、起請文の充所というものは、本来はなかったのである。それが室町時代から、前書の内容を宣誓する相手方を直接の受取者として充所に明記して、一種の書状の形態をとるものが現われてきた。これもやはり、戦国時代の武士の間に授受されたものに多い。

　起請文はまた、中世の裁判における立証方法の一つとしても行なわれた。その最も普通の形態は参籠起請（サンロウキショウ）である。起請文を書いて宣誓し、一定期間神社に参籠し、その間に宣誓を破ると認められる特定の現象が生じなければ、宣誓に虚偽なしと認められるのである。鎌倉幕府の文暦二年（一二三五）の規定では、その期間は二七カ日（七日の二倍すなわち十四日間）で、宣誓を破る現象（起請の失（シツ））として鼻血を出すこと、他八カ条が挙げられている。参籠の場所は京都では北野社で、仁治元年（一二四〇）に幕府は、他社の神官といえども北野に参籠すべき旨を規定している。鎌倉では荏柄（エガラ）天神社であった。このほか、とくに室町時代に入って盛んに行なわれたものに湯起請（ユギショウ）がある。これは、起請文を書いたうえで熱湯中から石を取り出し、手の損傷状態を直ちに、あるいは一定期間を置いて検査し、それによって失の有無を判断するのである。古代の盟神探湯（クカタチ）の復活ともいえる。刑事的事件の場合は、嫌疑者にこれを行なわせて、失の有無によって有罪無罪を決定すればよいから比較的簡単であるが、民事的事件の場合は、原告・被告双方に行なわせるから、双方とも失を生ずる可能性もあり、そのような場合の処理法にも慣習があったようである。また刑事的事件の場合など、一定地域の居住者を一カ所に集めて起請文を書かしめ、あるいは湯起請を行なうことがあり、村起請（ムラギショウ）とよばれた。また、神水（シンスイ）といって、起請文を焼いた灰を水に混じて飲ませ、その後の体調の変化によって失の有無を決定する方法もあった。このような起請文による立証方法は、判断を神に委ねるという点から見れば神判であるが、むしろ神を勧請して証人とするものとして、神証という証拠の一種と見るべきであるかもしれない。これらについては、中田薫「古代亜細亜諸邦に行はれたる神判補考」（『法制史論集』三所収）に詳論されている。

その他やや特殊な慣習として、一味神水（イチミシンスイ）と落書起請（ラクショキショウ）がある。例えば寛喜三年（一二三一）五月十一日明法博士中原章行勘文に、「惣天庄民等一身同心仁天書二起請一、飲二社水一、違二背明友一候之間」（京都大学文学部所蔵文書、宮内庁書陵部所蔵谷森文書）とあり、延文二年（一三五七）十月、若狭国太良（タラ）庄の百姓等は同庄公文禅勝・実円両人の非法を領主である東寺に訴え、「各呑二起請之神水一、所レ捧二連署状一也」といっている（東寺百合文書し）。起請の神水を飲むというのは、荘民もしくは百姓等一同が一致して行動する旨の起請文を記し、参加者全員が署判した後、その起請文を焼いた灰を水に混じ、その水、つまり神水を一同が分ち飲んだということである。これは多数者が共同の意思を誓約する方法であって、神水を飲むことによって、団結を強調するのである。一致共同して行動するところから、一味神水を飲む、というのである。

つぎに落書起請は、雨落書（アメラクショ）・無名入文（イレブミ）ともいわれる。落書というのは、本来は犯人を告発する匿名の投書であって、律令の規定では不法として受理されないものであった。落書起請の落書という言葉はここに由来するものであろう。その内容には二種類あって、一つは無名入文といわれるように、特定の人物を犯人と指摘した無記名（差出書なし）の起請文であり、他の一つは犯罪事実の有無あるいは見聞について、知るところを虚偽なく表明するものである。いずれにしても、なんらかの犯罪の発生に際して、犯人不明のとき、一定範囲の関係者が集まり、犯人（嫌疑者）を投票によって決定するために行なわれるのである。東大寺文書によると、この種の起請文に限って切封が加えられている。落書起請と切封は関係あるもののようである。

つぎに起請文の実例を三点挙げておく。

(a)　定使道正起請文案

（端裏書）「定使道正起請文案大山庄兵粮米已下事、貞治二」

敬白

再拝〻〻　　立申天罰起請文事

右元者、御ふしん(不審)候御ミやう此内ひやうらう、仁木殿の城へ三石、御力者(1)二石とミ候、又使れう(2)(料)に御力者二貫文、定使さう(3)をちに百文とミ候、伊勢のさうこくしの方へ十四貫文もちたて候、のちニ二貫文上候、西たいのそんまう(損)ハ三分の二の免して、三分一(4)くひやうにふり候、此外ハくもる事ふく候、若偽申候ハヽ、大師八幡御罰、惣日本國中大小神祇ミやう(冥)道の御罰を、かの道正か身中ニ一〻ニまかミかふミ候へく候、仍爲二ふしんをきよめんら一、起請文状如レ件

　　貞治二年十二月廿三日　　　　　道正白敬判

〔東寺百合文書や〕

〔注解〕(1)力者、リキシャ。官衙・寺院などで雑役を勤める下級の者。(2)使れう。れう＝料は実際の使用に要するもの(例えば食費)。使料は使者として必要な実費をいう。(3)さうせち、相折、ソウセツともいう。相節とも書き、「分割し且つ支払う意」であると説かれている(寶月圭吾『中世量制史の研究』吉川弘文館、一三六頁)。出費の明細を記したものを相折帳といったことから考えると、相折はもと相殺、清算の意で、莊園領主などが収納した年貢を個人の給与、食費その他として支払うことを相節(相折)といい、転じて、支払われる料金(料米)をいうようになったのであろう。軽微な給与の意味に用いられることが多い。(4)くひやう、公平。二二〇頁注解(1)で説明したように、年貢の意。

〔要旨〕東寺領丹波国大山庄の定使道正が東寺に提出した起請文の案である。道正は、大山庄の兵粮米の使途につき疑問があるから、明らかにせよという東寺の指令に対して、私曲なき旨の起請文を提出したのである。

(b)　村上武吉起請文(図版59)

　　起請文

一　對二元就・輝元一江申、不二相替一無二馳走(1)可レ申事、

一　自然申隔(2)方候者、可レ預二御尋一事、

　右有レ偽者、

梵天太釈（帝）四大天玉（王）、想（惣）日本國中六拾余州大小神祇、別而三島大明神、八幡大菩薩、天満大自在天神、部類眷属神罰冥罰、各可㆓罷蒙㆒候也、仍起請文如㆑件、

永祿十三年九月廿日　　村上掃部頭 源武吉（血判 花押）

毛利少輔（輝元）太郎殿

毛利右馬頭殿（元就）参人々御中

〔毛利家文書之一〕

〔注解〕（1）馳走、チソウ。奔走、尽力。（2）申隔方候者、申シヘダツルカタ候ワバ。もし自分（村上）と毛利家との間を阻隔、離間に導くようなことを御耳に入れる者があったら。この起請文は「那智瀧寶印」と印刷した牛玉宝印を用いている。

(c)　本願寺光佐起請文（図版60）

敬白　意趣者

一　對㆓当寺㆒一味之上者、善悪㆓付而㆒手（1）相談可㆑令㆓入魂（2）㆒候、従（3）㆑是可㆓申懸㆒候處、遮而（4）承、快然候、就㆑其、縦信長相果、世上何と成替候共、湯（5）にも水にも無㆓相違㆒不㆑可㆓見放㆒事、口上有㆑之（6）、

一　知行方之儀、惣（7）別不㆓相構（8）㆒候、取分（トリワケ）其方知行分猶以無㆓意趣㆒候、百姓等事いつくも守護次第候、其上為㆓此方㆒不㆑可㆑令㆓介錯（9）㆒事、

一　攝津國之儀者不㆑及㆑申、御望之國々右㆓如㆑申、知行方従㆓当寺㆒裁判なき法度（11）㆓候へとも、被㆑對㆓申　公儀（10）并藝州㆒へ御忠節之儀候間、被㆑任㆓存分㆒様、随分可㆑令㆓才覚㆒、毛頭不㆑可㆑有㆓如在㆒事、其方被㆓相構（12）㆒牢人之儀、於㆓当寺㆒許容不㆑可㆑在㆑之事、

右之趣於㆓相違（13）㆒者、可㆑有㆓西方善逝照覧㆒者也、仍誓詞如㆑件、

天正六
十月十七日　　　　光佐（花押）
荒木摂津守殿（14）（村重）
荒木新五郎殿

〔京都大学所蔵文書〕

〔注解〕（1）互、タガイニ。二〇四頁参照。（2）入魂、ジュッコン、ジュコン。親しい交わり。世話をする、口添えする意にも用いる。後には昵懇。（3）従是……、自分の方から書状を差上げるべきところ。（4）遮而、サエギッテ。先手を打って。かえって貴方から先に書状を頂き、うれしく思います。（5）湯にも水にも。寛正二年十一月三日近江国菅浦大浦両庄騒動記（菅浦文書、上巻三二三号）に「只地下勢はかりゆにも水にも成候ハんと一味同心候ニ」とある例を参照すると、如何なる場合も一心同体変改なし、という意と解される。（6）口上有之。使者の口上、つまり口頭の説明がある、この点についてはさらに詳しく使者に口頭で説明させます、という意。（7）惣別、ソウベツ。全く。（8）構、カマウ。排除の意。したがって「不二相構一」は、こちらからはとやかく言わない、という意。（9）介錯、カイシャク。助力の意。本願寺側として、荒木の領内の百姓を援助して、荒木に離叛させるようなことはしないという意。（10）公儀、コウギ。将軍をさす。荒木が将軍（義昭）及び毛利家に対して忠節を励むからには、の意。（11）如在、ジョサイ。疎略の意。（12）構、上記（8）のように排除の意であるから、貴方（荒木）が追放した牢人どもを、本願寺の方で雇い入れることは一切しない、という意。（13）善逝、ゼンセイ。仏の名の一。またゼンゼイとも。如来の別名。この部分は一般の起請文の神文に当る。（14）荒木村重は摂津池田の池田氏の家来であったが、天正初年織田信長に従い、戦功により摂津一国を与えられ、有岡（伊丹）を居城とした。しかし天正六年に至り、義昭・毛利・本願寺と結んで信長に叛いた。この起請文はそのときのものである。このあと、まもなく村重は逃走し、妻子らは信長に捕えられ惨殺された。なお、充名の新五郎は村重の子息である。

五　着到状（チャクトウジョウ）

地頭御家人などの武士が、不測の変事に際して、幕府などから不時の軍勢催促（出陣命令）を受けてそれに応じ、あるいは自ら変事を知って自発的に、いち早く馳せ参じたことを記して提出する文書を着到状という。これは、臨時の大事に際して出すものであることが特徴的であって、予め割りあてられた勤務、例えば大番役、異国警固番役などの勤仕のときは、最初にかような文書を提出するのではなく、勤務終了後、幕府・六波羅探題・守護・奉行などが勤務完了証明書というべきものを勤務者に交付するのである。当時これを番役勤仕の請取とか、覆勘状（フッカンジョウ）とかよんだ（川添昭二『中世九州地域史料の研究』法政大学出版局、所収「覆勘状について」を参照）。なお、雑筆要集に着到という題名で例文が載っているが、それは宿直番文類似の文書であって、ここにいう着到状とはちがうものである。

着到状の様式は大別して二型あって、その一つは、何某が何々の件によって馳せ参じた旨を述べ、充所に「御奉行所」などと記すもの。その二は、単に「着到」と書き出し、次行以下に馳せ参じた者の姓名を列挙し、「着到如件」で結ぶ簡潔なものである。前者の例を二つばかり挙げてみよう。

依二土岐伯耆十郎（頼兼）・多知（治）見四郎二郎（國長）等事一、和泉國御家人和田修理亮助家、去月廿二日、令二馳参一候、以二此旨一可レ有二御披露一候、恐惶謹言、

元亨四年十月三日　　修理亮助家（裏花押）

進上　御奉行所

「一見候了（證判）　（花押）（北條範貞）」

（和田文書一）

これは、鎌倉時代末期、有名な正中の変に際してのもので、書札体の請文の様式である。充所の左に異筆で記入してある文言と花押は、この着到を受け取った者が証明のために書き加えたもので、これを証判（ショウハン）という。文言は「一見了」あるいは次掲のように「承了」と書いて、花押を署するのが普通で、ときには単に花押のみの場合もある。この文書の証判に花押を署しているのは、当時六波羅探題（北方）に在任中の北条範貞（ノリサダ）である。これによって、この文書は和泉国御家人和田助家が事件を聞いて六波羅（北方）に参候して提出し、着到（着到帳）に名を載せてもらって、

探題の証判を得て、返付されたものであることがわかる。

（端裏書）「六波羅殿御書下朝原時馳参事」

播磨國御家人廣峯治部法橋長祐、依二朝原八郎事一馳参候、以二此旨一可レ有二御披露一候、恐惶謹言

正應三年卯月十日　　法橋長祐上

進上　御奉行所

（證判）「承了　（北條兼時）（花押）」

〔広峯文書〕

これは正応三年（一二九〇）浅原八郎為頼の禁中乱入事件に際して、播磨御家人広峯長祐が六波羅に馳せ参じたときのもので、探題（北方）北条兼時の証判をもらっている。そして広峯がこの文書を六波羅殿の「御書下（カキクダシ）」とよんでいることからわかるように、広峯にとって、この文書は探題から下付された着到証明書なのであって、探題の証判にこそ意味があるのである。一般化していえば、着到状を提出して、着到帳に自分の姓名を登載してもらい、着到状に証判を加えて返付してもらう、ということが、着到状提出の眼目なのであって、これをもって、変事に際して直ちに出頭するという重要な軍事勤務を果たしたことの証明とする。そして、のちに恩賞や安堵を請求するときなどに、この証判の記入された着到状を彼の主張の根拠とするのである。証判（証明文言）を書き与える者は、そのときの、その集団の軍事統率者である。また、証判を加える位置は、実例によると、武家は文書の奥（左の余白）、宮方（南北朝期の南朝方）は袖（右余白）のようである。また一般に身分の高い者は花押だけしか書かない。足利尊氏の建武以後のものがそれで、やがて自身では殆ど書かなくなる。その後、ときに自ら書き与えている場合には袖に署している。

着到状は、文永九年（一二七二）二月十二日北条時宗証判のもの（実相院文書。北条氏、得宗として発給）を初見と

して（幕府機関発給の初見は前掲正応三年）、永仁元年（一二九三）の平禅門（頼綱）の乱に際して、和泉国御家人和田愛王丸が六波羅に提出したもの（和田文書）など、鎌倉時代のものが若干あるが、大部分は南北朝期のものである。南北朝後半から室町時代に入ると、「着到　何某」という書出しで、着到状の形式をとりながら、その内容は次項に述べる軍忠状と異ならぬ様式が現われる。これは着到状と軍忠状の融合であって、着到軍忠状とでもいうべきものである。但し、この場合も証判を得るのが目的であることは変わらない。この形態が現われて以後、応永末年から正長頃（十五世紀前半）をもって、着到状というべきものは姿を消す。つぎに着到軍忠状の一例を挙げる。

着到
　石川五郎基國申軍忠事
右、依二右衛門佐入道（上杉氏憲）禪秀隱謀一、去九日、於二武州瀬谷原一、屬二宍戸（シシド）備前守手一、至二于同十日雪下御合戰一、致二涯分
忠節一上者、賜二御證判一、爲レ備二向後龜鏡一、恐〻言上如レ件、
　　應永廿四年正月　日
　　「承了（證判）（花押）」
〔大掾斎石川氏文書色川本〕

六　軍忠状

武士が従軍し戦闘に参加したとき、軍忠を尽した状況や、自身及び従者の負傷、戦死などを上申する文書が軍忠状である。軍忠状も着到状と同じく、自己の忠節を申告し確認してもらうために提出するもので、証判を受けることを目的とするのである。後日、恩賞の給付や安堵を申請する際、主張の正当性の根拠とされることはもちろんである。

軍忠状の様式は、「何某申軍忠事」と書き出すのが普通であるが、その他、単に「何某申」とするもの、「注進

何々事」として注進状の形をとるもの、あるいは目安の形式をとるものなど多様であり、書止め文言もそれに応じてさまざまである。上申文書であるから、主として前述の申状の様式によっているが、着到状で挙げた例と同じく、「以二此旨一、可レ有二御披露一候、恐々謹言」と結び、「御奉行所」などの充所を備えた書札体請文形式のものもある。まず実例を二つ掲げる。このうち、元弘三年のものは図版61を見られたい。

市村王石丸代後藤弥四郎信明去五月十一日馳二参御方(1)一、同十五日於二分倍原御合戰一仁依レ捨二身命一令レ分(2)二捕頸壹一則入二見參一畢、同十八日於二前濱一向堂前一依二散々責戰一、左足股被二切破一畢、然早給二御判一、為レ備二後代龜鏡一、仍目安如レ件、

元弘三年六月十四日

（證判）「承了（花押）」（新田義貞）

〔由良文書〕

〔注解〕（1）御方、ミカタ。味方の意。（2）分捕、ブンドル。敵を斃し首を取ること。生けどりにすることではない。

田代豊前三郎顕綱申、今月十三日河内國高安郡御供仕、發(1)二向于教興寺一、同十九日凶徒(2)等所二籠居一石河里燒二拂之一、東條口於二山城一者、顕綱家人高岡兵衛三郎為綱・三宅左衛門次郎入道良圓以下之輩、進(3)二一陣一追二落御敵一候之條、傍輩皆所二見及一候之上者、早賜二御判一可レ備二後證一之由相存候、以二此旨一可レ有二御披露一候、恐惶謹言、

建武四年十月廿七日　　源　顕綱

御奉行所

（證判）「承了（花押）」（細川顕氏）

〔田代文書〕

〔注解〕（1）発向、ハッコウ。軍勢が特定の目標にむかって出動すること。ただの出発という意味にはあまり用いない。（2）凶徒、

キョウト。兇徒の意であるが、兇の字は殆ど用いない。(3)一陣(イチジン)ニ進ム。先登に進む、先陣をすること。

元弘三年の方は、新田義貞にしたがって武蔵の分倍(ブバイ)河原の合戦及び鎌倉攻めに参加した市村王石丸の代官後藤信明の軍忠状であって、首分捕と自身の負傷が戦功として明記されている。建武四年のものは、和泉の大鳥庄の地頭田代顕綱が同国守護細川顕氏に率いられて、河内の南朝軍を攻撃したときの軍忠状である。

さて一般に軍忠状に記載される軍忠の内容は、敵に与える打撃(敵首の分捕、生捕(イケドリ)、追落その他)と自身及び従者の蒙った損害(討死(ウチジニ)、手負(テオイ)=負傷等)であるが、その記述の仕方は大きくわけて二種類ある。(補注八)一つは、一回の戦闘における軍忠を記述するものであり、他の一つは数回の戦闘における軍忠を一括して記すものである。右の二例の第一は元弘三年五月十五日、同十八日の二回の軍忠を翌六月十四日に上申しており、第二は建武四年十月十三日・十九日の二回の軍忠を同じ月の廿七日に上申している。この二例は概括的にいえば第一のタイプに属するといってよいだろうが、その極端な例を挙げれば図版62のようなものがある。つぎに解読を示す。

〔補注八〕　以下の、軍忠状の二型式に関する考察に対して、漆原徹氏の批判、「軍忠状に関する若干の考察」(『古文書研究』第21号)がある。

(端裏書)「熊谷小四郎」

「(證判)資信(花押)」

熊谷小四郎直經手負注文　　能秀(花押)」

若黨道山左衞門二郎經行、左ノ膝ノ節ノ上「深」(異筆)

長尾又太郎有能、ヲトカイヲ射透サル「深」(異筆)

幡サシ中平三景能、右ノ目ノシリヲ石ニウタレ候
右手負者、今月廿六日朝、茅岩屋(チワヤ)城大手ノ北ノ堀ノナカヨリ、ヘイノキワエせメアカリ、先ヲカケ、新野一族相
共ニ、合戰ノ忠ヲイタシ候ニヨテ、手負注文如レ件、
正慶二年壬(閏)二月廿七日　　平直經（花押）
〔熊谷家文書四一号〕

これは元弘の乱において、楠木正成の守る河内の千早城攻めに参加した熊谷直経が従者の手負を列挙して注進したもので、これを手負(テオイ)注文とよんでいる。負傷の内容は、若党の道山経行が左膝関節の上を、同長尾有能が下あごをいずれも射通され、旗指の中景能が右目尻に投石のけがを負って、戦闘の翌日この手負注文が作成上申されている。そして文書の右下方に二名の連署があるが、これはこの手負注文を受けつけた軍奉行であって、二人の若党の傷を実地検証して、そのしるしに名前の右上部に傍線（これを合点(ガッテン)という）をし、負傷記述の部分に「深」（重傷の意。軽傷ならば「浅」）と記入したのである。これによって、熊谷直経は若党二名の重傷の認定を得たのである。この例のように、戦闘が一回終るごとに軍忠状を提出して証判をもらう（したがって当然、戦闘の日時と軍忠状の日付は近接する）のが、おそらく軍忠状の原初的な形であったであろう。

ところが、南北朝の争乱がうちつづくうちに、戦闘が一回終るごとに戦闘参加者が軍忠状を提出し、部隊の指揮者がその内容を認定するような悠長な戦闘形態は姿を消し、戦闘状況の大きな段落ごとに軍忠状を提出するようになって、軍忠状の第二の形式すなわち長期間の戦闘と軍忠を時間的順序に従って記述する形式が次第に一般化する。このような形式の軍忠状は、内容的には一種の戦闘日記と見ることもできる。

建武四年（一三三七）の野本朝行子息鶴寿丸の軍忠状（熊谷家文書二二五号）などは、この形式の早い例であって、建武二年（一三三五）十二月尊氏の西上に従軍したことから、同四年七月常陸関城合戦までの、二年ほどの経過を詳

細に記述している。このような軍忠状が伝存しているおかげで、南北朝期の戦闘の経過などを正確に知ることができるのである。日記体のもののうち、比較的簡潔なものの一例を挙げる。

和泉國御家人和田左近將監助康申
右、助康去年（建武二）十一月廿八日、馳二参京都一屬二御手一、自二宇治一令レ參二東坂本一、同十六日罷二向西坂本一、同廿七日致二合戰一、同廿八日致二合戰一之刻、若黨藤内兵衞尉助俊被レ討畢、同晦日致二鴨河原內野之合戰一、同二月十日十一日、罷二向打出豊嶋河原一致二合戰忠節一候畢、就レ中於二去ゝ年飯盛城合戰一、自二最初一、十一月十八日付二御着到一、同廿日廿二日廿六日致二合戰一、同十二月一日合戰、若黨新三郎明宗被二射殺一畢、同十二日助康舍弟仲次助秀被レ疵、同晦日中間源內被レ疵之條、無二其隱一之上者、且預二御注進一浴二恩賞一、且賜二御證判一欲レ致二奉公忠節一矣、粗目安言上如レ件、

延元ゝ年三月　日

（證判）「被レ相二加合戰一之條、無二相違一候　（楠木正成）（花押）」

〔前田家尊経閣所蔵文書〕

この実例では証判の文言がきわめて鄭重であるのが特徴的である。普通には、「承了」あるいは「一見了」のいずれかであって、これによって軍忠状は一見状ともよばれるのである。さて延元元年（一三三六）三月といえば、足利尊氏が九州に没落し、建武新政の政府軍が京都を制圧していた時期であるが、和田助康はこの間、楠木正成の指揮下にあったわけである。このように、軍忠状に証判を与える者は一般に、その戦闘において、もしくは軍忠状提出の時点において差出者の所属する戦闘集団の指揮者である。指揮者の代官、督軍の役（侍大将・軍奉行）が証判を与えるこ

とも珍しくない。建武三年諏訪部信忠の軍忠状に尊氏の侍所が証判を与えている（諸家文書纂三所収、三刀屋文書）のはその一例である。南北朝時代の幕府系武士の軍忠状には大体守護（一部、守護と大将を併置した国では、そのどちらか）が証判を与えている。惣領が庶子の軍忠状に裏花押を書いている例があるが（羽黒文書、文和二年の和田義成軍忠状）、これも特殊なケースかもしれないが、証判であろう。これらの事例から考えて、軍忠状の提出者と証判者との関係を追求することによって、当時の軍事組織を考察する手がかりが得られるものと思われる。証判は日付の奥が普通であるが、袖に加えられているものもある（大山寺文書、元弘三年の播磨大山寺衆徒等軍忠状の袖に赤松円心が証判）。

また、軍忠状記述の内容を見ると、合戦における討死・手負などの被害者が記されているのが通例である。右の例でいえば、舎弟助秀と若党・中間の名が見える。これらはいずれも、提出者和田助康の率いる小戦闘集団の構成員に違いない。そうした存在として、舎弟などの一族（血縁関係が明記してあることも、単に一族としか書かないこともある）・親類・家子（イエノコ）・若党・中間（チュウゲン）・被官（ヒカン）（室町時代もやや下るものの場合）などの呼称や氏名が知られる（若党には実名があるが、中間は仮名（ケミョウ）＝呼び名しかないのが普通であり、当時の身分秩序を考えることができる）。これら一集団の構成員を検討することによって、当時の武士の族的結合の形態を考察することができる。また、前掲田代顕綱の例や熊谷直経の例に見られるように、多くの場合、「何某相共」に合戦したとか、合戦の次第を「傍輩所見及」とかの記述がある。これは、戦闘に参加するときに、あらかじめお互いに戦功の証人になる契約をしておくのであって、当時、そうした関係を「見継（ミツ）ぎ見継がれる」と称し、互いにこれを「同時（所）合戦之輩」とよぶが、これまた、差出者がそれらの人々と同所に（おそらく同一組織のもとに）戦ったことを示している。前述の一族以下の問題が武士団内部の結合形態に関するものとすれば、これは証判の問題とあわせて、武士団相互の関係や、幕府の側からの軍事組織の仕方を検討する素材となり得る。このように、軍忠状からは単に年代記的な戦闘事実のみならず、多くの問題を考察することができることに注意したい。

軍忠状の初見は、弘安五年（一二八二）二月、前年の弘安の役（第二回の蒙古襲来）に関する薩摩国御家人比志島時範のものである（比志島文書）。その後、鎌倉時代のものはほとんどなく、建武新政前夜から南北朝期のものが大部分である。ところが、室町時代を下るにつれて、とくに応仁の乱以後になると、軍忠状の内容は、いつの合戦に参加したということよりも、その結果の注進に重点がおかれるようになった。具体的な戦闘経過の記事が後退し、それに代わって、戦闘の成果としての分捕（ブンドリ）や、味方の被害を示す手負の記事が独立して前面に出てくる。こうして、合戦太刀討注文・合戦手負注文・分捕頸（クビ）注文などが新しい意味をもって登場する。これらはいずれも注文、注進状の形式で記されている。なかには軍忠状的な記述をまじえたものもある。頸注文の場合は「頸一」と記して、その下に、それを分捕った者の氏名を記している。いずれにしても、上申の内容が、個々の合戦への参加の有無の強調よりも、戦果の誇示に移っているのである。つぎに合戦太刀討注文の一例を挙げておく。

於二北小路烏丸一合戰太刀討注文
渡邊勘解由左衞門尉（左肱切疵、分捕在レ之）
長右京進（左手切疵）
長沼彌九郎（分捕在レ之）
粟屋四郎右衞門尉
井上大藏
　中間四郎太郎
　中間四郎衞門
　中間左衞門次郎

応仁二年五月八日　　　　毛利
（証判）「承了　（細川勝元）（花押）」　　豊元

〔毛利家文書之一。一二五号〕

なお、第三節、第四節及び次に述べる第五節一に頻出する中世武家の政治・法制・族制・戦闘等に関する名辞については、塙保己一編集の武家名目抄（『故実叢書』に収める）が、多くの史料を列挙していて、有益である。

第五節　証文類

一般に財産の授受に際して、個人の間で取り交わされる文書、例えば土地売買に際して売主から買主に土地と一緒に渡される売券（売渡状）、金銭米穀などの貸借文書、財産を子弟等に譲渡する際に渡される譲状などを一括して証文類と称している。ここでは社会生活のうえで最も重要であり、今日伝わる文書の数もきわめて多い上記三種だけを選んで説明したい。証文類には、このほかに相博（ソウハク）（交換の意）状・和与状・避（サリ）（去）文（ブミ）・返抄・契状（ケイジョウ）などがある。

一　譲　状（ユズリジョウ）

所領・資材などの財産等を譲渡するときに、譲渡者が作成して被譲渡者に与える文書を譲状という。したがって譲状は、財産等に対する権利の移転を証明する文書で、証文の一種である。譲文（ユズリブミ）・処分状（ショブンジョウ）ともいう。中世には、父母その他が子孫近親に対して財産を譲渡することを処分ともいったので、譲状を処分状ともいうのである。譲渡行為はまた和与（ワヨ）とよばれることもあったが、これは多く血縁関係のない他人に対する譲渡をいい、はっきりと他人和与といった場合も少なくない。そこで、譲状が作成されるのは、主に血縁関係内で譲与（相続）が行なわれる場合である。譲状が現われるのは、平安時代に入ってからであるが、重要なことは、譲状ははじめ、譲渡者の所属する地方行政機構なり支配者なりに譲渡行為を承認してもらう（中世以降の言葉でいえば安堵を受ける）ために作成されたということである。つぎに示す永承三年（一〇四八）の解はその一例である。

高田郡司散位藤原守満解　申請國裁事

請レ被下殊任二道理一裁下上、三田郷幷私領別符重行嫡男守頼譲与子細状

謹案二事情一、守満臨二八九十歳一タリ、因レ之且所二譲与一也、公験相副、為二國判申請一、注二在状一言上、以解、

永承三年七月二日　散位藤原（異筆）「守満」

（外題）「如二解状一、任二公験之理一、守頼永以可レ領二知之一、

判

大介中原朝臣（師任）（花押）」

（厳島神社文書。『平安遺文』三巻六六二号）

これは安芸国高田郡司藤原守満が三田郷と私領を嫡男守頼に譲与した文書であるが、「為国判申請……以解」とあるように、国司の承認を求める解の形式をとっている。奥に記入された外題（ゲダイ）はすなわちその国判である。なお、差出書の守満の二字だけ本人の自筆であろう。また治暦五年（一〇六九）の藤原頼光の辞状様式の譲状は後述する大間状（オオマジョウ）の先駆的なものであるが、「但可レ蒙二國判一」と記して、国判下付手続きの必要なことを述べている（祢寝文書六。『平安遺文』三巻一〇三三号）。鎌倉時代に入ると、幕府の御家人の譲状は幕府の安堵を受ける手続きが必要となり、室町時代になると、安堵の権は次第に幕府から守護大名等の手に移ってゆくのである。

このように、譲状は安堵の外題を申請するというところから始まっているから、当初は、公式様文書の系統の下達上文書である解あるいは辞の様式が用いられた。書出しの事書や書止文言は種々であるが、充所のないものである。しかるに平安中期以降、書出しに「譲与」と記し、書止めに「譲与之状如件」と書く様式に次第に変わる。この新様式と前掲の解様式との決定的な相違点は、解様式が国衙のような第三者たる譲与行為承認権者に差出す様式であるのに対して、新様式は所領を譲与する相手すなわち相続人に渡す様式であるということである。図版63は、本質的にはすでに新様式であるが、書止めが「以解」となっていて、解様式の文言を用いている。その意味では過渡的な形を示しているといえよう。つぎに読解を示す。

譲与　処分所領事

(1)合五段者在左京五條六坊五坪次二段▨　▨西邊置二一段一天(2)

右件所領者尼序妙之先祖相傳私領也、而年來之間、東大寺僧覺尊を養子とし天、可二養育一由語申し天、所二讓与一也、然而件僧田畠公驗等取納、老後之尼を追出畢、而間依二流浪難堪一、相二尋類身僧行延一、身命可レ存由合語云々、(3)茲行延答云、何様まれ於二于今一者誰人をかは知人とゝ可レ被レ思と申天、(4)押レ涙養育仕間、件子細等依二大歎一語申、仍西院御房訴二申件由一處、尤至道理事也と天、東大寺上座御許相二具彼覺尊并尼御使一、對二決子細一日、(5)依レ有二道理限一、尼可二領知一之由裁定畢、依レ之最後臨終之(6)教養恩依レ難レ報、件行延之妻安部姉子永所二讓与一也、仍為二後日一注二子細一与處分、以解、(花押)

康和四年六月廿四日　　尼序妙

〔大倉集古館所蔵文書、『平安遺文』四巻一四八五号〕

〔注解〕　(1)合五段者、合セテ五段テエリと読む。(2)この抹消部分、上は「□五條六坊四坪」、下は「南邊参段」らしい。抹消してない部分の二段とこの参段を合わせて五段になるわけである。(3)玆、ココニ。(4)押涙、涙ヲオサエテ。(5)依有道理限、道理カギリアルニヨリテ。有限は文字通り、一定のという意にも用いるが、畏れ多い、勿体ないなどの意に用いる場合が少なくない。ここもその意であろう。(6)教養。孝養(キョウヨウ)のあて字。

この譲状には、図版に見えるように、尼序妙のものと考えられる手印(墨)が捺してある。手印は起請文の項(二二八頁)で述べたように、強い信念の吐露を示すものと解されている。なお、この文書には左記のような裏書がある。

於二件四坪三段一者、出本方便補了法師丸渡二出擧一申者、
　長治三年二月十八日

これは譲状に記された五段の中の三段(注解2で説明した抹消部分)を、長治三年出挙のかたとして法師丸に渡したという意(「出本……了」部分は文意不明)であって、この裏書を書いたときに、表の三段の部分を抹消したものと考えられる(これを「毀裏」ウラヲコボツという)。出挙については二七四頁借用状の項を参照。

平安後期から中世にかけての譲状の定型ともいうべきものを、しばしば引用する雑筆要集によって例示すると、

譲與　私領田畠山林等事
　合壹所者
在某國某郡某庄、但田代荒熟員數幷阡陌四至等見二于本劵一也、
右件所知者、某譜代之私領也、而今依レ有二父子之約束一、相二副本劵一、所レ譲二與某人一實也、依爲二後日沙汰一、譲文之状如レ件

年月日　　　姓—判

在某国以下の一行は、所在地の明示であって、その表記法は、本来は何条何里何坪（京地では尼序妙譲状に見えるように何条何坊何坪）というように里坪で示したが、のちには東西南北の境界、いわゆる四至で表わすようになった。これは条里区画のない土地の開発と私領化が進んだ当然の結果である。ともあれ、右の例文に見るように、「譲与（渡）何々事」という事書で始まり、「譲状如件」のような書止文言をもつのが、その後、譲状の普通の形式になる。処分状といわれるのも、「処分」と書き出すだけで、他はほぼ同様である。

　鎌倉時代に入ると、一般に右の様式が用いられたほか、とくに御家人階層にやや異なった様式が生まれている。

譲與　丹後國倉橋郷内與保呂村地頭職事

　平增一丸

右、於二彼村一者、相二副代々御下文并手次（継）證文一、所レ譲二與平増一丸一也、全不レ可レ致二親疎違亂一也、仍如レ件、

　元亨貳年壬戌十一月廿六日　　散位平宗度（花押）

（朽木古文書）

　これは、池大納言頼盛（平清盛の弟）の子孫である平宗度という武士（御家人）が、丹後の與保呂（ヨボロ）村というところの地頭職を、子息の増一丸に譲与したものである。ここでは、被譲渡者（充書）を、とくに一行に書き出しているのが、前掲の土地の所在を詳細に明示した形式と異なる点である。この形では、数箇所の所領を譲与する場合には、事書を単に「譲与　所領事」と書き、充書を「何某」とした後に、所領の名をつぎつぎと列挙する形のものが多い。また右の充書部分の、被譲渡者の名の下に、所（処）の字をつけて「何某所」と書いた例も多い。これはいずれも鎌倉

時代以降の、ことに武士関係の譲状に多くみられる形である。家によって一定の様式が定まっているものもあり、周防の三浦（平子）氏の譲状は、代々ほぼ一定の様式を保っている（三浦家文書）。譲状の様式は、その他、細かな点で種々違いがあって、とくに一定の固定した様式が存したとはいい難い。また仮名、ことに平仮名の文書が多いのも一つの特徴で、女性の譲状にことに多いが、男子の譲状でも、女子に充てたものには平仮名書きが多い。なかには譲渡者の自筆もあり、その場合、とくに自筆の旨を明記しているのもある。

以上はいずれも、充所のない辞・解系統の様式のものであるが、室町時代になると、書札体の充所を備えたものが現われる。その一例を図版64に掲げ、解読を左に示す。

　　これわ政長かしひつ（自筆）也
ゆつりわたすいし王に、ミのゝくに（美濃国）中川のしやう、さきたて（先立）人にゆつるところ〳〵あり、それにいらん（違乱）すへから
す、そのほかハしるへし、ゆつるところしち（実）也、
　くわんおう（観応）二ねん正月廿六日
　　　　　　　　　　政長（花押）
　　いし王丸
　　　　　　　　　　　　　　〔小笠原文書〕

これは小笠原政長が子息石王丸に与えた譲状であって、書状の追而書（オッテガキ）の如く、文書の袖に追記して、全文政長の自筆であることを明らかにしている。末尾近くの「しるへし」は知行すべしの意である。政長がこの譲状を書いた観応二年（一三五二）正月は、将軍尊氏と弟直義の和が破れて、尊氏党と直義党の両派が京都とその周辺地域を舞台に争闘していた時期で、いわゆる観応擾乱の初期にあたっており、政長自身この月の十六日京都の邸宅を焼いて、西南郊

八幡の直義の陣に走ったのである。すなわち、政長が一身一家の浮沈に直接つながるであろう重大な政治的選択をあえてした直後の時点に、おそらくは京都付近の直義党の陣営において、この譲状は書かれたのである（拙著『室町幕府守護制度の研究』東京大学出版会、上巻、信濃の項参照）。もう一つ同じ書札体の譲状を挙げよう。

（自筆）
「委細之旨、可レ載二置文一、付年號以下、爲二後證一所レ加二自筆一也」
所帯所職事所二譲與一也、若無二子孫一者、房方可レ知二行之一、於二文書一者、預二置如意庵幷白雲庵一候、可レ被レ存二其旨一候、謹言

（自筆）「至德三」七月一日　　道合（花押）

長基殿

〔上杉家文書之一、五〇号〕

これは、関東菅領山内上杉憲方（道合）がその子憲定（長基）に与えた譲状で、もし憲定に子孫がない時は弟の房方に譲るよう述べたものである。書札体に作成されたので、日付に年号がない。そこで後の証拠として自筆で付年号（ツケネンゴウ）を書き加え、その旨を、これまた自筆で追而書（オッテガキ）に記したのである。しかし、かような書札体の譲状は多くはない。

譲状は通常、それがどのような様式で記されるにせよ、一定の記載内容を備えていなければならない。その要点は、(1)譲与対象物、(2)譲与文言、(3)日付、(4)差出書、の四点である。この他、譲与対象物の取得原因、譲与事由あるいは訓戒・契約・担保文言などを含んでいることが多い。

(1)　譲与の対象は、普通には財産であるが、不動産のうち所職ならば、その財産権の性質、つまり地頭職・下司職・公文職等を明示するものでなければならない。下地ならば、具体的に四至（東西南北の境）を明記する。動産あるいは下人・所従等は、名目・員数・呼称などを明示するのである。

(2)　譲与文言というのは、特定の財産等を譲与する意思を相手方にあてて表示する文言であって、譲状には不可欠の要素である。「譲二渡何某一」という文言がそれである。この文言を欠くものは譲状とは認められない。譲状に似て区別すべきものに、処分目録・置文・遺状（ユイジョウ）などがある。これらの文書には、譲与文言ではなく「某可二相伝領掌一也」、「某可二知行一也」などの文言がある。これは、処分者の一方的な意思表示としての領知文言であって、処分者の単独行為である。かような領知文言のみをもつ置文などが作成されても、別個に譲状を書かれなければ、それだけでは処分＝譲与とはみなされず、未処分と判断されるのである。例えば正応五年（一二九二）に鎌倉幕府は、ある訴訟の争点の一つとなった文書について「彼状者置文也、非二譲状一」として、その譲状としての効力を否定する判決を下している（島津家文書之一、一九七号）。

(3)　日付は年月日を記す。前述の書札体譲状の実例に関する説明を参照されたい。

(4)　差出書とは、すなわち譲状の署判であるが、位置は日下・奥下・奥上などと一定せず、署名も、官途姓名・姓名・法名などと一定せず、単に沙弥某と記したものもある。女子は何某氏女と書くのが普通で、出家すると尼某と署名する。但しいずれも花押を自署する。また差出書に、譲渡者のほかに一人ないし数人が連署している場合がある。それは、次項に説く売券の場合と同じく、譲渡行為の保証の意味をもつもので、多くの場合一族近親である。とくに、庶子への譲状には嫡子（惣領）が加判する慣習があり、正応二年（一二八九）の惟宗友兼の重申状（新田八幡宮文書）では、かかる一族の証判を「父祖之流例」であると主張している。

その他、譲渡対象物を「相伝私領也」などといって、その由緒を明らかにし、譲渡の合法性の一般的前提としたり、戦場に赴く故、などの譲与事由を述べているものもある。また、一般に譲状が被譲渡者に交付されても、それが直ちに効力を発生するとは限らず、むしろ譲渡者の死をまってはじめて効力の発生する場合が多い。実際には「衰老之齢」、「病患危急之身」となったときに、作成・交付する場合が多かったであろうが、早い時期に作成・交付しても少しも違法ではなかった。譲状を書かずに死去することを未処分といい、鎌倉時代には、御家人の場合、相続人の遺領配分について、幕府が指示することがあった。また、被譲渡者に対して、譲渡者の生存中は孝養を尽すべきこと、惣領の指示に従って公事などを勤めること、譲渡者の意思に反する行為ある場合には悔返す（クイカエ）（譲渡行為の破棄）ことなどを述べているものも多い。図版65は以前の譲状を破棄（すなわち悔返）して、今後はこの譲状を有効とすると述べたものである。解読はつぎの通り。

譲与　所領之事

越後國刈羽郡鵜河庄安田條地頭職之事

右所領者、任二亡父道幸常全仁譲状旨一、御判以下手継文書置文等相副テ、亀一丸仁譲与者也、先立(1)嫡子宮内少輔仁、舍兄元豊の手(2)にて雖二譲与一、為二不審之子一間、破二其譲一テ、弟亀一丸仁譲者也、若宮内少輔房朝方仁、元豊自筆又ハ他筆にても、常全かゆつりとかう（號）して、状ありといふとも、ほうく(3)（反故）たるへし、應永十年三月三日重富か手にて安田の譲一通、同應永十亖(4)年十二月廿三日一通ならてハ、安田条の譲者あるへからす、此外ハほうしよ(5)（謀書）たるへし、仍為二後日一譲状如レ件、

應永十亖年丁亥十二月廿三日

常全（花押）

〔安田毛利文書〕

〔注解〕 (1)先立、サキダッテ。すでに、過去において。(2)手。手跡、筆蹟の意。兄の元豊の筆蹟で譲状を作成して、嫡子の宮内少輔房朝に譲与したけれども。(3)ほうく、反故（ホウグ）。ほご紙、無効の文書。(4)十の下は二を二つならべて四。タテに二つ重ねることもある。(5)ほうしょ、謀書（ボウショ）。謀作の文書。偽文書。

また中世では、女子には永久的に譲与せず、その身一生の間だけ知行させ、死後は惣領その他に帰属すべきことを

譲与の条件として明記しているものもある。このような譲渡形式を一期譲（イチゴユズリ）、このような条件で譲られた所領を一期分（イチゴブン）、このような被譲渡者を一期領主といい、一期領主のつぎに指定された被譲渡人を未来領主といった。また悔返しの行なわれた結果、同一対象物について二度以上譲状が作成・交付された場合、最後のものを有効とする制度であった。これらはいずれも中世の相続法・親族法上の問題である。

そのほか注意すべきものに、同日一筆譲状という作成方法と、長符という形式がある。同日一筆譲状というのは、文字通り、同日に同一人の筆蹟で書かれた二通以上の譲状のことである。これに二種類あり、一つは、同一人にすべて譲与するのであるが、個々の所領ごとに一通ずつ作成したものであって、前掲の平宗度譲状は、かような形式の四通のうちの一通である。これは、将来所領が数人に分与された場合に、これらの譲状をそのまま将来の相続者に交付し得る便宜がある。その二は、数人に所領を分割譲与する場合に、すべての譲状を同日一筆に作成したものであって、貞治二年（一三六三）四月十日付の島津道鑑（貞久）の師久・氏久・氏忠の三子充の三通などはその事例である（島津家文書之一。一五〇号）。この場合は、各々の譲状の証文としての信頼度が高められることになる。

つぎに長符というのは、多くの所領を数人に分与しながら一通の長大な譲状を作成するものであり、処分目録の形式をとることもある。これは大間状（オオマジョウ）ともよばれたが、それは形様が大間書（オオマガキ）（朝廷で任官の儀式のとき作られる、任ずべき官と人とを書き連ねた文書）に類似しているところから起こった名であろう。暦応四年（一三四一）の摂津親直の譲状（美吉文書）などがそれである。大間状は一紙に数人分を書き載せているのであるから、誰がそれを所持するかが問題であるが、一家の嫡流に相伝されるのが慣例であったと考えられる。「大間帳者諸子配分状也、尤可レ留二于嫡流一也」（前引、惟宗友兼重申状）という主張によってこれを推察することができる。

譲状が現われるのは平安時代であるが、鎌倉時代から南北朝時代に最も多く、種々の様式のものが見られ、室町時代以降急激に減少する。譲与の対象は通常、所領その他の土地財産であって、所領と分離した純然たる家督の地位の譲状はほとんどない。その所領譲状が、室町時代から急速に減少し消滅するのである。江戸時代に入ると、武士階級の間では動産的な財物に限って作成されるようになる。庶民の間には土地譲与に関するものもある。前述のように、譲状作成の目的は、土地財産権譲渡の確認と、その結果を権力に承認させるためとである。したがって、譲状が消滅するということは、このような文書を作成することによっては、右の二点について所期の目的を達成し得なくなったからであると考えられる。そこには譲状作成者（ことに武士階級）と、彼らを支配する権力との関係の変化、及び文書によって証明されるような財産権の性格や、そのような権利を相続する方法の変化などがあるに違いない。

まず安堵との関係を見よう。前掲の安芸国高田郡司藤原守満の例のごとく、平安時代、国衙の官人らが安堵を受けるのは国司であった。荘園制の発展とともに、荘官級の地方武士が、荘園領主の安堵を受けることもあったと思われる。その場合には、安堵は荘園所職の補任状の発給によって行なわれたであろう。鎌倉時代に入ると、譲状と安堵の関係は、主として幕府と御家人との間の問題となる。御家人は、譲状を作成し、それが効力を発生すべき時期——譲渡者の死亡その他によって被譲渡者が実際に所領を進退すべきとき——になると、幕府に安堵を申請する。これに対して幕府は、近隣の御家人に申請が事実か否かを尋問し、相違なければ安堵状＝相続確認の文書を下付する。その文書の様式は、弘安—嘉元（十三世紀末—十四世紀初頭）の頃には、惣領には将軍家政所下文、庶子には関東下知状であった。この点は第三節の下知状の項で越後の大見氏の例について説明したが（二四三頁）、もう一つ例を挙げよう。建治三年（一二七七）九月十三日、渋谷重経は同日をもって惣領重通と孫女竹鶴に所領を譲与し、これに対して、その譲状に基づいて安堵する旨を記して下付された幕府の安堵状は、二通とも弘安元年（一二七八）六月三日付であるが、惣領重通に対しては将軍家政所下文、女子竹鶴には関東下知状の様式をとっている（以上、入来院文書）。ところが、幕府は嘉元元年（一三〇三）にこの制規をやめ、一様に譲状に外題を与えることをもって安堵の手続きとした。外題というのは、上申文書に、その上申の内容を承認する旨の文章を書き加えるものであるが、安堵外題は、「任二此状一可レ令二領掌一之由、依レ仰下知如レ件」という文言と日付を記し、執権・連署が署判するものであった。その実例は図版29に示した（解読は二九四頁）。安堵の外題を受けると、その譲状は、その内容についての他からの侵害に対し特別の保護を加えられることになる（以上、鎌倉幕府の安堵方式の変化については、拙著『日本中世史論集』所収「幕府論」を参照）。室町幕府では、その開創期には、安堵方（アンドカタ）なる機関があって安堵申請の当否が議せられ、相違なしと認められれば、足利直義署判の下文によって安堵が与えられた（同上拙著所収「室町幕府開創期の官制体系」参照）。その後も、外題安堵が用いられる場合があり、応永二十一年（一四一四）の湯川宗光の譲状（下野、湯川文書）には、将軍義持の外題が紙背に加えられている。

このように、下文・下知状の発給あるいは外題安堵などの幕府の安堵手続によって、譲渡行為自体が保証されるというのは、結局、幕府権力が全国的に相当の現実的支配力と権威とをもっていて、はじめて可能であった。室町時代には、諸国の守護が次第に守護大名に成長し、やがて戦国大名領国が形成されるのであるが、この間、ことに応仁の乱以後、幕府の中央政府としての実力は全く衰え、諸国には、各地に守護大名らの実力と権威が確立してゆく。守護大名にとっては、国内の武士の被官化が、領国支配のための必須の前提であるし、個々の武士にとってもまた、所領確保の保証は現実の実力と権威を保持する者に求められたのである。こうして次第に守護大名が幕府に代わって譲状の安堵をするようになるが、その守護大名もやがては守護代その他の豪族に取って代わられる。明応六年（一四九七）の志駄春義なる武士の譲状には、越後守護上杉房能の袖判、守護代長尾能景の裏花押があるが（志駄文書）、これはどちらも安堵の証判と見るべきであろう。つまり、守護の袖判だけでは譲状の十分な保証力たりえず、守護代が裏判を加えることによってはじめて安堵が完結したと解せられる。越後の守護代長尾が守護上杉を滅ぼして自立するのはこの十年後である。

つぎに相続制度との関係を考える。荘園制的諸秩序が崩壊し権力分散の進行する状況のなかでは、鎌倉時代のような、遠隔地の散在所領経営は事実上困難となり、武士階級の多くは一所懸命の所領に居住し、その一円支配の完成に努める。譲状にはしばしば「他国所領之事、雖レ非二当知行一、同譲与処也」（『新潟県史』資料集4所収、山形大学所蔵、中条家文書、宝徳二年＝一四五〇年の中条房資の譲状）などと記されているが、不知行所領をも列挙する譲状の非現実性は明らかである。かかる状況のなかでは、かつてのような一族内での所領の分割相続は次第に行なわれなくなる。女子への譲与が一期分に限られ、ついで明白に女子への譲与を禁じた文言が南北朝期からしばしば譲状、置文の文面に現われる。そして、ついには単独相続制が確立する。その段階では家督の地位と分離した単なる所領相続は現実にはあり得なくなり、惣領が家督の地位と全所領とを一手に相続することとなり、そこでの問題は、嫡子＝家督相続者の選定にしぼられる。もはや所領譲与の証文として譲状が作成される必然性は失われる。譲状が室町時代を下るに従って急速に減少するのは、以上のような状況の変化を反映しているのである。

以上は、主に武士について述べたのであるが、公家の場合もおよその傾向は同じである。公家の譲状は、上級の公家であればあるほど、所領荘園が多数列挙される。公家領荘園の伝領関係や、寄進地系荘園の支配関係を考えるうえに重要な素材になる。旧伏見宮家に伝えられた正和元年（一三一二）の伏見上皇宸筆の譲状、九条家伝来の元久元年（一二〇四）の九条兼実譲状などが著名である。

その他、譲状に類するものとして処分目録がある。これは前述の如く、譲渡対象を列挙し、譲渡者の処分の意思を一方的に表明するものである。この処分目録の末尾に、被譲渡者その他の子孫に対する遺言・遺命の類を記したものがあり、置文（オキブミ）とよばれる。後には遺命の部分だけ独立して作成され、家訓ないし家法的色彩をもつ、詳細かつ長文のものも現われた。置文に記される内容は一般につぎのようなものである。

(1) 相続人の範囲や相続順位について。女子に対する譲与の禁止、一期譲及び未来領主の指定など。

(2) 相続の対象物の保護について。惣領を中心とした一族結合の維持、所領散逸防止のための譲渡制限（他人和与の禁止など）や、また氏神祭祀・墓所など宗教的行事及び家産の保護についてなど。

(3) 年貢公事等の貢租や諸負担について。鎌倉時代の御家人の置文には、関東御公事以下の負担を惣領が庶子に配分し、庶子はこれに従って勤仕すべきことを記したものが多い。

(4) 遺命違犯者に対する制裁。例えば違犯者に対しては譲与を取り消し、一族の他の者に（庶子が違犯した場合は多く惣領に）与えるというものである。

置文の様式も譲状と同様一定せず、書札体をとったものもある。つぎに置文の一例を挙げておこう。

置文條々

一　子息虎松丸・舎弟虎一丸兩人譲與所領事、
　　四至堺見二本證文一矣、[1]

一　諸御公事任二先例一そのさたをいたすへし云々、

一　定圓・顯心のおきふミにまかせて、そのむねをそんちすへし、次庶子等事、北方ニおきてハ虎松かはからひたるへし、南方ニおきてハ虎一かはからひたるへし矣、

一　虎松無二子孫一者、虎一仁つくへし、虎一無二子孫一者、可レ持二虎松一云々、女子仁おいてハ壹町壹箇所壹期分もつへし、兩人分同前、

一　於二養子一者、少分もゆつるへからす、

一　雖レ有下帶二重勝譲状一族上、惣領幷二郎北南於面々ゆつりあたふるもの也、於二此内一有二對[2]論族一者、重勝跡於不レ可二知行一云々、

右、於二二人跡一者、[3]守二器用仁一一人仁ゆつるへし、其外者一期分たるへし、至二子々孫々一、守二此旨一可レ令二知

行一、若於下背二此旨一輩上者、重勝跡於不レ可二知行一、仍置文状如レ件

貞和五年閏六月廿三日　　平重勝（花押）

〔入来院文書〕

〔注解〕（1）「矣」は、文章がそこで終ることを明示するために記す置字で（現代の公文書に「以下余白」などと記すのと同じ役割をする）、他に「焉」の字がよく用いられる。この文書の第六条では、同じ意味に「云々」を使用している。（2）対論、タイロン。相手どって相論すること。（3）守器用仁、器用ノ仁（ジン）ヲマモリ。守は重視する、注目する意。器量のすぐれた者を選んでの意。

なお、同じく置文とよばれるもののなかにも、所領譲与とは直接関係なく、とくに寺院などで将来にわたって一同で遵守すべき事項を列挙した規式に類するものがある。

寺院・僧侶関係の譲状をとくに付属状（フショクジョウ）という。これにも譲状の一般的形式のものと、書札体のものとがあるが、事書を「付（附）属」と書き出すか、書止め文言を「付（附）属之状如レ件」とするものが多く、文書の名称のよってきたる所以を知ることができる。また教理の奥義その他の伝授に関するものは、とくに付法状という。左に付属状の一例を挙げる。

附属

随心院

弘誓院

金剛王院

堂宇・聖教・本尊・道具・門跡領等事

右、世間出世、悉所レ令レ付二屬嚴家僧正一也、更不レ可レ有二他妨一之状如レ件、

永仁七年正月　日　　　前大僧正（静嚴）（花押）　　〔醍醐寺文書之二。三五七号〕

二　売　券（バイケン）

財産を売買するに際し、売買契約の合法的成立を確認し将来にわたってその効果を保証するために、売主から買主に与える証文を売券・沽券（コケン）・沽却状（コキャクジョウ）などという。冒頭を「売渡」、「沽却」、「沽却進」などの文言で書き出すのが普通で、文書の名称の由来でもある。田畠宅地等の財産の売買に際して作成された文書は、奈良時代から夥しく伝わっているが、その形式は時代によって著しく変わっている。

律令制のもとでは、田地の売買は許されなかった。もっとも、律令のなかに明確に田地の売買を禁止した条文があるわけではない。ただ田令の賃租条に、薗地については売買・賃租の両方について規定しているのに、田地については賃租だけしか規定していない。このような点から、田地の売買は当然禁止されていたものと考えられるのである。ところが、養老七年（七二三）には三世一身法、天平十五年（七四三）には墾田永世私財法が出されて墾田の開発が奨励され、土地私有が公認されると、最初から私有地とされていた薗地・宅地とともに、田地についても売買が公認されるようになった。しかし律令制下では、売買にはすべて官司の許可が必要であった。前掲の田令賃租条には、薗地の売買について、「皆須㆘経㆓所部官司㆒申牒、然後聴㆖」と規定されている。田地の売買に際しても、もちろんこれが適用されたのである。

所部の官司というのは、都では坊令（坊毎に長一人、四坊毎に令一人がおかれた）、諸国ではまず郷長であった。売買の当事者から坊令あるいは郷長に申請する。坊令は京職に、郷長は郡に申請し、許可が与えられて、初めて売買契約が成立する。その手続きを売買立券文（リッケンモン）という。その具体的方法を、延喜十二年（九一二）の七条令解（東寺百合文書へ、『平安遺文』一巻二〇七号）によって説明すると、①売主は「辞」をもって売買の事実を坊令に申告する。②坊令はその辞に基づいて売買の事実を調査し（覆審）、事実なることを確認すると、③「解」を作成して売主、買主、及び保証人（一名あるいは数名）の署名をとり、④所管の司である京職（この場合は七条令の所管であるから左京職）に申告する。⑤京職では、その解の余白に、右の事実を認める旨の文言と日付を記入し、職員が署判する。これを与判（ヨハン）という。⑥解ははじめに同文のものを二通作成して京職に申告され、一通は職料として京職に留め、一通は主料として当事者（買主）に交付する。⑦京職で紙面に職印を押捺する。この捺印で正式に売買契約が成立、公認されることになる。諸国の場合もほぼ同様であるが、実例を一つ挙げる。①—⑦を念頭におきながら読んでみて欲しい。

□（高）田郷長解　申賣買家地立券文事
合壹段　在三條高栗田里十六坪
　四至（1）限東故主計寮小屬朝原河雄地　限南道
　　　　限西春宮史生秦永岑地　限北故玄蕃寮大允秦殿主地
右、得二川邊郷戸主正八位上秦忌寸冬□（守）戸口同姓鯛女欵狀（2）一云、己之男子同大野處分家地、以二承和錢參貫文價（3）直一、常地沽二與高田郷戸主正六位（ママ）秦忌寸殿主之戸口春宮史生大初位（上脱）同永岑一既畢、望請、依レ式欲レ立二券文一者、加二覆勘一所レ陳有レ實、仍勒二沽買兩人保證人等署名一、立券文如レ件、以解
　　専沽人　秦忌寸鯛女（4）右方食指末十一
　相沽戸主正八位上秦忌寸「冬守」（自署、以下同じ）
　買人春宮史生大初位上秦忌寸「永岑」
證人
　中務大録正六位上秦忌寸「廣氏」
　太政官史生正七位上秦忌寸「春成」

散位正六位上秦忌寸「古仁」
従七位上秦忌寸「垣築」
従八位下秦忌寸「彌人」
武散位従八位下秦忌寸
位子正八位上秦忌寸「瀧雄」
従八位下秦忌寸「豊□」
大初位上秦忌寸「安上」
大初位上秦忌寸
嘉祥二年十一月廿日郷長六人部「□(大酒麿)」(5)

郡判
地二通一通留レ郡一通賜二買人一(6)買人料
(擬カ)□大領従七位下秦忌寸「粳守」　主政少初位上秦忌寸「冬魚」
副擬大領大初位上秦忌寸　擬主政大初位下刑部
擬少領大初位上秦忌寸「眞豊」　主政少初位下秦忌寸「廣雄」

〔柏木氏所蔵文書、『平安遺文』一巻九二号〕

〔注解〕（1）四至（シシ）については九八頁注解（5）を参照。東西南北四方の境界を示す方法であって、限ル東……、限ル南道と読む。（2）欵状＝款状、カジョウ。歎願書の意。この場合は売買認可申請書である。なお、一九二頁参照。（3）承和二年（八三五）に鋳造された承和昌宝。（4）四二頁に説明した画指である。末は指の先端、すなわち右手の人指指の先を上にして指の先端と指節のしるしをつけたのである。（5）前述の七条令解では、本文のつぎにすぐ日付、日下に令の署判、次行から売人以下の署判がある。この郷長解はそれが逆で、日付と郷長の日下署判が、売買人・保証人の署判のつぎにきている。この種の郷長解は皆このようになっている。(6)この土地の買得人に交付されるべきもの、買得人用の意。

この実例を読みながら、前の説明を繰り返し読み、七条令の代わりに高田郷長、京職の代わりに郡とおきかえれば、全く同様の手続きを踏んでいることがわかるであろう。郡判のつぎの大領以下は郡衙の官人の署判であり、紙面には葛野郡印七十二顆が捺してある。郡判の次行の記載によってこの解が二通作成され、一通は郡に留め、一通は買主に交付されたこと、ここに挙げたのは、その買主に与えられたものであることがわかる。買主はこの解を手にすることによって、自分の買い取った土地の合法的所有者であることの証拠を得たのである。売主のつぎに「相沽戸主」とあるのは、売主秦鯛女の所属する戸の戸主である。戸主の連署によって、戸口の売買行為が承認・保証されているのである。また諸国では、郡からさらに国へ上申し国判を得ているものもある。その場合は、右の郡判のつぎに、さらに「国判」として国司以下の国衙官人の署判があり、その部分には国印が捺されている。また同じ文書が三通作成されたらしく、大同元年（八〇六）の大和国添下郡司解には、「国判立券参通 一通留レ国 一通給二今主一 一通留レ郡」とある（林康員文書、『平安遺文』一巻二九号）。与判した官司が各々一通を保存したわけである。

このように、解の様式をとる売券は、当事者の所属する官司（坊令・郷長）によって作成されるものであるから、後述のものにくらべて公文書の性質をもっている。そこで、これを売買公券とよぶ説もある（中田薫『法制史論集』三所収「売買雑考」）。この様式と手続きは平安時代中期まで続くが、次第に守られなくなり、売券は当事者の間で直接授受されるようになる。その中間的形態として、寺院関係では寺院の三綱所司などが与判することが行なわれたが、それも鎌倉時代に入ると減少する。しかし奈良・平安時代でも、前述の手続きと様式が常に厳密に遵守されていたとは限らない。売主一人の署判に国判・郡判のあるものや、郡司が直接解を出して国判を得ているようなものもある。

平安時代中期以降の売券の様式を、例によって雑筆要集から引載しよう（但し、異本儒林拾要によって補訂した）。

(a)

謹辭　賣渡進私領田地事

合壹所者

在―國―郡―庄内―園―里―坪字―田

四至　限東――　限南――
　　　限西――　限北――

右件田者、某先祖相傳之私領也、而依レ有二要用一、以二直――物一限二永代一所レ賣二渡于人一之實也、但於二本公驗一者、依レ有二類領（地）也一不レ能二副進渡一、仍爲二後日沙汰一新立二劵文一狀如レ件、以解、

年月日　　　　賣人姓名判

(b)

沽却　私地事

合壹戸主（1）口五丈 奥十丈

在左京從二土御門一南從二大宮一東角西一行地一ツ

右、件地者、某先祖相傳之私領也、而今依レ有二要用一、隱（2）（限カ）二價直一、某甲物、永所レ令レ沽二却于某人一實也、但於二本公驗一者、依レ有二類地一不レ能二副渡一、仍爲二後日沙汰一、放二新劵文一之狀如レ件

年月日　　　　姓―判

〔注解〕（1）一戸主、ヒトヘヌシ。戸主は宅地の単位、五十平方丈をいう。（2）限二価直一、カチョクヲカギリ、価をきめて、の意。

(a)はまだ辞あるいは解の形をとどめている。前述の七条令解の説明あるいは高田郷長解の記述にも見られるように、

律令制の売買公許制の下では、当事者は解あるいは辞を作成して売買の公認を所管の官司に申請せねばならなかった。そこで、売買公許の制度が崩壊して当事者間で直接証文が交換されるようになってもなお売主は、旧にならって、所管の官司に提出する辞の様式をもってその証文を作成したのであろう。売買行為の私法的性格が強まるにつれ、事実的にも観念的にも、上申の必要は感ぜられなくなって、冒頭の「謹辭」や書止め「以解」などの文言が脱落して、「売渡」、「沽却」などで始まる(b)様式が成立し一般化したのである。このような変化は、既述の申状・紛失状・譲状や、次項に説く貸借関係文書をも含めて、すべて類似の傾向をたどっている。なお、右の例では(a)は田地の売券、(b)は宅地の売券であるが、売買対象によって様式の差異があったわけではない。対象は何であれ、両様式が用いられ得たのである。つぎに平安末期の一例を図版66に示す。

賣渡　敷地壹處事
　合伍間者
　四至　在㆓本券面㆒但東西之垣此地之内也、
在東大寺北御門東邊
右件地者、自㆓藤原姉子手㆒相㆓傳僧聖賢㆒、而依㆑有㆓要用㆒、(1)直米本斗定伍斛限賣買、又件地之內、柑子木并橘木之直、本斗定米伍斗請㆑之畢、仍限㆓永代㆒本公驗并手次文書等相具、賣㆓与興福寺西金堂衆意玄院㆒畢、更不㆑可㆑有㆓他妨㆒、仍爲㆓後日證文㆒、(2)所㆑放㆓新券文㆒之狀如㆑件、
　平治元年十一月二日
　　僧聖賢（花押）
〔京都大学所蔵文書、『平安遺文』六巻三〇三五号〕

〔注解〕（1）直米（ジキマイ）本斗定（ホンマスジョウ）伍斛（五石）ヲ限リ賣買ス、とよむのであろう。対価を米で支払う場合に、代価を直米という。本斗定は枡を指定する表現である。本斗で量って五石の意。枡については二三四頁所引寶月著を参照。（2）新券文ヲ放ツ。新たに売券を作成して、買主に引き渡す意。これより売券を買主に引き渡す行為、売却行為を放券（ホウケン）といった。なお、図版を見ると、この文書は他の文書と貼り継いで、継目に裏花押を加えていることがわかる。おそらく手継文書であろう。また、細い木の棒を軸にして文書を巻き、軸の上部を平らにして、題号を記している。これを籤（セン）という。いちいち巻物を開かなくとも内容を検索できるための便宜である。

このように、売券が売主個人の発する私的な証文になってからも、売買行為の合法性と将来の効果の永続性の保証とは依然として必要であった。そこに、国・郡・京職等の与判に代わって、在地近隣の人々が証判を与える慣習が生ずる。例えば大治五年（一一三〇）の僧覚賢の畠地売券には（東大寺文書、『平安遺文』五巻二一七三号）、「件地売買事明白也、依在地刀祢等加二署名一」とあって、刀祢らの署判がある。すなわち覚賢の居住地近隣の刀祢らが、その売買行為を承知した旨を記して保証を与えたのである。刀祢の証判は平安時代にその例が多い。これものちには、単に事実を知る第三者、あるいはなんらかの利害関係者の証判に変わった。署判に際して、「保証」「証人」「請人」「相知」「相伴」などの文言を加えている例も多い。これらは、売主の売買行為を保証するものであって、その法律上の責任には各々差があったらしいが、詳細はまだ明らかにされていない。前の高田郷長解では、戸口の売買に戸主がともに署名していたが、このように一族近親が連署する例は非常に多い。兄弟数人の連署もあり、夫に対する妻、妻に対する夫という例もあるが、嫡子というのも多い。また、これらの関係が記載されていない場合でも、近親であることが多いと思われる。これら一族近親の連署は、家産売却に対する異議申立の権利の放棄もしくは不存在を表明するものであろう。ともあれ、売券の連署は、それらの連署によって権利の移転が保証されるような法秩序が存在したことを示している。したがって、売券の与判・証判を手がかりとして、土地制度における秩序維持の責任者や土地保有権の所在を考察することができるわけである。なお、さらに下って室町時代末期になると、書札体の売券が現われる。

売券の私的証文としての性格が濃厚になるにつれて、その記載内容も複雑になるが、ほぼ一定の要件が慣習的に定まっている。まず、各時代を通じて不変の要件は対象物を明確に指定することである。地名を具体的に表示し、里坪もしくは四至を明記する要がある。また、その内容が職であるならば、名主職・作職・下作職等々の別を明記する。ことに室町時代に入って、いわゆる職の解体というような現象が起こってくると、名主職の所有者がその職を一定の得分権として売却し、自分は下作職を留保するというようなことが行なわれる。そのような権利の分化にともなって、売買の対象はより明確にされねばならず、何程の得分（収益権）であるのかが明記され、ときには、その収益を計量する枡の種類まで記される。前掲、平治元年の売券にも枡の指定が見えるが、中世には私枡が多数あって、容量の異なる多様な枡が各地で使用されていたことによるのである（中世の量制については、二三四頁所引寶月著を参照）。そのほか、その土地が上級所有者に対して負うべき負担も、藁何束の類まで詳細に記される必要も生ずるのである。もっともこれらは、職の解体というような、土地制度上の変化の著しい畿内地方に多く見られるところであり、辺境にはあまり見られない。

しかし最も注意すべきことは、私的証文の性格が強まるにつれて、売主自身による売渡保証の文言——担保文言が明確化することである。すなわち、まず当該物件が自己の合法的所有にかかることを証明するために、その由緒＝取得事由を記す。前掲雑筆要集の文例に見える、「某先祖相傳之私領也」とか、「買得所二領掌一地也」などと記されているのがそれである。つぎに、「雖レ為二親類兄弟一、於二彼田一者、不レ可レ申二違亂妨一」などと、子孫兄弟及び他人等、利害関係者あるいは第三者からの妨害が絶無であることを保証する。さらに肝要な問題として、もしその保証に反する事態が生じた場合、売主のとるべき補償行為がある。これに二つあって、一つは代価を返還する旨約束するもので、売買の代価と等価を約しているもの（以二本物(錢)一可二返弁一者也）、違約の代償として本錢（物）の一倍増しすなわち二倍の支払いを約するものなどがある（以二本錢（物）一倍一可二返弁一者也）。そのうえ、もしそれにも違約した場合は罪科に処せられても異議のない旨を付加しているものもある。他の一つは、「若就二此田地一、違乱煩出來之時者、相共可レ致二其沙汰一候」、「我等罷出、可二明申一者也」など、買主とともに、あるいは単独で、他の妨害に対して訴訟によって事を解決することを約束するものである。ときにはこの二つが併記されていることもある。

この種の担保文言のうち注目すべきものに徳政担保文言がある。周知の如く、鎌倉幕府は永仁五年（一二九七）にいわゆる徳政令を発布し、すでに売却されている御家人所領の無償取戻しを行なった。この政策は、売買行為のうえに築かれた権利秩序を根底からおびやかすものであったので、この後、売主が「若公家武家、雖レ有二御徳政一、於二此田一者、以二別義一、不レ可レ有二違亂煩一者也」というような文言を記入して、徳政が行なわれた際に自分の受けるべき利益を、自ら事前に放棄することを約諾するようになったのである。その後、室町幕府はしばしば徳政令を発したから、それに応じて、売券にこうした文言が加えられるのは珍しいことではなくなった。また室町時代には、徳政とならんで地起（ジオコシ）（地興・地発）が書かれるようになっている（地発とは、売ったり質に入れたりした土地を取り戻す行為。勝俣鎮夫『戦国法成立史論』東京大学出版会、所収「地発と徳政一揆」参照）。いずれも、売買行為の安全を確保しようという要求によるのである。

徳政担保文言と関連して売寄進というのがある。実際には売却するのであるが、売券のほかに寄進状を作成し、徳政などのときには寄進状を表面に立てて、徳政の適用を免れようとするものであり、鎌倉時代末期から実例が多い。寄進状の代わりに譲状を作成し、譲与を擬装したものもある。

なお、すでに古文書伝来の素因を説明した際にも触れたが、売買に際しては、その土地に関する権利の存在を証明する証文（多くは譲状・売券の類）を、売券とともに売主から買主に引き渡すのが原則であった。したがって、土地所有権が移動するにつれ、つぎつぎと新しい証文が作られ、それに付随して古い証文が買主に伝えられてゆく。このようにしてできた一連の証文を「手継（テツギ）」、「手継券文」などという。ところが、一通の証文に数カ所の土地が記載されている場合、その一部を売却するとなると、まだ手許に残されている土地に関してはその証文が必要なのであるから、それを買主に引き渡すわけにはいかない。そういうときには、別に案文を作成して交付するか、あるいは交付できない旨をことわり書きするか、どちらかの方法が必要である。前掲雑筆要集の例文(b)に「但、於二本公験一者、依レ有二類地一、不レ能二副渡一」とある（例文(a)にもほぼ同じ意味の但書がある）のは後の場合である。かかるときは、その売主の手許に残された「本公験」のほうでは、売却した部分についての記載を抹消しておく。これに、直接証文の面に抹消符をつけたり、売却済の文言を記入したりする（「面ヲ毀ツ」）のと、裏面に記す（「裏ヲ毀ツ」、「裏ヲ破ル」）のと二様の方法がある（二四八頁の尼序妙の譲状の場合は、出挙のかたに貸主に引き渡した際、表の一部を抹消し、裏書している）。本証文を引き渡すか否かは、売却した土地と残りの部分との面積の多寡によることがあったようである。また、職を分解して新たに得分権を設定し、それを売却するときなどは、以前に関係証文はないわけであるから、これが最初の唯一の証文であることを記すことが多い。

　代価は銭あるいは米で支払われ（絹・布もある）、時代を下るほど銭貨が多い。米の場合、枡を注記することがある。この枡の容量が区々であるなど複雑な条件があったから、当時の土地売価の絶対的価値を計算することは現状では困難である。また、ときには、売券の表に売主が代価受領文言を記入することがある。本来ならば別個に請取を作成すべきものを省略して直接売券に書き込むのである。売券の一例を挙げておく。

沽却　私領田事
　合壹段者
在山城國石井郷鳥羽手里貳拾柒坪東縄本参段内中壹段也
右馬寮本所當米壹斗・稲荷下社御油壹升、所二進納來一也右件田者、幸怡相傳私領也、而依レ有二要用一、以二直錢拾貳貫文一、相二副本劵七通一、所レ賣二渡祥雲寺源洞御房一實也、但雖レ可レ相二副淨蓮讓狀一、依二他所之地相交一無二其儀一、隨而被レ加二裏書一畢、又女子雖レ有レ之、依レ爲二幼少一不レ及二判形一、更不レ可レ有二他妨一、又公家武家雖レ有二御德政事一、於二此地一者不レ可レ申二子細一、若万之一付二公私一違亂出來之時者、不レ寄二事於權門勢家一、賣主幷請人、不レ過二十ケ日一可レ致二沙汰一者也、猶以及二遲々一者、即時以二本錢一、賣主幷請人可二返進一者也、仍爲二向後龜鏡一、新劵文狀如レ件

暦應五年正月廿二日　賣主幸怡（花押）

藤井氏女（花押）

請人橘安近（花押）

〔東寺百合文書レ〕

つぎに、やや特殊な売券の二、三について説明しておく。中世では、売買の対象となるものは、物的財産とは限らない。人身売買、それも下人・所従など財産視されるものばかりではなく、自分の子供を売るなどのことさえ行なわれたのである。朝廷も幕府も、しばしば人身売買を禁じているが、効果は上がらなかったらしい。かえって人身売買にまつわる悲話が数多く伝えられているのは、周知の如くである。人身売買の場合も、売券自体は一般の田地売券などと同様である。対象となる人名、代価などを記載するほか、売却の理由としては、年貢が納入できないためというのが多く、江戸時代初頭にことに多い。担保文言は、一般の売券とは異なって追奪担保文言になっている。すなわち当人が逃亡した場合、いかなる権門勢家の領内に走り入っても必ず尋ね出すべしとか、この売券を証拠として身柄を捕えることに異議を申立てないとかいうものである。江戸時代に入ると、国替・代官替に際しても契約は変更しない旨の誓約も多い。一定期間追及しても戻らぬとき代人を引き渡すというのもあり、その代人の名を指定しているのもある。当人が不測の病で死没したようなときは、買主の損害負担になり、売主は責任を負わないのが通常の契約であ

る。人身売買・人質が辺境地帯に多く見られるのも注目に値しよう。

ほかに、人身売買とは全く別であるが、物的財産でないという点で特異のものに、檀那職の売買がある。中世には、伊勢神宮や熊野山などの信仰は強く、全国各地から多数の参詣者があった。彼らを居住地から霊場へ案内するのは、先達(センダツ)とよばれる御師(オシ)・山伏等である。彼らは、一定地域の人々、あるいは、ある一族の人々を独占的固定的に案内し、宿泊・参詣の世話をする。この御師と契約を結んだ参詣者を檀那という。御師と檀那の関係は容易に破棄・変更されない強固なものであって、御師にとって檀那契約は一定の収入源とみなされたのである。これを檀那職(ダンナシキ)という。こうして無形の檀那職が職(シキ)＝収益権として売買の対象にもなる。後世の暖簾とか縄張りなどと共通性をもつといえよう。これが甲なる家から乙なる家へ売却されると、その対象となった檀那衆内は、以後、いっさいを乙の先導にまかせることになる。かような売券は、伊勢・熊野など信仰地の関係者の家に多く伝わっている。

以上は、売買の対象についての問題であったが、契約の内容からみると、年紀売(ネンキウリ)と本銭返(ホンセンガエシ)という、通常の売買とは異なった売買契約がある。これらと区別して、一般の売買をとくに永代売買といい、売券にもわざわざ「永代沽却進」などと書いていることもある。まず年紀売というのは有期売却である。すなわち、ある一定期間だけ売却し、代価を受け取る。その期間が経過すれば自動的に売主の手に戻るのである。そのとき、あらためて代価を支払って買い戻すというのではない。したがって、占有質（質物を実際に相手方の占有に引き渡す質入方法。入質(イレジチ)という。なお二七七頁参照）と混同されることが多い。これに対して本銭返というのは、売却の代価を買主に支払って買い戻すことができるという特約付き売却である。代価が銭貨の場合を本銭返、米穀のときを本物返(ホンモツ)という。詳細に見ると、これにも数種ある。まず代価を支払いさえすればいつでも買い戻せるもの――無年季有合(アリアワセ)次第請戻(ウケモドシ)特約。つぎに一定期間経過後代価を支払って買い戻すもの――年季明請戻特約。これは年紀売に似ているが、代価を支払う必要がある点で、年紀売と明確に区別される。また、契約成立後、買主がその土地から代価と等しい収益をあげたときは当然に返還されるという契約もある。こうなると年紀売と区別しにくくなる。いずれにしても、本銭返の売券は、これらの特約文言を明記していなければならない。また、一定期間内に売主が代価を払って買い戻さなければ自動的に買主の永代所有に帰するという契約文言——年季明流文言——がある場合もある。このような特殊な売買契約は入質と区別し難く、次第に混同され、近世では全く区別がなくなってしまっている。つぎに本銭返売券の例を二つ挙げる。傍点をつけた部分が特約文言である。なお、前の方は檀那職の売券の例でもある。

本錢返賣渡申候旦那之事
　合參貫文者（1）ゑり錢にて請取申候間、又うけ申候ハん時も、ゑりせんにてあるへく候
右件之旦那ハ、長覺房代々相傳仕候へ共、依レ有二用要一、其以後安富一族者何國より參候とも、一圓ニ本錢返三貫文ニ、乙巳年より來寅之年ゐて十ケ年間、廊之執行御房へ賣渡申處實正也、但十ケ年過候者、本錢三貫文ニて、うけ可レ申候、仍爲二後日一狀如レ件、
　　文明十七年乙巳卯月十三日　　　重讃（花押）
　　　　　　　　　　　賣主長覺房
　　　　　　　　　　　　　　〔潮崎稜威主文書　三〕

〔注解〕（1）ゑり銭、撰銭。室町時代には、明から輸入された明銭のほかに、前代以来流入した宋・元銭や、国内の私鋳銭等、各種の銭貨が流通して、良悪の差が甚だしかった。そこで、実際の商取引の際に、良悪に応じて価格差をきめたり、悪銭を忌避したりすることが行なわれた。このような行為を撰銭（エリセン・エリゼニ・センセン）といい、また、選別された良銭を撰銭といった。ここでは後者の良銭の意味である。

契約申　本錢返田地事

合壹段半者在山城國宇治郡大藪里七坪、字土代、百姓名字別紙注文
右、件田地者、勸修寺八幡宮領内別相傳之私領也、然依レ有二子細一、直物拾壹貫柒百文仁、九條不斷光院南僧坊御尼衆圓須御房所レ奉二契約申一也、更不レ可レ有二違亂煩一、抑於レ爲二所要一者、不レ云二當代後代一、雖レ爲二何時一以二本錢一可二請返申一者也、兼又、八幡宮本所當參百文段別貳百文充定者、毎年無二懈怠一有レ進二納社庫一之外、聊別無二公事一、仍爲二後日龜鏡一、本錢返契約之狀如レ件

應永十癸未五月廿八日　　　權少僧都任秀（花押）

勸修寺西林坊

〔勸修寺文書〕

以上、売券の項については、中田薫「日本古法に於ける追奪担保の沿革」（『法制史論集』第三巻所収）、小早川欣吾『日本担保法史序説』、牧英正『日本法史における人身売買の研究』（有斐閣）、寶月圭吾「本銭返売券の発生について」（『日本中世の売券と徳政』吉川弘文館、所収）等を参照。

三　借用状

金銭米穀その他を借用するに際し、借主から貸主に書き与える証文を、借券、借書、あるいは借用状という。すなわち債権・債務関係設定の証書である。

律令制では、貸付制度として出挙（スイコ）が行なわれた。これに公私の別があり、公出挙（ク）は官物官稲を貸し付けるもので、八世紀頃には一種の雑税と化した。私出挙は私人間に結ばれる貸借契約で、営利を目的として行なわれたものである。私出挙に対しては、利息が法定されたほかはなんら官司の干渉はなかった。貸付の対象からいうと、財物出挙と稲粟出挙とある。主なものは稲であるが、銭・粟・酒などもある。

貸借契約で問題になるのは利息である。令の規定では、財物の出挙は六十日ごとに元本の八分の一の利を取り、四百八十日を期限とし、利子は元本の十割を限度とした。稲粟の出挙では、期間を一年とし、春に貸し付けて秋に収穫とともに元利を収取した。利子は私出挙で十割、公出挙で五割である。いずれも「廻レ利為レ本」こと、つまり複利は禁じられた。もっともこの利率には変動があり、公私共五割あるいは三割と定められたこともあった。弘仁十年（八一九）には、出挙銭（金銭貸借）は期間一カ年、利子五割と定め、その後は何年たっても利を取ることを得ずと定められている。しかし実際には、これらの法定利子は必ずしも遵守されなかった。奈良時代に官鋳の銭貨が流通していた頃の、月借銭解（ゲッシャクセンゲ）という借用証文が正倉院文書に多数あるが、それを見ると十五割・二十割といった利子が取られている。つぎに平安時代の借券の実例を挙げよう。

謹解申　請借出擧米事
　合捌㪷(1)▨(2)升
右、件米、以二來秋時一、加二息利一、依レ員可二辨進一之狀如レ件
　永久五年三月二日　　　僧禪德（略押）　〔根津美術館所蔵文書、『平安遺文』五巻一八六七号〕

〔注解〕（1）捌㪷＝八斗。（2）八斗の下は抹消してある。なお、この文書は、日付の奥に「上司畠大券、質物ニ進之」とあり、永久五年二月九日付の上司東屋地一所の券文が貼り継いである。この借券は、実は、後述（二七八頁）の文書質の性格をもっている。

このように、借券も、当初は解または辞の形で書かれたのである。そして奈良・平安時代の借券には債権者の名が記されていないのが特徴である。

中世には、借用物を借物、負物（フモツ）、あるいは利米（リマイ）・利銭（リセン・リゼニ）・借銭（シャクセン）・借米（シャクマイ）などといい、出挙・挙米・挙（コ）

銭（セン）などの語も使用された。厳密にいえば、借物は無利息消費貸借、負物は利子付消費貸借である。債務者を借主・負（フ）人（ニン）、債権者を銭主などとよんだ。ここでも利息が問題である。一般に利息を息利（中世に入るとあまり用いない）、利（リ）分（ブン）・利平（リヒョウ）・利米・利銭・子銭などとよび、何文子（モンシ）、あるいは百文に何文子などの表現も用いられ、利率を示す語として「把利（ワリ）」〔補注九〕が使用されている。朝廷では、建久二年（一一九一）の宣旨で前述の弘仁の制にならって利子を法定し、鎌倉幕府もこれを奉じた。しかし幕府では、建長七年（一二五五）には、出挙・挙銭を通じて一般的に、利子は元本の額を超え得ぬことに定めた。室町幕府も当初はこの制を踏襲した。

〔補注九〕（東京学芸大学）古辞書研究会編『日本語と辞書』第一輯、高橋久子「五把利から五割へ」は、出挙における束稲の利率として平安時代から用いられた何把利（何ワノリ、例えば五把之利）が、ノを脱して何ワリとなり、また把利（ワリ）が利率一般を示す語となり、割と書かれるようになる過程を論じたものである。

借券は前述のように、まず辞・解などの様式をもって書かれたが、次第にその形がくずれ「借請　利銭事」といったような事書で始まる様式となり、鎌倉末から室町時代にはこの形が一般的となる。室町時代末から、充所を備えた書札体のものも現われる。こうした様式の変遷はすべて売券と同じ傾向である。また鎌倉時代からは、充所を記さずとも本文中に債権者の名を明記するのが通例になった。平安時代でも、質券には債権者の名を記している例がある。また、寺院などが僧侶個人でなく寺院として借用する場合には、三綱所司等の署判した公文書的な借券を出している場合もある。つぎに室町時代の一例を挙げる。

（端裏書）「三郎とのへ　　　　去のまち」

借申　利銭事

合貳貫文者

右用途者、毎月貫別五十文充加₌利分₋、來十月中₌可₌返申₋候、若無沙汰ニ候て、一倍をすき候ハヽ、四町北の縄本より四段め、四郎ゟ作一段を、何ケ年さりといふとも、此用途の本利ニあたり候ハん程、つくりめされ候へく候、仍爲₌後日₋借狀如₋件

應永十年四月三日　　左衛門四郎（略押）

〔東寺百合文書メ〕

〔注解〕（1）一貫文（一千文）につき五十文すなわち百分の五で、五文子と表現されている場合も多い。この時代の普通の利率である。（2）もし利息が元本の一倍（一〇〇パーセント）をすぎたら、という意（『国史学』一三六号、中口久夫「『一倍』の語義」参照）。（3）これは耕作権を引き渡すという内容の担保文言であるが、ほかに一定の得分権を指定し、そのなかから保証するというのもある。なお、この借券には債権者の名が現われていないが、本文中に記されている場合が多い。

借券は、借主が契約通り利子を支払い元本の返済を終れば、その役割を終え、貸主から借主に返される。文字通り破棄されてしまうことが多いであろうが、紙面に大きく抹消の墨線を引いたり、とくに返済ずみの文言を裏面に書き加えたりして、そのまま保存されている場合もある。東寺百合文書・東大寺文書などのなかには、そのような形で伝えられてきたものがある。

貸借契約に際し質権を設定することも多く、平安時代からすでに見られるところである。質権設定には二種ある。一つは入質（イレジチ）といって、担保物件の占有を債権者に引き渡してしまうものである。対象となった物件が不動産、ことに土地である場合には、占有を引き渡すことによってその土地からの収益は債権者に帰属することになる。したがって債務者は別に利息を支払わない。こうなると、本銭返と事実上区別しがたくなり、しばしば混同されている。これに対して見質（ミジチ）（差質（サシジチ）ともいう）というのがあり、今日の抵当に相当するもので、債権者は担保物権を占有しない。質券

の文面には、「差置申」などと表現されている。したがって、債務者は別に利子を支払うのである。この無占有質の一種として文書質（モンジョジチ）がある。担保物件に関する権利文書を債権者の手に渡すのである（なお、現質（ゲンジチ）は動産物件の入質で、見質とは異なる）。

質券の様式・内容とも、各別一般の借券と異なるところはない。なんらかの理由によって債務者が債務を履行し得なくなると、流質となって担保物件は債権者の所有に帰するが、そのときは債務者は流質確認の文書を作って債権者に渡す。書出しに「流渡（流進・入流）何々事」などと書くのが通例で、これを流文（ナガシブミ）とよんだ。しかし、ときにはあらためてこのような文書を作成せずに、債務不履行となった場合は質券を流質の証文とする旨——流質文言——を、あらかじめ質券の面に記載しておくこともある。また人身を質に入れることも行なわれ、この場合の借用状には、人身売券の場合と同様、質物たる人身の死亡、逃亡に関する担保文言が記入されることが多い。なお、一般の動産質は、質物を債権者に引き渡す帰属質であった。つぎに流文と人身質入借用状各一例を掲げる（図版67・68参照）。

（端裏書）「相願房放文」(1)

入流　質物水田事

合大者在高野政所河北不死原村字ハニ穴

右件田地者、勝玄相傳之私領也、而依㆑有㆓坊主之負物㆒、充㆓彼負物陸貫伍百文之方㆒、相㆓副本證文等五通㆒、永流(2)㆓避于文教房㆒事實也、永代無㆓他妨㆒可㆑被㆓知行㆒、但於㆓勝玄手繼文書㆒者、依㆑為㆓長帳㆒不㆑相㆓副之㆒者也、仍為㆓後日龜鏡㆒、流文如㆑件、

元亨二年壬戌八月十日　勝玄（花押）(3)

但万之一、於㆓此田地㆒違乱違目出來事アラハ、可㆑返㆓本直㆒者也、勝玄（花押）

〔注解〕(1)放文、ハナチブミ。放は権利を放棄して相手に引渡す意。(2)流避、ナガシサル。避は去と同じで、やはり権利を放棄する意。(3)本直、ホンジキ。元のあたい、元本。元金。

借用申米之事

　合三石者

右に如二申定一、それかし乃子共のまゝをしつもつに、慶長三年より同四年まて、指おき申候、それかしてまいい(1)てき候ハヽ、わひ事申めしいたし可レ申候、若又くら(2)かへなとをいたし候ハヽ、彼米一ちやいにて六石相濟可レ申候、いかやうなるとくせい入候とも、我等せつ(3)かく此時分と申、ことに御く(4)にかへの右ニかり申候間、米之事ハわひ事申候とも、女事ハし(5)んひうニほうこういたさせ可レ申候、し(6)よさい申間敷候、後日ため仍如レ件

　慶長三年三月十四日　　　　　隼人(7)（花押）

ほつち新左衛門尉殿まいる　　　　　　（略押）

〔発智文書〕

〔注解〕(1)てまい、手前。家計、収入の意。(2)くらかへ、勝手に主人を変える(あるいは居場所を変える)意か。(3)折角、苦労する意。(4)御くにかへの右ニ。右は砌のあて字で、ミギリとよむのであろう。充所のほっち(発智)新左衛門尉が越後上杉氏の家臣であることを考えると、この「御くにかへ」は慶長三年正月発令された上杉景勝の越後から会津への国替をいうのであろう。そして差出者の隼人もおそらく上杉家中の下級武士であろう。(5)しんひう、神妙、シンビョウとよむ。この文書(越後)ではシンビウ。(6)しょさい、如在(ジョサイ)。如才と書くこともある。手落ち、また粗略にすること。(7)この略押は、質入された女性自身のものと思われる。

このほかの貸借契約や方法としては、鎌倉時代から、日銭といって毎日利子を支払う借銭の方法があった。また、

頼母子(タノモシ)（憑支・憑子・頼子）などの無尽(ムジン)、寺社などから貸し付ける祠堂銭(シドウセン)などがあり、いずれも講組織をつくって運用されたものである。

特殊な内容をもつ借券に抛銀(ナゲガネ)証文というのがある。これは、戦国時代末期から江戸時代初期にかけての、南蛮貿易に関連して生まれたもので、渡航する商人が貿易の資本を借り入れるものであるが、貸主の側からすると、投資の意味で行なわれたものである。現存する史料も、当時の著名な貿易家であった博多の島井家に伝来している。実例を挙げて内容を考えてみよう。

借用申銀子之事

合丁(1)銀貳貫目定也

但、利分ハ三わり半ニ申合候

右之銀子、や(2)やうす船より川内(3)ニ指渡申候、來夏喜朝(歸)入船ニ、本利合丁銀貳貫七百目にて、無㆓相違㆒返弁可㆑申候、若さき〳〵にて不慮不思儀如何躰之事候共、右之船さへ喜朝申候ハヽ、無㆓異儀㆒約束之辻相齊(濟)可㆑申候、少も無沙汰申間敷候、但、渡り喜朝共ニ、海上之儀、我等不㆑存候、爲㆓明所㆒一筆如㆑件 惣ニ但めたり(4)二十七匁あり

元和七年酉ノ九月十一日 此内壹貫四百五拾九匁渡シ申候 せるわんて(5)（花押）

正月廿五日 小二郎兵衛（花押）□(6)（朱印）

嶋井徳左衛門尉殿几下 今町御参

〔島井文書〕

〔注解〕（1）丁銀、チョウギン。細長い楕円不整形の銀貨。俗に「なまこ」という。一個三十〜四十匁（一匁(モンメ)は三・七五グラムに当る）。江戸時代初期の通貨で秤量貨幣である。抛銀証文ではきまって丁銀で支払がなされている。（2）ややうす（オランダ人ヤンヨーステンJan Joosten）の持船。（3）川内は交趾、インドシナ半島のCochinchina。（4）めたり。磨滅などによる実際量の減少を見

込んでの増加分。(5)「せるわんて」は小二郎兵衛と同行する外国人商人であろう。(6)この方形朱印は花押の字面に捺してある。

この証文の内容が普通の借券と異なるのは、「海上之儀我等不存」すなわち海難以外には借主が責任を負うが、海難による損失は貸主の負担となる、という特殊な契約の一項があることで、そこに抛銀の投資的性格が見られるのである。島井家にはこの種の証文が多数伝存しており、当時の西洋人商人の書いた欧文の証文もあって、南蛮貿易の貴重な史料を提供している。

最後に、貸借の一種に替銭（カエゼニとも）、あるいは替米（カワシマイとも）という方法があり、為替、為替割符などとよばれる文書が作られている。これは、現在の為替にほぼ相当する取引方法である。このような証文の初見は、永仁元年（一二九三）、東寺領伊予国弓削島庄の雑掌加治木頼平が、同庄に関する訴訟のため鎌倉に滞在中、鎌倉で費用五貫文を借用し、替りを東寺の実相寺大夫已講の許で支払うべき旨を契約したものである（東寺百合文書な）。この後、遠隔地商業の発展につれて、替銭・替米の方法は広く行なわれるようになり、為替という証文による取引方法が発達したのである。

かわし申料足の事(1)
（いんはんあり）(2)合拾貫文者
右之料足ハ(3)ゆハとのゝ物にて候を、かはし申候、なにときも此さいふ（割符）(4)つけて三ケ日過候て、こたゑ(5)候へく候、仍状如レ件
應仁元年亥十二月廿八日　常俊判(6)
いんはんあり

さかゐ（堺）ニてハ、きたのしやうのひつちうや（備中屋）(7)ひこ五郎とのと、御たつねあるへし　〔東寺百合文書サ〕

〔注解〕（1）為替割符の書出しの事書はこれが普通。この文書は案文である。（2）支払われるべき金額。これに利息のつくものもある。（3）受取人の名。（4）割符を支払人に提示し支払を請求することを「つける」という。（5）割符を「つけ」た後、三日後に支払う、という期日指定である。この期限がなければ一覧払＝即時払である。（6）振出人。（7）支払人。

これは、東寺領備中国新見庄から年貢を送ったときの割符で、堺の商人から支払を受けることになっている。

当時の為替割符の振出手続を略述すれば、まず送金依頼人（甲）は、送付金額を振出人（丙）に払い込み、振出を依頼する。→振出人（丙）は、送付依頼地にある自己の取引人を支払人（丁）とした割符を振出し（発行し）、依頼人（甲）に交付する（振出人（丙）を割符主という。多くはこれを営業する割符屋である）。→依頼人（甲）は、割符を受取人（乙）に交付する。→受取人（乙）は、送付地において割符を支払人（丁）に提示し支払を請求する。→支払人（丁）は、割符に、特定日に支払の旨を記入し署判する。これを裏付（ウラヅケ）という。→受取人（乙）は、指定日に支払人（丁）から支払を受ける。以上である。支払人が裏付を拒否した割符を違割符（チガイサイフ）という。この場合は、受取人（乙）は割符を依頼人（甲）に返し、依頼人（甲）から振出人（丙）に対して補償を請求することになる。

このような商行為関係の法や制度は慣習的に形成されるのであるが、江戸時代に入ると、国内商業の発展とともに著しく発達するのである。

以上、借用状の項については、中田薫「日本中世の不動産質」（『法制史論集』第二巻所収）、同「徳川時代の為替手形文言に就て」（同上書第三巻所収）、小早川欣吾『日本担保法史序説』を参照。

結び――古文書学の課題

古文書の作成と伝来と様式の概略についての入門的解説を終えるに当って、いま一度、古文書学とは何かという根本問題に立ち返って考えてみたい。

日本の古文書学は、すでに第一章で述べたように、近代歴史学の輸入の気運のなかで、一つには史料批判のための技術的方法習得のために、また一つには史料編纂のための直接の必要に迫られて、急速に発達した学問であった。古文書学がそれ自身一つの独立した学問とはみなされず、歴史学研究の手段としてのみ意義をもつ学問、したがって歴史学に従属して存在する学問であると考え、そういう意味で、古文書学を歴史学の補助学とよぶ誤解や、また古文書の真偽を鑑定し、難読の古文書を読みこなすことが、古文書学の最も重要な目的であるかのように考える誤解が生まれ、かつ根強く生き続けているのは、以上のことと決して無関係ではない。古文書学が歴史学に対して史料批判の方法を提供するということは、決して古文書学が歴史学に従属することを意味しない。また古文書の真偽鑑別や読解の重要なことは何人も疑うことはできないけれども、それは、いわば古文書を素材とする古文書学にとって自明の前提なのであって、古文書学だけのもつ研究目的でもなければ、古文書学固有の研究領域でもないのである。

端的にいって、古文書学とは文書史である、といった方が、古文書学の性質を明確にいいあらわすことができると私は考える。われわれが知りうる最古の文書から、今日、日々いや時々刻々作成され発行され続けている文書に至るまでのすべての文書が、古文書学すなわち文書史における研究素材であり、逆にいえば、時代の新古を問わず、あらゆる文書が、文書史の素材として取り上げられる限りにおいて古文書なのである。

それでは文書史の目的は何か。文書が、特定者から特定者に対して文字を使用して行なわれる意思伝達の手段であり、しかも、単なる伝達ではなくして、相手方に種々さまざまの反応の起こることの期待を含んだ伝達であることを考えると、文書史の目的は文書の機能の歴史を明らかにすることにある、といわなければなるまい。より具体的にいえば、機能を軸にして、各時代の文書体系と、その史的展開を明らかにすることが、古文書学の骨骼（コッカク）となるべきであろう。

以上のように古文書学の独自性を強調することは、これまで主として歴史（日本史）研究者が古文書学の学習及び研究に努めてきたことの意味を軽視するものではない。歴史（日本史）研究者が古文書学をになうという状態は当分続くであろうし、そのこと自体を問題にするのではない。むしろ歴史（日本史）研究者が史料批判の学問的方法を習得するためにも、何が古文書学の固有部分であり、何がそうでないかを、いま一度検討してみる必要があるだろう。おそらく、機能論を主軸にすえて個々の文書を考察することによって、それらの文書の一層厳密にしてしかも豊富な批判的利用が可能となるであろう。

図版解読

巻頭図版のうち、左の図版分は本文中に解読を示したから、ここには本文未掲載分の解読を示す。

〈本文中に解読を示した図版〉

1　僧隆舜申状草案

目安

隆舜申都鄙寺社等執務○（職）闕所望事

右、去元弘以來度〻雖レ捧二短札一、未レ預二○（嚴命）▨▨▨▨▨▨▨▨▨〔恩顧之間頗失眉目者歟〕、就中去年七月於二東寺一所二進覽一之愚狀、則被レ與ヿ奪奉行人一畢、其後連〻有二寺務等御沙汰一歟、然而卑聽未レ達、徒送二日月一之條不便○（之次第）▨〔事〕也、隆舜從二柳營參住之時一、至二于花洛御坐之今一、雖レ有二多年相續之勞効一、未レ現二一度中絶之不忠一、就中兩三年之間、長日臨時御祈殊抽二懇祈一之子細、先〻言上事舊畢、何況去年六月馳ヿ參東寺一以降、不退參住凝二丹誠一之次第、（云二已前忠勤一、云二向後懇祈一、且▨精ヿ撰法流之相承一、▨被レ擇二護持之器用一者、彌可レ存二其勇一者歟、）今更不レ能二注進一歟、○▨▨▨▨▨〔爭無賢察乎〕而隆舜・勝深共以於二忠勤者、雖レ存二拔群之旨一、師資兩人之間於二沈淪一者、又無下可二比肩一者上、相傳之所帶「愁訴猶以被レ閣二先規一、（以下第二紙）自餘所望可レ期二何日一乎、微運之至極歎而有レ餘者歟、然而乍レ受二嫡〻相承之法流一、顧二不肖之涯分一、不レ歎ヿ申門跡之衰微一者、彌沈淪之基、還○（而）似レ忘二奉國之忠一、（仍不レ堪二地忍一▨愁重捧二事狀一、）○公家武家護持之門跡○（也）、爭不レ被レ垂二哀察一乎、○（爰）適所二相承一之報恩院堂塔僧坊經藏以下、去年七月回祿之間、空殘二礎石一、釋迦院（水本坊）坊舍者、又同○（月）廿五日朝敵人等追捕破却之後、未レ及二修理一、剩又關東犬懸谷坊舍聖教本尊等、去年四月奧州國司亂入之時、稱二○（若御前）御坐之所一、凶徒等寄來、悉▨〔被〕燒ヿ拂○（之二搦ヿ取坊人等一）畢、都鄙住持上下坊人等牢籠▨▨（敢以）〔取喩〕無二比類一、依レ之寺家京都之間、更無二居住之在所一、彼是浪戻（狼）悲歎之□（至カ）言詞難レ覃、併仰二上察一者也、抑如二▨▨（▨▨諸人一）〔當時〕者、或奉公之勞雖二日淺一、抽賞之功是厚、▨▨〔皆是〕或兼帶○（兩三之）重職、或▨▨▨▨（□数箇之）〔遇數郡之〕○新恩、面〻達二所存一、各○▨（〻浴二）〔仰〕恩惠一、□□（如レ斯仁）〔之條〕○追日連綿○（歟）、是則德化之所レ及也、○（又非二會遇之春一乎）然者於二舊老忠勤身一▨〔者〕、何令二滯停一哉、所詮關東寺社等執務縱無二其闕一、都鄙之間雖二何處一預二隨分之御計一、慰二愁眉一之條、且爲二門跡一且爲二御祈禱一、可レ爲二厚恩一者也、然者彌抽二無貳懇念一、殊欲レ奉レ祈二攘災長久之御家運一矣、仍目安如レ件、

（注）字と字の間の「○」は、挿入符（九八頁注解(6)参照）。そしてその右傍に小さく書かれているのが、そこに補入された字句文章である。また▩は抹消された文字であり、それが判読できる場合は、左傍に〔 〕で囲んで示した。

この申状草案には日付がないけれども、第二紙の中程に「去年四月奥州國司亂入之時」とあるのが、建武三年四月北畠顕家の鎌倉侵入を示すところから、この草案が書かれたのは翌建武四年と推定される。なお、この文書は『大日本古文書』醍醐寺文書之七、一三九四号に収録。

3　山城國下久世庄名主百姓等申狀并具書案

（端裏書）
「下久世百姓等申狀□□□□」

目安

山城國下久世庄名主百姓等申、爲レ被レ捨二御德政法一、號下京都住二冷泉一治部卿僧都祐圓餘流良伊豆丸上、捧二古反故一及二奸訴一之條、語言（マヽ）道斷濫吹也、其故如二永仁五年三月六日同七月廿二日關東德政御事書并御教書一左備者、於二非御家人并凡下輩質券賣買之地一者、不レ謂二年記遠近一、賣主可レ取二返之一云々、然間當庄殊更爲二關東得宗御領一之間、任二御事書法一、自二給主千田殿一被二相觸一之間、本主等取二返之一、當知行既雖レ送二四十餘年星霜一、其內終以不レ及二相論一之處、號二當御奉行御使一武家仁二階堂丹後守家人宇野九郎捧二古反故一、去康永元季(1)十月廿九日放二入大勢庄家一、被レ譴二責名主百姓等一之間、其時御奉行大藏卿阿闍梨御坊依レ令レ言二上事子細一、仰二地頭御代官一、被レ追二立宇野九郎一訖、雖レ然有二所存一之者、則可レ及二上訴一之處無二其儀一、差二置數輩御奉行一、得二當御奉行折一、號二良伊豆丸一、爲レ被レ捨二德政法一、以二同篇古反故一就レ訴二申之一、被二封下一之條、殆非二撫民之儀一、然而雖レ帶二關東御下文御下知之狀一、過二當知行廿簡（箇）年一者、非二御沙汰限一之條、御式目法也、何況今年者四十九年之間不知行捧二古反故一及二奸訴一之條、不レ可レ有二御許容一者哉、以二此旨一可レ然樣有二御披露一、如レ元名主百姓等爲レ蒙二安堵御成敗一、謹目安言上如レ件、

康永四年九月　日

關東御事書法

一　質券賣買地事永仁五年三月六日

右於二地頭御家人買得地一者、守二本條一、過二廿簡(箇)年一者、本主不レ及二取返一、至二非御家人并凡下輩買得地一者、不レ謂二年記遠近一、本主可レ取二返之一、

自二關東一被レ送二六波羅一御事書法

一　可レ停二止越訴一事

右越訴之道遂(逐)年加增、奇(棄)置之輩多疲二濫訴一、得理之仁猶回(2)二安堵一、諸人侘傺職而此由、自今以後可レ停二止之一、但逢二評議一而未斷事者、本奉行人可レ執二申之一、次本所領家訴訟者、難レ准二御家人一、仍云二以前奇(棄)置之越訴一、云二向後成敗之條々事一、於二一簡(箇)度一者、可レ有二其沙汰一矣、

一　質券賣買地事

右以二所領一或入二流質券一賣買之條、御家人等侘傺之基也、於二向後一者可レ従二停止一、至二以前沽却之分一者、本主可レ令二領掌一、但或成二給御下文下知狀一、知行過二廿簡(箇)年一者、不レ論二公私之領一、今更不レ可レ有二相違一、若背二制符一致二濫妨一之輩者、可レ被レ處二罪科一矣、

次非御家人凡下輩質券買得地事、雖レ過二年記一、賣主可二知行一、

一　利錢出擧事

右甲乙之輩、要用之時、不レ顧二煩費一依レ令二負累一、富有之仁專二其利潤一、窮困之族彌及二侘傺一歟、自今以後不レ及二

成敗一、縦帯二下知状一、不二辨償一之由、雖レ有二訴申事一、非二沙汰之限一矣、次入二質物於庫倉一事、不レ能二禁制一、

關東御教書御使山城大學允同八月十五日京着

越訴并質券賣買地利錢出擧事、々書一通遣レ之、守二此旨一可レ被レ致二沙汰一之状、依レ仰執達如レ件、

永仁五年七月廿二日　陸奥守在御判宣時

相模守在御判貞時

上野前司殿宗宣

相模右近大夫將監殿宗方

（注）（1）は年の正字。（2）叵はカタシ、難と同じ。

6　太政官符

太政官符神祇官

廣瀬神社壹前在大和國廣瀬郡

右被二右大臣宣一偁、件社自今以後宜レ預二月次幣帛例一者、官宜承知依レ宣施行、符到奉行、

□□位下行左中辨兼式部員外大輔大伴宿祢(自署)「家持」　左少史正七位上土師宿祢(自署)「⿰木奄取」

寳龜三年五月廿日

7　東大寺學侶代頼深申状案（部分）

擬跨今秋之条、學侶○欝訴（之歎）何事如レ之哉（上下略）

「欝訴」の左傍に付けられたヒに似た符号が見セ消チとよばれる抹消符である。侶の下の小さな丸符号が挿入符で、その右傍にある「之歎」が挿入の文字である。これによって、一旦、「學侶欝訴」と書いてから「欝訴」二字を消し、「之歎」を入れて「學侶之歎」と改めたことがわかる。これは正安元年六月の申状案の一部である（全文は『大日本古文書』東大寺文書之十四、五六〇号に収めてある）。

9　因幡國牒

因幡國牒　東大寺衙

不レ堪レ捕‐勘河原石丸・玉手茂材等一之状

牒、去年八月八日衙牒、九月十三日到來偁、得二高庭□（庄）司并収納使僧勸朝等解狀一偁、件石丸・茂材持‐來寺家沽文一、妨‐領地子一、不レ聽二使所勘一、望請政所裁、依レ實勘領者、今檢二案內一、爲二件石丸・茂材一更無レ沽‐却彼庄地子物一、是尤石丸等奸犯之甚、乞衙察レ狀、召‐捕其身一、欲レ被レ勘‐糺奸僞之由一者、下二符諸郡一、搜‐求件茂材・石丸等一、所郡之內無レ有二其身一、仍不レ堪二勘糺一之狀、牒送如レ件、乞衙察レ之、今勒二勸朝一以牒、

天慶四年二月二日　　權大目凡川內

權　　守　　王　　大目檜前

守滋野朝臣（自署）「有城」　　權大目凡

少目中臣
權少目日置

（注）この文書には、「因幡國印」が十九顆捺してある。

11　他田日奉部神護解

申請海上郡大領司仕奉事

謹解

中宮舍人左京七條人從八位下海上國造他田日奉部直神護我、下總國海上郡大領司爾仕奉止申故波、神護我祖父小乙下忍、難波　朝庭少領司爾仕奉支、父追廣肆宮麻呂、飛鳥　朝庭少領司爾仕奉支、又外正八位上給弖、藤原朝庭爾大領司爾仕奉支、兄外從六位下勳十二等國足、奈良朝庭大領司爾仕奉支、神護我仕奉狀、故兵部卿從三位藤原卿位分資人、始二養老二年一至二神龜五年一十一年、中宮舍人始二天平元年一至レ今廿年、合卅一歳、是以祖父父兄良我仕奉祁留次爾在故爾、海上郡大領司爾仕奉止申、

13　官宣旨

右辨官下紀伊國金剛峯寺

應下慥令上レ召二進當寺住侶覺觀身一事、

右高野金峯兩山僧徒、依レ致二訴訟一已及二諠譁一、仍爲レ被レ尋二問子細一、彼覺觀度度雖レ有二其召一、不レ企二參洛一、遂以離山、亡二命山澤一、不レ從二追喚一、論二之政道一、招二違勅科一、大納言源朝臣通具宣、奉　レ勅、宜下仰二諸寺諸山一、令上レ召二進其身一者、寺宜承知、依レ宣行レ之、

嘉祿二年八月十五日　　左大史小槻宿禰(季繼)（花押）

權中辨平朝臣(有親)（花押）

15　丹波國留守所下文

留守所下　河内郷司

可㆓早如㆑本東寺御領㆒大山庄事

右廳宣到来云、件所御寺往古庄也、而或時被㆓停止㆒、或時被奉□、經㆓代々㆒間、前々司任爲㆓公家御祈㆒、被㆑修コ造御寺塔㆒日、被㆑造コ立新佛㆒、以㆓件庄地利㆒燈油佛供所㆓定置㆒也者、可㆓如㆑本寺領㆒之狀、依㆓廳宣之旨㆒、所㆑仰如㆑件、宜承知依㆑件行㆑之、故下、

永長二年二月廿八日

惣判官代清原眞人（花押）

惣大判官代佐伯朝臣（花押）

船宿祢（花押）

16　崇德天皇綸旨

被㆓綸言㆒偁、可㆑令㆑祀コ候夜居㆒之由、宜㆓遣仰㆒者、綸言如㆑此、悉㆑之、謹言、

(別筆)「天承元年」二月二日　　右中辨顯頼奉

謹上　醍醐僧都御房

24 陸奥國司北畠顯家下文

(北畠顯家)
(花押)

下 伊達郡

可レ令二早伊達孫五郎政長領知一、當郡内長江彦五郎跡事、

右人、令レ領二知彼所一、守二先例一可レ致二其沙汰一之状、所レ仰如レ件、

建武元年九月十日

29 吉川一心讓狀幷安堵外題

(外題)
「任二此狀一可レ令二領掌一之由、依レ仰下知如レ件、

元亨二年十一月廿日　相模守(北條高時)(花押)

修理權大夫(北條貞顯)(花押)」

ゆつりわたすあきのくにをわさ(大朝)のほんしやう(本庄)ゐたむら(枝村)、たわら(田原)、たかわら(竹原)、大ぬき(抜)、ならひにひらや(平屋)、大つか(塚)、めかわら(妻鹿原)、こゑた(小枝)、あさいた(朝板)、なるたき(鳴瀧)とうの田畠、ならひにさいもくやまいけ(以下)にいたるまて、くんこうのしやうとして、ちきやうさういなきものなり、しかるに代々の御けうしよ(教書)をあひそへて、ますくま(益熊)にゆつりわたすところくたんのことし、

元應元年十月三日　きんかわの次郎入道一心(花押)

30　鎮西下知状

薩摩國伊作庄日置北郷地頭下野彦三郎左衛門尉忠長代定惠、與二同郷下司日置彌太郎忠純一相論、又太郎男同妻子
一類事、
右男等依レ引二流其身一、令二服仕一之處、自二應長元年一逃二籠忠純領日置庄一畢、雖レ可レ訴二申守護所一、依レ爲二緣者一、無二
其儀一之旨申之間、尋下之處、如二忠純代資家陳狀一者、又太郎男同妻子等事、可二召渡一之由雖レ申レ之、不二請取一云々、
爰如二定惠所レ進延慶三年三月十日又太郎狀一者、申請米六斗事、來秋以二六利一可レ辨、過二十一月一者、以二此狀一爲二引
文一、可レ被二召仕一云々、如二同人所レ進同年六月五日又太郎并又五郎狀一者、稲三十四束内各十七束所二申請一也、以二六
利一來秋可レ辨、質物者又五郎身、又太郎妻、同子夜叉女等所レ入也、過二十一月一者引流云々、然而彼負物勘二合質人一
之處、人別爲二貳石内一歟、如レ被二定置一者、難レ取二流其身一之間、爲二忠純沙汰一、以二一倍一可二糺返一焉者、依レ仰下知
如レ件、

正和三年七月十六日

前上總介平朝臣（北條政顯）（花押）

31　足利直義下知状

東寺雜掌光信申、安藝國三田郷年貢事
右當郷年貢錢貨拾貳貫文者、每年十二月中、可レ運二送寺家一之旨、嘉曆二年後九月七日成二六波羅下知狀一畢、而地頭
市河兵庫助々行嘉曆三年以來抑留之由就二訴申一、度々雖二尋下一、不二事行一之間、去七月十二日重被レ仰之處、如二武田
伊豆前司信武執進行賴九月六日請文一者、於二寺家一致二其沙汰一、請取狀顯然候云々者、任二承伏之旨一、可レ預二裁許一之

旨、雑掌所レ申有二其謂一歟、然者於二建武三年以前分一者、追可レ有二其沙汰一、至二同四年以來年貢一者、遂二結解一可二究
済一之狀、下知如レ件、

貞和元年十二月十七日

左兵衛督源朝臣（直義）（花押）

34　六波羅御教書

海上警固事、自二今年一所二結番一也、安藝國龜頸警固人注文九月分并事書遣レ之、任二彼狀一鹽谷左衛門入道相共、嚴密
可レ致二警固一、且及二緩怠一者、可レ有二其咎一、且召二捕賊徒一者、可レ注二申交名於關東一、可レ存二知其旨一之由、普可レ被二
相觸一也、仍執達如レ件、

元應二年八月十七日　陸奥守（北條維貞）（花押）

兒玉七郎入道殿

41　足利義持袖判御教書

（足利義持）（花押）

日向・大隅・薩摩三箇國守護職事、所レ補二任島津陸奥守貴久一也者、早守二先例一可レ致二沙汰一之狀如レ件、

應永卅二年八月廿八日

49　武田氏朱印狀

覺

一　(北條)氏政去十五向二深澤一出張、御厨中之民家少〻放火、昨日者無二指行一足柄麓居レ陣之由候事、
　付、敵退散たらハ、可レ及二一左右一候間、可レ有二出府一之事、
一　(徳川)家康重而催搔之由候き、虚實如何聞届度候事、
一　其表之諸城へ、用心普請等無二由斷一様、節〻可レ被レ加二催促一事、
一　丸子之當番無衆之由風聞候哉、一段不審候事、
　付、小幡・內藤人數積之事、
一　樹木屋敷事
　付、金柑事
　以上
(天正八年)閏三月十八日　○(武田氏、竜朱印)
(北条氏照)陸奥守殿

52　豊臣秀吉朱印狀

くさ津湯の山　御座所御普請衆
一　しなの一國の衆
一　かいの國
一　かうつけ一國の衆但御座所其外御普請半分可レ被レ渡之、
一　右三かこくの衆として、草津にての御座所御ふしん可二申付一候、□□きへいさく御番所幷二間三間の小屋共見合可レ仕候、三月十五日御た□なされ候間、成二其意一、三月廿五日よりうちに、悉出來候様ニ可二申付一候也、

御座所之内へ湯をかこひいれ、如二有馬一可レ仕候、
文祿四年正月三日　(秀吉朱印)
御普請奉行三人
淺野左京大夫とのへ
千石越前守とのへ
石川兵藏とのへ

57　蘆名止々齋(盛氏)起請文幷牛玉寶印

敬白　起請文之事

右意趣者、伊達當方事者、累代重緣与云、骨肉与云、更不レ可レ有二別條一之候處、岩瀬為二御荷擔一、去ゝ年以來不和、案外至極候、然處今般和合之上者、猶以向後者、相互無異可二申合一候、就中彼祝言之事、晴宗へ種ゝ雖二懇望候一、一向無レ撰(1)候處、此度輝宗御息女ニ御申、彼御緣邊(2)成就候上者、御家督与云、彼首尾与云、晴宗ハ相引、輝宗へ如在之儀一切不レ可レ有レ之候、特更近州隣郡之妨不レ可レ用レ之候、若此旨於レ僞者、
上梵天帝釋四大天皇(王)、下賢(堅)牢地神、別而者八幡大井(3)、特者當所諏訪大明神、惣而日本國中之大小神祇、各可レ蒙二御罰一者也、仍起請文如レ件、

永祿九年
正月十日　止ゝ齋(花押血判)
伊達殿(輝宗)

（注）（1）掔、シカトとよむようである。確かに、しっかりの意。（2）緣邊、エンペン、結婚の意。（3）卄を二つ重ねて菩薩の略字。

58　堯全外十三名連署起請文幷牛玉寶印

就㆓金勝院同宿新發意身上㆒衆儀之間事

一　此人既在㆓近所㆒爲㆓俗躰身㆒之處、擬㆓童形㆒令㆓出家㆒致㆓寺僧之競望㆒事、濫吹至極也、所詮以㆓一味同心之儀㆒可㆑令㆑停㆓止交衆之望㆒者也、縦雖㆑廻㆓權門勢家之口入㆒、一切不㆑可㆑有㆓許容㆒事、

一　於㆓當寺諸坊中㆒、爲㆓中居・小者之分㆒、可㆑有㆓奉公㆒之由致㆓競望㆒歟、然者聊尓進退無㆓其隱㆒、旁寺僧之望不㆑可㆑叶事、

一　若押而致㆓出仕㆒之儀有㆑之者、諸衆一同不㆑可㆑有㆓座列㆒事、

一　寺家寺僧之內、此者爲㆑令㆑致㆓交衆㆒、廻㆓計略㆒之輩有㆑之者、堅可㆑及㆓罪科沙汰㆒事、

一　萬一此評定衆之內雖㆑爲㆓一人㆒、就㆓此事㆒難儀等出來之時者、以㆓一味之儀㆒致㆓扶持合力㆒、不㆑可㆓見放㆒事、

右條〻堅可㆑守㆓此旨㆒、若令㆓違越㆒者、可㆑蒙㆓日本國中大小神祇、天照大神、八幡大菩薩、稲荷五所明神、別而兩部諸尊、八大高祖伽監（籃）三寶御罰各身㆒者也、仍起請文之狀如㆑件、

長祿四年二月　日

堯全（花押）
宏清（花押）

宗耀（花押）
原永（花押）
寳濟（花押）
澄基（花押）
覺永（花押）
宗忠（花押）
隆耀（花押）
公遍（花押）
慶清（花押）
嚴種（花押）
仁盛（花押）
宗承（花押）

付録１　地域別古文書集一覧

（純然たる古文書集だけでなく、古文書を多く収録した編著も挙げた。）

Ｉ　近　畿

大和　大和古文書聚英
摂津　大阪市史（史料編）　神戸市史資料編　西宮市史資料編　箕面市史史料編
伊勢　宇治山田市史　徴古文府　輯古帖
近江　滋賀県史　愛智郡志　栗田郡志　蒲生郡志　坂田郡志　東浅井郡志　近江輿地誌略
丹波　大山村史史料編　丹波国山国庄史料　丹波国黒田村史料
丹後　丹後史料叢書　丹後国史料集（丹哥府志）
播磨　兵庫県史史料編（丹波・但馬・播磨・淡路及び摂津東部を除く大半の古文書を収録）
紀伊　紀伊続風土記　高野山文書（同文書刊行会編）　和歌山県史史料編

II　中　部

尾張　張州雑志　尾張文書要覧　名古屋叢書　一宮市史資料編
駿河・遠江・伊豆　静岡県史料　静岡県史資料編（刊行中）

甲斐　甲斐国志　新編甲州古文書

信濃　信濃史料　信濃史料叢書　諏訪史料叢書　奥信濃古文書

美濃　美濃国史料　大垣市史　岐阜県古文書類纂　岐阜県史史料編

飛驒　飛驒史料　飛驒史の研究（多賀秋五郎著）　岐阜県史史料編

越前・若狭　越前若狭古文書選　敦賀郡古文書　福井県史資料編　小浜敦賀三国湊史料　若狭漁村史料　敦賀市史史料編　小浜市史史料編

加賀・能登　加能古文書　石川県史　加能越古文叢　汲古北徴録　加能史料（刊行中）

越中　越中史料　越中古文抄

越後・佐渡　越佐史料　新潟県史資料編

III　関東・東北

相模　相州文書　改訂新編相州古文書　新編相模国風土記稿　鎌倉市史史料編　神奈川県史史料編　小田原市史史料編

武蔵　武州文書　新編武蔵国風土記稿　埼玉の古文書　埼玉県史史料編

安房　房総史料　安房史料叢書　千葉県史料

上総・下総　千葉県史料

常陸　常陸遺文　水府志料　新編常陸国誌　常陸三社古文書　茨城県史料（刊行中）

上野　群馬県史史料編

下野　栃木県庁採集古文書　栃木県史史料編

陸奥　新編会津風土記　宮城県史資料編　仙台市史資料編　岩手県中世文書　福島県史資料編

出羽　山形県史　秋田県史

Ⅳ　中　国

因幡・伯耆　鳥取県史

出雲・石見・隠岐　新修島根県史史料篇

備前　黄薇古簡集　備陽記　吉備温故　岡山県古文書集

備中　備中国新見庄史料　岡山県史家わけ史料

備後　福山志料

安芸　芸藩通志　広島市史資料編　広島県史資料編

周防・長門　長防風土注進案（一名、長防風土記）　萩藩閥閲録　防長社寺証文　正閏史料及同外篇

Ⅴ　四　国

阿波　阿波国徴古雑抄　阿波藩民政資料

讃岐　香川県史資料編　新編香川叢書史料編

伊予　伊予史料集成

土佐　土佐国蠹簡（トカン）集　古文叢　土佐編年事略　南路志　近世村落自治史料集(二)土佐国地方史料

VI 九州

筑前　福岡県資料　改正原田記　児玉韞(オサム)採集古文書　筑紫古文書　太宰府史料　大宰府・太宰府天満宮史料（刊行中）

筑後　歴世古文書　筑後将士軍談

豊前・豊後　大分県宇佐郡諸家散在文書　碩田叢史　大分県史料　編年大友史料

肥前　佐賀文書纂　佐賀県史料集成　長崎県史史料編

肥後　熊本県史史料編

日向　日向古文書集成　日向国史　宮崎県史史料編（刊行中）

大隅・薩摩　薩藩旧記　鹿児島県史　鹿児島県史料

〔偏旁類〕

刂リ（臣）　坚（堅）临（臨）

イ（彳）　役（役）侄（徑）

卄廾（大）　萛（莫）㓞（契）奨（奨）

忄（巾）　憣（幡）

扌（木）　扎（札）扙（杖）

扌（方）　扵（於）

丬（爿）　壮（壯）状（狀）荘（莊）

宀（宀）　宜（宜）冨（富）

大（火　灬）　灵（灵＝靈）奐（魚）

夂（彡）　杦（杉）彦（彥）

彳（亻）　脩（修）絛（條）

氵（彳）　淂（得）

艹（竹）　等（等）苐（第）莭（節）

氵（車）　淪（輪）逝（暫）戟（載）

水（氵）　棄（海）

歹（子）　殊（孫）

卩（卬）　作（仰）拃（抑）迠（迎）

戸（尸）　庙（届）扃（局）

方（弓）　扐（引）旀（彌）旌（強）

ネ(禾)　科(科)程(程)
尓(参)　珎(珍)
米(釆)　畨(番)釋(釋)
至圣𡈼(巠)　径(徑)経(經)軽(輕)
頚(頸)
廴(廴)　建(建)廷(廷)
辶(乚)　継(繼)近(匠)亘(亙＝難)
关关(菓)　难(難)咲(嘆)欵(歎)
戋(戔)　浅(淺)銭(錢)
殳(殳)　役(役)
声(虍)　虎(虎)處處(處)
㕣㕣(谷)　欲欲(欲)
麦(夌)　凌(淩)綾(綾)
身(耳)　躭(耽)軄(職)
夋(夋)　俊(俊)駿(駿)

枼(枼)　葉(葉)牒(牒)
冓冓冓冓(冓)　溝溝(溝)搆搆(構)
摂(攝)

〔同形の省略〕

㞢(出)　纔(纔)　讒(讒)
刕(刕＝州)　森(森)　澁(澀)

〔偏旁の置き換え〕

咊(和)　秌(秋)　旹(時)
桃(桃)　䰟(魂)　腰(腰)
羣(群)　朞(期)　海(海)

〔一画―五画〕

乚(乙)　厂(暦・歴)　三木(参議)

亍(干)　亍(于)　刁(寅)
ア(部)　ム(某)　广(麻・磨・
摩・應)
斗(計)　木(等)　㔾(止)
三・〆(四)　㐅(頭)　巳(亡)
六(録・禄)　壬(閏)　戈(歳)
卅(世)　乞(乙)　与(與)
李・汀(灌頂)　斤(片)　収・及(段)
尺(釋)　无(無)　巴(也)
卆(卒)　冈(罔)　乐・来(樂)
牙(互)　仝(同)　尒・尓(爾)
允(允)　亾・乞(歟)　仟(千)
夲(本)　旧(臼・舊)　叓(夏)
㕣・台(召)　厺(去)　回(因)
早・早(畢)　弖(氐)　色(色)

〔六画―八画〕

失(失)　卋(世)　考(考)
关(癸)　老(老)　再(再)
尼(尼)　弓・弓(巻)　永(永)
足(足)　朩・朩・外(叔)
天(天)　百・台・旨・旨(旨)
北・北(兆)　吴・异(異)　众(衆)
执・执(執)　充・死(充)
所・所・所(所)　毋・毎(無)
血(血)　災(災)　弃・弃(棄)
喜(喜)　叓・叓(事)　药(藥)
时(時)　帋(紙)　毎(毎)
沈(沈)　迁(遷)　弘(弘)
夷・夷(夷)　亦・亦(亦)　吴・呉(呉)
興(興)　判(判)　尭(堯)

亘・直（直）　家（寂）　侖（命）
酉（酉）　畄・畄（留）　差（差）
茢・苅（刈）　革（革）　欤（歟）
昼（書）

〔九画―十一画〕

美・美・美（美）　悉・悉（悉）
聖（聖）　桑（桑）　罡（岡）　咲（笑）
竿・竿（算）　制（制）　漆（漆）
坐・坐（坐）　唐・唐（唐）　尽・尽（盡）
害・害（害）　皈（歸）　逃（逃）
料（料）　叅（參）　烈（列）
戻（戾）　衆（衆）　殺・殺（殺）
悪（惡）　負（負）　備・備（備）
俩・倆（倆）　埜（野）　渊（淵）

最（最）　庭（庭）　違（違）
圖（圖）　凴・凴（憑）

〔十二画以上〕

萬（萬）　剛（剛）　兼・兼（兼）
對・對（對）　後（後）　須（須）
躰（體・体）　杦（杉）　置・置（置）
寛（寬）　裏（裏）　解・解（解）
詔・詔（詔）　卿（卿・鄉）　算（算）
烝（丞）　關・關（關）　隱・隱（隱）
雖・雖・雖・雖（雖）　務（務）
雜（雜）　憲（憲）　賞（賞）
穏・穏（穩）　顧・顧（顧）

以上、主として太田晶二郎氏『異體字一隅』（角川書店「郷土研究講座」第七巻所収）による。

付録3　変体変名一覧

あ　い　う　え　お　か

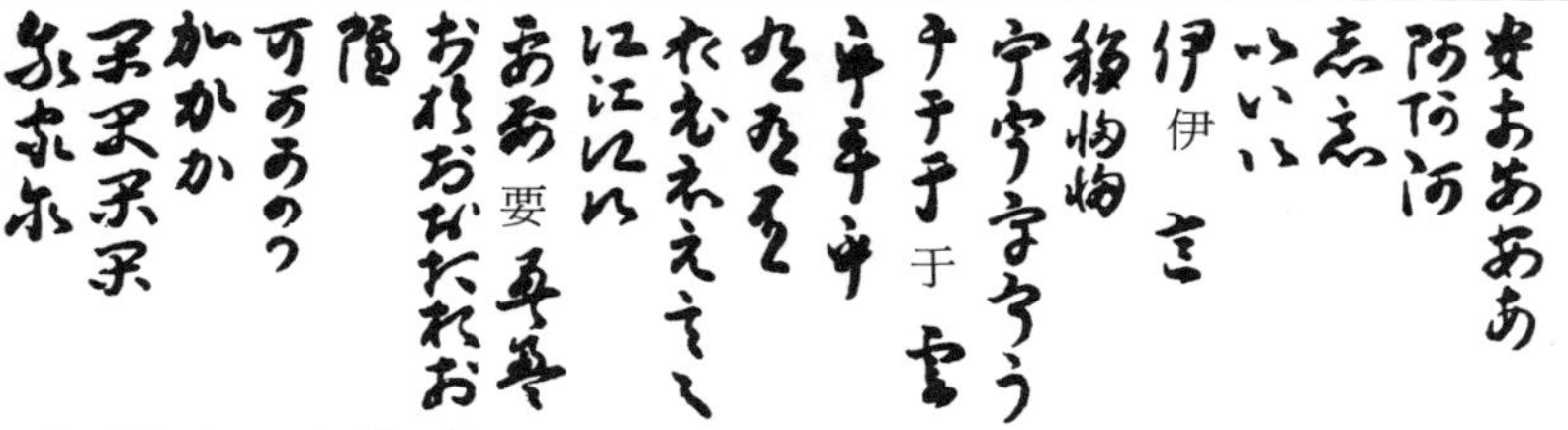

安阿悪以意移宇雲乎有衣江盈於堕可加閑家

し　す　せ　そ　た　ち

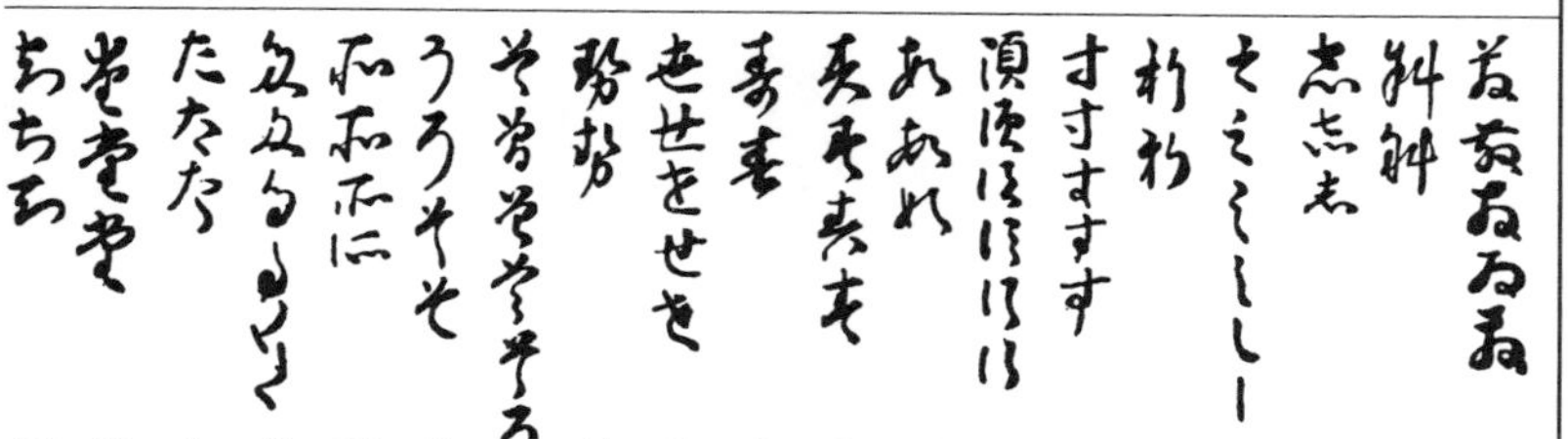

散斜志之新寸須数春寿世勢曽所多太堂知

の　は　ひ　ふ

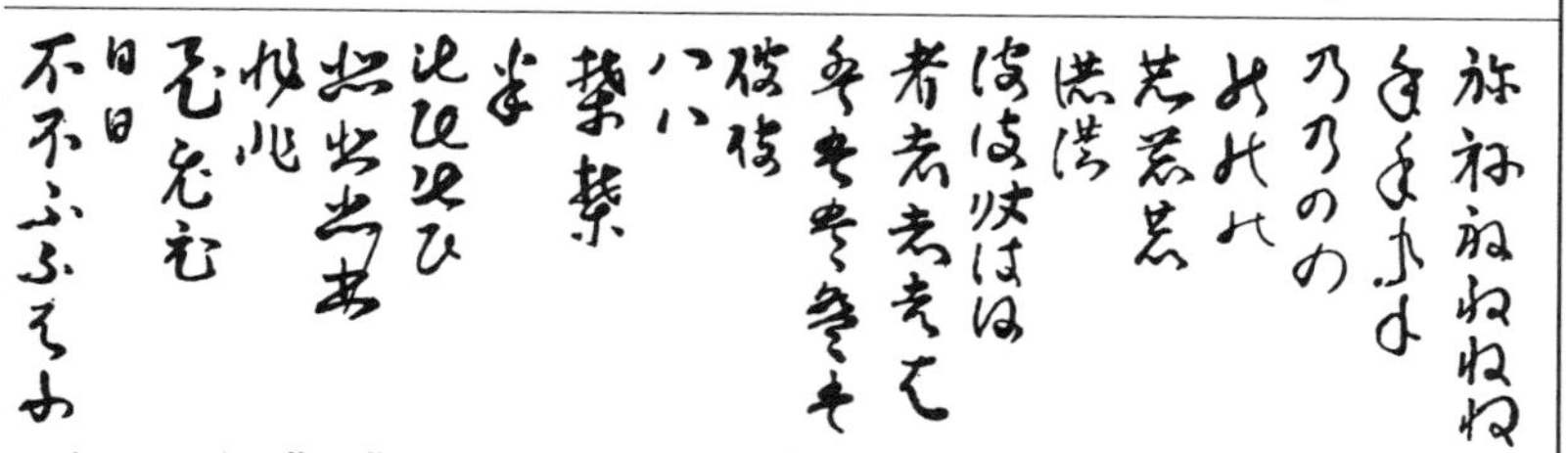

祢年乃能農濃波者磐破八葉半比悲非飛日不

め　も　や　ゆ　よ　ら　り

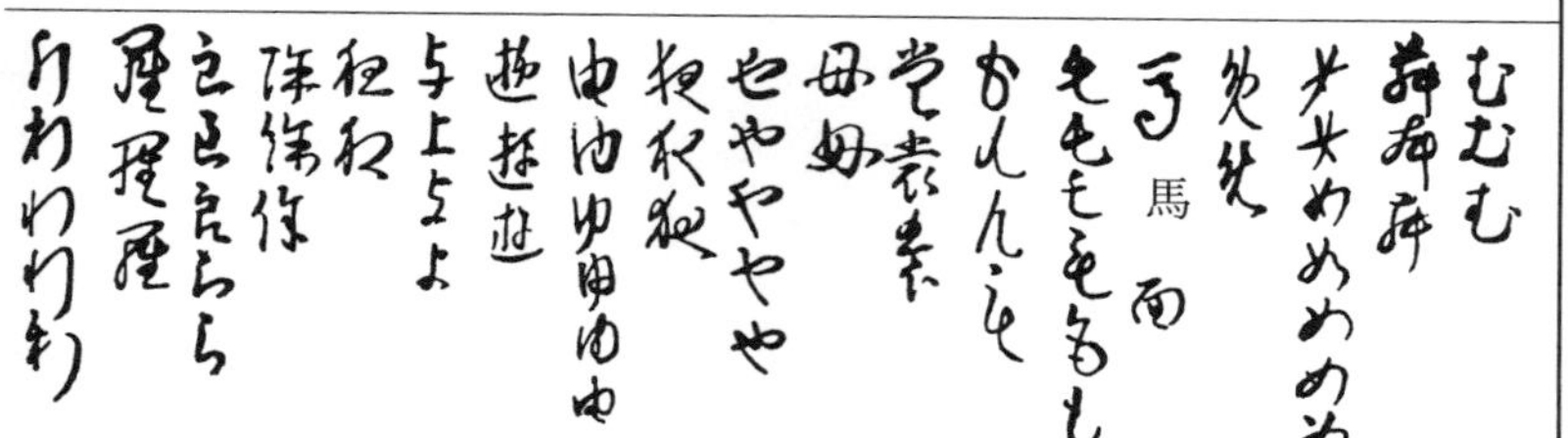

武舞女免面毛裳母也夜由遊与夜餘良羅利

（平凡社『世界歴史事典』4巻による）

き	駕 賀 支 幾 木 氣 起
く	久 九 具
け	介 計 遣 希
こ	己 古 許 故 期
さ	左 佐
つ	地 千 川 徒 都
て	天 亭
と	止 登 東 度
な	奈 那 難
に	尔 仁 二 耳
ぬ	奴 努
ね	根 子
へ	布 婦 部 倍 遍 弊
ほ	保 本 寶
ま	万 末 萬 滿
み	見 未 三 美 身
む	无 無 牟
	利 里 理 梨
る	留 流 累 類
れ	礼 連
ろ	呂 露 路
わ	和 王
ゐ	爲
ゑ	惠 衞
を	乎 遠 于 越

あとがき

本書がはじめて世に出てから、すでに二五年になる。この間の、日本古文書学界の活況は、まことに目ざましいものがある。一九六六年創設された日本古文書学会とその会誌に拠る、清新な研究と広汎な情報提供、木簡の大量出土を機として結成された木簡学会（一九七八年）及びその会誌の活動、また、やや後れて河音能平氏の主唱設立に成る比較中世史料研究会の、地道ながら方法論的に、いたって刺激的な活動などがあり、竹内理三氏の独力編集による『平安遺文』、『鎌倉遺文』の完成、次第に大規模化かつ精確さを加えた地域史（県史、市町村史）史料集の編集は、期せずして古文書研究の便益を増大した。

つぎに、このような外的条件の整備充実にまして注目されるのは、本書もその基本的枠組みを受けついでいる旧来のいわば定説的古文書学が、根本的な批判にさらされはじめたことである。その一つは、木簡の提起する問題点であって、まず出土木簡の中に、養老公式令の規定を以て律しえない文書様式が多く見出されること自体が、養老公式令を以て様式論の基点としてきた古文書学への無言の批判となったし、また木簡の中には、定説的な古文書の概念に含まれない文字資料（例えば贄・調貢進の付札）が多数あって、これらを古文書学の立場からいかに理解し、いかに位置づけるべきかが問われることとなったのである。

もう一つの基本的な問題は、宣旨や折紙の発生に注目して提起された、口頭伝達から文書化へ、つきつめていえば、音声から文字へ、という文書発生の原点にかかわる省察である。

これらの問題はいずれも、特定時期の文書様式を固定化して考えがちな、様式論中心の旧来の古文書学に対する鋭い批判を含むものであった。

なお近年の学界状況では、古文書学を含む広汎な史（資）料学構築の必要が説かれる一方、研究素材を主として古代・中世文書に求めてきた旧来の古文書学を以てしては、複雑多様かつ厖大な量の近世・近代文書に対応できないという不満から、近世・近代の文書をそれぞれ素材とし、また研究対象とする、いわゆる近世古文書学、近代文書学個別化の声もきかれる。

かくして、新しい古文書学を体系化する気運は徐々に高まっているということができる。不敏なる著者が、さきに古文書の概念に反省を加え、古文書の外延に論及した（本書二頁補注一参照）のも、古文書学再構築の手がかりをそこに求めようとしたからであった。しかしながら著者にとって、本書を全面的に改稿して、新しい古文書学の体系を提示するには、なおしばらくの時間が必要である。このたびの改版に当っては、巻頭に摘記した如く、必要な限りの小補訂を施すにとどめた。読者幸いにこれを諒とせられよ。

本書の改訂に当って著者が留意した点の一つは、古文書語彙の問題である。著者は近年、古文書の文体、例えば平安時代の解文、鎌倉時代の裁許状などの文体が、どのようにして形成されたかに強い関心をいだいてきた。そしてたまたま気づいたのは、古文書の文体形成に重要な役割をもつ語彙のいくつかが、唐詩の中に見出されたことであった。手にとりやすい唐詩の注釈を繙読するうち、思わず膝をうつ解説に接すること少なからず、とくに小川環樹氏の『蘇軾』（上下二冊、中国詩人選集、岩波書店）、前野直彬氏の『唐詩選』（上中下三冊、岩波文庫）には多大の学恩を受けた。識者の憫笑を懼れず、そのいくつかを、語彙注解の中で紹介した。

終りに、このたびの改訂に当って、誤記・誤植、引用文書の疑点等につき懇切な教示を与えられた飯田瑞穂（故人）、石井進、石川隆一、工藤敬一、近藤成一、百瀬今朝雄の諸氏、巻頭図版の増補に当って、文書の掲載を許可せられた京都府立総合資料館、東大寺図書館各位、引用文書の整理照合に援助を与えられた学友高橋敏子・高橋ひな子両氏、渝らぬ熱意を以て著者を督励し、原稿の整備に尽力せられた法政大学出版局の平川俊彦氏に、深甚の謝意を表する。

一九九七年三月一四日

著者しるす

旧版あとがき

昭和二十五年から法政大学文学部で古文書学の講義を受けもったのが機縁となって、やがて開設された同大学の通信教育部の委嘱で、古文書学の通信教育用テキストを書くことになった。テキストは初め分冊形式で昭和二十七年から成稿印刷され、やがて昭和四十三年改訂合冊の一冊本として完結した。このたび法政大学出版局の依頼によって、このテキストに手を加えて成ったのが本書『古文書学入門』である。通信教育用テキストは、学生諸君にはスクーリングの機会が少ないという条件を考慮して、例文に読み下し・注解・大意をつけるなど、煩瑣と思われるほどに詳細な説明を試みた。他面、学習の段階的進行も考えて、章節を追うにしたがって、しだいに初歩的な説明を少なくするとともに、多少なりとも専門的な機能論に立ち入るように心がけた。本書でも、これらの点は入門書の一つの試みともなろうかと考えて、ほぼもとの形をのこした。

本書を成すに当って、先学の研究・著述に負うところ多きはいうまでもないが、わけても先師相田二郎先生の学恩は測りがたいものがある。先生の直接間接の教えなしには、拙ない本書すらも書きえなかったであろう。つぎに、著者が法政大学での古文書学の講義を依頼されたそもそもの最初から、二十年の長きにわたって渝らぬ懇情を示された法政大学史学科教授丸山忠綱氏が、本書校正中の本年五月、五十三歳の壮年をもって、慌しくも世を辞されたことは、ただただ痛恨の極みとしか言いようのないできごとであった。ここに謹んで哀悼の意を表したい。終りに、通信教育用テキスト執筆当時から種々の援助を与えられた学友羽下徳彦氏、写真掲載の許可を与えられた文書所蔵者各位、遅筆の筆者を督励された法政大学出版局の稲義人氏、榎本菊雄氏に深謝の意を表する。

著者しるす

昭和四十六年八月二十五日

名辞・語彙索引

1. この索引には，本書の本文・注解で説明した古文書学上の名辞，および古文書語彙を採録した．
2. 歴史的名辞・古文書語彙のよみは，原則として，それらが使用された時代の歴史的よみに従った．
3. 排列の順序は，よみの五十音順とし，多くの項目にカッコを付して片仮名でよみを入れた．
4. 主要な説明のある頁をゴシックで示した．

ア

相(アイ)　63
明申(アキラメモウス)　157
上所(アゲドコロ)　105,109
字(アザナ)　142
足利尊氏の下文　**130**
足利直冬の下文　132
　——御教書　132
足利直義の下文　132,257
　——下知状　**145**
　——裁許状　145
預(アズカリ)　94
預所(アズカリショ)　75
預ケ状(アズケジョウ)　173
朝臣(アソン)　142
充行(アテオコナイ)　126,130,133,145,176
充行状(アテオコナイジョウ)
　恩賞——　130,175
　知行——　179
　所領——　180
充書(アテガキ)　101,102,250
充所(アテドコロ)　96,102,107,128,131,136,171,218,224,227,232,237,248,251,276
充名(アテナ)　76,85,105,117,128,176,198
跡(アト)　133,157,199
跡職〈跡式〉(アトシキ)　133
跡目(アトメ)　133
案内(アナイ)　82
雨落書(アメラクショ)　233
粗(アラアラ)　199
在判(アリハン)　99
案(アン)　15,82
安堵(アンド)　110,126,143,152,174,176,219,240,247,248,256
　——の外題(アンドのゲダイ)　126,143,247,256
　譲与——　126,137,142～144
安堵状(アンドジョウ)　16,143,181,256
案文(アンモン)　**15**,88,99,205,270
　校正——(キョウセイアンモン)　18
　正校——(セイキョウアンモン)　18

イ

移(イ)　2,68,**69～71**
　——式(イシキ)　55,56
　留守所——(ルスドコロノイ)　71
矣　260
云烦(イイワズラワス)　134
家子(イエノコ)　244
家わけ文書　8
位記(イキ)　25
　——式(イキシキ)　55
　勅授——式　55
　奏授——式　55
　判授——式　55
不幾(イクバクナラズ)　141
違期(イゴ)　157
異字(イジ)　64→異体字
遺状→ユイジョウ
以前(イゼン)　70,99
為宗→ムネトナス
異体字　64,90,184
至(イタッテ)　172
一円(イチエン)　138
一期(イチゴ)　143
　——分(——ブン)　143,255,258
　——譲(——ユズリ)　255,258

——領主　255
一陣ニ進ム　241
一倍(イチバイ)　268,277
一味神水(イチミシンスイ)　233
一見状(イッケンジョウ)　243
一跡(イッセキ)　133,164
異筆　109
違犯(イボン)　152
諱(イミナ)　128
違例　159
入質(イレジチ)　272,277
綺(イロイ)　163
所謂(イワユル)　83
印章　7,26,177
天皇御璽(テンノウギョジ)　67
太政官印(ダイジョウガンイン)　67,73
官印(カンイン)　67,177
内印(ナイイン)　67
外印(ゲイン)　67,72,73
八省の印(ハッショウのイン)　67
中務省印(ナカツカサショウイン)　59
国印(コクイン)　67,100,264
郡印(グンイン)　67,264
家印(カイン)　180
寺印(ジイン)　224
個人の印　179
私印　177
鑑蔵印(カンゾウイン)　178
蔵書印　178
院宣(インゼン)　103,108〜110,111,114,118,202
依員(インニヨリテ)　216
院庁下文(インノチョウクダシブミ)　93,114
印判(インバン)　177
円形朱印(豊臣氏)　181
大宰大弐の印(ダザイノダイニのイン)(大内氏)　181
天下布武の印(織田氏)　181
虎の印(北条氏)　179
如律令の印(今川氏)　179
福徳の印(徳川氏)　181
丸竜の印(武田氏)　180
ローマ字印　182
特殊文書専用印　180
印判状(インバンジョウ)　119,133,177〜186
印文(インブン)　178〜182

ウ

請(ウク)　210
奉(ウケタマワル)　105
請取状　209,214,216
番役勤仕(バンヤクゴンジ)の請取　237
請文(ウケブミ)　142,146,209〜220,237,240
守護の——　213
使節の——　213
地頭の——　213
荘官の——　213,219
陳状としての——　213
下達文書受領報告書としての——　212
右近衛府政所下文　92
薄墨紙(ウスズミガミ)　26,108
右大将家政所下文　122〜125
打渡(ウチワタス)　160
打渡状(ウチワタシジョウ)　160
写(ウツシ)　16
裏を毀(ウラヲコボ)つ　17,249,270
裏を破(ウラヲヤブ)る　270
裏花押(ウラカオウ)　215,244,257
継目——(ツギメ——)　267
裏書(ウラガキ)　140
裏端書(ウラハシガキ)　116
裏判(ウラハン)　146
裏封(ウラフウ)　146,203
裏文書(ウラモンジョ)　15,26,27
売寄進(ウリキシン)　269
売渡状(ウリワタシジョウ)　21,246
愁状(ウレイジョウ)　76,187,190
愁文(ウレイブミ)　187
上書(ウワガキ)　110

エ

絵衫(エサン)　151
えりぜに→センセン
焉(エン)　260
冤凌(エンリョウ)　124

オ

押署加印(オウショカイン)　67
押妨(オウボウ)　75,88

押領(オウリョウ)　75
大介(オオスケ)　100,101
大番舎人(オオバントネリ)　202
大間書(オオマガキ)　255
大間状(オオマジョウ)　247,255
置月(オキヅキ)　151
掟(オキテ)　226,228
置文(オキブミ)　258〜260
奥(オク)　20,238,244
奥上(オクウエ)　253
奥上署判(オクウエショハン)　147
　――下文　120,132
奥上判(オクウエハン)　147
奥下(オクシタ)　253
奥判(オクハン)　121
送状(オクリジョウ)　2
納(オサム)　212
越訴(オッソ)　197
　――状　197
追而書(オッテガキ)　116,251,252
覚(オボエ)　119
御室令旨(オムロノリョウジ)　111
面を毀つ(オモテをコボつ)　270
折紙(オリガミ)　27,162,176,197
　――の訴状　197,200
　――奉書　162
恩賞(オンショウ)　238,240
　――充行状(――アテオコナイジョウ)
　130,175
奉為(オンタメ)　200

カ

哉(カ)　154,217
解→ゲ
改易(カイエキ)　154
介錯(カイシャク)　236
改替(カイタイ)　154
開発(カイホツ)　96
悔返→クイカエシ
外印→ゲイン・印章
家印(カイン)　180
替銭(カエセン)　281
替米(カエマイ)　281
花押(カオウ)　7,8,26,68,99,109,120,142,
　177〜180,231,237,238,253
　板刻の――　179
　裏――　215,244,257,267
書下(カキクダシ)　119,132,144,167〜177,
　238
書下状(カキクダシジョウ)　174,175
書下年号(カキクダシネンゴウ)　162
書出し(カキダし)
　奉書の――　103
　綸旨の――　107
　御教書の――　111
　解状の――　189
　訴状の――　196
　陳状の――　213
　紛失状の――　206,209
　起請文の――　228
　請文の――　214,215
　譲状の――　248,250
　流文の――　277
書止め(カキトめ)　103
　移の――　70
　奉書の――　103
　綸旨の――　107
　御教書の――　111
　武家御教書の――　154
　下知状の――　134〜136
　足利直義裁許状の――　145
　書下の――　119
　御判御教書の――　167
　御内書の――　171
　解状の――　189
　申状の――　192
　訴状の――　196
　天判祭文の――　221
　軍忠状の――　240
　請文の――　215
　譲状の――　248,250
　付属状の――　260
　書状の――　167
　書止めと上所　109
書判(カキハン)　68,109→カオウ
有限(カギリアル)　249
閣→サシオク
懸(カク)　217
画指(カクシ)　42,263
加之→シカノミナラズ

譌字(カジ)　64
過所(カショ)　149,151
　――式　55,56,151
　唐朝の――　151
過書(カショ)　151
款状(カジョウ)　192,263
掠成(カスメナス)　191
掠申(カスメモウス)　196
下達文書(カタツモンジョ)　91,111
語(カタライ)　220
限価直(カチョクヲカギリ)　265
且(カツウハ)　87
且(カツガツ)　87,211
合戦太刀討注文(カッセンタチウチチュウモン)　245
合戦手負注文(カッセンテオイチュウモン)　245
合点(ガッテン)　242
仮名書(仮名文)(カナガキ)　115,150,251
加判(カハン)　253
下文→クダシブミ
構(カマウ)　236
鎌倉殿御教書(カマクラドノノミギョウショ)　154
鎌倉幕府の下知状　133
鎌倉府御教書　162
紙(カミ)　1,7,26
家務文書(カムモンジョ)　157
仮名→ケミョウ
為替(カワシ)　281
　――割符(――サイフ)　281,282
官印(カンイン)　67,177
還住→ゲンジュウ
感状(カンジョウ)　174
官省符(カンショウフ)　21
官宣旨(カンセンジ)　43,85〜91,114,118
官奏(カンソウ)　187
鑑蔵印(カンゾウイン)　178
緩怠(カンタイ)　161
官牒(カンチョウ)　72
官庁文書　67
関東裁許状(カントウサイキョジョウ)　144
関東下知状(カントウゲチジョウ)　144,256
関東御教書(カントウミギョウショ)　155
官途書(カントガキ)　162
勘忍分(カンニンブン)　177
官奴司(カンヌノツカサ)　73
欠負(カンプ)　63
勘返付き書状(カンヘンツきショジョウ)　185
願文(ガンモン)　65

キ

棄捐(キエン)　202
亀鑑(キカン)　19
亀鏡(キケイ)　19,90
徽号勅書(キゴウチョクショ)　65
刻(キザミ)　19
規式(キシキ)　178,260
寄事左右→コトヲソウニヨセ
起請(キショウ)　221,222〜228,231
　参籠――(サンロウキショウ)　232
　村――(ムラギショウ)　232
　湯――(ユギショウ)　220,232
　落書――(ラクショキショウ)　233
起請之詞(キショウノコトバ)　142,215,218
起請之失(キショウノシツ)　232
起請符(キショウフ)　228
起請文(キショウモン)　220〜236
　――前書(――マエガキ)　228〜230
　天罰霊社(リョウシャ)上巻(ウワマキ)の――　231
寄進状(キシンジョウ)　42
寄進札(キシンフダ)　48
擬(ギ)す　20,94,199
急度(キット)　172
規模(キモ)　19
偽文書(ギモンジョ)　5
九州探題御教書　162
休祥(キュウショウ)　63
糺返(キュウヘン)　123,199
教(キョウ)　103
行(ギョウ)　66
胸臆→クオク
恐々謹言(キョウキョウキンゲン)　167,171
恐惶(キョウコウ)謹言　167
恐惶敬白(キョウコウケイビャク)　109
行上(ギョウジョウ)に署す　94
向後(キョウコウ)　152
校正案文(キョウセイアンモン)　18

凶徒(キョウト)　240
京都大番役(キョウトオオバンヤク)　124
器用仁(キヨウノジン)　260
交名(キョウミョウ)　75,184
競望→ケイボウ
孝養(キョウヨウ)　249
御画可(ギョカクカ)　59,61,65,79
御画日(ギョカクニチ)　59,65,79
玉燭(ギョクショク)　63
切封(キリフウ)　117,233
記録(キロク)　4
極メ書(キワメガキ)・極メ札　27
金科(キンカ)　64
謹上(キンジョウ)　105,109
禁制(キンゼイ)　144,149

ク

悔返(クイカエシ)　254,255
胸臆(クオク)　142
盟神探湯(クカタチ)　220,232
公家様文書　54,**78**
公験(クゲン)　20,28,90,206
　本公験(ホンクゲン)　270
公事(クジ)　152
公式様文書(クシキヨウモンジョ)　**54**,59,78,99,177,186,248
公式令(クシキリョウ)　6,54,55,65,91,107,111,151,177,186
具書(グショ)　75,157
具書案(グショアン)　16
愚身(グシン)　217
公出挙(クスイコ)　77,274
口宣(クゼン)　79
口宣案(クゼンアン)　79
下文(クダシブミ)　25,72,85,**91〜97**,114,118〜120,133,134,144,150,154,170,257
　〈官衙の下文〉
　　弁官——　85→官宣旨
　　右近衛府政所——　91
　　左(右)馬寮——　91
　　大宰府——　121
　　留守所——　101
　〈令外官の下文〉
　　蔵人所——　91
　　検非違使庁——　84,91
　　雑訴決断所——　91
　〈公家の下文〉
　　院庁——　**93**,114
　　後院庁——　92
　　女院庁——　92,**95**
　　摂関家政所——　47,**96**,125
　〈武家の下文〉　**120〜133**,135
　　鎌倉幕府の——　120
　　前右大将家政所——　19
　　政所——　122,125,135,137,143,256
　　将軍家政所——　122,**125**,143,256
　　(源頼朝)御判——　120
　　　(——)袖判——　120,125
　　　(——)奥上署判——　120
　　室町幕府の——　130
　　室町将軍家——　131
　　　(足利氏)袖判——　**130**
　　　(足利尊氏)袖判——　**130**
　　　(足利直義)袖判——　132
　　　(——)奥上署判——　132
　　　(足利直冬)袖判——　132
　　　(——)奥上署判——　132
　　　(——)日下署判——　132
　　(その他)
　　　(北畠顕家)袖判——　130
　　　(高師直)袖判——　132
　　　(大内氏)袖判——　133
公文(クモン)　94
公平(クビョウ)　220,234
くらかへ　279
蔵人所下文　91
郡印(グンイン)　67,264
軍勢催促(グンゼイサイソク)　107,236
軍忠状(グンチュウジョウ)　186,**239〜246**
　——の書出し　240
郡判(グンパン)　264

ケ

解(ゲ)　2,68,71,**75〜78**,186,206,208,210,213,214,264,265,275,276
　——式(ゲシキ)　55,56
　月借銭——　76,275
　郷長——　263
　請暇——(ショウカゲ)　**76**,77
　不参——　76

本―― 75
啓(ケイ) 56,101,154,214,215
――式 55,56
契状(ケイジョウ) 246
形態論 7
計会帳(ケイカイチョウ) 57
計会式(ケイカイシキ) 57
競望(ケイボウ・ケイモウ) 164
契約文書 214
外印(ゲイン) 67,72,73
下司(ゲシ) 94
解状(ゲジョウ) 82,88,186〜192,206,209,210
懈怠(ケタイ) 220
外題(ゲダイ) 185,191,247,256
――安堵 257
安堵―― 126,144,248,256
下地→シタジ
掲焉(ケチエン) 98
下知状(ゲチジョウ) 118〜119,133〜154,257
鎌倉幕府の―― 133
関東―― 144,256
六波羅―― 144
鎮西―― 144
室町幕府の―― 144
足利直義―― 145〜148
執事・管領署判―― 148
奉行人連判(署)―― 149〜154
袖判―― 148
安堵の―― 144
闕字(ケツジ) 14,19,107
月借銭解(ゲッシャクセンゲ) 76,275
闕所(ケツショ) 219
血判(ケッパン) 52,231
欠負→カンプ
検非違使庁下文(ケビイシチョウクダシブミ) 84,91
検非違使庁牒(ケビイシチョウノチョウ) 84
検非違使別当宣(ケビイシベットウセン) 15,84
解文(ゲブミ) 76,187,188
検見(ケミ) 220
仮名(ケミョウ) 244
券契(ケンケイ) 90
元弘没収地(ゲンコウボッシュウチ) 219
現質(ゲンジチ) 278
還住(ゲンジュウ) 177
勧賞(ケンジョウ) 141
検注(ケンチュウ) 83,109,220
検封(ケンプウ) 163
原免(ゲンメン) 63
券文(ケンモン)を立つ 76

コ

後院庁(ゴインノチョウ)下文 92
行→ギョウ
行→テダテ
膏雨(コウウ) 63
甲乙人(コウオツニン) 96
公儀(コウギ) 236
公家→クゲ
嗷々の儀(ゴウゴウのギ) 151
公事→クジ
公式令→クシキリョウ
口上(コウジョウ) 236
口宣→クゼン
皇太子令旨式(コウタイシリョウジシキ) 55
口頭伝達 79
公平→クビョウ
告文(コウモン) 228
公文書(コウモンジョ) 5,6,21,28,53,78,114,177,198,264
牛玉宝印(ゴオウホウイン) 229〜231
御画可→ギョカクカ
御画日→ギョカクニチ
沽却(コキャク) 98
沽却状(コキャクジョウ) 261
御教書→ミギョウショ
国印(コクイン) 67,101,264
黒印(コクイン) 67,177,182
告言(コクゲン) 63
国検(コッケン) 109
国司庁宣(コクシチョウセン) 99
国牒(コクチョウ) 73,99
国判(コクハン) 190,247,264
国符(コクフ) 100
故下→コトサラニクダス
沽券(コケン) 261
茲(ココニ) 249

爰(ココニ)　83
御室令旨→オムロノリョウジ
個人の印　179
個人の牒(チョウ)　72
戸籍(コセキ)　21,26
挙銭(コセン)　275
寄事左右(コトヲソウニヨセ)　19,83
事書(コトガキ)　75,80,82,86,139,143,248,250
故移(コトサラニイス)　70
故下(コトサラニクダス)　94
事在実者(コトジチアラバ)　98
事実者(コトジチナラバ)　98
御内書(ゴナイショ)　119,170〜172
比日(コノゴロ)　76
御判下文(ゴハンノクダシブミ)　120,148
御判御教書(ゴハンノミギョウショ)　167〜170
古筆(コヒツ)　7
　──切(コヒツギレ)　27
挙米(コマイ)　275
古文書(コモンジョ)　1
古文書学(コモンジョガク)　1,5,168,194,221,283
閫外(コンガイ)　19
言上如件(ゴンジョウクダンノゴトシ)　109
言上状(ゴンジョウジョウ)　192
墾田絵図(コンデンエズ)　41

サ

裁許(サイキョ)　137,152,176,197
裁許状(サイキョジョウ)　137〜142,197
　関東──　144
　六波羅──　144
　鎮西──　144
　足利直義──　145
　和与の──　203
在家(ザイケ)　127
在地証判(ザイチノショウハン)　208
在判→アリハン
割符(サイフ)　281,282
祭文(サイモン)　221,228
　天判──　221,227,228
遮而(サエギッテ)　236
先懸(サキガケ)　175
先立(サキダッテ)　254
前右大将家政所下文(サキノウダイショウケマンドコロクダシブミ)　121〜124
朔旦冬至(サクタントウジ)　62,64
作手(サクテ)　98
支(ササウ)　196
閣(サシオク)　141
差出書(サシダシガキ)　105,136,253
指(サシタル,サセル)　82
差(サス)　67
沙汰付(サタシツケ)　160
沙汰渡(サタシワタス)　218
雑掌(ザッショウ)　146
雑訴決断所下文(ザッソケツダンショクダシブミ)　91
雑訴決断所牒(──チョウ)　74
左道(サドウ)　98
沙弥→シャミ
左(右)馬寮下文(サ〈ウ〉メリョウクダシブミ)　92
去与(サリアタウ)　203
避(去)文(サリブミ)　246
避(去)(サル)　98,279
賛(サン)　178
残画(ザンカク)　14
参差→シンシ
散状(サンジョウ)　75,146
三答状(サントウジョウ)　197
三問三答(サンモンサントウ)　139
三問状(サンモンジョウ)　197
参籠起請(サンロウキショウ)　232

シ

支→ササウ
辞(ジ)　72,75,248,265,275,276
　──式(ジシキ)　55,56
私印(シイン)　177
寺印(ジイン)　224
地起(地興，地発)(ジオコシ)　269
併(シカシナガラ)　83
地方文書(ジカタモンジョ)　28
加之(シカノミナラズ)　98
自然以降(シカリシヨリコノカタ)　90
然而(シカレドモ)　20,83
職(シキ)　94,119,128,154,197,268,270,272

直(ジキ)　216
直札(ジキサツ)　119
職事仰詞(シキジノオオセコトバ)　79
直書(ジキショ)　174
直状(ジキジョウ)　119,167～177,182
直銭(ジキセン)　210
直米(ジキマイ)　267
施行状(シギョウジョウ)　158
　執事・管領――　158
　鎮西――　144,156
　六波羅――　144,156
職料(シキリョウ)　262
諡号勅書(シゴウチョクショ)　65
賜国(シコク)　100
四至(シシ)　98,250,252,263
地子(ジシ)　152,186
事実書(ジジツガキ)　86
自署(ジショ)　15,68,73,178
私状(シジョウ)　145
辞状(ジジョウ)　247
私出挙(シスイコ)　77,274
死生同心(シセイドウシン)　77
使節の請文　213,215
子銭(シセン)　276
自然(シゼン)　172
自然以降→シカリシヨリコノカタ
次第月充(シダイノツキアテ)　134
下地(シタジ)　138,252
下地中分(シタジチュウブン)　138,140,203
　――絵図　38
下附(シタヅケ)　105,215
質券(シチケン)　16,277
七政(シチセイ)　63
仕丁(ジチョウ)　69
実見(ジッケン)　217
執事・管領施行状(シツジ・カンレイシギョウジョウ)　158
執事・管領署判下知状(シツジ・カンレイショハンゲチジョウ)　148
執進(シッシン)　146
実名(ジツミヨウ)　128,244
実名書(ジツミョウガキ)　162
祠堂銭(シドウセン)　280
地頭の請文　213
支配(シハイ)　83,156
紙背書(シハイモンジョ)　15,26,44,46
自筆(ジヒツ)　252
　――の譲状(ユズリジョウ)　251,252
令(シム)　20,88
私文書(シモンジョ)　53,101,104,198,215
者→テエリ
借券(シャクケン)　274～277
借書(シャクショ)　274
借銭解(シャクセンゲ)　78
借物(シャクモツ)　275
借用状(シャクヨウジョウ)　274～282
沙弥(シャミ)　161,162
守(シュ)　67→マモル
朱印(シュイン)　67,178～182,224,280
朱印状(シュインジョウ)　26,182
自由(ジユウ)　135
修史局(シュウシキョク)　7,26
重書(ジュウショ)　20
重申状(ジュウシンジョウ)　197
重訴状(ジュウソジョウ)　197
重陳状(ジュウチンジョウ)　197
重役(ジュウヤク)　135
宿紙(シュクシ)　26,108,109
宿直番文→トノイバンブン
守護・大名の奉書(――のホウショ)　164
守護の請文　213
竪紙→タテガミ
主者施行(シュシャシギョウ)　64
入魂(ジュッコン)　236
無術事(ジュツナキコト)　141
受命記録　79
主料(シュノリョウ)　262
遵行(ジュンギョウ)　160,213,218
遵行状(ジュンギョウジョウ)　160
且→カツウハ・カツガツ
請(ショウ)　2
状(ジョウ)　101,154,214,215
鍾愛(ショウアイ)　142
請印(ショウイン)　86
荘園文書(ショウエンモンジョ)　22,39,41,42
請暇解(ショウカゲ)　76
荘官の請文　213,219
将軍足利某御判御教書(ゴハンノミギョウショ)　168

将軍家御判御教書　168〜170
将軍家政所下文(マンドコロクダシブミ)　122,125,143,256
召決(ショウケツ)　141
正検(ショウケン)　220
詔書(ショウショ)　23,55,56〜65,79
——式(ショウショシキ)　55
上所(ジョウショ)　105,109
上申文書(ジョウシンモンジョ)　54,186,256
請奏(ショウソウ)　187
請納(ショウノウ)　212
証判(ショウハン)　18,185,190,191,203,206〜208,237〜239,242〜244,246,267
上分(ジョウブン)　138
正文(ショウモン)　13,14,17,88,89,99,205
証文(ショウモン)　54,141,246,255,269
譲与安堵(ジョウヨアンド)　126,137,142〜144
譲与文言(ジョウヨモンゴン)　252
条里(ジョウリ)　98
上臈(ジョウロウ)　152
所勘(ショカン)　83
書下→カキクダシ
職→シキ
諸国応官会式(ショコクカンカイニコタウルシキ)　55
如在(ジョサイ)　236,279
書札礼(ショサツレイ)　6,105,215
諸司応官会式(ショシカンカイニコタウルシキ)　55
所職(ショシキ)　252
所従(ショジュウ)　122
書状(ショジョウ)　96,103,105,119,136,167,170,182,198
勘返付き——　185
女性の譲状　251
初答状(ショトウジョウ)　197
署判(ショハン)　136,145,231,253
処分(ショブン)　246,253
——状　246,250
——目録　253,255,258
署名(ショメイ)　94
初問状(ショモンジョウ)　196
叙留(ジョリュウ)　193
所領充行状(ショリョウアテオコナイジョウ)　181
書礼(ショレイ)　105,121,170,176
地利(ジリ)　100
私和与(シワヨ)　140
仁(ジン)　202
神祇官(ジンギカン)　68
新券文を放つ(シンケンモンをハナつ)　267
新字(シンジ)　64
参差(シンシ)　141
進止(シンシ)　83,154
進上(シンジョウ)　105,109
神水(シンスイ)　232,233
一味——　233
新制(シンセイ)　30
進退(シンタイ)　83
神判(シンパン)　220,221,228,232
宸筆(シンピツ)　25,59
神妙(シンビョウ)　279
神文(シンモン)　228〜230,236
親類(シンルイ)　244

ス

吹挙(スイキョ)　200
出挙(スイコ)　249,274
——銭(——セン)　77
已訖(スデニオワンヌ)　71
都(スベテ)　71

セ

請→ショウ
勢(ゼイ)　217
制誡(セイカイ)　224,226,228
正校案文(セイキョウアンモン)　18
誠恐謹言(セイキョウキンゲン)　109
制札(セイサツ)　42,50,137,148〜150
誓紙〈誓詞〉(セイシ)　228
制式(セイシキ)　224,226,228
生死同心(セイシドウシン)　77
正身→タダミ
関所手形(セキショテガタ)　180
施行(セギョウ)　158
夕郎(セキロウ)　193
是定宣(ゼジョウセン)　113
折角(セッカク)　279
摂関家政所下文(セッカンケマンドコロクダ

シブミ)　47,**96**,125
摂関家御教書(ミギョウショ)　**112**
摂津国→ツノクニ
責徴(セメハタル)　100
宣(セン)　56
籖(セン)　267
取詮(センヲトル)　199
璇璣(センキ)　63
宣下(センゲ)　124
宣旨(センジ)　**78〜84**,104,212
　衾――(フスマノセンジ)　91
　官――→カンセンジ
然而→シカレドモ
銭主(センシュ)　276
善逝(ゼンセイ)　236
撰銭(センセン)　273
宣命(センミョウ)　23,**59〜62,64**
宣命書き(センミョウガキ)　59,75

ソ

草(ソウ)　13
左右(ソウ)　190
草案(ソウアン)　13,59,193
奏式(ソウシキ)　55,56
　奏事式(ソウジシキ)　55
　便――(ビンソウシキ)　55
　論――(ロンソウシキ)　55
　奏弾式(ソウダンシキ)　55,56
正身(ソウジミ)　74
奏授位記式(ソウジュイキシキ)　55
蔵書印(ゾウショイン)　178
相節〈相折〉(ソウセツ・ソウセチ)　234
惣追捕使(ソウツイブシ)　134
挿入符(ソウニュウフ)　98,288,291
雑任(ゾウニン)　71
相博状(ソウハクジョウ)　246
惣別(ソウベツ)　236
草名(ソウミョウ)　68,109
雑役免(ゾウヤクメン)　82
候(ソウロウ)　77
相論(ソウロン)　94
副下(ソエクダス)　122
副状(ソエジョウ)　172
俗字(ゾクジ)　64
息利(ソクリ)　190,276
若干(ソコバク)　191
訴状(ソジョウ)　16,76,138,146,155,190,194〜200
　折紙の――　197,200
　――を封下す(フウジクダス)　146
訴訟文書(ソショウモンジョ)　186,**194**
訴陳(ソチン)　138
　――に番ふ(ソチンニツガウ)　138,**196**
訴陳状　186,**194〜202**
袖(ソデ)　120,182,191,238,244,251
袖判(ソデハン)　101,121,154,157,176,257
袖判下文(――ノクダシブミ)　120,**121**,125,**131〜133**,170
袖判下知状(――ノゲチジョウ)　147
袖判奉書(――ノホウショ)　157
訴人(ソニン)　138,146,154,194,203,213
有其廉(ソノカドアリ)　154
杣工(ソマク)　82
抑(ソモソモ)　217
村落文書　28

タ

台閣(タイカク)　193
対捍(タイカン)　83,146
太政官印(ダイジョウガンイン)　67,73
太政官会諸国及諸司式(ダイジョウガンショコクオヨビショシニカイスルシキ)　55
太政官牒(ダイジョウガンチョウ)　73
太政官符(ダイジョウガンプ)　59,**66〜68**
退転(タイテン)　177
大日本近世史料(ダイニホンキンセイシリョウ)　32
大日本古文書(ダイニホンコモンジョ)　8,26,29,31,35,38〜41,52,65,118
　家わけ文書　8
　編年文書　8
大日本史料(ダイニホンシリョウ)　26,118
大府宣(ダイフセン)　**99,101**,133
大犯(ダイボン)三ケ条　124
内裏大番(ダイリオオバン)　124,134
大老奉書(タイロウホウシ)　164
対論(タイロン)　260
大宰大弐(ダザイノダイニ)の印(大内氏)　181
大宰府下文(ダザイフクダシブミ)　121
慥(タシカニ)　90

糺返(タダシカエス)→キュウヘン
正身(タダミ)　74
達(タッシ)　119
侘傺(タテイ)　142
竪紙(タテガミ)　176,197
　——の奉書　162
奉(タテマツル)　105
田堵(タト)　83
異他(タニコトナル)　141
他人和与(タニンワヨ)　246,258
頼母子(憑支,憑子)(タノモシ)　279
檀那職(ダンナシキ)　272,273
担保文言(タンポモンゴン)　269,271
　徳政——　269

チ

違割符(チガイサイフ)　282
知行(チギョウ)　75,88
　——充行状(——アテオコナイジョウ)
　126,179
治世(天)の君(チセイノキミ)　202
馳走(チソウ)　235
地方文書→ジカタモンジョ
着到(チャクトウ)　237
着到状(——ジョウ)　**236〜239**
着到軍忠状(——グンチュウジョウ)　239
着到帳(チャクトウチョウ)　238
中間(チュウゲン)　244
注進状(チュウシンジョウ)　214,218,240,
　245
中分(チュウブン)　138
　——絵図(——エズ)　38,140
注文(チュウモン)　214,245
　合戦手負——　245
　合戦太刀討——　245
　手負——　242
　分捕頸——　245
牒(チョウ)　**71〜75**
　——式(チョウシキ)　55,56,206
　太政官——(官——)　73
　国——　**73**,99
　検非違使庁——　84
　雑訴決断所——　74
　個人の——　72
丁銀(チョウギン)　280
重光(チョウコウ)　63
逃散(チョウサン)　177
長者宣(チョウジャセン)　47,**114**
朝章(チョウショウ)　64
庁宣(チョウセン)　**99〜101**,121
　国司——　99
町村共有文書　37
庁底留案(チョウテイノリュウアン)　90
長符(チョウフ)　255
帳簿(チョウボ)　2,119
調略(チョウリャク)　172
直→ジキ
勅旨(チョクシ)　55,56,**65**
　——式(チョクシシキ)　55
勅授位記式(チョクジュイキシキ)　55
勅書(チョクショ)　79
著述　1
散し書(チラシガキ)　115
鎮→トコシナエニ
陳状(チンジョウ)　16,138,156,**194〜196**,
　201,213
鎮西下知状(チンゼイゲチジョウ)　144
鎮西裁許状(——サイキョジョウ)　144
鎮西施行状(——シギョウジョウ)　144,156
鎮西御教書(——ミギョウショ)　156

ツ

追而書→オッテガキ
追奪担保文言(ツイダツタンポモンゴン)
　271
追筆(ツイヒツ)　105,109
付年号(ツケネンゴウ)　162,252
継目裏(ツギメウラ)　142,178,179
　——花押(ツギメウラカオウ)　146,267
摂津国(ツノクニ)　98

テ

手(テ)　254
庭中(テイチュウ)　184,196
庭中申状(テイチュウモウシジョウ)　196
手印(テイン)　228,231,249
者(テエリ)　14,**67**,**68**,146
手負注文(テオイチュウモン)　242
手鑑(テカガミ)　27
行(テダテ)　177

手継(テツギ)　20,269
　――券文(テツギケンモン)　22,269
　――証文(テツギショウモン)　22
　――文書(テツギモンジョ)　267
手前(テマエ)　279
殿下(デンカ)　202
　――御教書(――ミギョウショ)　112
　――渡領(――ワタシリョウ)　202
天下布武(テンカフブ)の印(織田氏)　181
天気(テンキ)　107
天裁(テンサイ)　83
田図(デンズ)　21
田籍(デンセキ)　21
伝宣(デンセン)　86,88
伝奏(テンソウ)　165
　――奉書(――ホウショ)　158,165～167
天皇御璽(テンノウギョジ)　67
天罰霊社上巻(テンバツリョウシャウワマキ)の起請文　231
天判(テンパン)　221
　――祭文(テンパンサイモン)　221,227
伝馬手形(テンマテガタ)　180

ト

都→スベテ
問状(トイジョウ)　146,154
　――御教書　155
同時(所)合戦之輩(ドウジ〈ショ〉カッセンノトモガラ)　244
同日一筆の譲状(ドウジツイッピツノユズリジョウ)　255
謄詔符(トウショウフ)　59
当知行(トウチギョウ)　219
　――実否(――ノジップ)　207
唐朝の過所(カショ)　151
過(トガ)　77
得業(トクゴウ)　220
徳政担保文言(トクセイタンポモンゴン)269
徳政令(トクセイレイ)　17,149～151,269
左右(トコウ)→ソウ
鎮(トコシナエニ)　99
処(トコロ)　15,199
年付(トシヅケ)　106,119,167
年寄衆奉書(トシヨリシュウホウショ)　164,181
土代(ドダイ)　13,17
刀祢(トネ)　98,191
宿直番文(トノイバンブン)　237
虎の印(北条氏)　180
敦煌文書(トンコウモンジョ)　42

ナ

内印(ナイイン)　67
内侍宣(ナイシセン)　79,114
内検(ナイケン)　220
内薬司(ナイヤクシ)　73
流文(ナガシブミ)　278
中務省印(ナカツカサショウノイン)　59
半(ナカ,ナカバ)　172
流質文言(ナガレジチモンゴン)　278
抛銀証文(ナゲガネショウモン)　280
名乗(ナノリ)　128
難渋(ナンジュウ)　146
難済(ナンセイ)　135

ニ

二合体(ニゴウタイ)の花押　120
日下(ニッカ)　80,95,135,157
176,181,253
　――署判下文(――ショハンノクダシブミ)132
日記(ニッキ)　4,27
二答状(ニトウジョウ)　197
二問状(ニモンジョウ)　197
女院庁下文(ニョインノチョウクダシブミ)92,95
女房奉書(ニョウボウホウショ)　79,114～117
如律令(ニョリツリョウ)の印(今川氏)　179

ネ

年紀売(ネンキウリ)　272
年紀の法(ネンキノホウ)　90,139
年序(ネンジョ)　90

ノ

望請→モウショウ

ハ

売券(バイケン)　42,246,253,**261～274**
売買公券　264
売買立券文(バイバイリッケンモン)　261
はうひ　184
破塊(ハカイ)　63
博多御教書(ハカタミギョウショ)　156
端裏書(ハシウラガキ)　95
発向(ハッコウ)　240
八省(ハッショウ)の印　67
罰文(バツブン)　228
放文(ハナチブミ)　279
侍(ハベリ)　77
判(ハン)　174,177
半→ナカ・ナカバ
板刻の花押(ハンコクノカオウ)　179
反魂紙(ハンゴンシ)　108
判授位記式(ハンジュイキシキ)　55
番匠(バンジョウ)　154
判物(ハンモツ)　**174～176**,181,182

ヒ

飛駅式(ヒエキシキ)　55,56
控(ヒカエ)　13,23
被官(ヒカン)　244
被官人(ヒカンニン)　152
引付(ヒキツケ)　49
　――方(――カタ)　139
　――頭人奉書(――トウニンホウショ)　157,**159**,162
非拠(ヒキョ)　142
比日→コノゴロ
日銭(ヒゼニ)　279
日付(ヒヅケ)　106,116,120,136,178,182,189,196,253
　――と署名　67
筆蹟(ヒッセキ)　7,27
微風(ビフウ)　63
備忘録・備忘記録　1,206
美物(ビモツ)　184
百合文書(ヒャクゴウモンジョ)　39
兵士(ヒョウジ)　152
便奏式(ビンソウシキ)　55

フ

符(フ)　**65～68**,212
　――式　55,56
　太政官――　56,**66～68**
　官――(太政官――)　66,86,89
　謄詔――　56
　官省――　21
　国――　99,100
無為(ブイ)　220
封紙(フウシ)　110,117
封下(フウジクダス)　146
封じ目(フウジメ)　117
奉行人連判(署)下知状(ブギョウニンレンパン〈ショ〉ゲチジョウ)　**149～154**
奉行奉書(ブギョウホウショ)　157,162～164,181
覆勘状(フッカンジョウ)　237
複合文書(フクゴウモンジョ)　185
覆審(フクシン)　262
覆奏(フクソウ)　**56**,64,65,79
福徳(フクトク)の印(徳川氏)　181
武家様文書(ブケヨウモンジョ)　54,118
不参解(フサンゲ)　76
不日(フジツ)　161
付属状(フショクジョウ)　**260**→附法状
衾宣旨(フスマノセンジ)　91
不知案内(フチアンナイ)　138
不知実名(フチジツミョウ)　75
不知法名(フチホウミョウ?)　75
不知名(フチミョウ)　98
不調(フチョウ)　200
筆軸印(フデジクイン)　231
負人(フニン)　276
補任状(ブニンジョウ)　256
附法状(フホウジョウ)　49→付属状
負物(フモツ)　275
触(フレ)　119
分国支配文書　174
紛失状(フンシツジョウ)　**18～20**,**205～209**,266
紛失証判(フンシツショウハン)　18,206
分捕(ブンドリ,ブンドル)　240,245
　――頸注文(――クビチュウモン)　245
文例集　5

ヘ

併→シカシナガラ
炳焉(ヘイエン)　98,142
兵士→ヒョウジ
平出(ヘイシュツ)　107,218
別当宣(ベットウセン)→ケビイシベットウセン
戸主(ヘヌシ)　265
弁官下文(ベンカンクダシブミ)→カンセンジ
編纂物　1
返抄(ヘンショウ)　212,214,246
編年文書(ヘンネンモンジョ)　8

ホ

奉→ウケタマワル→タテマツル
奉為→オンタメ
宝印を飜す(ホウインをヒルガエス)　229
反故(ホウグ)　26,254
放券(ホウケン)　267
法号(ホウゴウ)　154
奉行→ブギョウ
奉書(ホウショ)　96,**103～105**,114,119,157,158,162～164,182
　女房――　**114～117**
　武家の――　**154**
　引付頭人――　157,**159**
　室町幕府の――　158,162
　守護・大名の――　164
　奉行――　157,**162～164**,181
　大老――　164
　年寄衆――　164,181
　折紙の――　162
　竪紙の――　162
　袖判――　157
謀書(ボウショ)　254
保官人(ホウノカンジン)　207
法名(ホウミョウ)　128,162
傍例(ボウレイ)　20
宝籙(ホウロク)　63
本公験(ホンクゲン)　270
本解(ホンゲ)　75,196
　――状　196
本紙(ホンシ)　110,**116**,117
本字(ホンジ)　64
本自→モトヨリ
本直(ホンジキ)　279
本銭返(ホンセンガエシ)　272
本物返(ホンモツガエシ)　272

マ

昧爽(マイソウ)　63
前書(マエガキ)→起請文前書
応(マサニ……スベシ)　70,80
将(マサニ……トオモウ)　191
斗(枡)(マス)　267,268
抹消符　61,291
守(マモル)　260
丸竜の印(武田氏)　180
政所下文(マンドコロクダシブミ)　122,125,135,137

ミ

見入役(ミイリヤク？)　152
御方(ミカタ)　240
右(ミギ)　70,99
御教書(ミギョウショ)　25,**101～104**,106,111～114,118～119,154,213
　〈公家・寺社の御教書〉
　　摂関家――　**112**
　　殿下――　112
　　長者宣　113
　　寺家の――　114
　〈武家の御教書〉　**154～162**
　　鎌倉幕府の――　154～157
　　鎌倉殿――　154
　　関東――　**155**
　　六波羅――　156
　　鎮西――　156
　　博多――　156
　　問状――　155
　　召文――　155
　　室町幕府の――　158
　　(室町)将軍家――　**158**
　　将軍足利某御判――　168
　　(室町)将軍家御判――　**168～170**
　　御判――　167～170
　　室町幕府管領(執事)奉――　168
　　鎌倉府――　162
　　九州探題――　162

足利直冬の――　132
御厨(ミクリヤ)　120
見質(ミジチ)　277
未処分(ミショブン)　253,254
未進(ミシン)　83
見せ消ち(ミセケチ)　14,61
見継(ミツ)ぎ見継がれる　244
源頼朝の下文　120〜125
苗字(ミョウジ)　127
未来領主(ミライリョウシュ)　255,258
民政文書　181,182

ム

無術事→ジュツナキコト
無尽(ムジン)　280
為宗(ムネトナス)　83
無名入文(ムメイイレブミ)　233
村起請(ムラギショウ)　232
(室町)将軍家御教書(ムロマチショウグンケミギョウショ)　158
室町幕府管領奉御教書(ムロマチバクフカンレイホウミギョウショ)　168
室町幕府の下知状(ゲチジョウ)　144

メ

盟神探湯→クカタチ
召文(メシブミ)　154
――御教書(――ノミギョウショ)　155
めたり　280
目安(メヤス)　198,240
免判(メンパン)　191

モ

申状(モウシジョウ)　76,192,209,210,240,266
庭中――　196
申文(モウシブミ)　188,192
申隔(モウシヘダツ)　235
望請(モウショウ……)　83,191
目代(モクダイ)　99
木簡(モッカン)　2,3,151
以下(モッテクダス)　123
本自(モトヨリ)　98
問状→トイジョウ
文書質(モンジョジチ)　278
文書目録(モンジョモクロク)　40

ユ

由緒(ユイショ)　87,268
遺状(ユイジョウ)　253
遺跡(ユイセキ)　133
――安堵(ユイセキアンド)　178
有限→カギリアル
優恕(ユウジョ)　124
右筆(ユウヒツ)　103,121,134
湯起請(ユギショウ)　220,232
譲状(ユズリジョウ)　16,21,126,143,144,246〜260,266,269
女性の――　251
同日一筆の――　255
自筆の――　251
譲文(ユズリブミ)　246
湯にも水にも　236

ヨ

様式論　7,53,221
瑤図(ヨウト)　63
用途(ヨウド)　156
夭亡(ヨウボウ)　142
抑→ソモソモ
寄文(ヨセブミ)　83
与判(ヨハン)　18,206,262,264,267
呼び名　128

ラ

礼紙(ライシ)　110,116
――書(ライシガキ)　116
落書(ラクショ)　233
雨――　233
――起請　233
濫吹(ランスイ)　94
濫妨(ランボウ)　141

リ

りうし(漁師)　184
力者(リキシャ)　234
利銭(リゼニ,リセン)　275,276
利息(リソク)　274,275
立券(リッケン)　71,76,83
里坪(リツボ)　202

利米(リマイ)　275,276
利平(リヒョウ)　276
利分(リブン)　276
略押(リャクオウ)　231,279
掠成→カスメナス
料(リョウ)　234,262,263
令外官(リョウゲノカン)　72,78
令旨(リョウジ)　103,110,154
　——式(リョウジシキ)　56,111
　皇太子——式　55
　御室——　111
領掌(リョウショウ)　88
領知(リョウチ)　88
陵轢(リョウリャク)　124
綸旨(リンジ)　26,101,103,104〜108,109,111,114,118,154
綸旨紙(リンジガミ)　108

ル

留守所(ルスドコロ)　99
　——下文(クダシブミ)　101

レ

霊睠(レイケン)　63
礼紙→ライシ
連署(レンショ)　136,178,264

ロ

狼藉(ロウゼキ)　138
ローマ字印　181
牢籠(ロウロウ)　19,83
六波羅(ロクハラ)下知状　144
六波羅裁許状　144
六波羅施行状　144,156
六波羅御教書　156
論所(ロンショ)　199
論奏式(ロンソウシキ)　55
論人(ロンニン)　138,146,154,203

ワ

若党(ワカトウ)　244
脇附(ワキヅケ)　105
辨(ワキマウ)　15
分文(ワケブミ)　202
和与(ワヨ)　138,140,202,246
　——中分(ワヨチュウブン)　138
　私——　140
　他人——　246,258
　——の裁許状　203
和与状(ワヨジョウ)　139,202〜204,246
和与相分状　203
和与中分状　203
把利(ワリ)　276
割符→サイフ

人名索引

1．この索引には，本書に挙げた書籍の編者・著者・訳者，論文の執筆者，の個人名を採録した．
2．人名の排列は五十音順による．

ア 行

カ 行

サ 行

タ　行

ナ　行

ハ　行

マ　行

ヤ・ラ行

●著者紹介

佐藤進一（さとう しんいち）

1916年新潟県に生まれる．1939年東京帝国大学文学部国史学科卒業．東京大学史料編纂所所員，名古屋大学助教授，東京大学助教授，同教授，名古屋大学教授を歴任．前中央大学教授．主要編著書に，『鎌倉幕府訴訟制度の研究』（1943年，畝傍書房，93年復刊，岩波書店）『日本の歴史9　南北朝の動乱』（65年，中央公論社）『室町幕府守護制度の研究』上下（67，88年）『増訂・鎌倉幕府守護制度の研究』（71年，以上東京大学出版会）『中世法制史料集』1～6（55～2005年，共編）『日本の中世国家』（83年）『日本中世史論集』（90年，以上岩波書店）『花押を読む』（88年，平凡社），ほか．2017年逝去．

［新版］古文書学入門

1997年4月15日　初　版第1刷発行
2003年3月31日　新装版第1刷発行
2022年1月20日　第11刷発行

著者　佐藤進一

発行所　一般財団法人　法政大学出版局

〒102-0071　東京都千代田区富士見2-17-1
電話03（5214）5540／振替00160-6-95814
製版・印刷／三和印刷　製本／根本製本

ISBN 978-4-588-32011-8

今谷明	守護領国支配機構の研究〈OD版〉	九〇〇〇円
網野善彦	悪党と海賊　日本中世の社会と政治	六七〇〇円
川添昭二	中世九州地域史料の研究	七三〇〇円
小野晃嗣	日本産業発達史の研究	五八〇〇円
須磨千頴	賀茂別雷神社境内諸郷の復元的研究	一二五〇〇〇円
石母田正	戦後歴史学の思想	四八〇〇円
山内譲	中世の港と海賊	三二〇〇円

（消費税抜き価格で表示）

法政大学出版局